中央编译局文库出版工作领导小组（编委会）

主　　任：贾高建

副 主 任：俞可平　魏海生　陈和平　柴方国　杨金海

委　　员：崔友平　沈红文　杨雪冬　季正聚　陈家刚

　　　　　赖海榕　郗卫东　张文成　刘明清

中央编译局文库出版工作领导小组办公室

主　　任：薛晓源

成　　员：徐向梅　苗永姝

中央编译出版社文库编辑中心编辑小组

刘明清　薛晓源　谭　洁　董　巍　贾宇琰

冯　章　曲建文　苗永姝　邓　彤　盛菊艳

李媛媛　薛迎春　董　妍

马克思主义研究资料

第14卷

主　编　杨金海
副主编　冯　雷（常务）　薛晓源

经典作家著作研究 IV

本卷主编　李百玲

《马克思主义研究资料》顾问委员会

贾高建　俞可平　宋书声　殷叙彝　詹汝琮　张钟朴
李洙泗　冯文光　赵家祥　严书翰　梁树发　郭建宁

《马克思主义研究资料》编辑委员会

主　编：杨金海

副主编：冯　雷（常务）　薛晓源

编　委（按姓名拼音排序）

陈喜贵　冯　章　黄晓武　江　洋　李百玲　李义天
李媛媛　林进平　刘仁胜　刘　英　刘元琪　吕增奎
马　瑞　苗永姝　彭萍萍　盛菊艳　史清竹　武锡申
姚　颖　苑　洁　郑　锦　郑天喆　周艳辉

参加本卷编辑出版工作的有

苗永姝　李天枢　薛晓源

总 序

呈献给读者的这套《马克思主义研究资料》丛书，旨在服务于我国正在实施的马克思主义理论研究和建设工程，积极吸收和借鉴国外马克思主义研究成果，对改革开放以来中央编译局编译的有关国外学者研究马克思主义的成果，以及少量相关的国内学者的研究成果整理出版，为我国马克思主义研究提供基础性的参考资料。本丛书计划出版37卷，三年内陆续完成编辑和出版工作。

编译国外学者关于马克思主义的研究成果，并对相关问题展开深入探讨，是马克思主义经典著作编译研究的基础性工作。中央编译局作为马克思主义经典著作编译研究的专门机构，历来十分重视这项工作。20世纪50年代以来，特别是改革开放以来，中央编译局的同志们编译了大量国外学者关于马克思主义的研究文献，也发表了不少自己的相关研究成果。这些成果曾经在中央编译局编辑的《马列著作编译资料》、《马列主义研究资料》、《马克思主义与现实》等刊物公开发表，或在内部刊物《马克思恩格斯研究》、《列宁研究》等刊载。这些成果对于推进马克思主义经典著作的编译和研究工作发挥了重要作用，时至今日，一些学者仍然把它们当做研究马克思主义的珍贵资料。

然而，随着近年来中央实施马克思主义理论研究和建设工程的深入推进以及马克思主义学科建设的快速发展，这些研究资料的留存情况已经远远不能适应形势发展的需要了。《马列著作编译资料》和《马列主义研究资料》早已停止出版，很多人难以找到原有资料；《马克思恩格斯研究》等内部刊物刊载的文章没有公开面世，也难以为人们广泛使用；而新编译的文献资料又很零散。因而，希望中央编译局提供马克思主义研究资料的呼声越来越高。

为了继承前辈的事业，适应学界的需要，尽可能全面系统地收集整理中央编译局近几十年来编译的国外学者关于马克思主义的研究成果以及相关的国内学者的研究成果，中央编译局专门成立了《马克思主义研究资料》丛书课题组，并对该项工作提供了基金资助。课题组不仅在局内组织力量进行工作，而且争取到社会力量的支持。经过课题组同仁两年多努力，已经形成一批编辑成果，还将继续补充、完善并陆续推出。这套《马克思主义研究资料》丛书就是这些成果的集中体现。

本丛书力求体现如下四个特点，这也是丛书编辑工作所力求遵循的四条原则：第一，保证文献性。本丛书主要收集改革开放以来中央编译局刊物发表的有关马克思主义理论编译和研究方面的成果，这些刊物包括公开出版的《马列著作编译资料》、《马列主义研究资料》、《马克思主义与现实》、《当代世界与社会主义》、《经济社会体制比较》、《国外理论动态》等，也包括内部刊物《马克思恩格斯研究》、《列宁研究》、《斯大林研究》、《马克思恩格斯列宁斯大林研究》等；少量收集其他杂志发表的中央编译局学者编译或撰写的有关文章；个别收集与中央编译局长期合作的其他学者的相关文章；对所收商榷性文章涉及的其他学者的成果，也作为附文收入，以示对相关学者的尊重，也便于读者在阅读正文时参考。收集整理这些学术成果的目的主要是为学界研究马克思主义提供参考资料，同时帮助人们了解马克思主义研究的历史进程和思想脉络。因此，本丛书所收文献力求保持其历史原貌，包括其中的人名、地名、术语、引文等，都不作改动，以便读者进行文献考证之用，只对个别错漏文字等进行校正，对于文中可能产生歧义的地方，以"本丛书编者注"的方式加以说明。其中读者特别应当留意的是译名、术语的不统一问题，例如关于《马克思恩格斯全集》历史考证版，就有多种表达方式：原文版、国际版和 MEGA 版，其中，往往又以"老"、"新"、"MEGA^1"、"MEGA^2"、"MEGA1"、"MEGA2"等来区分历史考证版第 1 版和第 2 版。第二，突出编译性。本丛书所收文献中，以国外学者的成果为主，包括国外学者关于马克思主义经典作家的著作、思想、生平事业，乃至书信往来、工作生活等方面的研究文献，凡比较有资料价值的，均在收集之列。如上所述，国内学者的相关考证性成果，包括经典著作翻译、版本、传播、重要术语考据等文献，凡具有资料价值的，也一并收入，但这部分内容所占比例较小。第三，力求系统性。上述几十年来形成的这些编译研究资料繁茂芜杂，十分零散，使用起来很不方便，编辑整理就更为困难。为把这些宝贵文献整理面世，使之更好地发挥作用，编辑人员下了很大功夫。在收集整理中，我们力图分门别类，尽可能将同类资料按照一定逻辑顺序编排，使之呈现一定的系统性，以便读者全面掌握有关资料。第四，力争权威性。本丛书力争选编国内外在相关研究领域具有一定权威性的专家学者的具有代表性和影响力的文献。为保证文献的权威性和准确性，我们对文献的引文进行了校订，特别是对有关马克思主义经典著作的引文进行了原版原文核对，并对注释尽可能地作了规范化处理，以便读者更准确地了解引文及其出处。

基于上述考虑，本丛书的编排体系大体分四个部分。第一部分是经典著作研究，包括关于《共产党宣言》、《资本论》等手稿、创作、版本、传播诸方面的研究文献；第二部分是基本理论研究，包括哲学、政治经济学、科学社会主义以及政治学、法学等方面的研究文献；第三部分是版本和传播、编译以及生平事业研究；第四部分是国外马克思主义研究。每一部分包括若干卷。每一卷都有本卷编辑说明，对本卷编辑的思路、内容和有关技术问题作简要交代。各卷内容按照逻辑顺序进行编排，在此基础上再按照时间顺序编排。各卷内容一般要作分类，并加分类标题，以便读者阅读研究。

需要说明的是，由于本丛书是整理编辑已有的文献，而且主要限于整理编辑中央编译局学者编译和研究的部分成果，这就决定了本丛书不可避免地存在一些缺憾。一是这些文献中有的观点不一定正确。选编这些文献并不意味着编者赞同其中的观点，我们的目的仅仅在于为人们研究马克思主义提供参考资料，其中正确的思想成果可以作为我们研究借鉴的思想资源，而错误的观点可以作为我们研究批评的对象。例如，对有关马恩对立论的观点，我们是不赞成的，但为了让研究者了解、研究和批评这种观点，也收入了相关文章。所以，谨请读者在使用这些文献时注意辨别是非。二是这些文献存在质量参差不齐的情况。由于这些文章的作者、译者水平不同，写作时间、背景、针对的问题、产生的影响以及发表的刊物等不同，其质量也就有一定差别。例如，有的概念和译文在今天看来不一定科学、准确，有的文献曾经很有价值而在今天看来最多只有学术史的价值。在选编过程中，我们尽量收入那些分量较重、影响较大的文献，但为了比较全面地反映学术史的原貌并提供尽可能详细的研究参考资料，也收入了一些篇幅较短、影响不大但有一定资料或史料价值的文献。另外，有少量比较重要的文献，由于作者或译者不同意收入，也不得不忍痛割爱。三是这些文献的系统性、规范性不太强。尽管我们努力按照上述编辑原则工作，对这些文献进行了分类整理，力求全面系统地提供给读者相关方面的文献资料，但由于这些资料十分繁杂，彼此之间的关联性不强，有的方面资料较多，有的较少，且发表的刊物、时间等不同，体例也很不统一，整理起来难度极大，加之各位编者的研究角度不同，水平各异，所以，每一卷书的结构、篇章、内容、观点等都不尽相同，其规范程度也不尽一致。对本丛书存在的以上不足或缺憾，谨请读者鉴谅；对其中可能存在的疏漏和错误之处，谨请读者批评指正。

本丛书在编写和出版过程中，得到了各个方面的大力支持。中央编译局对此项工作高度重视，始终给予鼎力支持。国家出版基金将本丛书列入2013年度资助项目。中央编译出版社为本丛书申报国家出版基金项目并最终立项，以及为丛书出版做了大量工作。本丛书所收文献的译者、作者和出版者，凡已联系上的，均给予我们大力支持，同意使用这些文献；对尚未联系上的，我们将尽力联系，也请相关同仁主动联系我们。丛书顾问委员会的专家对丛书的编写工作给予热情指导，编委会成员和课题组同仁为丛书的编写付出了辛勤劳动。在此一并致以衷心的谢意！

《马克思主义研究资料》

编辑委员会

2013年12月10日

编辑说明

本丛书的第一部分即经典作家著作研究共14卷。由于《德意志意识形态》、《共产党宣言》、经济学笔记、《资本论》及其手稿的研究文献较多，故分别单独编成一卷或多卷，共10卷。其余的经典作家著作研究编为4卷，包括第11卷至第14卷。

本卷收录了有关马克思恩格斯晚年著作方面的30篇国内外研究资料，从内容上分为两部分。第一部分是关于马克思恩格斯晚年著作、笔记的总体研究，共13篇文章，收入了对马克思的"人类学笔记"（在本卷中有时也称作《民族学笔记》）、恩格斯的《家庭、私有制和国家的起源》以及古代史著作等方面的研究成果，分别从马克思恩格斯的民族学研究历程、晚年笔记的文本与写作、版本与传播、研究情况、总体介绍和评价等方面对马克思恩格斯的晚年著作与笔记进行了研究。第二部分是关于马克思恩格斯晚年著作与笔记中涉及的具体理论问题的研究，共17篇文章，主要从民族学、文化人类学、社会学、古代社会史、历史唯物主义等角度对其进行了研究，还涉及马克思恩格斯比较、马克思恩格斯晚年的理论贡献、国外研究状况、东方社会研究、马克思的研究方法等。

  为保持文献性，本丛书的注释尽量保持原貌，不作改动；但对原注释有错误或有遗漏的，我们尽可能查阅了有关文献，作了必要的规范和完善；对有些查找不到的，保留原来的内容和格式。

目 录

作为民族学家的卡尔·马克思

　　〔美〕劳伦斯·克拉德 …………………………… 1

马克思的民族学笔记

　　〔美〕劳伦斯·克拉德 …………………………… 14

马克思的最后手稿：历史和现实

　　〔苏〕伊·列·安德烈也夫 ……………………… 22

《卡尔·马克思的民族学笔记》评介

　　〔美〕劳·克拉德 ………………………………… 44

马克思对菲尔《印度和锡兰的雅利安人村社》所做的摘要

　　笔记简介 …………………………………………… 66

恩格斯在19世纪80年代对马克思主义学说的贡献

　　——《马克思恩格斯全集》英文版第26卷说明 … 70

恩格斯对德意志人的历史的研究

　　——恩格斯《〈论德意志的原始历史〉的提纲（最初计划）》及

　　《论德意志人的原始历史》和《法兰克时代》等手稿的

　　写作过程及流传情况 ……………………………… 89

1

《家庭、私有制和国家的起源》的意义和影响

　　〔民主德国〕约·海尔曼 ·················· 113

《家庭、私有制和国家的起源》的写作过程

　　〔民主德国〕约·海尔曼 ·················· 134

《家庭、私有制和国家的起源》1884—1895年在德国社会

　　民主党内的传播

　　〔民主德国〕乌尔苏拉·赫尔曼 ············· 162

马克思恩格斯与柯瓦列夫斯基及其著作

　　〔联邦德国〕汉斯-彼得·哈斯蒂克 ··········· 204

马克思和恩格斯在民族学著作方面的比较（一）

　　〔美〕劳·克拉德 ······················ 221

马克思和恩格斯在民族学著作方面的比较（二）

　　〔美〕劳·克拉德 ······················ 250

*　　*　　*

马克思晚年对历史唯物主义的发展

　　艾福成 ··························· 265

国外对马克思晚年人类学笔记的研究

　　杜章智 ··························· 269

对马克思晚年思考的思考

　　——关于社会演进的轨迹

　　张奇方 ··························· 288

论马克思社会历史理论中的"人类学笔记"
　　荣　钊 ·················· 304

马克思晚年"人类学笔记"的启示
　　张奇方 ·················· 309

马克思《民族学笔记》中的几个理论问题
　　徐若木 ·················· 321

马克思论东方穆斯林社会
　　〔美〕彼得·胡迪斯 ············ 342

马克思的"新人道主义"、"民族学笔记"和妇女解放
　　〔美〕拉·杜娜耶夫斯卡娅 ········· 353

"亚细亚生产方式"的困惑与思考（提纲）
　　——从马克思的《〈政治经济学批判〉序言》到马克思晚年
　　　"人类学笔记"
　　张奇方 ·················· 374

两种生产和两个转变
　　——马克思"古代社会史笔记"研究
　　徐若木 ·················· 381

略论人类学从摩尔根到马克思
　　贺　麟 ·················· 398

马克思晚年的文化人类学理论与方法
　　许苏民 ·················· 402

原始道德的形成、演变及其特征
　　张正霖 ·················· 407

试析《摩尔根〈古代社会〉一书摘要》中 nation 一词的涵义

　　王明甫 ·· 412

论 19 世纪 80 年代后期恩格斯著作中的若干观点

　　〔德〕汉斯-迪特尔·克劳泽　雷纳特·梅尔克耳 ·········· 416

恩格斯论原始公社制度分期的基础

　　〔苏〕P. M. 努烈也夫 ·································· 428

女性问题社会学研究：恩格斯的遗产

　　〔法〕甘·德洛奈 ······································ 444

作为民族学家的卡尔·马克思[*]

〔美〕劳伦斯·克拉德

人类学在十九世纪从一门主要是哲学的学科变成了主要是经验的学科。十九世纪初,各哲学派别基本上是唯心主义的,与康德、费希特、谢林、黑格尔的名字联系在一起。在全欧洲传播的这些不同的人类学学派,都是思辨的,几乎没有经验研究的痕迹,只有康德略有修改。黑格尔学派分为左右两支;马克思在他青年时代参加了这些不同的思想流派,起初他是黑格尔左派的一员,后来成了它的批评者,虽然他一生都把自己算作黑格尔的学生。

十九世纪三十年代和四十年代,包括布鲁诺·鲍威尔、路德维希·费尔巴哈、社会主义者(后来成为犹太复国主义者)莫泽斯·赫斯、阿尔诺德·卢格、诗人亨利希·海涅以及马克思在内的黑格尔左派,按他们的理解提出哲学的人类学问题,即人同自己、同自然界、同他的同类的异化问题。他们把异化看作是(各种不同的)疏远或对立。他们直接借用黑格尔关于人产生自己的概念;他们中多数人把这看作一种精神活动,也就是人通过使自身客体化,使自己变为客体或者说使自己变为自己思想的客体,而在头脑中产生自己。这一学派的隐藏着的思想

---

[*] 本文选自《马列主义研究资料》1985年第1辑。

是，一切动物中只有人才能认识自己，这种自我认识的行为就是我们使自己客体化，使自己成为客体，从而产生自己的方式。马克思同时既发展又反对各种关于人异化和人使自己变为客体的观点。在1843—1846年期间，他逐渐形成了人是社会存在物的观点，这是对那时思想的革命变革，其所以如此，原因有两个，也就是说因为他反对了两派的思想。其中第一派是路·费尔巴哈的思想。费尔巴哈认为人之所以为人，是由于他是类存在物，是整个人类的一员，具有人的本质或者说本性，因而具有人类共同的人性。马克思同意我们有人类共同的人性，但是在他的《经济学哲学手稿》以及《关于费尔巴哈的提纲》中却不同意我们有神秘的、抽象的、超俗的人的本质，或者说存在形而上学的人的本质。他认为人之所以为人，是由于他在社会中生活，有共同的人性。在这个早期快结束时，他得出了这样的看法，即我们实际上是由我们在社会中的关系所构成的；这些关系属于我们作为人的组成成分；同时我们是由我们作为整个人类一员的身份所形成和决定的。然而，我们已经通过劳动、通过我们对自然环境的具体加工和通过用我们的双手使自然环境变得符合我们的目的，完成了从动物祖先向人的过渡。

马克思既然认为人是社会关系的总合，就反对了另一派的思想，也就是反对了十八世纪的政治经济学家（尤其是重农学派）以及与他们有关的政治理论家的思想。这些人提出了关于脱离一切社会联系的人即孤立于荒岛上的鲁滨逊·克鲁索的理论。马克思认为，这是一种空想理论，人只有在社会中，作为社会的一员来研究。最初，马克思仍然是抽象地把整个人类作为一个整体来表述他的概念；后来，尤其是当他开始反对十八世纪和十九世纪的古典政治经济学家的时候，他就越来越具体地提及社会和经济了。卡尔·科尔施曾指出，马克思在写作时一般运用这种由抽象到具体的方法。这种从抽象到具体的转变不仅仅是一种表述的方式，它是一种辩证的转变。这种转变是一个主题不断从一个状态向另一个状态转变，即它的不断否定的过程。或许有人认为马克思的从抽象到具体的表述不过是辞藻的修饰，想以具体的说明代替抽象的论述，但是这一看法是不对的。这种转变不是一个散文体裁的问题，而是通过这种体裁使他的思想不断深化，使他的思想无论在观点上或者由此产生的行动上都变得更加具体和实际，同时也变得更具批判性。马克思的写作方法和争论方法同时是他的思想的组成部分。

马克思的从抽象到具体的转变还采取了另一形式。在十九世纪初，人被那些想思考他的人们只当作一个抽象的即类的存在物。诚然，对原始民族的研究早在十七世纪和十八世纪就已经开始，塞缪尔·珀切斯的《朝圣记》、里查·哈克鲁特的《航海记》以及耶稣会士和拉菲陶神父的报告都已为人广泛阅读。不过，它们被霍布斯、孟德斯鸠和卢梭等提出只模糊谈到自然状态的人的社会契约、自然法权的哲学家们当作抽象的东西来引用。这种用法不只是体裁的问题，而且是内容的问题；它在C.范恩舒特、胡克·卡拉德茨基、查普洛维茨、奥卢弗逊、汉森、哈克斯特豪森、毛勒、勒普莱对十九世纪欧洲农民的研究和A.巴斯提安、爱·伯·泰勒、路·亨·摩尔根等人对原始的和欧洲以外的民族的研究开展以后开始消失。对原始民族的研究这时主要从欧洲文明的立场看取得了进展；同时也出现了民族中心主义、仇外情绪和种族优越感的危险，马克思特别尖锐地提醒人们注意这些现象。

而且，在这一时期，偶尔的旅行者变成了专业的民族志学者，人类学和民族学的客观的（或所谓客观的）利益开始压倒直接政治的、经济的和教派的或教会的利益。研究原始民族的专业（我是在尽量广泛的意义上使用原始和专业这两个术语的）由于创立学会、博物馆、学院和大学的讲座、政府部门和委员会、私人基金、陈列室、事务所以及刊物而在这时得到发展。由于活动的大量增加以及随之而来的对这个课题的熟悉和了解，关于原始民族的著作的性质也发生了变化。我们只要把十九世纪亚当·弗格森或卡梅斯勋爵的著作和十九世纪 W. 库克·泰勒的著作加以比较就可看出这一变化。以后就不再是抽象地或笼统一般地谈论原始民族，而是举出他们的名字，列出他们的特征了。马克思读了弗格森和泰勒的著作，看到了这些变化，并且亲身参加进去，从而他自己的著作也经过了从哲学的人类学到经验的人类学的同样转变。

有一些研究马克思的著作家（其中既有传记作者，也有理论家），觉得在 1845 年左右，马克思有过类似保罗在去大马士革的路上突然见到一线光亮那样的经历，突然发现了历史唯物主义的规律。再没有比这离事实更远的了。首先，虽然他从恩格斯那里得知历史唯物主义的概念，但这个概念与他毫无关系。其次，他在 1859 年写的一个简短自述中谈到了他的思想在 1842 年和 1848 年间的发展；在这里我们看到他自己承认他的发展有继续和中断的情况；他后来的思想发展同样既有与过去继续、也有与它中断的情况。

从他的关于人在自然界中的地位以及自然界与文化的关系的概念的发展中，可以看到他的思想的这种运动。他在《德意志意识形态》（1845—1846）中提出人通过劳动从动物发展阶段变成人的问题。而且，他在这个早期阶段还提出人的要求和需要是天然地存在着，然后由经济活动来满足的东西。因此，人类和自然界的关系就是使自然界为人所用，就是创造使用价值，创造满足我们人的需要的具体东西。今天的人类学家完全了解人在自然界中的地位以及文化与自然界的关系的问题，因为我们已使这个复杂的问题成为自己的问题。马克思在他四十年代的著作中还不清楚人与自然界的关系。甚至马克思在写于二十年后的《资本论》第一卷中，头脑里还继续保留着自然—生物的因素，以致他使得这种因素被直接包括到他关于人的社会关系的概念中。等级和行会在那里被说成是由遗传因素维持的;而对遗传又不是从社会意义,而是从生物学意义去解释的。最后,他在他的《民族学笔记》中又提出等级的问题。等级在这些笔记中只被描述成社会问题,完全属于人的社会文化关系,从而与任何直接的生物意义无关;这就是说,遗传的生物因素只是间接地表现出来,为社会文化的规律或者说男男女女的社会实践所遮蔽。

马克思在青年时代就开始研究民族学,那时他读了沙尔·德·布鲁斯论拜物教和克利斯托夫·迈纳斯论比较宗教的著作;他和那时执教于柏林大学的自然哲学家亨德里克·斯特芬斯一起研究人类学。他在不列颠博物馆继续研读民族学著作,并在给《资本论》做准备时参考了爱·伯·泰勒的著作;他在那时的通信中评论了查理·达尔文和阿道夫·巴斯蒂安等。不过直到七十年代末他才深入钻研民族学,并且系统地阐述他的思想。在此以前,他的民族学研究不过是为他研究经济学(泰勒)、中世纪史(格·路·毛勒)以及亚洲和欧洲农民问题(奥·哈克斯特豪森,马·马·柯瓦列夫斯基)服务的。俄国的社会学家、孔德派实证论者、法学教授柯瓦列夫斯基因发表自由主义言论被放逐,和马克思取得联系。柯瓦列夫斯基虽然不赞同马克思的政治理论,但他不失为马克思的一位"科学上的朋友"。柯瓦列夫斯基通过研究高加索的专家伏舍沃罗德·密勒把摩尔根介绍给了马克思,他在七十年代后期到美国旅行,带回一本摩尔根的著作,把它借给了马克思。

从 1880 年年底到 1881 年年中,马克思对路·亨·摩尔根的《古代社会》进行了研究;接着又研究了约翰·巴德·菲尔爵士的《印度和锡兰的雅利安人农村》(1880)和亨利·萨姆纳·梅恩爵士的《初期制度史讲义》(1875)。马克思对这几部著作都作了详细的摘要,并加了评注。在接近1882年年底的时候，也就是在他逝世前四个月，马克思又回到他的民族学研究上，并对约翰·拉伯克爵士的《文明的起源和人类的原始状态》（1870）作了简短的摘要。四部书都主张进化的学说。摩尔根的进化论为人类学家们所熟知；梅恩的社会从身份到契约的发展运动的思想也同样广泛地被人们提到；拉伯克既是查理·达尔文的学生，又是他的朋友；菲尔与梅恩完全志同道合。但是这些人绝没有形成一个学派。摩尔根和梅恩对母系家族形态和父系家族形态的首要地位有不同的看法；柯瓦列夫斯基赞成梅恩的意见。**摩尔根和约·弗·麦克伦南对麦克伦南**的族内婚和族外婚的观点看法不同；拉伯克支持麦克伦南在这一争论中的观点。摩尔根和达尔文对原始游牧部落在人类家庭的史前史上的重要意义看法各异。恩格斯在这些问题上赞成摩尔根的意见。

马克思采纳了摩尔根的从原始社会向文明社会过渡的氏族的理论，但是没有理会它所体现的概念，即摩尔根的从社会向国家发展的理论。马克思接受了与麦克伦南和拉伯克的理论对立的摩尔根的家族理论，而且还采纳了他对复杂的家族进化所作的描述。摩尔根认为家族的进化沿几个家系进行，这些家系互不回到对方去，也就是不回到共同的发源地去，有一端是闭塞不通的。因此他把罗马人家族中的父系权力这一罕见的例子与单偶婚家族发展的主线分开处理；同样把古希伯来家族也作为一个问题分开处理。马克思接受了这一多家系观点的萌芽，再加上他所知道的古典民族学中的那些资料。尽管他对摩尔根一般作了肯定的评价，但是仍然批评摩尔根的某些概括是思辨的，并且拒绝摩尔根的有机体说，即把社会理论变为生物学术语的倾向。这是一个值得注意的问题，因为恩格斯的看法正好相反，他的看法将在后面谈到。

十九世纪人们曾激烈地争论过人和社会的基本形态，争论过我们作为一个物种是倾向于个人主义还是倾向于集体主义。我已经暗示过以马克思为一方,以古典政治经济家和社会契约论者为另一方,在这个问题的一个方面即鲁滨逊·克鲁索这个假设的典型上的分歧。法国哲学家孔狄亚克神父认为,你能假设一个被剥夺了一切感觉的存在物,然后把视觉、听觉等给它加上去,直到你得到一个完整的人。不过孔狄亚克的模型开始并不是作为一个活人,而是作为一个雕像提出来的。而孟德斯鸠、卢梭、霍布斯、魁奈以及当时其他的人则认为,你能设想一个完全被夺去一切社会关系和一切社会生活的人,然后把这些给他加上去。他们说,个人先于社会而存在,社会由个人之间的契约所创造。赫伯特·斯宾塞、康德派、卢梭派、社会达尔文主义者、霍布斯派主张先有个人;空想社会主义者、空想社会公有论者、共产主义者、马克思以及彼得·克鲁泡特金在反对托马斯·亨利·赫胥黎时都主张先有社会、集体、公共生活和社会生活。爱米尔·杜尔凯姆支持公有、社会性和集体主义,反对甫斯特耳·德·库郎歇的个人主义;杜尔凯姆认为全体先于部分。部分地由于这一原因,所以社会科学和社会主义之间有一种未说明的联系。要知道,公有(Gemeinschaft)和社会(Gesellschaft)的对立在政治上是作为共产主义和社会主义的对立提出来的,因为这一对词中每一个都有相同的词根。摩尔根未直接参加这一争论,但是在他的《古代社会》的结尾部分已接触到这个问题;他在那里探讨了财产观念的发展,指出了它对人的品质的不利影响。财产支配人的头脑是最近的事,所以它的歪曲作用既不可能是永恒的,也不可能是深刻的。摩尔根指出的财产观念的发展已对人的头脑起了歪曲的作用,不过这种作用就其产生的最恶劣的结果说,在人类的全部历史上只限于少数的民族,在这些民族的历史上也只限于一个短的时期。在过去的四五百年中,欧洲资本主义的兴起带来了和突出了在成文史的初期就大体存在的社会的某些倾向,那时东方的社会已分为阶级,国家已经形成。但是同在这些事件发生以前的人类发展的漫长时期相比，同这些极端表现只不过占少数的大量的社会和民族相比，财产支配其他有关的人的时间是短暂的，它对人的头脑的影响是表面的。财产观念的发展在摩尔根的时代及其后的几十年间也许达到了它的最高点；以后财产观念的统治已有所松弛。在十九世纪对它的估计过高；摩尔根正确地评价了财产观念的发展及其影响。

马克思以赞同的话语记录下了摩尔根著作的这一部分，但是他在那里没有把它和个人或集体的争论联系起来。他同俄国民粹主义者和社会主义者维拉·查苏利奇交换意见时，或者更确切地说，在他没有用的几个回信草稿中把这些问题联系在一起了。马克思认为，由资本主义生产方式培养起来的个人主义统治将让位于古代氏族的兄弟情谊和平等。过时的社会关系的内容将被恢复，但是形式将是新的。俄国农村公社的集体生活不一定就产生资本主义的个人主义；历史不一定就沿着一条唯一的、预先就决定的道路走。马克思暗示摩尔根是支持华盛顿政府的，是现状的辩护士；但是，马克思继续说道，摩尔根主张应以新的形式复兴古代氏族的美德，于是辩护的证据反成了起诉的证据。各条思路都在他对梅恩著作的评论中完成，这一点我马上就要谈到。马克思还让英国社会主义者亨·迈·海德门牢记住摩尔根的观点。这些思想，再加上恩格斯在他论同一题目的著作《家庭、私有制和国家的起源》（1884）中说得不完全的结束语，引起了对摩尔根的政治观点的误解。马克思和恩格斯的遗著执行人爱·伯恩施坦说，摩尔根与当时美国著名的傅立叶派的（或者说空想的）移民区之一有联系。勒·怀特在他编辑出版的摩尔根《古代社会》一书中指出，摩尔根是共和党人和铁路律师，没有同情劳动阶级、穷人以及地位低下的人的迹象。

菲尔和梅恩的著作应放在一起讨论。马克思对菲尔的态度与其说是理论的，不如说是实际的；菲尔曾在印度和锡兰任法官，对今天的孟加拉地区十分熟悉。他的书不是现代意义上的民族志；也就是说，他不是描述一个特定的村落，而是说明一个一般的村落典型，即大量的村落的抽象。他大量利用马克思尚未注意的威·博伊德·道金斯的材料，写出了具有很长发展历史的印度和锡兰农村公社的报告。菲尔的详细描述尽管缺少特殊的参考材料，仍然是有用的，马克思从中作了大量的笔记。马克思在笔记中尖锐地批评菲尔把欧洲的封建概念用到他的描述中；他的缺点不仅仅表现在民族中心主义的问题上，而且把亚洲发展的概念硬套进为欧洲设计的方案中。马克思首先区分了欧洲的封建生产方式和亚洲的生产方式，欧洲的农村公社和亚洲的农村公社，以及在这两个文化和历史地区的不同的国家形式。由于现在研究这一题目的著作日益大量增加，这种区分今天具有特别重要的意义。

马克思作的最重要的笔记和他对政治文化发展的理论，个人同原始社会、文明社会的关系，国家同社会的关系发表的最明确的看法，都可在他对梅恩著作的摘要和评论中找到。梅恩在他的《初期制度史讲义》中发表了他对进化，对婚姻、血统、继承、财产、首领地位、古代和东方社会维护权利的法律手段以及主权的形式的历史发展的看法。而且他还就早期的农村公社形式，法律的历史发展以及他同托马斯·霍布斯和功利主义者的关系发表了意见。他以中世纪的爱尔兰文献作根据，并把它们同来自印度和中世纪欧洲的那些文献作了比较；该书是研究印欧民族在向文明社会过渡时的家族和政治制度的著作。马克思对摩尔根的一些主要论点作了肯定的反应，而对梅恩则作了完全相反的反应，通过这正反两种关系的比较，我们对马克思在民族学上的立场得到了清楚的认识。辩证法是一个否定的过程，正因为马克思给我们提供了他的反题，所以我们能更深入地了解他的立场。诚然，马克思在他的《民族学笔记》中对梅恩的身份和契约理论作了肯定的反应，但是他却批评梅恩忽视巴霍芬和摩尔根那时提出的民族学理论，批评他对爱尔兰人在十六和十七世纪英格兰人占领时期所受的痛苦作了无动于衷的描写。梅恩认为，"总之"，历史的主要决定因素应当是精神；马克思则相反地认为首先是经济。在国家主权问题上，梅恩使它脱离它所依存的社会，提出一个假定的概念。梅恩和约翰·奥斯丁以及一般功利主义学说都具有的这种国家和主权的观点受到了马克思的批评。在最近许多论马克思的国家理论的著作中，提出了有资本主义国家、封建国家等等之分。这在很大程度上是由于对马克思的1875年《哥达纲领批判》中的某些话的误解造成的。读了马克思作的关于梅恩《初期制度史讲义》的笔记后就会清楚地看出，马克思认为国家是社会的机构；它只存在于由相互对立的社会经济阶级组成的社会中，它在所有各种分裂为阶级的社会（不论是东方的、古代的、封建的、资本主义的还是其他的社会）中都有一个共同的结构。

马克思在他的梅恩著作笔记和摘要中，阐述了由同宗氏族向文明社会急剧转变的思想；他用 Losreissung（撕下）一词说明这种转变。梅恩则认为原始社会使个人处于专制的羁绊中；对梅恩的这一看法，马克思提出了相反的意见，认为原始社会对个人的束缚不是专制的，而是令人满意和愉快的（befriedigend und gemütlich）。马克思还用这个说法反驳卢梭的观点，卢梭在他的《社会契约论》中一开始就宣称：人在原始状态或者说自然状态中是生来自由的（L'homme est né libre），而在文明状态中则到处受束缚（et partout il est dans les fers）。马克思认为，社会束缚是到处都存在的，你不仅仅在原始社会中能找到超出合法性（用梅恩的说法）的关系或者说对风俗习惯的奴隶般服从。马克思在早期说的一段话中，把个人解释为社会关系的联合或总合；他在关于这个题目的最后著作中又提到这个问题,发现到处是同样的社会关系,区别只是:在文明状态中个性被更充分地塑造出来。这种塑造(Herausarbeitung)不是社会内容的问题,而是形式和意识的问题。个人的社会构成完全相同,不过在文明状态中它是个人主义的意识,一种片面的个性;只要古代社会的集体性和共同约束一被去掉,这种片面的个性就会造成。这样形成的个性是有利害关系的个性,也就是一些阶级利益。

马克思在他给维拉·查苏利奇回信的几个草稿中,还对后一思想补充说:当人还在受野蛮的风俗习惯奴役的时候,说他在文明状态中是自由的,这是不对的。作为文明状态的产物的民法和民权自由,不过是一种形式上的东西,未含有自由的任何实质。在《资本论》第一卷中可以找到马克思的同一思想的更早的但是不完全的表述,他在那里解释为什么他自己能够、而亚里士多德却未能得出价值理论:在这期间人类平等的概念已成人们根深蒂固的偏见。实际上得到的不是平等、权利和自由的实质,而只是形式。把这几种表述放在一起,我们就能领会马克思关于人在社会中的地位以及社会运动的方向的理论。

马克思在完成梅恩著作摘要一年半之后,又重新回到民族学研究上来。他在这段时期中并未放弃这种研究,因为我们从他的通信中知道,他曾请恩格斯从休·班克罗夫特的《北美太平洋沿岸各州的土著民族》一书中给他作了摘要,恩格斯和马克思开玩笑,称他们为"你的易洛魁人"。接着马克思研究了拉伯克的《文明的起源》,该书谈到了原始的宗教、法律、社会生活和经济;马克思对拉伯克著作的主要兴趣在于他收集的原始宗教的材料。马克思嘲笑了拉伯克的民族中心主义的偏见。在马克思的最后著作之一的这篇文章中,他用了轻松的笔触,间接提到了莎士比亚,中间还插入了很长一段塞万提斯的话。

马克思的研究方法是一种系统的和详细的作笔记的方法,在他作的摩尔根、菲尔和梅恩的著作摘要中很少省略。马克思接受了摩尔根关于易洛魁人的专门知识,但是增加了古代民族学方面的材料,这些材料在有些问题上与摩尔根的看法不同。他增加了希腊和拉丁的语源和引自柏拉图、亚里士多德、希腊悲剧作家、凯撒、塔西佗、安条克的朱利安、爱金哈特等人著作中的话。同样,他对梅恩的爱尔兰史、印度法和欧洲农民民族志的材料作了补充。马克思把摩尔根著作的笔记重新作了调整,从第一篇论生活资料的一章直接转到家族,然后是论管理的部分,最后才是财产;摩尔根在《古代社会》中是谈了管理之后才谈家族的。马克思对菲尔和梅恩的著作是循序读下去的,没有颠倒它们的次序。

马克思的摩尔根著作笔记是人们知道的,这从恩格斯的《家庭的起源》[①] 一书可以看出,而他的梅恩、菲尔和拉伯克著作笔记则为人类学家所不知。恩格斯明确引用马克思的摩尔根著作笔记的地方有十四处,还在其他一些地方间接地引用,总共约有二十处。虽然恩格斯的观点在大多数场合是与马克思一致的,但是看看他们的不同点也是有教益的。德国社会民主党人亨利希·库诺夫在1897年首先这样做了,他指出:恩格斯认为,历史唯物主义的规律以及随之而来的经济因素在历史上占首要地位的原理,只适用于文明的民族,而对原始的民族则不适用。这种观点从任何马克思主义的立场——不管是不是历史唯物主义的——来看都是站不住脚的。列宁主义者虽然与社会民主党人有分歧,但是也不同意恩格斯的这一观点。马克思本人从人类与自然界的关系出发反对把原始的民族同文明的民族分割开来。

马克思考虑到古罗马人和犹太人中家族进化的不同形式,已开始批判单线发展的观点。这种批判无论在恩格斯那里还是在跟随他的柯瓦列

---

① 即《家庭、私有制和国家的起源》。——译者注

夫斯基那里都找不到。关于这一点，马克思还提到了布列吞人，他们的制度似乎比以其他标准来看应当有的制度更先进。应当有的和实际报道的之所以不同，是因为他们当中流传着发源于欧洲大陆文化的做法。

恩格斯认为，只是因为希腊社会内部因素作用的结果，国家才以纯粹的形式出现在古希腊人那里，因此国家的起源无需依靠像他们征服别人或被别人征服这样的外部因素就能探明。正如格·卢卡奇五十多年前就指出的，这种看法在历史上是不准确的。马克思评论摩尔根关于从原始的社会生活方式向文明的社会生活方式转变时也指出，在国家形成的理论中排除征服因素的可能性是一种简单化的作法。而且恩格斯未能把历史中的主观因素同客观因素联系起来考虑。关于国家的起源，他谈了蛮族首领追求财富和奴隶（借用了摩尔根的"掠夺财物和美人"的说法）的单纯贪欲这一主观因素。他在谈财产的积累这一客观因素时却抛开了造成它的或由它而来的主观动机。我们不能希望在摩尔根那里找到主观因素和客观因素相互的辩证运动，而我们却能希望在一位伴随马克思四十年的具有很高聪明才智的人那里找到它们。可是恩格斯却让它们作为辩证法的片断东鳞西爪地分散在他的小书里。

（原载《纽约科学院学报》第 2 类第 35 卷第 4 期 1973 年）

（周裕昶 译）

马克思的民族学笔记[*]

〔美〕劳伦斯·克拉德

卡尔·马克思在1880—1882年期间对路易斯·亨利·摩尔根、约翰·巴德·菲尔、亨利·萨姆纳·梅恩和约翰·拉伯克的民族学著作做了摘记,并加了评论。这几位民族学家的姓名被并列在一起,可能产生一种统一的感觉,仿佛他们代表着一种统一的传统;这样判断将与事实不符,虽然他们都是活跃于十九世纪七十年代、着重实际研究的进化论者。此外,马克思还研究了许多其他的民族学和文化史著作,特别是格奥尔格·毛勒和马克西姆·柯瓦列夫斯基的著作。摩尔根对人类社会的

---

[*] 本文选自《马列主义研究资料》1985年第1辑。劳伦斯·克拉德是美国著名人类学家,曾先后在华盛顿大学、哈佛大学、西柏林自由大学等校任教。1963年发表了《蒙古土耳其语系游牧部落的社会组织》一书。后去阿姆斯特丹国际社会史研究所研究马克思的民族学笔记手稿,于1972、1975年先后出版了《卡尔·马克思的民族学笔记》和《亚细亚生产方式》,其中除了自己撰写的专门研究文章以外,还按马克思的手稿原样分别发表了《马克西姆·柯瓦列夫斯基〈公社土地所有制,其解体的原因、进程和结果〉一书摘要》、《路易斯·摩尔根〈古代社会〉一书摘要》、《亨利·萨姆纳·梅恩〈初期制度史讲义〉一书摘要》、《约翰·拉伯克〈文明的起源和人类的原始状态〉一书摘要》、《约·巴·菲尔〈印度和锡兰的雅利安人农村〉一书摘要》等五个笔记。1973年还发表了《马克思著作中的民族学和人类学》一书。

进化提出了当时最合乎逻辑的前后连贯的论述；梅恩是当时英国在比较法学和历史法学方面的主要人物；菲尔和柯瓦列夫斯基都被他们的学说所吸引，菲尔研究的是东方问题；拉伯克是那个时期最著名的达尔文信徒之一。

马克思在这方面的研究工作，一直继续到他1883年逝世为止。恩格斯写作《家庭、私有制和国家的起源》，利用过马克思关于摩尔根的笔记。十九世纪末二十世纪初，同德国社会民主党有联系、特别是在该党机关刊物《新时代》工作的卡尔·考茨基、爱德华·伯恩施坦和亨利希·库诺夫，当时曾讨论过这部分材料。马克思这个时期研究民族学的全部摘抄笔记，到下一代才受到全面的考察。《马克思恩格斯全集》历史考证版主编达·梁赞诺夫1923年11月20日在莫斯科社会主义科学院的一次讲演中，除了没有提到菲尔的材料以外，对这些笔记作了简要的介绍，这篇演讲词发表于同年的《社会主义科学院通报》上；后来又刊载在1925年的卡尔·格林贝格主编的《社会主义历史文库》中。1941年，马克思恩格斯研究院的《文库》发表了只是摩尔根手稿的俄译文，这是根据梁赞诺夫的照相拷贝翻译的，并且作了很大的改动。1964年，这些摘抄笔记又受到E.卢卡斯的全面考察，这次菲尔手稿被包括在内，而摩尔根手稿则是根据1941年的俄译文评介的。马克思的民族学摘抄笔记手稿原件现收藏于阿姆斯特丹的国际社会历史研究所。

这些手稿材料的内容广泛涉及对人类史前史、原史和早期史的研究，以及对一些当代民族的民族学研究。马克思在世时这些方面的研究就已开始以它们现在具有的形式发展，采用今天的分科法和术语；对它们的发展，马克思曾予以密切的注视。其次，所有这些学科和分学科中对人类的经验研究，在这个时候开始被同人类学的哲学传统分离开来。

从历史上看，这种哲学传统先于经验研究，它们之间的真正关系还有待于我们探讨。至于从人类学的哲学传统向经验研究的过渡，马克思亲自参加了。马克思研究这些民族学材料的方式以及他与这些民族学家和他所摘抄的著作的关系，都有待于我们去考察。

拉伯克、梅恩、摩尔根和菲尔共同持有的立场，是在维多利亚时代后期广泛流行的一种观点，即人是本身力量的产物，而这种力量服从于有机体的发展。人的体力和脑力越来越灵巧，证明可对人类社会的所有问题持乐观主义态度；然而，虽然人通过本身的努力创造和提高了自己，人在技艺和理性方面的才能的增进仍要服从自然的、非意识的和不受控制的超人的规律。达尔文学说中包含的与自然和人的目的论的、受控制的规律相反的东西，吸引了马克思。人类社会处于自然界的统一体中，并且被奥古斯特·孔德、赫伯特·斯宾塞、保尔·利林费尔德、A. E. F. 谢菲尔、奥斯卡·赫特维格、梅恩和摩尔根看作是一种服从自然规律的有机体。斯宾塞由此得出结论，自然界中的专门化功能的发展、从而社会的分工，作为进化的机制是正确的；爱米尔·杜尔凯姆也持有同样观点。另一方面，马克思由于考虑到黑格尔的异化理论，同时为了反对他这种理论，把人同自然的实际脱离以及复归统一的潜在可能性，第一次作为一种哲学学说提了出来，后来又通过他的民族学研究，特别是根据对达尔文追随者以及摩尔根和梅恩的著作的研究，赋予了这种学说以经验研究的方向。

同时，马克思反对当时民族学家们提出的一般进化学说，认为那是毫无根据的空想主义。无论是实证主义和功利主义的学说，还是空想主义的学说，在社会和经济分析中都缺乏批判观点。摩尔根达到了（但并未明确提出）这样一种批判观点，即人通过可以具体观察到的机制从社会生活的低级形式转向高级形式；而且他还提出了为确定低级形式和高级形式之间关系的部分是客观的标准,即:财产的积累、在一片土地上的定居、作为社会统一的主要基础的亲属关系联系的解体。梅恩的社会过渡理论和从身份到契约的规律也都属于这种类型。摩尔根的(以及梅恩的)低级和高级的标准,一部分是生物学的:社会集团的内部婚媾有害于健康,小集团的内部婚媾没有大规模超出集团范围的婚媾有利。在摩尔根那里,一部分标准是社会的和道德的:妇女的地位应该和男子平等,可是在某些家庭体制中并不如此;古代的氏族被摩尔根称颂为民主和友爱的制度。但是无论在哪种情况下,马克思的同时代人都没有对当时的社会制度提出批判。摩尔根并没有提出克服财产制度的限制性的任何办法,而只是提出要相信进化,要对人具有超越目前限度的发展能力持乐观态度。拉伯克也像梅恩和摩尔根一样,还有下一代的 J. G. 弗雷泽和 R. B. 奥奈恩斯,都透过欧洲文明人的外衣看到蒙昧人或野蛮人。马克思把这看作是说明现代人在其社会存在中不是没有古代公社制成分的一种标志。对马克思说来,同人类以往历史进行对比,是批判现代文明条件的基础。摩尔根批判现代文明的方式是空想的,也就是含糊的,毫不具体。他把同蒙昧人的比较看作是说明文明人离开他的原始过去已经多么遥远的标志,也就是一种自我欣赏的根据。

在马克思看来,文明对人类是限制性的和对立性的条件,对它的批判是革命实践的任务,是克服这种限制性的和对立性的内在和外在条件的第一步。但是,这种条件是我们为克服人类内在限制和社会分裂的唯一手段。民族学材料提供了发展及其时间深度的证据,记录了发展的阶段和总的方向,展现了在人的肉体和本性方面同时发生的变化,以及得到实现的潜在可能性。民族学材料最薄弱的地方在于揭示从一个阶段向下一个阶段的过渡。马克思之所以对进化理论感兴趣,是由于它为确定资本主义时代对人类造成的畸变提供了科学基础,并且是克服这种畸变的一种手段。除了摩尔根以外,那个时期没有哪个进化论学派中肯地谈到文明使人的性格发生畸变这个主题。后来西格蒙德·弗洛伊德对这个主题进行了较深入的研究。

达尔文前一辈人中的孔德派实证主义者,曾热烈崇拜人类的进化。对这种学说,达尔文派并不特别厌弃,尽管达尔文一般说来是反对目的论倾向的。T. H. 赫胥黎、拉伯克、梅恩、摩尔根、菲尔和柯瓦列夫斯基的观点在这方面有局限性,因为他们都未能把适者生存的选择机制从自然方面转用于文化方面。马克思对这种社会有机体学说表示怀疑,因为,一方面,它与任何特定的、具体的科学资料无关;另一方面,作为不受人指导的进化的基础,又与任何特定的人类行为无关。在这类学说中,进化被置于人的领域之外,不仅是由于缺乏科学资料和理论;之所以没有制定出进化与人的领域之间的关系,部分地是因为那些著作家没有阐发文化在自然规律中的地位。J. B. 伯里等人把天意和进化的作用区分开来,表面上很吸引人,因为他们说前者表现了神力而后者没有。可是,他们所讲的进化同人所做或所知的一切毫无关系:这种进化的一般倾向几乎超出人的控制,这些思想家在二十世纪设想的和人们在十九世纪设想的一样,也和十七世纪的天意论所设想的一样。进化是由人的抽象概念赋予自然的,正如同天意是由人的神秘概念赋予自然规律一样。神秘中有抽象,抽象中有神秘,不论是进化还是天意,都和实际的自然过程没有直接联系。

马克思于1841—1846年间阐述了一系列哲学人类学的论点。同民族学笔记关系特别密切的一些论点涉及:家庭、市民社会和国家的相互关系(见《黑格尔法哲学批判》);人在社会和自然中的异化(见《经济学哲学手稿》);人通过自己的劳动以及在社会中的各种关系产生人本身的学说（见《德意志意识形态》和《神圣家族》）；以及用人的具体化反对抽象化（见《关于费尔巴哈的提纲》）。他的著作对越来越具体的问题的研究、他在1848年期间的革命活动、以及他关于对市民社会的解剖应该到政治经济学中去寻求的结论，使得他对人类学的研究从哲学方面转到了经验方面。他于是在不列颠博物馆进行了对人的完全是经验的研究，在上世纪的五十年代、六十年代和七十年代，特别是在1879—1882年间，他多次回到这种研究上来。他与哲学人类学和经验人类学的关系，成为关于他的思想是否前后连续一贯的争论的一部分。奥古斯特·科尔纽坚持当中有间断的论点，而格奥尔格·卢卡奇和让·伊波利特则主张前后一贯论。卡尔·科尔施认为表明连续性中断的标志是马克思的《黑格尔法哲学批判》，但是由于这部著作写于1843年，也就是在马克思着手根据对市民社会的解剖进行经济学研究之前几年，科尔施提出的论据虽然表面支持有间断的论点，实际上是支持前后一贯论的。

马克思在《政治经济学批判大纲》中研究了原始民族的经济和社会发展，用两节篇幅专门论述人的原始状况，在1859年的《政治经济学批判》中又简要地重述了这些内容。在《资本论》有关社会分工的那一章中，马克思把原始社会的生产同资本主义的生产加以对比。他在1841—1846年间所探讨的问题，同他在1857—1867年间写作《政治经济学批判大纲》和《资本论》各卷时所探讨的问题实质上是一致的。在1879—1882年他对人类学进行更系统研究的时期，他注意的焦点仍然是这些问题。方法变得越来越具体，关心的是市民社会的演变、各经济阶级及其对立面的利益、农民集体制度的演变、家庭和文明社会之间以及国家和社会之间的关系、从非专业化角度看的社会分工等。在《政治经济学批判大纲》和《资本论》中，原始人被作为一个范畴，原始状态的抽象化被作为一种手段，而且是与资本主义经济的具体化相对立，不考虑具体特定的原始民族。那里详细谈到了印度、中国、希腊、罗马和现代欧美各国；后来，马克思在1879—1882年期间的笔记中对一些原始民族的社会制度作了进一步的具体阐述。

马克思的民族学研究，同既作为历史问题又作为当前政治问题的农村公社、土地和农民问题有联系。马克思在上世纪五十年代和六十年代曾探讨过多瑙河流域各公国的问题，还有东方问题，特别是印度和中国的问题。在《政治经济学批判大纲》、1859年的《政治经济学批判》和《资本论》中，都提到了他对斯拉夫、日耳曼、爱尔兰和南亚的农民公社和历史的研究，还引用了古希腊罗马著作家们的比较人类学资料，但是更广泛深入的研究还是在他七十年代和八十年代的笔记中。马克思同维拉·查苏利奇的通信介绍了他所关心的具体方面：1. 具有巨大生命力的俄国农民公社及其内部社会关系的历史问题，他是了解的，因为在他家乡特利尔当时还保留有类似的特征；2. 这种农民公社在耕作上采用集体形式，私有财产的积聚不是主要的社会目的；3. 社会道德和公社集体伦理标准相关以及公私领域不绝然分隔，是这种公社的特征。大量保有农民公社成分和制度的斯拉夫民族和其他民族，并不面临必然发展资本主义的前景——这是马克思当时阐述的与历史宿命论相反的观点，它后来被用来一般地反对历史主义，特别是反对历史决定论。马克思在1879—1882年期间的民族学研究涉及古代国家以及古代和现代的公社与部落。摩尔根的氏族社会范畴被马克思理解为一种具体制度的发展，是这种制度的抽象关系的进化演变。它与对农民公社的有关研究一起，给马克思提供了那种不是一味追逐个人和私有财富、而是发展集体所有制度的社会可能是什么样子的模式。另一方面，它为在《共产党宣言》和《政治经济学批判大纲》中就已阐述了的关于私有制、一夫一妻制家庭和国家并非永恒的学说提供了物质基础,并且对他在写给查苏利奇的信和写给《祖国纪事》编辑部驳斥米海洛夫斯基的信中一再谈到的各个民族可按不同方式发展的观点提供了切实的支持。因此,**马克思的民族学手稿是对《政治经济学批判大纲》和《资本论》中的论点的补充,同时又是对他在1843—1845年期间所持立场的发展。**

(原载劳·克拉德:《卡尔·马克思的民族学笔记》

1972年阿森版第1—6页)

(法相岩 译)

马克思的最后手稿：历史和现实*

〔苏〕伊·列·安德烈也夫

卡尔·马克思的最后手稿是他的极其丰富的理论遗产中被研究得最少的部分。马克思在其中集中精力探讨了世界资本主义的资产阶级以前的（基本上是公社农民的）外围地区的社会经济发展的倾向和前景。马克思对那里保存下来的原始社会结构的研究，是根据世界历史过程的辩证唯物主义概念进行的，他始终不渝地力求把世界历史过程的规律性应用于根本不同于西欧的条件。这扩大了马克思主义历史哲学的具体历史应用范围，而更主要的是使它的基本方法论原则得到了富有成效的具体化。

马克思的最后手稿经历了一个世纪之后，也并未丧失其政治的和意识形态的迫切性以及给人启迪的力量。毫不奇怪，随着资本主义殖民帝国的崩溃和民族解放运动的发展，民族解放运动的领导人和思想家们以及它的敌人和"无私的"资产阶级解释者们（就像过去在俄国那样），越来越紧迫地面临着如何对待马克思、马克思主义以及马克思主义在新的历史条件和地理环境中的适用性问题。既然殖民主义在非洲大陆上濒

---

* 本文选自《马列主义研究资料》1985 年第 1 辑。作者是苏共中央社会科学院教授。

临死亡，很大一批非洲国家选择了社会主义方向的发展道路，创造性地应用马克思列宁主义的问题就成了非洲思想斗争的核心。非洲的革命者越来越坚决地用马克思列宁主义的思想武装自己，这使得外国的资产阶级思想家和本国的改良主义者、修正主义者极为不安。因此，他们打着争取"按非洲方式重新阅读"马克思和恩格斯著作的幌子，企图证明"欧洲的"马克思主义在原则上不适用于非洲。① 他们提出臭名昭著的"非洲民主社会主义"的概念作为非洲解放的出路。

这种"按非洲方式重新阅读"马克思和恩格斯著作的主张本身是谁需要的，是为什么政治目的服务的，可另文研究，这里要考察的是对马克思和马克思主义的特殊非洲"要求"的认识论基础的可靠性和一些内容事实方面的问题，以便弄清楚在非洲流传的关于马克思和马克思主义的概念和见解是否适当和正确。

反对马克思主义的最流行的论据，是说非洲各国人民的社会制度和心理状态具有不可重复的、无与伦比的独特性质。B. A. 奥戈特教授（肯尼亚）认为，泛非主义、黑人事物理想化、黑人主义、非洲中心论、非洲民族哲学所歌颂的那些黑非洲精神的传统的"永恒"价值观念，就是构成欧洲人根本不能理解的非洲各国社会的特征的东西，它们是由这样一些社会因素造成的："个人对公社的依赖（与西方的个人主义相反）、集体的土地所有制、集体的劳动组织、各种不同社会集团（性别的、年龄的、行会的、秘密的等）对制定决策的参与"。② 从这一

---

① L. S. 森戈尔：《争取以非洲方式重新阅读马克思和恩格斯著作》1976 年达喀尔和阿比让版。

② 参看 B. A. 奥戈特：《使非洲人重新进入世界：非洲政治中的传统公社自治主义和欧洲社会主义》，载《东非杂志》1967 年第 8 期。

段话中不难看出按阶段发展的历史的内容，而不仅是地区性的内容。

这个问题的另一方面，涉及对是否能用"阶级的"马克思主义分析非洲各国人民还未形成阶级的社会结构的担心。马克思主义的阶级分析原则有时被混同于过分生硬的、绝对的阶级划分和阶级决定论，这反映了在边际集团居优势的社会中运用这一原则的客观复杂性。著名非洲政治学家阿里·马兹鲁伊（乌干达）认为应该注意到非洲所特有的、似乎不为马克思主义所知的"跨阶级的人"的现象。这种人的轮廓在传统的阴影中和现代化的光芒中是不易看清的，然而在过渡社会的黄昏的天边显得分外明显。①

第三，还有一种论点，说马克思主义显然忽视那些还不是以（或者已不能以）阶级、阶级对立和阶级斗争作为基础的社会结构类型，把本来丰富多样的社会经济关系只是归结为阶级斗争，从而使之贫乏和简单化了。而且往往引用《共产党宣言》中说的到目前为止的一切社会的历史都是阶级斗争的历史的话作为证明。这就更加增强了这样一种印象，仿佛马克思没有研究过不存在社会对立和阶级斗争的社会，没有过问过公社（只是在研究古埃及和殖民地印度的东方专制制度问题时顺便接触过），对至今在非洲很大一部分地区流行的氏族部落关系的本质以及殖民主义加给这些关系的强制变形毫无概念，更不用说他根本不能预见过去是殖民地的各国人民在获得政治独立、正为争取经济自主和社会进步而斗争的时代中的历史发展特点了。

---

① 参看阿里·马兹鲁伊：《东非的文化工程和国家建设》1972年埃文斯顿版第147—154页。马兹鲁伊正是从这个角度揭示非洲社会矛盾的特征，他说："群众的不满和愤懑是由于新的富人对其穷亲属继续保持亲近关系，而不是由于他们之间出现一定的社会距离而产生的。"

本文想要证明,这类关于马克思和马克思主义的概念,或是由于没有把马克思主义作为指明非洲革命改造道路的学说加以细心研究,只听信肤浅的、零散的和被歪曲的二手材料而产生的误解,或是由于用心不良而对解放中的非洲这种新历史条件下创造性地运用马克思主义所必然遇到的复杂情况进行意识形态的投机。

研读马克思的最后手稿,使得有可能驱散这种在意识形态方面并非完全无害的神话,即马克思似乎不知道、不了解、也未曾研究不同于和先于资本主义的社会经济关系,而且作为典型的"欧洲"学者对欧洲宗主国的殖民政策对这些关系的影响也未曾注意。我们会了解到,马克思从他发现的资产阶级的生产和社会的规律的立场出发,对原始类型的社会结构和经济联系进行了研究,并且按照他制定的可以根据已知高级形态充分理解低级形态发展逻辑的认识论原则的精神(人体解剖是了解猴体解剖的钥匙),根据人类历史的客观逻辑对氏族部落关系和公社关系做出了辩证唯物主义的解释,认为它们是一种世界性的现象,这样就在原则上排除了把它们的特点和地方特性绝对化的倾向。

由于篇幅有限,作者只能集中考察马克思在1879—1881年间的三部按方法论意义说来最主要的手稿:对柯瓦列夫斯基和摩尔根的书的摘要,以及给查苏利奇的信的草稿。

一、马克思论资本主义世界边远殖民地区人民的公社

马克西姆·柯瓦列夫斯基的《公社土地占有制,其解体的原因、进程和结果》一书,是作者赠送给马克思的,上面带有"赠给卡尔·马克思——以示友好和敬意"的题词。马克思从1879年10月至1880年10月对这本书作了摘要,而且摘录、评论、自己的思考超过了该书本

身篇幅的一半。

使马克思感兴趣的是，作者力求揭示公社以及公社成员对主要传统生产资料——土地——的关系的普遍发展规律。柯瓦列夫斯基根据墨西哥和秘鲁、印度和阿尔及利亚，也就是美、亚、非三大洲的材料，研究了公社制度的历史命运和发展趋势，这三大洲的各国人民在一个世纪以后的今天，正在为反对帝国主义和新殖民主义进行着顽强的斗争。

柯瓦列夫斯基对属于各殖民地国家人民的大量民族学资料的细心挑选和整理（包括把公社制度的发展与过去欧洲的不同阶段的多次对比），使马克思对作为世界现象的公社不仅在辽阔的空间领域而且在从十六世纪初到十九世纪末漫长的时间领域中的历史的能动性和守旧性，获得了相当完整的概念。

柯瓦列夫斯基是有根有据地起而揭露欧洲列强对新大陆、亚洲和非洲殖民地土著居民的所谓"开化者使命"的反人道本质的头一批资产阶级学者当中的一个。他证明了，在美洲西班牙领地上对印地安人的极残酷剥削，英国人为了给自己的工业"清出"销售市场而对印度乡村中农业和手工业的传统结合进行的有目的的破坏，在阿尔及利亚为了安置法国移民而对阿拉伯人部落的土地实行的强制让渡，都只给宗主国的统治阶层和本地的高利贷者和酋长带来利益。马克思详细地摘录了揭露殖民主义剥削本质的事实，特别强调指出，殖民当局为了有目的地破坏公社和公社土地占有制而采取的措施不是历史的偶然性。殖民主义者力求在附属国以土著居民中的传统特权阶层和善于钻营的暴发户造就社会基础，同时毁坏那里用来抵抗外来入侵的传统团结形式，在客观上就必然要这样做。

与 L. 森戈尔的逻辑相反，马克思虽然"拥有纯粹欧洲的、极其理性的思维"，然而他坚决地和毫不妥协地不仅谴责按"起源"地点是

"欧洲的"资本主义，而且谴责它的摧残数亿人生命的凶恶产物——殖民主义。

此外，马克思对俄国学者所做的巨量工作给予应有评价，并且利用比较历史研究方法的启发力量的同时，不止一次地指出书中存在着夸大上层建筑、特别是法律的作用的倾向，即企图把客观历史过程的原因归结为人们的意识、感情、愿望，也就是按主观主义和实证主义的精神对社会发展进行一定程度的理想化。例如，柯瓦列夫斯基企图用血亲意识的逐渐削弱来解释氏族公社解体的必然过程，引起马克思深深的疑惑："为什么意识在这里起着 causaefficiens（动因）的作用，而不是由在氏族分为'支系'时成为不可避免现象的事实上分居各地的情形起这种作用呢？"这里问题完全不在于象柯瓦列夫斯基所认为的那样，"在氏族的每一分支中表现出不顾其他或多或少疏远氏族的支系参加和干涉的范围而要求调整其财产关系的愿望"。马克思纠正他说："确切地说，就是出现了**把共同经济分为**更加互相隔绝的各个部分的**实际必要性**。"①

有人认为正是马克思本人给柯瓦列夫斯基提示了"公社土地占有制"这个题目。② 无论如何，这位俄国大学者着手写一部关于并非欧洲的、而是"海外的"公社的书，决不是偶然的。当时关于俄国公社命运的论战成为全国政治生活的核心，他一定在思想中对比了国内外的各种公社，这种对比显然大大扩大了他对俄国乡村发生的倾向和过程的视野，把它们提到了世界历史规模和一般社会学规律的高度。

柯瓦列夫斯基与空想社会主义者不同（这无疑是他的科学功绩），证明了公社决不是历史上的怪事，不是局部地区发展中的弯路，更不是

---

① 《马克思恩格斯全集》第1版第45卷第232—233页。
② 参看 B. H. 尼基福罗夫：《东方和世界史》1975年莫斯科版第110页。

到过遥远国度和南方海岛上的欧洲人的杜撰，不是学者们在书斋中幻想的结果。同时，它也决不是社会炼丹术士期望已久的神奇魔杖，可以用它奇迹般地召来人人平等的人类"黄金时代"，不需要任何革命就可以根本改造这个越来越深深陷入资产阶级文明矛盾的世界。在柯瓦列夫斯基的书中，公社不仅是一系列欧洲国家的农民，而且是几大洲的许多民族，总之是大部分人类的一种古老的社会经济存在方式，这种方式是现实存在的，尽管复杂多样、充满矛盾，总的说来又是统一的。

然而，柯瓦列夫斯基与俄国围着农民转的自由主义民粹派和斯拉夫派不同，他看到了公社在历史上注定灭亡的特征，并在寻找杀害它的凶手的过程中注意到了欧洲宗主国信奉基督教的资产阶级对殖民地不信基督教的居民实行的奸诈的、罪恶的、无异于种族灭绝和生态灭绝的"海外"政策。

柯瓦列夫斯基认为殖民地的公社的主要内部敌人是高利贷者、投机商人、富农以及本地与敌人合作的暴发户和传统领袖，这些社会人物都是殖民当局和它强加的经济关系的产物，因为这些经济关系把腐蚀性的私有制病菌注入了公社还没有免疫力的机体。

"殖民（中央）当局——公社内部的富人"这一公式可以应用于俄国，这一情况吓坏了自由派柯瓦列夫斯基，使他没有再继续进行对公社命运的研究（他的书的第二卷没有出，不是因为这个缘故吧？），不然他是会得出侵入俄国的资本主义与在公社内部抬头的富农结成险恶联盟的结论的。

马克思主要注意的是柯瓦列夫斯基关于公社瓦解的内部原因的议论和猜测，这种内部原因曲折地反映了外部环境的破坏作用。他在摘要的有关地方作了有力的评注，指出殖民当局和地方剥削分子对传统的集体主义的劳动和生活方式的破坏企图到处都是一样的。

马克思强调指出英国人和法国人在殖民地的活动的资产阶级性质。他写道:"英国政府利用(**已由法律批准的**)'抵押'和'出让',极力在**印度西北各省**和**旁遮普**瓦解农民的集体所有制,**彻底**剥夺他们,使公社土地变成**高利贷者的私有财产**。"① 接着又补充道;"阿尔及利亚存在高利贷者的类似活动,在那里,国税重担是他们手中的进攻武器。"②

高利贷者、中间人、本地的富农及其他暴发户,在本地由氏族部落关系和公社关系团结在一起的居民当中起着殖民当局的"第五纵队"的作用,他们的寄生作用可能同所有制(首先是土地所有制)、同权力范围以及行政管理职能的执行有联系。

在英国殖民者统治时的印度,直接生产者和名义上的土地所有者之间形成了长长一系列、多达二十个层次的寄生中间人,在二十世纪三十年代包括有约八百万收租者,而这些土地在1794年是由英国人包给四万六千个柴明达尔的。③

在赤道非洲的大部分国土上,土地私有制还没有扎根,虽然书刊中指出了有这种合乎规律的倾向。这里曾受到殖民当局支持的寄生中间人,主要集中在流通领域和行政管理活动的领域。前者垄断黑市,例如在1979年控制了乌干达贸易额的一半。后者成为这个大陆特有的官僚资产阶级,在非洲各国起着为跨国公司和国家垄断资本牵线搭桥的反动政客的作用。在这两者之间有所谓经纪人资产阶级。

历史材料证实,马克思在创造性地领会柯瓦列夫斯基收集的资料的

---

① 《马克思恩格斯全集》第1版第45卷第324页。
② 《马克思恩格斯全集》第1版第45卷第324页。
③ P.A.乌里扬诺夫斯基:《两次世界大战之间的农业国印度。殖民地封建资本主义研究》1981年莫斯科版第36页。

过程中所形成的对公社研究的方法富有成果。在较早期的著作中,马克思主要分析东方公社惊人稳定的现象,这种公社能在几百年、甚至几千年中经受住"阴云满天的政治领域"中的真正风暴,而现在他感兴趣的是完全相反的倾向——公社的历史能动性,在它的外表保守的属性掩盖下,这种能动性往往不易被察觉。马克思在摘要中略加修正地重述了柯瓦列夫斯基根据印度材料划分出的公社发展五阶段。然而与柯瓦列夫斯基不同,马克思认为,决定公社土地占有制这些类型的连续更替过程的,不是居住在公社土地上的有亲属关系者和外来人之间不可避免的斗争,不是乡村居民自我组织中的氏族原则和邻居原则的全面矛盾,不是土地继承占有制和自由占用、实际耕作原则的特殊竞争,而是合乎规律地从工业渗入农业的生产力客观发展过程。

《公社土地占有制》以揭示私有制渗入公社内部、在其中发展并冲破古老的集体主义传统的障碍正式登场的机制,引起了《资本论》作者对私有制形成过程问题的注意。然而,马克思和柯瓦列夫斯基关于所有制本质的概念是决不相同的。所以,摘要在这方面比它所根据的原书要更加丰富、确切、在方法论方面更富有成果得多。柯瓦列夫斯基所搜集的珍贵资料,马克思能够从完全不同的角度来领会。柯瓦列夫斯基倾向于不顾所有制的社会本质而把所有制关系的实物方面和正式法律方面绝对化,马克思不得不多次纠正他,例如,反对他把所有制和财产、土地所有制和土地关系或占有混为一谈。

二、马克思论氏族部落结构及其在人类历史中的地位

一本在欧洲极为珍贵的摩尔根的《古代社会》,马克思是从柯瓦列夫斯基那里得到的。从1880年10月到1881年2月初,马克思对这本

书作了极详细的摘要。摩尔根的这部巨著之所以引起马克思的注意，是因为它依靠大量的、整个说来是按自发唯物主义解释的民族学材料独立地发现了作为原始公社制度基层社会细胞的氏族的普遍性。

马克思仔细地摘抄了摩尔根关于氏族按起源来说先于家庭、特别是一夫一妻制家庭的结论。要知道，在《古代社会》问世以前，氏族被看作是家庭发展的结果，或是一系列被解释成为基本社会单位的家庭的联合形式，而有些民族不知道一夫一妻制的宗法家庭即处于野蛮和蒙昧阶段（按摩尔根的术语），被说成是这些民族蜕化、历史倒退的结果。① 马克思在摘要中特别强调了摩尔根的这一思想，即家庭是在氏族的内部，作为氏族的辩证的对立面，作为破坏它并且最终否定（与私有制和国家权力"联合"行动）原始社会的力量而发展起来的。氏族和家庭之间、亲属体系的消极性和现实家庭关系的能动性之间的界线，是导致氏族制度灭亡的主要矛盾之一。马克思写道："**氏族**一旦产生，就继续是社会制度的**单位**，而**家庭**则**发生巨大的变化**。"②

关于氏族和作为氏族组织主要发展方向之一的部落之间的关系的摘录，使马克思考虑到氏族可能有另一种变化途径，即"一旦**在氏族的血缘亲属之间**产生**等级之分**，这就同**氏族原则**发生**冲突**，而氏族就会僵化为自己的对立面即**等级**"。③ 虽然摩尔根谈的是在等级上有差别的图腾，马克思却提出更广泛的问题："以氏族原则加征服这样的方式，不会使氏族逐渐**形成为等级**吗？在这种情况下，就产生禁止在**不同氏族之间**通

---

① 参看《马克思恩格斯全集》第1版第45卷第376—378页。
② 参看《马克思恩格斯全集》第1版第45卷第499页。
③ 《马克思恩格斯全集》第1版第45卷第471页。

婚的禁令,与禁止在同一氏族内通婚的古老规则完全相反。"①

氏族和公社之间的关系在摩尔根的书中谈的少得多。大概,在古典原始制度的框架内,对生产的自然前提的社会(个人的、家庭的、公社的)所有制被认为是"理所当然的",与那种令人触目惊心的、以仪式表现出来的、由权力结构明确规定了的、因此在摩尔根看来是氏族制度瓦解的决定性前提和主要手段的现象比较起来,长时期被人们所忽视。

氏族的残留现象和由它直接派生的社会组织形式,今天在许多已获得解放的国家的农民当中还有很强的生命力。尽管城市化的速度很快,这种农民的数目还在不断增长。据估计,到二十一世纪前夕,可能接近三十亿(根据联合国粮农组织的资料是二十八亿九千六百万)。② 例如,在赤道非洲,部族的政党、政府、战争、部落的传统团结形式、公社的劳动和生活结构、分布在乡村的手工业行会、同龄人的兄弟会以及秘密的宗教性社团,构成纷繁复杂的地方社会经济关系的不可分割的组成部分和政治斗争的背景。

庞大的家庭和氏族的寄生生活、最原始的集体松散的生产方式和平均主义的消费方式,极大地阻碍着积累、扩大再生产、采取集约经营方法等问题的解决。酋长和元老的过高权威、兄弟会和作为群婚制遗迹的多妻制风俗,有助于保持对青年和妇女的歧视,客观上妨碍在社会生活中实行民主制度。

对这些按起源来说从氏族中派生出来的社会组织形式进行人为的现代化时,人们很容易按马克思主义阶级概念的类比来解释它们。例如,

---

① 《马克思恩格斯全集》第1版第45卷第471页。
② 参看 E. B. 科瓦列夫:《拉丁美洲:土地改革和经济发展》1982年莫斯科版第3、8页。

经常有人发表这样的看法，即认为部落或等级在赤道非洲无论过去和现在都起着这样一种社会经济结构的作用，它们不是逻辑地先于阶级，而是"取代"、顶替阶级的，与阶级同一类的居民按民族学或职业标志分化和结合的形式。

氏族的自治和社会监督组织合乎规律地被地域性的组织所取代，是一个在方法论意义上很重要的问题，它在马克思的摘要中得到了辩证唯物主义的解释，对研究非洲问题至今还有现实的意义。成为这种取代的基础的，是对直接生活的社会生产和再生产的客观前提（工具、土地、牲畜、果树、防备意外的基金）和主观前提（生产经验、经营技能、集体主义和互助以及平均主义分配的传统）形成各种不同所有制形式和权力形式，以代替个人相互之间以及和自然之间的按进化沿革的和直接天然的联系。这是在社会联系的结构中的质的转变。这些联系的震中先是氏族，后来则是凌驾于氏族组织之上并且致力于推翻它的国家。马克思正是把国家看作摩尔根的模糊的 civitas（政治社会）的现实的、阶级的体现。

然而，新石器革命时代（相当于摩尔根古代史分期中的野蛮期）的生产力的合乎规律的发展，必然暴露出"**建立在氏族制度之上的人身管理**"[①] 在有血统关系的集团之外有地区局限性，效率很低。越来越多的地区被相互联系的经济过程和经常的交换活动连接在一起，越来越多的人被纳入不能分割的经济活动，他们对自然和彼此之间的关系结构由于分工加深而变得越来越复杂——这一切都客观地导致氏族部落结构越来越不能成为权力来源，从它们的控制下涌现出越来越多的各种新的生产形式和社会活动形式。马克思总结说："由于**氏族制度**不能适应社会

---

① 《马克思恩格斯全集》第1版第45卷第433页。

的变得复杂的需要，**氏族、胞族和部落的所有民政权力就逐渐被剥夺，移交给了新的选民团体。**一种制度逐渐消失，另一种制度逐渐出现，**两种制度在一个时期中曾经并存。**"①

过渡阶段是两种按发展的源泉和前景来说是根本对立的，同时按起源来说是衔接的、毗邻的、相互影响的社会管理和社会监督的体系、结构和原则并存的时代。马克思摘录了摩尔根的这样一段话："人民赋予**原始的酋长会议的整个权力，经过分化而逐渐形成了各种权力。这个过渡**时期……为**连年大乱的时期**，大乱的造成，是由于权力的冲突，由于滥用尚未十分明确限定的权力，也由于旧的管理制度已经无能为力；这也就需要用**成文法**代替**习惯法**。这个过渡时期持续了数世纪之久。"②

有些非洲作者否定文字是社会发展的重要里程碑，是把有国家之前的社会和形成中的原始国家制度分开来的标准和界限。不过，他们暂且并没有提供任何有分量的论据。而且，利用上述标准揭示马克思在《古代社会》摘要中所强调的两种政权现象的历史进程，对非洲社会来说是特别富有成果的。通过这种办法，在形成国家时不可避免的两种政权现象不仅按时间顺序而且按内容可以区分三个时期：殖民前的（传统）时期、殖民时期和殖民后的（现代）时期。

第一个时期的特征在非洲是，在有血统关系的组织（包含有大家庭的氏族—部落—部落联盟）一旁并和它不可分地结合在一起长时期并存着一种与它根本不同、好像与它处于"垂直"关系的社会联系结构（兄弟会——男人的，也有时是女人的社团——秘密的宗教性社团），

---

① 《马克思恩格斯全集》第 1 版第 45 卷第 514 页。
② 《马克思恩格斯全集》第 1 版第 45 卷第 514—515 页。

作者建议把它叫作职能社团组织，以区别于有血统关系的组织。① 形成中的非洲国家制度（加纳、马里等）依靠口头转达的指示并且在它的结构中重复氏族部落联系结构的算法。

在殖民时期，可以看到宗主国镇压管理机关移到海外边远地区的分支机构与传统的各级首领、酋长和家长之间存在着相当明确的界限，前者把当地居民中的各种"杰出人才"吸引到自己的周围，广泛利用书面指示和报表，而后者则依靠个人的权威以及祖传的习俗使人们服从他们的口头指示。形成了国家"自上而下"和传统部落调整"自下而上"的独特结合。这些领域相互之间联系的性质受到宗主国政策的制约。

民族解放斗争的巨浪扫荡了殖民当局的搜刮和镇压机构。开始形成新型的正规的上层建筑。在采取资本主义发展方向的国家里，使这种上层建筑的基层单位变得适合"领导层"确定的仿资产阶级议会制模式的过程，客观上同对它们进行强制性的破坏相联系，在一定程度上与柯瓦列夫斯基书中的某些情节以及摩尔根的亲身观察相符。至于采取社会主义方向的非洲国家，那么摩尔根关于人类将来将通过"更高级社会制度"以特殊形式复活**古代氏族的自由、平等和博爱**的思想②，不仅保持着现实意义，而且这种现实意义还将增强。今天，在这一思想中，不仅可以看到摩尔根对资产阶级文明的虚伪制度的敌视，而且还可以看到他本人没有意识到的关于在资本主义制度危机成熟的条件下那些保有传统的氏族部落和公社的社会结合形式的民族发展的历史轨道可能"拉直"的自发思想。摩尔根本人没有明确提出这个问题，虽然这样提问题

---

① 参看 И. Л. 安德烈也夫：《论从原始公社制度向阶级社会过渡时代的社会联系的性质》，载《苏联民族学》杂志 1971 年第 2 期。

② 《马克思恩格斯全集》第 1 版第 45 卷第 398 页。

的前提他已模糊地提到。的确,摩尔根所想象的"更高级社会制度"是极端抽象的("管理民主,社会关系友爱,权利平等,普遍受教育"),是他对资产阶级文明采取消极态度的表现,他认为这种文明(马克思在摘要中特意把这个地方加了着重号!)"**包含着自我消灭的因素**"。① 因此,摩尔根对未来社会制度的设想,是以与氏族社会的比较作基础的。

在非洲国家的意识形态中,有一种由所有直接有关的人在一起不慌不忙讨论共同事务直至做出一致决定的习俗,这是氏族部落直接民主的遗风。这种类似氏族和部落最古老的人民会议的东西,在殖民统治时期在传统结构和宗教仪式的最深处潜存着,在非洲获得政治独立以后得到"再生"。有人企图把它解释为非洲历来的原始"议会制度",以期按资产阶级代议制模式把它改造成"自上而下"操纵群众的假民主手段,但整个说来,这种企图没有获得成功。而在一系列采取社会主义方向的国家中,集体民主讨论公共事务的传统被用来唤醒群众、特别是农民的社会阶级觉悟和政治觉悟。例如,在埃塞俄比亚,这种讨论方式被看作基层集体及其领导机关中通过决定的重要形式。在莫桑比克,在全村居民或企业全体工作人员的公开大会上接收党员的办法在某些地方和这种传统风俗相符。在安哥拉,地方人民大会的工作与之近似。采取有目的地"接过来"预先清除了长期剥削和压迫的锈垢的集体主义民主的习惯、做法和制度的战略,应使广大劳动群众更容易"进入"正在形成的革命民主的国家制度的结构。因为人们若能在这种新的国家制度结构范围内进行积极的、建设性的活动,他们就较易于超出氏族部落直接交往的地区局限范围,较易于形成和扩大政治视野。马克思不仅是注意到

---

① 《马克思恩格斯全集》第 1 版第 45 卷第 398 页。

了，而且发展了摩尔根的这一思想，即异己原则的侵入根本破坏了氏族部落组织与社会生活原来的一致性。在摩尔根那里说的是地域因素，然后是贵族因素。在非洲，除了这些因素以外，起主要破坏作用的（在这一点上柯瓦列夫斯基是对的）是宗主国建立的殖民专制主义的强制和压迫机关的有目的的行动。对氏族部落组织的这两类破坏，都适用马克思在《古代社会》摘要中强调指出的这一原理，即"**不管地域怎么样，财产差异**在同一个氏族中把利益的一致变为成员之间的对立；此外，同土地和牲畜一起，**货币资本**获得了决定性的**意义**……"宗教成了垂死的氏族部落组织的精神生活的残留代用品。马克思评论道："随着**真正的合作制**和**公有制**的消失，荒诞的**宗教**成分就成了氏族的最主要因素；香火的气味倒是保留下来了。"① 显然，这是对许多非洲国家中对宗教的兴趣突然蓬勃兴起、伊斯兰教（也有部分基督教）信徒猛增这一使许多研究者不知所措的现象的唯物主义解释。

三、马克思论非资本主义发展过程中利用原始社会性形态的可能性

维·伊·查苏利奇1881年2月16日给马克思写信，问他在《资本论》中阐述的资产阶级社会发展理论是否适用于俄国的特殊条件，在那里，农民的土地公社仍然是广大居民群众传统的基层活动组织。马克思在答复这封信的三个草稿中，考察了查苏利奇所接触的问题的内部方面和外部方面。

"从外部看"，俄国公社的未来像是这样的：或是资本主义把公社

---

① 《马克思恩格斯全集》第1版第45卷第504页。

摧垮，或是无产阶级革命能来得及给它的集体主义制度以帮助，使公社不致遭到外来剥削，并且支持它内部的健康力量把现代科技成果与集体主义社会主义经营的优越性结合起来。

"从内部看"，向完全对立方向发展的可能性问题是受公社合乎规律的内部矛盾性制约的，这种内部矛盾性与它的按起源说来的中间地位有密切联系，因为它是处在人类向社会主义和共产主义过渡的时代两种客观上相互更替的经济和社会发展阶段的衔接点上。

原始社会制度能不能存在、它们与人类前进的发展能否相容的问题，在柯瓦列夫斯基和摩尔根的书中的提法上有原则性的差别。马克思接到查苏利奇的信之前不久，完成了对这两人的书的摘要工作。柯瓦列夫斯基强调外部的、外国的因素对传统社会基础的破坏作用，强调输进私有制和人剥削人的制度对公社的瓦解作用，因而预言原始社会制度在资本主义的践踏下必然灭亡。相反，摩尔根则相信古代氏族的"自由、平等、博爱"可能作为对资本主义地狱的人道主义替代物而得到"复活"。

马克思通过对这两种概念公式的现实社会经济内容进行创造性的、辩证唯物主义的"扬弃"，出色地解决了柯瓦列夫斯基和摩尔根在现代影响和原始社会结构残遗现象可能的历史发展性质方面"公社或氏族"、"外部或内部"、"否定或继承"二者择一的困境。

马克思利用《古代社会》中的一个比喻，把依次更迭的原生的、次生的、再次生的等等公社类型与地质结构相比较。他写道："地球的太古结构或原生结构是由一系列不同时期的沉积组成的。"[①] 如果与柯

---

① 《马克思恩格斯全集》第 1 版第 19 卷第 444 页。

瓦列夫斯基同时代的"俄国农村公社属于这一链条中最新的类型",①那么它的按起源说的基础则是马克思借助摩尔根的书重拟的氏族公社类型。按马克思的看法,最古的公社都是建立在公社各个成员的血统亲属关系上的。它们的结构实质上是系谱树的结构。

对公社合乎规律的发展倾向进行辩证的、同时又是具体历史的分析,使马克思能够揭示出农民在资本主义危机时代以公社的**二重性**概念的形式表现出来的两条在理论上可能的历史发展道路实际实现的内部机制。马克思认为,"农业公社天生的二重性使得它只可能是下面两种情况之一:或者是私有原则在公社中战胜集体原则,或者是后者战胜前者。一切都取决于它所处的历史环境",② 这个论点在方法论方面至今保有现实意义。

撇开对十九世纪八十年代初俄国公社的分析的具体细节方面,可以说,在全球和世界历史范围内,马克思关于公社二重性的概念表现为有按倾向潜在地相互排斥的交往结构和形态在公社内部辩证地、矛盾地共存着。换句话说,同样的人同时参加两种不同的社会联系体系,这两种体系作为正式的(有血统亲属关系的)组织和非正式的(职能社团的)组织相互影响。前者以被认为不可移易的血统关系作为基础,后者包括血统关系以外的地方的各种劳动和生产资料的合作形式。

公社作为社会原始基层组织,本身包含有社会调整和监督的专制倾向和民主倾向的萌芽。公社作为经济组织的发展,与两种互为补充的产生剥削的倾向——取走剩余劳动和取走剩余产品——有客观联系。在主要是个人联系的血统宗法体系内部,剥削和压迫是以上层分子取走公社

---

① 《马克思恩格斯全集》第 1 版第 19 卷第 444 页。
② 《马克思恩格斯全集》第 1 版第 19 卷第 450—451 页。

成员基本群众的剩余产品的形式形成的。在很久以来就是以集体劳动传统作为核心的毗邻乡村社团中，这些农民往往受到富农高利贷分子以取走他们剩余劳动的方式的剥削。

赤道非洲许多国家的乡村居民至今同时被包括在两个对立的社会关系和联系的体系中。其中一个是金字塔形的，有点像古代东方类型的政教合一的专制政权结构：首领——酋长——家长——成年男人——未成年者——其他地方、部落、民族出身的人。另一个体系按发展比前一个更年轻，因此也更有活力得多。它的震中是商人富农，他们篡夺了与市场和行政机关的联系以及对后者所提供的信贷的支配权。在他们周围按照不同依附程度有：富农雇工——雇农——立卖身契的债务人——临时贷款持有者——潜在的债务人和雇工。

在许多非洲国家，直至不久以前还有人在按殖民前"黄金时代"的精神美化公社残留的集体主义民主制度，对公社在市场经济从外部、富农高利贷上层的野心从内部的夹击下瓦解的趋势明显地估计不足。这种现象的例子可以举黑人事物理想化者关于保存传统社会经济关系的积极方面、抛弃其消极方面的幻想，这在方法论上和俄国的民粹派和斯拉夫派极为相似。非洲理论家常常以自以为独创的、与马克思对立的方式来领会他们与"和谐"公社的现实矛盾性的自发的、具体实际的冲突，甚至在某些只是他们本人不知道，但是马克思在一百年以前就已经提出并且原则上解决了的问题上也是如此。例如，上面提到的马兹鲁伊的"跨阶级的人"的学说就能被有机地纳入马克思的公社二重性的概念和列宁关于同时既是私有者又是劳动者的农民的社会行为具有合乎规律的矛盾性的观点。

还有一点细微的差别。在查苏利奇的问题中，农民公社两种在理论上可能的发展前途是从俄国和俄国乡村发展的矛盾性中"推论"出来的。在现代的非洲,它们在无论采取资本主义方向还是采取社会主义方向的国家中,都可以作为对农民原始社会组织形式残留现象采取的对立的政策类型相当清楚地被识别出来(就是说,不是"两者择一",而是"同时并存")。

马克思把俄国农业公社形象地称作"与世隔绝的小天地",至于如何有目的地改变这种状况,即辩证地克服它在经济上的自给自足性(在基础的水平上)和社会心理上的孤僻性(在精神的和制度的上层建筑领域),那么马克思在给查苏利奇回信的草稿中提出了把农民自治作为农业国家革命民主国家制度早期阶段的基础和由革命中产生的国家帮助公社农民实行合作化的思想。这种帮助,首先是使公社摆脱内外的奴役和剥削,其次是给公社提供现代的农业机器和技术。例如,按照马克思的看法,在俄国,开始"也许只要用农民公社选出的代表会议代替乡——政府机关就行了,这种会议将成为维护他们利益的经济机关和行政机关"。① 此外,"构成集体生产和集体占有的自然基础"的土地公有制和"俄国农民习惯于**劳动组合**关系"可能便于他们"从小土地经济过渡到集体经济",这在原则上是可以通过"大规模组织起来的合作劳动"实现的。②

在马克思的这些草稿第一次发表之前五年,列宁就在共产国际第二次代表大会上以农民苏维埃概念的形式,阐述了适用于保存有公社的东方各国人民的农民自治思想。③ 还在更早的时候,列宁就多次提出了由工业中心的无产阶级帮助劳动农民实行合作化是全国农业发展主要途径

---

① 《马克思恩格斯全集》第 1 版第 19 卷第 436 页。
② 《马克思恩格斯全集》第 1 版第 19 卷第 437—438 页。
③ 参看《列宁选集》第 2 版第 4 卷第 331 页。

的问题。

在我国过去是半殖民地的边陲地区在社会主义改造过程中依靠原始社会制度的具体历史形式是非常丰富多彩的：在西伯利亚和远东的少数民族中建立了氏族的和土著的苏维埃，以血统亲属关系为基础的极简单的生产组织和合作社组织；在中亚细亚和哈萨克斯坦的各共和国中建立了游牧的、村寨的及其他的农民苏维埃，各种各样的生产、供销和消费合作社。这充分地证实了，马克思列宁主义创始人对资产阶级世界的资本主义以前的边远地区进行革命改造的基本特征在理论上所作的预见具有高度的启发性。

在非洲采取社会主义方向的国家中对公社农民的社会经济关系进行根本改造的过程，也证明这一点。那里在乡村中建立革命民主国家制度的地方机关和基层经济组织，是估计到本地的公社传统和制度的。在埃塞俄比亚建立了农民协会、生产和供销合作社，在莫桑比克和安哥拉建立了集体乡村和各种类型的合作社组织。执政党是广泛爱国阵线类型的，按社会本质和意识形态属于农民性质，它们的纲领性文件中特别强调**地方**特点，指的就是公社的集体主义和劳动互助形式。公社结构常常被宣布为使农民生活转入新的进步轨道的杠杆，如坦桑尼亚的传统的"乌贾马"和马达加斯加的"福库努卢纳"。马里的公社乡村中传统的青少年和成年男子的年龄组织"托恩"，布隆迪农庄里传统的家族亲属结合形式"留戈"，被看作未来合作社的基层组织的核心。

*　　　*　　　*

总之，在人类历史中看起来好像早已成为过去的阶段，对人类的某些个别队伍说来还是极为现实的东西，是现代的政治和社会经济过程的不可分割的组成部分。

对处在资本主义以前历史发展阶段的各国、各民族和各社会集团的劳动和生活社会组织的按起源说来是原始的、传统的形式,马克思不仅没有忽略,而是进行了非常细心的和深思熟虑的研究。这些民族的自然历史过程被破坏性的殖民扩张或处在世界历史的"路边"所粗暴地歪曲、阻滞,甚至拉向后退;马克思在研究中对他们既不采取高傲的鄙视态度,也不采取浮夸的美化态度。所以,正像塞内加尔独立劳动党的理论刊物《格斯图》的主编 S.P.赫雅说的那样,在提出"**按非洲方式重新阅读**"马克思著作的伪善口号以前,应该先仔细地、认真地**读一读**这位科学社会主义伟大奠基人的著作。①

换句话说,西方和欧洲中心论这个被殖民主义带到资本主义外围地区去的资产阶级文化和科学的古老模式,正在遭到已获得解放的国家中的人民群众、社会活动家和学者们越来越坚决的驳斥。但是在这反驳的过程中常常出现一种就方法论而言完全一个类型的、正好相反的地区模式,即东方和非洲中心论。对这两者的唯一真正辩证的替代物,是马克思制定的**全世界性**、整体性、人类历史中各种具体现象本质上一致的原则。这个原则为创造性地分析不同民族和国家、时代和地区的经济和精神发展、生态和人口条件、传统的所有制和政权形式的特征,开辟了无限广阔的天地。这一天才思想的最概括、最集中、最明白的表现,就是社会经济形态的理论。

(原载苏联《哲学问题》杂志1983年第8期)

(杜章智 译)

---

① 《格斯图》杂志,达喀尔1982年第6期第2页。

《卡尔·马克思的民族学笔记》评介*

〔美〕劳·克拉德

《马克思恩格斯全集》第四十五卷出版之后，马克思晚年的人类学笔记引起了我国学术界的广泛重视。不久前，来自全国各地的理论工作者在福州举办了关于马克思晚年这些重要遗著的第一次学术研讨会，就应该如何联系这些笔记研究马克思晚年思想发展等问题初步交换了心得。研究还将深入下去。

本刊为配合对马克思晚年这些重要遗著的研究，在1985年第一和第二辑曾发表美国学者劳伦斯·克拉德、意大利学者卡尔拉·帕内奎内利和苏联学者伊·列·安德烈也夫等人的论著，今年第一辑发表了我局研究人员徐若木和杜章智的介绍文章，这里再发表三篇国外学者的研究资料。——编者

---

* 本文选自《马列主义研究资料》1987年第1辑。作者是美国著名民族学家，他在1972年编辑出版了《卡尔·马克思的民族学笔记》一书，其中包括马克思对摩尔根《古代社会》、梅恩《古代法制史讲演录》、拉伯克《文明的起源和人的原始状态》和菲尔《印度和锡兰的雅利安人村社》等四本著作的摘要笔记。本文是他提交给"人类学和民族学第九次国际大会"的论文。

在读书时做大量摘要和笔记，并且顺便加些评注，这是马克思的习惯。马克思于1868年即《资本论》出版的第二年，在给女儿劳拉的信中写道："我只不过是一架机器，注定要吞食这些书籍，然后以改变了的形式把它们抛进历史的垃圾箱。"① 他就这样记了好几百本笔记，为撰写著作准备材料，这些著作中有的他完成了，有的则没有完成，但并不因此就不重要。我想在这里介绍两个这样的笔记本，它们现在收藏在阿姆斯特丹的国际社会史研究所，编号为B146和B150。头一本最为重要。这些笔记本都是八开版面，纸张是优质的，因此甚至一个世纪以后仍完好无损；它们都用黑色硬纸板装订成册。每一本包括有几部著作的摘要，并由马克思编了索引。②

尽管笔记本保存完好，但是读起来还是很困难，因为马克思的字写得很潦草，他在英国生活困难时曾为谋取铁路办事员的职务参加了一次考试，但因为字写得不好没有考上。此外，他记笔记时喜用缩写法，并且多种语文并用。有些词他用标准方式缩写，如用 u 代替 und（"和"），但另一些词则用独出心裁的、意想不到的方式缩写，如 "wahrscheinlich"（"大概"）有时被缩写成 "whsclich"、"whrsclich"、"wrslich" 等等。有些句子采取意译方式，动词常被省去。同一句话里英德两种文字掺用。每页都写得密密麻麻。这些笔记除了给自己看以外，他是不打算给任何人看的。

1883年3月马克思逝世以后，恩格斯着手准备马克思遗著的出版工作，把那些完整的手稿清理出来，其中最完整的是《资本论》第二

---

① 《马克思恩格斯全集》第1版第32卷第533页。

② 笔记本上还有另一人编的索引。核对笔迹表明，这人是弗·恩格斯。这一点很重要，我们以后还要回过头来谈。

和第三卷以及简明的《关于费尔巴哈的提纲》。多卷本《剩余价值理论》的手稿,马克思没有最后完成。恩格斯要卡尔·考茨基去准备出版,考茨基出了个暂行的版本,近年来由莫斯科出版了比较定型的版本。民族学笔记比上面那些手稿更不完整,更不成形。这些手稿的编者的第一个任务就是把它们按马克思留下的原样复制出来。之所以必须这样做,是因为它们过去曾被用于各种不同的目的:俄文版舍掉梅恩和菲尔著作的摘要,单出摩尔根著作的摘要,企图通过恩格斯的眼睛来看它们,即按照恩格斯的观点而不是马克思的观点来解释它们。一本西德研究著作已利用这个版本来诋毁恩格斯。因此,重要的是把手稿归还给马克思,并照原来的样子出版,保持其真正价值。

马克思摘记的所有这些民族学资料,都是取自论述人类社会进化问题的著作。这些作者并不构成一个统一的学派,事实上,他们在许多问题上彼此对立,但他们都是乐观主义者,都相信人类的进步,并且都带有思辨倾向。他们所相信的进步是直线式和单线式的,中间有若干阶段。他们之间对阶段的划分法而不是对发展路线本身有一些分歧。只有摩尔根对这种发展所导致的文明现状表示不满。梅恩、菲尔和拉伯克对他们所理解的文明状况非常满意,并期望这种文明能向世界所有民族传播。摩尔根、梅恩和菲尔对不同于西方的某些别的文明具有接近的认识。摩尔根是一位熟悉纽约州北部地区易洛魁人情况的民族志学者,他的职业是代表铁路利益的律师。梅恩是英国维多利亚时代研究历史法学的主要人物,曾在英属印度当过法官。菲尔是梅恩的追随者,本来是自然科学家,后来转习法律,也在英属印度和锡兰工作过。梅恩和菲尔都很熟悉英属印度,特别是它的法律。拉伯克是一位不出书斋门的民族学家,达尔文的朋友和门徒,他出身于银行家家庭,后来成为爵士。

马克思论进化和文明的起源

马克思曾长期深入研究人类的社会进化问题。在《德意志意识形态》一书中，他和恩格斯曾写到家庭发展为氏族的问题。二十年后在《资本论》第一卷中，马克思写道，在家庭内部的分工，在氏族内部进一步发展了。① 这里与前一部著作中所表述的内容有所不同，因为这里说的不是整个制度从一个发展为另一个，而是一种经济上的作法在它们内部的发展。恩格斯在准备付印《资本论》第一卷马克思逝世后的那一版时，还是按先前的表述来理解马克思后来的观点，因为他得出结论说，马克思所指的是家庭发展为氏族。② 撇开恩格斯对问题的解释不谈，马克思后来对家庭和氏族社会的更一般的问题也有过不同的说法，但恩格斯在1883年11月还没有弄清楚这种不同是什么。两个月后，即在1884年年初，恩格斯看到了马克思的民族学笔记。他在1884年2月写给卡尔·考茨基的信中推荐摩尔根的《古代社会》一书，并说他本人找这本书已找了五个星期，但还没有找到。恩格斯当时显然看到了那个主要的民族学笔记本，并且至少读了摩尔根著作的摘要。他根据马克思的笔记整理了一份摩尔根观点的提要，在5月底给爱德华·伯恩施坦看过。在3月份恩格斯找到了一本摩尔根的书，着手写作《家庭、私有制和国家的起源》一书，并于同年5月份完成，在这本小书中从马克思那里采用了十几段话。恩格斯的这整本书是在马克思的鼓舞下写成的，

---

① 参看《马克思恩格斯全集》第1版第23卷第389—390页。
② 参看《马克思恩格斯全集》第1版第23卷第389页注（50a）。恩格斯编的这一版注明日期为1883年11月7日。

用恩格斯的话说就是"执行遗言";这本书忠实于马克思观点的程度,可以根据马克思的民族学笔记来判断。

马克思从摩尔根著作中得到这样一个思想,即在社会从原始的无划分状态向政治社会或市民社会过渡中,氏族起着中心作用(政治社会或市民社会在国家统治下划分成相互对立的经济阶级)。氏族(gens)是一个拉丁名词,原来指古罗马的这样一种制度,它由出自一个共同祖先(不管是真实的、虚构的还是神话的)的男性世系后代所组成。罗马人禁止本氏族内部的通婚,因此,这种婚姻所构成的家庭包括出自不同氏族的人,因为至少有一个成员(妻子和母亲)必须来自别的氏族。按照摩尔根的记述,在古希腊人当中可以看到类似的制度和相同的惯例,而在古希伯来人当中,家庭由更加疏远的氏族所组成。马克思得出结论说,氏族并不是简单地从家庭发展而来,家庭也不是由氏族发展而来。部落是由一些氏族组成的社会单元,但是正如氏族不是从家庭发展而来一样,部落也不是从氏族发展而来。

氏族至少在观念上是按照继嗣的严格规章组成的。家庭是根据完全不同的规章组成的,因此不能同其他家庭合并起来组成氏族。部落是比无论氏族或家庭都更加含糊的概念,今天有些人类学家承认这个名词难以理解。近来有些人类学家用"克兰"(clan)来取代"氏族"(gens),而意义没有什么实质的变化。

这里的发展概念引起了一些混乱。恩格斯把家庭发展为氏族理解为经过一定时期的结果。有些作者,特别是目前的结构主义者,把家庭和氏族或部落的关系理解为一种逻辑的发展,即一方是另一方的必然条件。一种东西经过时间发展为另一种东西这一对任何进化理论都极为重要的概念,在马克思对摩尔根和梅恩的研究中被用于政治社会产生于原始氏族社会的问题;这是马克思阅读摩尔根的著作所发现的结论。

马克思根据摩尔根著作做的摘要笔记整个说来是明白易懂的,虽然对摩尔根所记述的某些细节进行了批评,但大部分都是同意的。在少数几处地方,马克思加批了表明他对一般方法所持立场的按语。例如,摩尔根描写家庭与亲属制度的关系,说家庭是一个能动的要素,而亲属制度是被动的,它把家庭由较低级形式发展到较高级形式的进步记录下来。对此马克思评论道:"同样,**政治的、宗教的、法律的以至一般哲学的体系,都是如此**。"① 这些都是和亲属制度一样的东西,是被动的要素。能动的要素是经济。马克思对摩尔根持肯定态度,摩尔根的著作为马克思提供了用以判断梅恩和拉伯克著作的准绳。可是,马克思绝没有像恩格斯那样深受摩尔根著作的影响。

亚细亚生产方式和东方社会

在同一个笔记本中可以看到马克思对菲尔和梅恩著作的笔记和评论。我在前面已经提到,恩格斯为所有三人的著作摘要都编了索引,但他只对摩尔根的著作摘要进行了研究。菲尔的书是对他最熟悉的今天孟加拉国地区农村生活的记述,虽然是概括性的,然而却非常详尽。他的方法是描写一个乡村的"模式标本",这个乡村在哪里都不存在,然而它的生活条件在当时这个地区的许多地方都可普遍看到。"模式标本"这个词可能不合适,因为他并没有拿出"标本",只是提供了一个"模式"。把活着的民族看成博物馆的展品,同样不合适。这个方法虽然提供丰富的细节,但是不能和实地考察相比,由于没有在特定时间和地点存在的任何具体乡村作参照而缺乏具体性;他的研究对象事实上哪里也

---

① 参看《马克思恩格斯全集》第 1 版第 45 卷第 354 页。

不存在，他的结论只能听信，无法验证。

马克思深入研究了亚细亚生产方式，把它同以奴隶为基础的欧洲古典古代生产方式和中世纪欧洲封建时代的奴隶生产方式区别开来。他尖锐地批评了菲尔和马克西姆·柯瓦列夫斯基未能对此加以区别的不恰当提法。

马克思在对梅恩《古代法制史讲演录》的摘要中研究了同样的问题。马克思把东方社会同欧洲社会区分开来。他认为很重要的是，东方的乡村是一个集体，在那里，公社的所有制和经济活动在人们生活中起根本作用，这种集体生活并没有因为在东方国家统治下把农民公社联合起来而被消灭。东方乡村的集体生活是原始社会集体生活的直接延续。恩格斯则没有考虑这些问题，认为古代亚洲文明具有以奴隶为基础的形式，因此是更一般的生产方式的一种形式，古希腊罗马的经济是这种生产方式的另一种形式。马克思在1857和1858年也持这种论点，但是后来改变了看法。

梅恩认为，在古代著作和现代民间习俗中保留下来的爱尔兰人、斯拉夫人、罗马人、希腊人、印度人和日耳曼人的古代法残余，不仅说明了雅利安人种族的生活方式（马克思在一处地方批道："让这种'雅利安人的'伪善言词见鬼去吧！"①），而且还说明了原始社会的一般情况。虽然梅恩的观点在方法论上有弱点并且也过时了，但他提供的事实证据值得注意。在《讲演录》第十三章里，他简短地描述了东方的帝国统治，他以十八世纪印度锡克教徒统治者郎吉特·辛格为例。这个君主虽然暴虐，但并不干预农村公社生活的古代遗俗，而只要求向他们征税（实物）和征用人力服兵役。梅恩接着说道，古代米底、波斯、亚述、

---

① 参看《马克思恩格斯全集》第1版第45卷第636页。

巴比伦等东方国家的法律也是这样的。只有在后来的罗马帝国，国家才首次运用法律手段比较直接地操纵乡村中的人民生活。

马克思摘录了梅恩书中关于东方帝国统治的资料。他虽然对某些地方过于夸张表示惊讶，但一般说来他以肯定态度对待梅恩根据亲身经历对印度当时及稍前一个时期情况的描写。此外，马克思对梅恩在较早期的《古代法》一书中提出的法律和社会从身份到契约的发展理论也给予好评。另一方面，马克思不仅批评了梅恩对爱尔兰人在当时和在伊丽莎白和詹姆士二世征服时期的政治问题和苦难无动于衷，同时还批评了他未能跟上民族学理论和民族志资料收集的发展。在这后面一点上，拉伯克也对梅恩提出了批评。马克思不同意菲尔和梅恩试图恢复印度古代生活原貌的设想，理由是认为他们的做法过于思辨，而且是预先就存心要证明法律和社会是向着从较原始的起点建立梅恩那个时代的英国制度发展，并且是把英国人在征服印度时所遇到的法律习俗看作这种原始起点。这些习俗不仅包括农村公社对土地的集体所有制，而且还包括梅恩用来同一种古代英国习俗和撒提即寡妇自焚殉夫习俗相比的关押习俗。马克思在读托马斯·斯特兰奇爵士论印度法的书时得出结论说，把寡妇活活烧死符合僧侣阶层和丈夫家庭的利益。梅恩曾经指出，婆罗门对撒提的兴趣是"纯粹职业上的"，即反对违反遗孀在享有丈夫的财产时所要奉行的古代习俗。根据斯特兰奇的说法，僧侣阶层和她的丈夫的家庭成员一样，之所以热望举行这种仪式，"实际上是出于最鄙俗的动机"。①

梅恩著作摘要中包含的马克思批语比摩尔根著作摘要中更多。马克思不但摘录了梅恩写的东西，而且无情地抨击了他无动于衷的政治态

---

① 参看《马克思恩格斯全集》第1版第45卷第641页。

度。此外，马克思在这个笔记里比在别的几个笔记里更加明确地表述了他的国家形成理论，特别是关于国家形成以前的原始公社组织瓦解情况。马克思在阐述这些问题时，明确地反对了功利主义者耶利米·边沁和他在法学界的同伙约翰·奥斯丁的学说。马克思也批判了让·雅各·卢梭关于人原来自由自在而后来受到束缚的学说。按照马克思的观点，人类在原始状况下也和在文明条件下一样受到束缚。但原始人的束缚是愉快的和令人满意的。根本没有人类完全自由的生活条件。原始人是受到束缚的，尽管这是一种令人满意的束缚。文明人享有正式的、受到法律保障的自由，但是在生活的实质和内容上同样是受到束缚的。应该把这些考虑同《资本论》第三卷中关于从必然王国向自由王国过渡的论述、以及《1844年经济学哲学手稿》中的有关论述结合起来。它们彼此之间有联系，并且和《德意志意识形态》、1859年《政治经济学批判》序言及《关于费尔巴哈的提纲》中有关人的发展的论述有联系。把它们放在一起考虑，就可以对马克思关于人的本性的观点得到一个全面的印象。

必须把包含在马克思民族学笔记中的晚期著作同他在四十年代的早期著作联系起来考虑。这样一来，多卷本《马克思恩格斯传》作者奥古斯特·科尔纽和《阅读〈资本论〉》一书作者路易·阿尔都塞关于马克思生平和著作的估计就会成为问题。他们两人都坚持这样一个论点，即马克思在1846年奠定了历史唯物主义的基础，他在那以前所写的一切都与马克思主义无关，应抛在一边。这个观点同马克思本人在他1859年为《政治经济学批判》写的简短序言中的提法有矛盾。马克思的著作从开始到最后，既有连续性也有间断性。他在五十年代和六十年代成熟时期的著作中的有力论点，应该根据他在此之前和之后所写的东西来加以理解。如果考虑到这些论点在民族学领域的延伸，我们就能更好地理解它们。赫伯特·马尔库塞、埃里希·弗罗姆、莱塞克·柯拉科夫斯基强调了马克思与积极革命者对立的人道主义者的一面，对马克思的著作同样是作了片面的解释。

作为民族学家的马克思和恩格斯

分析这些摘要笔记，比较容易看清马克思的观点，并把它们与恩格斯的观点区别开来，因为在摩尔根的著作上，他们研究的是同样的课题。这是一个很不寻常的任务，因为这个问题已被从不同方面弄得模糊不清。以奥古斯特·科尔纽为代表的正统派和以 C. 赖特·米尔斯为代表的非正统派，都把马克思和恩格斯两人看成同一个人。但是他们没有提到，他们所谈的究竟是政治行动、科学研究、历史人物，还是他们的历史地位，而这些并不是一码事。那些在他们生前认识他们的人，如爱德华·伯恩施坦，倾向于同意恩格斯关于他们关系的估价；麦克斯·阿德勒也步伯恩施坦的后尘。直到本世纪二十年代，在卡尔·科尔施和卢卡奇·捷尔吉的著作中，才提出了把他们两人以及他们的著作分开的任务。科尔施嘲笑那些利用马克思和恩格斯著作的教条主义者，说设想他们完全一致是宗教教义的需要。卢卡奇则抨击恩格斯对历史造诣不深。我们可以说，这个问题是理论与实践的辩证关系的问题：在他们的实践中，例如在合写《共产党宣言》（这是欧洲1848年革命的一部分）和六十年代的组织工作中，两人是一致的。而在理论和各自的科研工作方面，他们显然是完全不同的人物。我们不能同意卢卡奇的评价，因为他只考虑理论方面，带有片面性。科尔施认为他们在实践方面是一致的。教条主义者一味强调他们在理论方面完全一致，另一些人则忘记他们在实践上的统一，都同样是错误的。

民族学笔记与马克思的实践完全无关，但是却有助于对这一实践的理解。因为马克思和恩格斯都研究了这些笔记所涉及的同样的问题，我们可以看到，他们怎样在实践上表现一致的同时，在理论上各有所异。例如，他们两人都研究了国家形成的主客观条件。恩格斯在《家庭、私有制和国家的起源》的一章里提到客观方面，即财产的积聚，而在另一章里提到主观方面，即贪欲。他没有把这两方面结合起来，也没有谈两者的相互作用或一者对另一者的作用。国家形成中的主客观条件和因素是同一个过程的两个方面，把它们结合起来不止是一种文体或审美手法，而是题中应有之义。马克思在摩尔根著作摘要中就是这样做的，在梅恩著作摘要中也这样做了。在梅恩著作摘要中，他写到了国家中个人利益和阶级利益的发展和冲突。个人有其个人的利益，但这种利益可能和他的阶级利益相对立。例如，一个资本家可能把武器卖给一个旨在推翻资本主义的革命组织。这个资本家可能由此获得眼前的利益。但显然这样做有背于他的阶级谋求永世长存的利益。国家的职能之一是设法遏制那些违反阶级利益的个人利益。同时，那些使国家和对立阶级利益产生的因素和条件，也使不受约束的个人主义和谋求一己私利的个人抬头。国家不仅是有产阶级控制所有其他社会阶级的机构，而且同样是有产阶级控制本阶级成员活动的机构。从原始状态过渡到文明状态，换一个说法就是国家的形成，是从个人身上去掉（马克思的原话是 Losreissung，即撕下）对群体的集体束缚。在这种过渡的过程中出现的小规模的地主和高利贷者在主观上是受到贪欲的推动；财产集聚的客观因素支持这种私人活动，加强它，反过来又受到它的加强。

这时，在公共的和私人的社会生活之间、在公共的和私人的利益之间、在社会的官方组织和非官方组织之间，同样发生了分裂。摩尔根曾谈道，母亲和子女之间的关系在任何形式的家庭中均有保障，而父亲和子女之间的关系只有在专偶制家庭中有保障。按照摩尔根的方案（它在这一点上与《共产党宣言》和沙尔·傅立叶的方案颇为一致），专偶制家庭只有在文明时期才发展起来。马克思在摘录摩尔根关于父亲与子女的关系有保障的情况时插进了一个小问题："至少在形式上？"① 认出一种形式上的（正式的）关系或者承认这种关系，是社会生活分裂为正式和非正式领域并相互对立、公私利益分裂开来并相互对立的产物。这是在文明时期产生出来的，正像我们刚才指出的，在这个时期，家庭生活的专偶制形式是按照摩尔根的方案发展起来的。在乡村中的人们还管理自己事务的时候，公和私就不是分开的，或者说就还不是分开的。只有出现了正式的公共生活，出现了政治社会的官员的时候，才完成了这种分裂。这同人类历史上主观因素和客观因素之间的关系不是一回事，主观因素和客观因素是到处都可以看得到的。前者是社会生活中公私领域的对立，黑格尔在他的《法哲学》中已把这两个领域清楚地划分开了。这两个领域的对立只有在文明社会中才可以看到，在原始社会中没有这种对立，除非是处在向文明社会过渡的过程中。

马克思在他们两人中更加训练有素、更加深刻和渊博，这不是秘密。恩格斯对此已经很清楚。重要的是弄清楚他们如何不同。他们对辩证法持有不同态度是一个很好的例子。在恩格斯看来，辩证法是像从量变到质变这样的一系列规律；恩格斯曾在《自然辩证法》一书中对此作了很好的概括。但这是纯粹外在的和抽象的公式。黑格尔和马克思都很少提到辩证法；在黑格尔的著作中只偶尔明确地使用这个术语，在马克思的著作中这种情况甚至更少。在他们看来，辩证法是一种在特定的过程中展开的内在的具体东西。它并不是飘浮在空中，在需要的时候就

---

① 参看《马克思恩格斯全集》第 1 版第 45 卷第 341 页。

可以把它取下来。它不是一种独立于内容之外的方法,它寓于事物的具体发展之中。马克思在《资本论》和《剩余价值理论》中研究资本主义时期的社会和经济,而在《政治经济学批判大纲》(1857—1858)中开始研究更早的时代,在这部著作中,他除了原始人类的生活之外,还研究了欧洲的古典古代和封建主义时期以及亚洲的不同社会。这就是他对民族学和进化进行研究的一般背景。

马克思论自然和人的自然本质

正如我们看到的,马克思和恩格斯在《德意志意识形态》中曾认为,男人和女人生儿育女的生物学关系是一种分工。四十年之后,恩格斯在《家庭、私有制和国家的起源》一书中重复了这句话,但马克思已经放弃了这种一般的立场。马克思在《资本论》第一卷中谈到"文化的起源",这里的上下文表明,他不是指农业的起源(这是这个词在他那个时候的正常用法),而是指人类的起源和人类祖先纯自然史的终结,也就是原人发展成为人。马克思在《1844年经济学哲学手稿》中就已写到人同自然界的第一次分离。这是人类的最初的异化。劳动是人类所特有的人类社会的劳动,而类的繁衍是一切有生命之物的活动。劳动的含义是:它是一种社会劳动,是同自然的物质交换。

按照马克思的看法,人同时既是自然界的一部分,又是同自然界分离的;人的社会同时既是感性的又是超感性的;马克思把所有的人,不分原始人和文明人,统统包括在这个公式之中。可是恩格斯却持有这样一种观点,即历史唯物主义的规律,其中包括经济因素在历史中占首位的规律在内,只适用于文明社会。他还反对关于这些规律适用于原始社会向文明社会过渡的时期的看法。因此,在马克思主义的传统中,他很早就受到社会民主党人亨利希·库诺夫的批评，后来又受到莫斯科《马克思恩格斯文选》两卷集（1956年）的编者的批评。在这方面除了肯定人类在文化和精神方面的一致之外，别的任何提法都是不能接受的。所有其他不同意这一点的提法都只会有利于推行种族主义和把人类划分为一成不变的几个固定部分的政策。这从经验事实的观点看是站不住脚的，在政治上是有害的，在道德上是令人反感的。

人类的繁衍肯定是男人和女人的事；但这只是问题的一部分。繁衍后代通常是夫妻间的事，人们按照社会认可的制度结合在一起构成家庭生活的基础，不管是一夫一妻制、一夫多妻制还是一妻多夫制。在约·雅·巴霍芬和拉伯克的书中讨论原始家庭状况时，使用了"淫婚制"（hetairism）一词，他们把男女之间非传种接代的关系、古希腊史中的"淫婚"看作是一种原始现象；这是一种混淆时代的错误。不同性别、成熟和健康是类的繁衍的必要前提，但这些被人类社会生活变成为文化条件。使用"社会认可"一词是想要把这些发生变化的条件大部分包括进来；使用"通常"一词是想要把最常见的事情和受到社会认可的事情都包括进来。巴霍芬在他的著名的《母权论》中提出，人类生活中最初状况是既没有婚姻制也没有家庭；人类像动物那样群居，实行杂交。虽然他认为这种想法是必然的，然而它却使他感到厌恶，他认为我们是一种 Sumpfzeugung（"污泥生殖"）的后代。摩尔根和恩格斯在这个问题上接过了巴霍芬的观点。马克思则批评了这种观点，他认为"污泥生殖"的说法是一种民族中心主义。齐格蒙德·弗洛伊德后来也接受了关于这样一种群居杂交的说法，但是却没有任何经验事实的支持。在巴霍芬、拉伯克、摩尔根和丁·麦克伦南提出这一论点后不久，查理·达尔文就使它成为疑问。达尔文的理由是以他对野生动物的考察为基础的，至于人们根据道德理由对他的怀疑表示欢迎，则与本题无关。共产制生活是社会中人们之间的关系问题,在社会中,人们的文化条件使得他们的自然欲求被掩盖起来或者发生变化。一个共同体中的女人也和男人一样,同样是人,她们同男人、同后代的关系是人的关系。纯粹生物的、性的欲求被变成了文化的要求和关系,虽然其中包含有强弱不等的性的成分。例如,如果在某种情况下女人被当作财产,那也并不就像野兽一样当真实行杂交。因为经济意义上的财产无论在哪里都带有社会问题的性质,并受到一定权利义务和内外有别的限制,因人而异。关于把妇女作为共同财产和实行杂交的问题,很早就有争议,但我们现在看得很清楚,这两者并不是一样的。达尔文对包括人类在内的所有灵长动物有过毫无约束、社会秩序完全混乱的状态持怀疑态度。这是一个问题。另一个问题是,是不是人按其本性是社会存在物,作为共同财产的女人是和社会存在物发生关系。如果这是我们所要证明的,那么说原始人毫无约束地实行杂交,对一个共同体的女人在性方面可以任意占有,则不能证明这一点。人的社会生活,那种社会生活的最初共同性、群居关系和集体所有制,可以用另一种方式来说明。人是属于自然界的序列的,自然界被人所改造,人本身也受到改造。作为人,我们并不是直接地,而是通过我们的工艺技术和社会关系间接地与自然联接在一起。最后,把女人看作共同财产也是个混淆不清的问题,这同群居关系和原始集体性并无内在联系;其基础事实上是可疑的。就语义来说,占有和财产并不是一码事。

马克思过去曾经批判过法的历史学派,特别是古斯达夫·胡果,他把人的原始状态即"自然"人看成中心前提。胡果从这种状态中推出文明民族中间各种现存的法的状况。马克思嘲笑了这种令人想起卢梭的自然人、荷兰的原始状态画家、达·蓬特和莫扎特笔下的原始状态学舌人、穿着羽毛装束的巴巴盖诺的东西。他并不是指真正的易洛魁人,而是指在十八世纪欧洲人的幻想中对他们的再创造。政治经济学家们同样采用了这种概念，希望通过虚构即鲁滨逊·克鲁梭得到纯粹的人性或自然人。当时在欧洲有一种对文明的批判认为，我们同原始人并没有多大不同，透过我们的制度的掩盖向外窥视的是野蛮人。但是一个裂缝有两头：野蛮人窥视我们，我们也窥视他，我们看到的是我们自己。

有人可能把这种批评调过头来，从这样一个想法中得到安慰：我们毕竟不是这样坏。但这个裂缝是一面哈哈镜，我们是原来的我们，只是被变形了。差别在于我们有自己的问题要解决，单是注意到这些问题是全人类的普遍问题，并不会使它们成为永恒的、必然的、不能解决的问题；是不可能就这样宿命论地耸耸肩膀，把它们甩开不管的。此外，问题的普遍性是一种虚假情况，因为，虽然人类同自然界的最初异化分离的确是一种人类的共相，文明社会中人的异化却不是同一回事，然而同时又有点相同，以歪曲方式存在的相同。由于工艺技术的进步，由于社会分工越来越复杂化，文明人类同自然界就更加疏远了。社会的剩余产品同它的直接生产者的异化，并不是同上述两种一样的异化，而是与它们两者有直接联系，是它们两者的必然前提，而且也是社会分工越来越复杂化和技术日益进步的一定后果。人类同自然界的异化和人们彼此之间的异化正在汇合，因为这两种异化相互发生影响。但这些关系尚有待详细研究。

集体主义和个人主义

马克思所确立的、并且在他做过摘要的人类学著作中找到了支持的一个伟大思想，就是人类最初过的是群居生活，集体是人类生活的基本形式。马克思在柏林大学学习时常去的黑格尔小组之一的成员麦克斯·

施蒂纳，曾对无拘无束的个人主义作了歪曲解释。施蒂纳的纯利己主义是资本主义社会的人的一幅讽刺画。摩尔根在他的著作的结束语中提到人类的智慧在财产这种无法控制的力量面前感到迷惘而不知所措。他接着写道，社会利益绝对高于个人利益，个人在征服他的力量的作用下蒙受苦难。此外，追求财富是近来的事，因为文明是近来的事。那不是人类的最终命运。①

在这个时候，俄国社会主义者维拉·查苏利奇就俄国集体农村即"村社"问题写了一封信给马克思。在马克思写的未寄出的复信草稿中②，马克思提到摩尔根的著作，把他作为对立阵营资本主义制度的一位证人，然而就是这位摩尔根指出了人类生活是在古代氏族中形成的，曾受到文明、财富和个人主义的歪曲。但是马克思补充说，与人类在地球上繁衍发展的漫长地质时代比起来，这些歪曲只不过是短暂的偏离。摩尔根曾经提到过体现在氏族中的民主、平等和博爱的理想；他预见到社会将发展到没有财产束缚的更高阶段。这些是在一些空想社会主义者的著作中也同样可以找到的对社会的批评；马克思在他的笔记中提到了沙尔·傅立叶。摩尔根和马克思之间的差别在于，摩尔根只是提出了他所理解的人类发展的有机运动；摩尔根所要求做的任何事情都无助于达到古代氏族的自由、平等和博爱的更高形式，无论是加速过渡的过程，还是保证它的实现。马克思则提出了具体的批判和一套使社会从目前阶段向更高阶段过渡的积极行动计划，从而使运动的速度和方向都受到我们的支配。

---

① 参看《马克思恩格斯全集》第 1 版第 45 卷第 174—175 页。
② 参看《马克思恩格斯全集》第 1 版第 19 卷第 450—452 页。

人创造自己

我们已经读到马克思在他的民族学笔记中所涉及的人类发展的积极因素和消极因素。人是由生物的及其他自然的因素构成的；人在和这些因素的交互作用中创造自己。汉娜·阿伦特反对这个关于人的自然本质的概念，她写道："人无论是作为类的一员还是作为一个个人，其存在都不归因于自己，没有比这更明显不过的了……"但这是关于人类发展的极度简化的、片面的观念。阿伦特为讨论人赖以存在的因素采用了两个参照系：类和个人。一系列交互作用被排除在外，一方面是类和个人之间，另一方面是这两者同自然环境之间。而且，自然既存在于内部，即人的机体中，也存在于外部，即我们周围的土壤、空气和水中。这样一来，还排除了第三个参照系：那就是个人同他被养育并生活于其中的**特定**社会的关系。正是由于这些关系的结合（在这些关系中，人类个体有时是积极因素，有时是消极因素），人创造出自己，或者用阿伦特的说法，使自己的存在归因于自己。就人类个体而论，人的"类"，除非作为一种抽象，否则并不存在。我们可以对此表示惋惜，或者表示希望有朝一日这种抽象将变成具体现实。直接的社会、邻里、共同体及其机构、政府的更大机构、法律、国家等等，只作为具体的东西存在。这一切塑造个人，个人则给它们以物质内容。没有社会，个人不会存在，没有个人，社会也不会存在。

亚当·弗格森在两个世纪以前就说过，人是缔造他自己的名声和命运的工匠。我们并不同自然直接接触，而是让我们的技能在我们自己和自然界之间起中介作用。根据不同人类社会的不同习俗，技能是多种多样的，因此我们的自然界是多种多样的。人类学家们试图用"文化"一词来概括这个关于人和自然界的非直接关系的概念。因此文化是人的产物，而且只是人的产物。而且，我们创造文化，不是一般地创造，而是特殊地创造。我们在每一个人类社会中创造我们自己的文化。这个文化反转过来又塑造生活于其中的个人；我们所创造出的东西反转过来既塑造我们的物质生存方式，也塑造我们的精神生存方式。就这个意义来说，我们创造我们自己，不是一般地，而是特殊地，按我们的类型创造。的确，我们的类型就是这样形成的。

我们是由重力、阳光、土地和空气这些物质的自然力量形成的。我们不能塑造这些力量，就像我们不能塑造使人类与其他哺乳动物和其他灵长动物有不同发展的进化力量一样。但是当我们探索人类产生的时代时，我们就看到，原人、早期人和现代人自己的技能通过他对环境越来越多的控制，在塑造他和自然环境的关系中起着越来越大的干预作用。在这个意义上，我们的存在应归因于我们自己。对这种自我创造的因素进行了说明之后，我们现在要把它放回到相互作用的过程中去看。事实上，之所以出现实业界中那种靠自己努力成功的人的滑稽形象，正是由于这种相互作用被忽视了。我们应把自己的存在归因于自然界即我们周围的自然界，没有这个自然界我们就不能存在，但是这个自然界，我们已使之成为我们自己的，按照我们的被部分地和无效地控制着的力量，使之被占有、被支配、被控制、被统治和被毁损。我们已用我们的只应归因于我们自己的文化手段，去进行自我毁灭和毁灭我们周围的环境。确实，我们的存在，或者我们使自己成为的样子，我们应该归因于我们自己，而不是任何其他的东西。

人类的群居生活是我们的原始状态,这是奥托·切克、亨利·梅恩、马克西姆·柯瓦列夫斯基、路·亨·摩尔根、埃米尔·杜尔克姆以及后来的亨利·柏格森和约瑟夫·库利舍尔的论点。反对这个论点的有甫斯特尔·德·库郎日、弗里德里希·拉采尔,后来的亨利希·舒尔茨、阿尔封斯·多普施,离今更近的卡尔·斯蒂芬逊。奥古斯特·孔德和赫伯特·斯宾塞两人在争论中采取模棱两可的立场。马克思发现了人类最初的集体生活,而这个概念的科学方面和政治方面是分不开的。此外,关于社会的集体生活不但是人类生活开始时的必要条件,而且是今天人类生活的必要条件的思想,是进一步争论的一部分。按照马克思的观点,人和社会是相互作用的,各自为对方的必要条件。可是在较早期的自然法和社会契约论学派思想家们——格劳修斯、托马斯·霍布斯、约翰·洛克、卢梭——看来,人的存在先于社会,人为了他自己的目的而组成社会。按照马克思的观点,人类从社会生活的集体状态发展为个人主义状态,是古代集体制度瓦解、政治社会及对立社会阶级形成的产物。马克思积极反对社会的文明状态,他研究了表明这种对立和个性状态只是对人的更基本的平等博爱状态的暂时歪曲的科学资料。同时,马克思明确说明了,个人主义的学说是从一种社会过程中产生出来的,这是在政治社会中发展起来的一种政治学说,其基础是个人已摆脱了集体的束缚。个人主义、托马斯·霍布斯的一切人反对一切人的战争、自由市场、自由放任、利己主义的学说是后来产生的,它把这个问题作为一种政治意识形态,作为一小群从中获利者的利益来表达。这个学说起初是和个人摆脱集体束缚分开的,然后又和它合在一起,目的是为摆脱束缚的行为辩护。这种辩护曾是赫伯特·斯宾塞和亨利·梅恩的使命。马克思揭示了意识形态和事实之间的联系,同时指明了这种方法的空洞性:政治意识形态和科学事实是分不开的,并没有任何关于社会的纯客观的科学。

人是社会不可分割的一部分,社会是人类个体的一部分;并没有脱离一切社会关系的抽象的个人。相反,涉及人的每件事都是在一定社会中进行的,没有任何事情是在社会之外进行的。这一点特别重要,就其本身而言和对理解马克思的活动来说都是一样。在政治上,马克思从事反对资本主义的斗争:他同时极力反对无政府主义者,特别是米哈伊尔·巴枯宁。大家都认为,反对无政府主义者的斗争产生于十九世纪六十和七十年代工人阶级运动内部的冲突。这是问题的实践方面。理论方面则是,无政府主义者只看到一种简单的对立,即个人和国家;而在马克思看来,这种想法不仅过于简单,而且是危险的。在马克思的梅恩《古代法制史讲演录》一书摘要笔记中,他写的是"社会及其国家"。国家是各种活动的一个重要中心,但它并不是占领全部领域,在反对资本主义的革命斗争中或在研究资本主义时期的社会和经济状况时,它也并不总是具有头等重要的意义。国家是它所在的社会的一个产物。在这一点上,无政府主义者巴枯宁和克鲁泡特金的观点是很肤浅和幼稚的。他们既不了解资本主义时期的社会与其国家形式之间的关系,又不了解那个社会与其个人的形成之间的关系。斯宾塞决不是一个无政府主义者,然而他的纲领性思想在直接把人同国家对立起来这一点上与无政府主义的纲领相去不远。斯宾塞思想中的社会学成分在这一点上是很弱的。关于资本主义时期的个人主义和个人对社会的关系的无政府主义学说和资本主义学说在维护自由上是一致的。但是由于没有一种社会理论和改变社会中各种关系的纲领,那种自由是一种纯粹形式的概念。马克思既反对资本主义学说也反对无政府主义学说。在实践方面,人们知道有《共产党宣言》中所概述的他的社会变革纲领,而《民族学笔记》将勾画出他的与实践相应的人类发展和社会进化理论的轮廓。这里将找不到解决当代实际社会问题的指针,这只能靠我们自己去探求。

(原载斯坦利·戴蒙德编《走向马克思主义的人类学——问题和观点》1979年海牙—巴黎—纽约穆顿出版社版)

(马学林 译)

马克思对菲尔《印度和锡兰的雅利安人村社》所做的摘要笔记简介*

英人约翰·巴德·菲尔曾在牛津大学研习自然科学和数学，后改学法学，先后在孟加拉和锡兰担任高级法官之职。他是梅恩理论的信徒之一，他在东方供职期间的前一段，适逢梅恩也在那里。1874年，菲尔发表了他对于东孟加拉乡村生活所进行的一些观察的结果；六年后，他把这些文章汇集起来，补充了有关锡兰的材料，并加进对印度乡村公社原始形态所作的一些推想，出版了《印度和锡兰的雅利安人村社》。书的开头，还就人类的进化发表了长篇大论的引言，在引言的概述中，他掺入了地质学家和古生物学家威·博·道金斯的进化论观点。同梅恩一样，道金斯文章所研究的也是孟加拉和锡兰乡村的生活。作为一个狂热的进化论者，道金斯在阐述英伦三岛的地质地层和生命形式的古生物化石方面颇有成就；他的著作《不列颠的原始人》（恩格斯在《论日耳曼人的古代历史》一著中引述过[①]），对菲尔的文章也有重大影响。

菲尔的著作同马克思对于东方社会，特别是对于东方的公社的关注，有着直接的联系，马克思在对拉伯克著作所做的笔记中，曾提到菲

---

* 本文选自《马列主义研究资料》1987年第3辑。

① 参看《马克思恩格斯全集》第1版第19卷第478、510页。

尔的《雅利安人村社》。① 该书的开头几章描述的是，十九世纪中叶东孟加拉和锡兰农村居民的乡村和家庭的农业制度，及其同地主、贷款人和政府的税收与司法制度的关系。菲尔的考察并不是对各个乡村逐一加以研究，而是对上述两个地区进行一般性的研究。他解释自己的意图是，把孟加拉村社的景象向英国读者作示范性的阐述。然而他描述的却不是示范性的情况，而是一个原型。尽管如此，他还是用十分具体的材料，细致入微地记录了家庭经济账目、地产登记册、税务表格和财产目录。最后一章写的是雅利安人的村落，马克思对这一章只做了简短的笔记。该章笔记之简短和马克思对该章所写的评注表明，菲尔的这类假说性的追述对马克思来说用处不大。菲尔对于十九世纪印度的农村关系，特别是对于恒河三角洲地区的情况颇为熟悉，但是，撇开从他阐述的几个古代文献中摘抄的那些东西不谈，他对于被穆斯林征服以前的印度却知之甚少。尽管这样，他仍然试图根据他在孟加拉和僧加罗人的锡兰所搜集的资料，来追述"雅利安人"的乡村公社，同时又采用一些来自马伊尔瓦拉和阿杰米尔两地的材料作为补充。马克思在笔记的结尾处，联系菲尔的著作写了几句评语，把农民在印度的土地占有制中的地位同欧洲农民的地位进行对照。

　　菲尔这部书受梅恩影响很大，是在梅恩理论的框框内阐述自己的论点的。因此，总的来看，马克思限于十分客观地从中撷取资料，只是偶尔提出异议。除了上面提到的那些思辨性的追述以外，菲尔的明显的矛盾之处首先在于，他对东方乡村公社中的家庭和社会的关系的论述，以及把东方的公社和社会的关系规定为封建主义。马克思联系到家庭、乡村和社会三者的关系问题，同时还特别联系到社会是否等于一个较大规

---

① 参看《马克思恩格斯全集》第 1 版第 45 卷第 668 页。

模的乡村这个问题,批判地采纳了菲尔的思想:"权势和职务"(菲尔如此表述)的等级划分,甚至在农村内部即已盛行;因此,毋庸赘言,家庭不可能成其为社会差别或者说经济关系发展的理由。马克思的评语:"这头蠢驴,硬把一切都说成是由私人家庭而产生的"①,指的就是这一点。这个问题,马克思在摩尔根笔记中就已提出,他依据城市家庭与农村家庭的区别,较为详细地阐述了这个问题,同时,从马克思的阐述可以看出,"城乡"的区分并不依赖于"工业与农业"的区分,因为"工业与农业"的区分显然不能被运用到十九世纪的东方社会。

菲尔对于东方公社作为一个独立的社会范畴这一思想所发表的言论,既有积极的成分,也有消极的成分。他一方面批评一位同时代的著作家借用欧洲封建主义的一个用语从而歪曲了事实;另一方面,他在自己的书中又屡屡影射东孟加拉的再转授。所以,马克思针对这一点写了一句评语:"菲尔这头驴,把乡村制度称作封建的。"② 把封建主义范畴运用到东方公社,这在文化史学家和社会史学家、民族学家、马克思主义者和所谓的马克思主义者的著作中是屡见不鲜的,这是一种粗浅地简单化了的分期法和类型学,同包含在东方社会的分期、封建主义等等的分期之内的时间顺序没有丝毫关系。确切地说,这是一种历史的抽象,这是把世界历史挤压在欧洲模式之中的一种民族中心主义。至于公社、国家和社会这个难题,这里仅强调提出菲尔的下述论断:"东方的人民

---

① 劳·克拉德编:《马克思民族学笔记》1976年美因河畔法兰克福祖尔卡姆普出版社德文版第417页。
② 劳·克拉德编:《马克思民族学笔记》1976年美因河畔法兰克福祖尔卡姆普出版社德文版第378页。

在那种乡村制度下,实际上是自己管理自己的。"①

对菲尔的书所做的摘记,将近六十五页之多。马克思在笔记页边打的线,除去五处例外,所强调的一律是研究经济问题和农业技术问题的内容。五处例外所涉及的是宗教和世俗教育、宗教的禁忌、服饰和一妻多夫制。马克思用"×"记号所标志的段落讲的是,有关锡兰农村居民的共同活动情况,有关利率和孟加拉地区索还债务的习惯程序,有关当时不存在以货币形式作为支付手段的情况和有关莱特(ryot,印度农民)如何受敲诈勒索的情况。而内容最丰富的是阐述孟加拉的家庭经济账目、乡村铁匠铺、乡村管理及其簿记、利率及索还债务的具体做法和锡兰的农田灌溉等部分。

马克思在五个地方加了评注,其要点是:柴明达尔的地方代表同时也是他在那里的密探;对于**莱特**是社会改革的敌人这一看法表示怀疑,他认为,印度农民希望把儿子留在家里种田而不送他们入学是有道理的;他赞同菲尔对于政府所采取的抗御饥馑的方法所作的批评;批评菲尔那些假说式的推测是"胡言乱语"② 等。

(根据劳·克拉德《马克思的民族学笔记》和
《马克思著作中的民族学和人类学》两书的有关部分)

(王宏道 编译)

---

① 劳·克拉德编:《马克思民族学笔记》1976年美因河畔法兰克福祖尔卡姆普出版社德文版第421页。

② 劳·克拉德编:《马克思民族学笔记》1976年美因河畔法兰克福祖尔卡姆普出版社德文版第377、380、394和417页等处。

恩格斯在19世纪80年代对马克思主义学说的贡献

——《马克思恩格斯全集》英文版第26卷说明[*]

《马克思恩格斯全集》第26卷包括恩格斯主要在1882年8月—1889年12月之间所写的著作。

马克思逝世以后,恩格斯承担了国际社会主义运动的理论发展和思想领导的复杂任务,几十年来,这些任务都是他和马克思密切合作共同完成的。1883年4月30日,他给奥·倍倍尔的信中写道:"要知道从各国自愿在马克思书房里聚集起来的那许多联系,我们是一定要保持的,我将尽力这样做。"①

在整个19世纪80年代,恩格斯同各国社会主义运动的成员的联系,越来越牢固,越来越广泛。工人阶级争取解放斗争的范围日益扩大,无产阶级的新阶层也加入了这一斗争行列,前几年开始的建立独立工人阶级政党的过程仍在继续,到80年代末,几乎欧洲所有的国家都已建立或正在建立工人阶级政党。其中大多数都以科学社会主义原则作为自己的纲领的基础。这些原则也反映在1889年巴黎国际社会主义工人代表大会的一些决议中,这次大会标志着第二国际的开始。建立政党

---

[*] 本文选自《马克思恩格斯研究》1995年总第16期。

① 《马克思恩格斯全集》第1版第36卷第20页。

是社会主义同工人运动结合过程中的一个新的重要步骤。

恩格斯经常帮助年轻的社会主义政党和工人组织起草它们的纲领,制订策略和政治路线。他为社会主义者的报刊主动撰稿,竭力促进马克思主义的传播。他同各国工人阶级的成员和社会主义运动保持广泛的通讯联系。在准备出版《资本论》第2卷和第3卷的同时,恩格斯的主要工作就是出版马克思和他自己的著作的新版本,并设法把它们翻译成其他语言。这些版本的每一篇序言已收入本卷,构成他的文献遗产的一个重要组成部分。

在这段时期,恩格斯写了两部篇幅较大的、在本卷中占重要位置的理论著作:《家庭、私有制和国家的起源》和《路德维希·费尔巴哈和德国古典哲学的终结》。

《家庭、私有制和国家的起源》是对发展唯物主义历史观的一个重大贡献。这部著作提出的一些经过科学论证的论点,例如关于生产对社会发展的作用、家庭的起源和发展、私有制和阶级的起源、国家的产生和阶级本质,至今仍然很有重要意义。这部著作,用列宁的话说,是科学共产主义的"基本著作之一。"① 这部著作从理论上深刻地概括了各种科学成就,涉及原始社会的历史和民族志学,首先是美国进步科学家路易斯·亨·摩尔根的论著,作为他的成果就是他的《古代社会》一书。这本书是根据多年来对北美印第安人的生活和习俗的大量研究写成的。恩格斯在《家庭、私有制和国家的起源》的第1版序言中写道,摩尔根"以他自己的方式,重新发现了四十年前马克思所发现的唯物主义历史观"②。摩尔根的著作中的大量材料为恩格斯提供了"前所未有

---

① 《列宁全集》第2版第37卷第62页。
② 参看《马克思恩格斯全集》第1版第21卷第29页。

的事实根据"①，使他能够用唯物主义历史观的观点来分析人类发展的早期阶段。

恩格斯认为他的这部著作"在某种程度上是执行"马克思的"遗言"②，马克思本人早就想根据摩尔根的研究成果写一本关于人类早期阶段的历史的书。恩格斯充分利用马克思在逝世前不久对摩尔根著作所作的摘要笔记，并使这份不同于摩尔根的原书的摘要成为他的著作的基础。他还引用大量的补充材料，包括他在前几年对爱尔兰和德意志早期历史的研究（参看该卷的注释）。在准备出版这部著作的第4版（1891年）时，恩格斯根据对当时最新学术文献的研究，作了某些修改和重要的补充。

恩格斯的这部著作的基本思想是生产的两种类型，他在序言中指出："根据唯物主义观点，历史中的决定性因素，归根结蒂是直接生活的生产和再生产。但是，生产本身又有两种。一方面是生活资料即食物、衣服、住房以及为此所必需的工具的生产；另一方面是人类自身的生产，即种的蕃衍。一定历史时代和一定地区内的人们生活于其下的社会制度，受着两种生产的制约：一方面受劳动的发展阶段的制约，另一方面受家庭的发展阶段的制约。"③

在探索家庭的演变时，恩格斯考察了家庭形式在生产力发展的影响下是怎样改变的，是怎样随着生产方式的变化而变化的。他指出，在人类历史的早期阶段，那时还没有私有制，社会也没有分裂为阶级，家庭关系、亲属关系曾经起了非常重要的作用。然而，随着生产力的发展，

---

① 参看《马克思恩格斯全集》第1版第36卷第144页。
② 参看《马克思恩格斯全集》第1版第21卷第29页。
③ 参看《马克思恩格斯全集》第1版第21卷第29—30页。

这种作用逐渐减小，随着私有制和阶级的产生，家庭就完全从属于财产关系了。

恩格斯详细论证他在《社会主义从空想到科学的发展》中已经提出的论点，大意是，人类社会在其发展的早期阶段是一个建立在氏族结构和共同占有生产资料基础上的无阶级社会，可以说，也总结了他和马克思在这个领域的多年的研究成果。他补充了马克思在《〈政治经济学批判〉序言》第一部分中阐述的社会经济结构的观点①。

在《共产党宣言》1888年英文版的一条脚注中，他引用《家庭、私有制和国家的起源》对《宣言》中"至今所有一切社会的历史都是阶级斗争的历史"② 这一论点作了较大的修改。他指出，阶级是在生产资料的公社部族占有制占统治地位的漫长时期以后才产生的。

恩格斯根据摩尔根的著作划分人类历史的早期阶段，也就是说，分为蒙昧时代和野蛮时代，每个时代又分为三个阶段，根据新的科学资料以及最新的研究，这种划分方法已经过时，学者们也不再采用了。然而，在当今的研究中还是参考了恩格斯大致划分的关于原始公有制的几个主要发展阶段。关于家庭的个别发展阶段以及氏族的起源的思想也有了相当的改变。这适用于摩尔根提出的、恩格斯同意的家庭发展的几个阶段（尽管该书第4版中有所保留），如血缘家庭和普那路亚家庭，也适用于还未被后来的考古学和民族志学研究所证实的某些其他的具体论点。

但是，恩格斯的这部著作所依据的方法论原则仍然是完全正确的。他第一次用辩证唯物主义方法来研究家庭的历史，从而能得出非常重要

---

① 参看《马克思恩格斯全集》第1版第13卷第7—11页。
② 参看《马克思恩格斯全集》第1版第4卷第465页。

的结论,即家庭形式依赖于生产力的发展,依赖于生产方式的变化。这是对唯物主义历史观的重大发展。

同样重要并与当今密切相关的是恩格斯对阶级社会中妇女不平等的原因的阐述。恩格斯指出,这种不平等并不取决于生物学的因素,归根结蒂取决于经济的原因,它的产生是与生产资料的私人占有制的出现联系在一起的,从而指出了建立两性完全平等的道路。

根据摩尔根著作中的实际材料和其他资料,恩格斯分析了对抗阶级的形成过程,并指出,这主要是由于生产力的发展和劳动生产率的提高。

恩格斯正是在《家庭、私有制和国家的起源》中第一次为马克思主义的文献详细地描述了国家的产生。他指出,国家并不是从来就有的,而是在经济发展的一定阶段产生的。它的出现是社会分裂为对抗阶级的结果。这说明:"这个社会陷入了不可解决的自我矛盾,分裂为不可调和的对立面而又无力摆脱这些对立面"[①],因此需要一些能够制约它们的力量。这种力量就是国家。

恩格斯发展了马克思在《路易·波拿巴的雾月十八日》和《法兰西内战》以及他本人在《论住宅问题》和《反杜林论》[②]中所阐述的国家理论,分析了国家的本质,揭露那种认为国家是一种"超阶级的"力量的观点的荒诞无稽,并把国家描述为一种"最强大的、在经济上占统治地位的阶级的"机关,"这个阶级借助于国家而在政治上也成为占统治地位的阶级"[③]。在资产阶级民主共和国中国家的性质也仍然如此。

---

① 参看《马克思恩格斯全集》第1版第21卷第194页。
② 参看《马克思恩格斯全集》第1版第8、17、18、20卷。
③ 参看《马克思恩格斯全集》第1版第21卷第196页。

恩格斯并不只是分析国家产生的原因，描述它的本质并阐释它的结构，这本身就已经意味着是对国家理论的进一步发展。他还指出，随着生产力的发展，对抗阶级的存在阻碍社会生产的发展，在生产资料国有化的基础上，它们终将消灭，因而国家也将消亡。

"以生产者自由平等的联合体为基础的、按新方式来组织生产的"未来的社会，"将把全部国家机器放到它应该去的地方，即放到古物陈列馆去，同纺车和青铜斧陈列在一起"。①

本卷还收入一部最著名的马克思主义哲学著作《路德维希·费尔巴哈和德国古典哲学的终结》。这部著作的直接目的是要批判丹麦哲学家兼社会学家卡尔·施达克的那本关于费尔巴哈的书，但在论战方面只占次要地位。恩格斯在这里从正面阐述了一些重要的哲学问题：哲学的对象，哲学的发展规律，唯物主义同唯心主义的斗争，马克思主义对哲学前辈主要是对黑格尔和费尔巴哈的态度。最后，他揭示了马克思主义哲学的本质，即，辩证唯物主义和历史唯物主义，并指出它根本不同于以前的哲学体系。

恩格斯的这部著作对社会主义运动尤为重要，因为一些社会民主党的知识分子受到了当时流行的唯心主义哲学思潮尤其是新康德主义的影响。

恩格斯在这部著作中提出了一些主要的哲学问题，即思维对存在、精神对物质的关系问题，这个问题把哲学家分为两大阵营，凡是认为精神是本原的就是唯心主义者，凡是认为物质是本原的就是唯物主义者。对这个问题的回答在很大程度上预先决定了对其他哲学问题的回答。唯心主义同唯物主义的斗争是哲学史的主要的典型特征。恩格斯强调指

---

① 参看《马克思恩格斯全集》第1版第21卷第198页。

出，思维对存在的反映同现实世界是不是同一的？这个世界是否可以认识？恩格斯证明存在是可以认识的，他批判了那些否认认识它的可能性的哲学家，指出认识世界的主要标准是人类的实践活动。"对这些以及其他一切哲学上的怪论的最令人信服的驳斥是实践，即实验和工业。"①

恩格斯在这里第一次提出了关于自然科学的三个伟大发现的论点：细胞的发现、能量转化的理论以及达尔文的进化论，"使我们对自然过程的相互联系的认识大踏步地前进了"②，因此，这种联系的辩证性质才得以确立。

恩格斯认为黑格尔的辩证法和费尔巴哈的唯物主义观点是马克思主义的最重要的哲学来源。他把黑格尔的哲学描述为"从康德以来的整个运动的顶峰"③，认为黑格尔的辩证方法是"真正地切实地认识世界的道路"④，与此同时恩格斯还揭示了这种方法同黑格尔的唯心主义之间的矛盾。

在阐述费尔巴哈的哲学观点时，恩格斯特别强调他在哲学上恢复唯物主义的重要作用。同时他还指出费尔巴哈的唯物主义有局限性，没有进一步对社会生活作出唯物主义的解释。费尔巴哈在批判黑格尔的唯心主义时，也抛弃了黑格尔哲学的主要的积极特征，即他的辩证方法。恩格斯写道：费尔巴哈"作为一个哲学家……停留在半路上，他下半截是唯物主义者，上半截是唯心主义者"。⑤

恩格斯的这部著作的最后一章分析了辩证唯物主义和历史唯物主义

---

① 参看《马克思恩格斯全集》第 1 版第 21 卷第 317 页。
② 参看《马克思恩格斯全集》第 1 版第 21 卷第 339 页。
③ 参看《马克思恩格斯全集》第 1 版第 21 卷第 307 页。
④ 参看《马克思恩格斯全集》第 1 版第 21 卷第 311 页。
⑤ 参看《马克思恩格斯全集》第 1 版第 21 卷第 335 页。

的本质。辩证方法同彻底的唯物主义世界观的结合，实际上意味着哲学上的一次革命的变革。"这样，辩证法就归结为关于外部世界和人类思维的运动的一般规律的科学。"① 用辩证唯物主义方法来研究人类社会的历史。这一唯物主义的历史观，使人们第一次能够揭示社会发展的客观规律。它告诉人们，历史过程所依据的是生产力的发展和经济的关系，它的变化总要引起政治制度的变更，最终引起各种形式和类型的社会意识——换句话说，引起整个思想上层建筑的变更。恩格斯在这里指出了政治上层建筑和各种形式的社会意识的相对独立性，以及它们对经济基础施加反作用的能力。

本卷还有一些文章，捍卫了马克思的经济学说，使它免受那些反对他的思想体系的人的各种攻击。

在属于本卷发表的著作的这段时期，恩格斯准备付排《资本论》第2卷，它于1885年问世，准备付排第1卷的第3版（1884年）和第4版（1890年），校订它的英译本，后者于1887年出版。所有这些版本都附有他写的序言。在第2卷序言和收入本卷的《马克思和洛贝尔图斯》这篇为马克思的《哲学的贫困》德文第1版撰写的序言中，恩格斯批判了德国经济学家卡尔·洛贝尔图斯的观点，后者的著作为俾斯麦的"国家社会主义"的措施提供了理论基础，成为所谓的讲坛社会主义者的旗帜，这些满口是假社会主义词句的人提倡用资产阶级改革来解决社会问题。洛贝尔图斯在社会民主党的队伍中还有一些辩护士。恩格斯指出马克思的价值理论同洛贝尔图斯的观点截然不同，从而令人信服地驳斥了那些资产阶级经济学家的胡言乱语，这些人指责马克思剽窃了洛贝尔图斯关于价值起源的思想。他直接指出，洛贝尔图斯关于价值的

---

① 参看《马克思恩格斯全集》第1版第21卷第337页。

形成的观点,他的"劳动货币"理论①以及关于现代国家通过立法改革就能彻底改善工人的地位,解决社会问题,毫不触动资本主义生产方式的基础的论述,都具有反动的空想性质。

为了使马克思的这部伟大著作易于为各国社会主义者所理解,恩格斯竭尽全力促使《资本论》翻译成其他语言,尤其是俄语、波兰语和英语。他经常关心译文的准确性。本卷中有一篇他的文章《不应该这样翻译马克思的著作》,写这篇文章是因为伦敦《今日》月刊发表了《资本论》第1卷第一章的几节英译文。译者是英国社会民主联盟的首领亨·迈·海德门,用的笔名是布罗德豪斯。恩格斯要求译者不仅应当具备两种语言的完备知识,而且应当深刻理解需要翻译的著作的内容。

恩格斯仔细观察资本主义经济的发展,尤其是其中出现的新的现象。这方面的证据,除了其他文章,就是美国一些社会主义者倡议发表的《保护关税制度和自由贸易》这篇作为马克思《关于自由贸易的演说》的美国版的序言。因为在美国,保护关税制度的支持者和反对者的斗争当时仍在继续,因此,这篇文章的发表便具有特别重要的意义。恩格斯根据对历史事实的分析,指出保护关税制度曾一度促进资本主义生产的发展,但是,随着生产力的增长和技术的进步,它便逐渐成为这种发展的障碍。他指出:"自由贸易已经成了工业资本家的一种必要。"②恩格斯认为,保护关税制度在美国已经过时的征兆之一是大的垄断集团的形成,它们一方面导致世界市场上的竞争不断加强,另一方面又通过建立垄断价格来威胁国内消费者的利益。恩格斯强调指出,资本主义的迅速发展,不管是在保护关税制度下还是在自由贸易制度下,都不可避

---

① 参看《马克思恩格斯全集》第1版第21卷第217页。
② 参看《马克思恩格斯全集》第1版第21卷第430页。

免地伴随着革命的工人阶级"亦即注定有朝一日要摧毁这个制度本身的那一阶级的人数"。①

收入本卷的许多文章表明,恩格斯非常注意各国无产阶级争取解放的斗争,以及国际工人阶级和社会主义运动的发展。他同欧洲几乎所有国家以及美国的社会主义运动的领袖和积极参加者经常通信,又同他们保持着私人的联系。恩格斯欣然为德国、法国和英国的社会主义报刊撰稿。他不仅有文章发表在德国社会民主党的报纸《社会民主党人报》上,而且经常帮助该报的编者。他有些文章发表在法国报纸《社会主义者报》,英国的一些机关报如《公益》、《工人选民》,以及德国理论性杂志《新时代》等报刊上。本卷的内容使我们能看到这种合作的全貌。

恩格斯为传播马克思和他本人的主要的理论著作贡献了绝大部分精力。在他的参与下(通常经过他的编辑校订)出版了下列著作:马克思的《哲学的贫困》的德译本、《路易·波拿巴的雾月十八日》的法译本、《家庭、私有制和国家的起源》的意大利文版和丹麦文版,等等。本卷收入了在恩格斯的参与下准备的《共产党宣言》德文版(1883年)的序言,以及由他编辑校订的《共产党宣言》英文版(1888年)的序言。在后一篇序言中,他满意地指出:"现在",《宣言》"无疑是全部社会主义文献中传播最广和最带国际性的著作,是从西伯利亚起到加利福尼亚止的千百万工人公认的共同纲领"。②

恩格斯特别关注德国社会民主党这支当时最强大、组织得最好、在国际社会主义运动中最有战斗力的分遣队,它在这个运动中恰好占有举足轻重的地位。他竭尽全力地帮助它克服改良主义者的影响,帮助它同

---

① 参看《马克思恩格斯全集》第1版第21卷第430—431页。
② 参看《马克思恩格斯全集》第1版第21卷第407页。

机会主义分子作斗争，帮助它制定正确的革命策略和宣传科学社会主义。这种帮助非常重要，因为在80年代，该党正处于反社会党人非常法的极为困难的状况下，当时，它的合法的活动方式被减少到最低限度。尽管社会主义工人运动取得了巨大的成功，但是它还没有彻底摆脱违反工人阶级利益的各种思想的影响。在收入本卷的《论住宅问题》第2版的序言中，恩格斯指出："资产阶级的和小资产阶级的社会主义直到现在在德国还有很多的代表。"在社会民主党内部，存在着"某种类型的小资产阶级社会主义"，[①] 这是因为德国的历史发展有一些具体的特征。

在这种情况下，必须考虑到用革命的和国际主义传统的精神来教育进步的德国工人，因此，恩格斯在80年代着手再版马克思的一些有关1848—1849年革命时期的著作，以及他本人的一些著作，为这些著作撰写具有专门学术价值的序言。这些论证革命策略的序言在准备出版那些著作以前，照例是先出现在一些期刊上，一针见血地批判反社会党人非常法，其矛头直接指向社会民主党内部的机会主义分子。

在《马克思和〈新莱茵报〉》这篇关于该报历史的文章中，恩格斯揭示了共产主义者同盟在1848—1849年资产阶级民主革命中的策略的一些主要特征。根据这次革命的经验，他敦促德国社会民主党人在解决一般的民主任务时，争取让工人阶级起领导作用，当然工人阶级必须保持自己的独立性，他还谈到不仅要同直接的敌人斗争，而且要谴责那些革命的假朋友。

《关于共产主义者同盟的历史》一文是作为马克思的小册子《揭露科隆共产党人案件》新版的引言而写的。它把人们的注意力引向德国工

---

① 参看《马克思恩格斯全集》第1版第21卷第375—376页。

人的斗争史的最生动的一页，特别强调第一国际和德国无产阶级组织——它的思想旗帜是科学社会主义的纲领和德国社会民主党——之间的历史连续性。恩格斯写这篇文章，目的是要揭露一个荒谬的论点，即德国工人运动的基础是拉萨尔的全德工人联合会在1863年打下的。他着重指出了共产主义者同盟的重要意义，这个组织曾经教育了一大批国际工人运动的积极分子，这些人后来在第一国际和社会主义政党中也起了主要作用。他非常重视进行斗争的无产阶级的国际团结，满意地指出工人运动已取得巨大进步，他说，同盟的理论原则"是目前欧洲和美洲整个无产阶级运动的最牢固的国际纽带"[①]。

在包括1849年2月马克思在民主主义者莱茵区域委员会受到审判时的一篇演说《卡尔·马克思在科隆陪审法庭面前》一书的序言中，恩格斯把这篇演说描述为在资产阶级法庭面前维护革命原则的一个范例。恩格斯谴责德意志帝国统治集团十分虚伪，迫害社会主义工人运动却打着"合法"的幌子，实际上是在践踏它。他捍卫了工人阶级用革命的方式同反动派斗争的权利。恩格斯嘲讽反动集团在某种程度上得到党内改良主义分子的情绪的支持，企图迫使德国社会民主党放弃它的最终目的，从而把它变成一个德国庸人的党。

恩格斯的这三篇文章特别是《关于共产主义者同盟的历史》，都是马克思主义历史研究的光辉范例，都把对近期事件的深刻分析同工人阶级解放斗争的现实问题联系起来了。

也收入本卷的《1889年鲁尔矿工的罢工》一文，表明恩格斯多么重视德国工人运动的新的分遣队加入有组织的工人运动。

恩格斯越来越关注社会主义者关于农民的策略。根据他的倡议，

---

① 参看《马克思恩格斯全集》第1版第21卷第241页。

1849年刊载在《新莱茵报》上的威廉·沃尔弗关于西里西亚农民的悲惨状况的文集《西里西亚的十亿》，出版了单行本。本卷中的《关于普鲁士农民的历史》一文是这本小册子的导言的一部分。

恩格斯叙述了普鲁士农民农奴化的历史，然后指出，1848年革命后，封建徭役废除了，同时又出现对广大农民的大规模掠夺。结果，客观条件使农民成为无产阶级反对资产阶级容克秩序斗争的天然同盟军。同样的思想在以上提到的《论住宅问题》第2版的序言中也有不少。恩格斯在这里指出，德国国内工业的广泛发展导致许多农场的毁灭。这些工业由于大规模机器生产的发展，不可避免地要毁灭，这将会完全剥夺绝大部分农民，并把他们推上革命斗争的道路。

恩格斯认为，对德国进步工人和社会主义知识分子进行思想教育，首要的一条就是用唯物主义解释德国的历史，反对在当时训练中盛行的那种反动的、国家主义的历史编纂学。把曾在德国滋长的反动实践的历史根源解说清楚，对于正确评价当时统治集团的政策是很重要的。对于阐述社会民主党的战略和策略，决定它的长期的活动，这也是至关重要的。

在80年代，恩格斯继续研究德国的历史。本卷中有两部篇幅较大的手稿，论述了德意志人中一个阶级社会的产生和发展史。这两部手稿都有大量的实际材料作为依据：各种史料、考古学资料、一些古代作家的叙述，等等。按照编年顺序，这些手稿应属于1881—1882年，它们被收入本卷，是因为恩格斯在他的著作《家庭、私有制和国家的起源》中广泛地利用了它们。

其中一部手稿《论日耳曼人的古代历史》，写的都是日耳曼人从他们在现今欧洲领土上出现起到开始民族大迁徙为止这段时期的历史。日耳曼人部落同正在衰落的奴隶占有制的罗马帝国的龃龉不和在这里被看作是社会革命的主要因素，革命导致了征服者自身的原始公社占有制的衰败，导致了一个占有土地的大封建贵族阶级的产生，导致了封建制度的发展和法兰克国家的形成。

《法兰克时代》这部手稿集中注意力于墨洛温王朝和卡罗林王朝统治时期西欧封建制度早期的土地关系。恩格斯以法兰克人的历史为例，力图追溯封建制度基础的形成，即封建社会的一些主要阶级的产生。他指出了政治因素在这个过程中所起的重要作用，同时又特别强调它们"只是在促进和加速一个必然的经济过程"①。

在80年代中期，恩格斯开始准备出《德国农民战争》的新版，打算把宗教改革和德国农民战争描述为第一次不成功的资产阶级革命，是一个决定后来的整个德国历史的主要事件。他想彻底修订他的著作，尤其是想为它写一篇详细的导言，导言的草稿已收入本卷的"准备材料"部分，编者加的标题是《论封建制度的瓦解和民族国家的产生》。恩格斯在这里指出了封建制度瓦解时期西欧资本主义关系的产生过程以及民族和民族国家的形成过程。他还认为，君主政体的中央集权起了进步作用，反击了封建的无政府状态。

从这些手稿来判断，恩格斯打算分析为什么德国的这段封建时期比欧洲其他大多数国家延续得更长些，这对德国的进一步发展起了消极的影响。

一些其他的琐事使恩格斯没能完成他已开始的这项工作。

本卷还收入了《暴力在历史中的作用》这部论述普鲁士统治下德国统一历史的未完成著作。它是要作为一本同名小册子的第四章来补充《反杜林论》中批判暴力理论的那几章。恩格斯剖析了阻碍德国统一的

---

① 参看《马克思恩格斯全集》第1版第19卷第542页。

一些经济和政治原因,要统一德国必须用革命的民主的方式,而不能采用"自上而下"的方法,不能采用战争和领土扩张即"血和铁"的手段。他对德意志帝国、它的政体、阶级结构、政党、固有的国内矛盾以及俾斯麦在70年代实行的改革,都有深刻而生动的描述。这部著作中有相当大部分批判了俾斯麦的进攻性的对外政策和他的军国主义化的政策,它很可能引起一场全欧洲的战争。

保存下来的这部著作的准备材料、它的总提纲以及结束部分的提纲,均已收入本卷的《准备材料》部分,这些材料表明,恩格斯直到80年代后半期仍打算继续写下去,还想指出俾斯麦的国内政策必然失败,革命的社会民主党的影响日趋增长。

在本卷的许多文章中,例如在《1845年和1885年的英国》、《〈英国工人阶级状况〉美国版附录》、《资产阶级让位了》等文章中,恩格斯分析了英国工人运动的状况和前景。他认为,英国工人阶级的地位40年来已有所变化,工人阶级,特别是工厂工人的生活和劳动状况有某些改善,一些大的工联的影响日益扩大,团结了不少合格的工人。然而,就绝大多数工人来说,他们的生活悲惨和生活无保障的情况"现在至少和过去一样严重"①。对70年代和80年代英国经济发展趋势的分析使恩格斯得出的结论是:早就有了一些征兆预示英国在不久的将来将失去其工业垄断地位。他认为,这将导致英国工人阶级失去同其他国家无产阶级相比的相对的特权地位,这将促进英国的社会主义运动。对80年代末开始的吸收广大非熟练工人参加争取自己权利的有组织的斗争,恩格斯寄予很大的希望。关于伦敦码头工人的罢工,他写道:"这

---

① 参看《马克思恩格斯全集》第1版第21卷第229页。

是一个很了不起的运动。"①

恩格斯非常关心英国无产阶级争取解放斗争的革命传统,从本卷第一次用英文发表的他的一份手稿《宪章运动纪事》中可以看出来。这份手稿主要是对宪章运动的历史的简单概述,以厄内斯特·琼斯为首的革命的一翼的活动第一次公布出来了。

本卷所发表的材料说明,恩格斯对美国社会生活的各个方面,它的显然迅速的经济发展以及它的历史的具体特征具有浓厚的兴趣。1888年夏,他在艾威林夫妇和卡尔·肖莱马的陪同下,曾去美国旅行一次。他打算在旅行笔记中记下他的印象,但是这个打算没有实现。这些笔记的大纲已收入本卷《准备材料》部分。

恩格斯经常关心美国工人阶级的斗争,这一斗争在80年代尤其激烈。

恩格斯与美国工人运动的成员经常保持联系,对它的状况也非常熟悉。

恩格斯非常重视在美国工人中传播科学社会主义思想,他欣然赞成在美国出版他的著作《英国工人阶级状况》,并亲自校订这部著作的译文。本卷收入了为这一版本的序言而写的《美国工人运动》。这篇文章在当时已经译成多种语言,发表在欧洲各国的社会主义报刊上。恩格斯指出,美国的无产阶级斗争发展得很快,规模很大,它的阶级觉悟也有了提高;他在介绍美国当时的一些工人阶级组织时,特别强调,参加工人阶级争取自己权利斗争的大多数人没有一个明确的、以科学为基础的纲领,因此容易受到不能表达他们真正利益的形形色色的乌托邦理论的

---

① 参看《马克思恩格斯全集》第1版第21卷第438页(英文原文与中译文略有出入)。

影响。美国工人运动的具体特征是它缺乏统一性,主要是因为无产阶级也是由多种民族组成的。当时西部有大量的土地,美国的工人也幻想成为小领主。恩格斯批判地分析了80年代中期纽约统一工人党的领导人、美国经济学家亨利·乔治的纲领,并指出,他的这种认为广大人民群众贫困的主要原因在于土地私人占有制的理论,没有阐明资本主义剥削的实质,因此,不能作为一个工人阶级政党纲领的理论基础。

恩格斯认为,把一些独立的工人组织联合成"一支具有临时纲领——不管这个纲领如何不够,但只要它真正是工人的纲领就行——的全国性的工人大军"① 是开展美国工人运动的主要条件。因此他特别关心"劳动骑士团"的活动,并认为,这个在工人群众中很有影响的组织能够成为这种统一的基础。

恩格斯认为,这种统一是建立一个群众性的工人阶级政党的第一步,它的纲领"应该而且一定会基本上同欧洲的整个战斗工人阶级现在所采用的纲领一样"②,也就是说,建立在科学社会主义原则的基础上。

恩格斯批判了北美社会主义工人党,尽管它赞同马克思主义的纲领原则,但是这个主要由德国流亡者组成的党,仍然远远地脱离当地主要的工人群众,脱离这些土生土长的居民。他劝这个党克服宗派倾向,到许多工人组织中去开展工作。

本卷收入了《当前的形势》、《致〈社会主义者报〉编辑委员会》、《纪念巴黎公社》等文章,这几篇文章阐述了恩格斯同法国工人运动的关系。他与保尔·拉法格和劳拉·拉法格以及法国工人党的其他成员经常通信,所以能随时了解该国发生的事件。他的一些书信被作为文章刊

---

① 参看《马克思恩格斯全集》第1版第21卷第391页。
② 参看《马克思恩格斯全集》第1版第21卷第390页。

登在法国社会主义报刊上。他通过他的忠告以及发表在报刊上的通讯报道，帮助党的领导人解决一些理论问题和策略任务，克服一些宗派性质的错误，同机会主义者进行斗争。

他欢迎议会中的工人代表的行动和社会主义者派别的形成，并指出，这"就足以在所有资产阶级政党的队伍中造成混乱"。①

本卷中有些材料很能说明恩格斯对俄国革命运动前景的态度。他深信在不太遥远的将来，一场民主革命就会在这个国家爆发，并将对整个国际局势产生巨大影响。1888 年 9 月 19 日，他在接受社会主义报纸《纽约人民报》的采访时说，"俄国发生革命……就会在欧洲整个政治局势中引起一场变革"②。5 年前，他同俄国革命的民粹主义者格尔曼·洛帕廷有过一次谈话，据后者说，恩格斯作过如下评论："俄国是本世纪的法国。**新的**社会改造的革命首倡权理所当然地和合情合理地属于俄国。"③

许多文章分析了国际局势和社会主义政党反对战争威胁和军备竞赛的斗争任务，恩格斯在《欧洲政局》一文中考察了欧洲主要列强关系恶化的原因，并着重指出，它们的统治者把战争看作是阻止即将来临的革命的一种手段。"**社会革命的幽灵已经出现在他们面前，而他们只知道一个解救的办法——战争**"。④ 他奉劝这些国家的社会主义者要为和平而战斗。

恩格斯在《波克罕〈纪念 1806—1807 年德意志极端爱国主义者〉

---

① 参看《马克思恩格斯全集》第 1 版第 21 卷第 300 页。
② 参看《马克思恩格斯全集》第 1 版第 21 卷第 572 页。
③ 参看《马克思恩格斯全集》第 1 版第 21 卷第 540 页。
④ 参看《马克思恩格斯全集》第 1 版第 21 卷第 363 页。

一书引言》中，对未来战争的性质、规模和后果有一段先知先觉者的预言，他所依据的是对欧洲国与国的矛盾和兵力调配的分析。他写道，这将是"一场具有空前规模和空前剧烈的世界战争。那时会有800万到1000万的士兵彼此残杀，同时把整个欧洲都吃得干干净净，比任何时候的蝗虫群还要吃得厉害。三十年战争所造成的大破坏集中在三四年里重演出来并遍及整个大陆；到处是饥荒、瘟疫，军队和人民群众因极端困苦而普遍野蛮化；我们在商业、工业和信贷方面的人造机构陷于无法收拾的混乱状态，其结局是普遍的破产；旧的国家及其世代相因的治国才略一齐崩溃，以致王冠成打地滚在街上而无人拾取；绝对无法预料，这一切将怎样了结，谁会成为斗争中的胜利者"。①

在描述未来战争后果的可怕图景时，恩格斯一刻也没有失去他的历史的乐观主义精神。他预言，战争引起的普遍衰竭必将加剧资本主义的固有矛盾，为工人阶级的胜利创造条件。30年后，这个预言被俄国伟大的十月革命证实了。

恩格斯为加强各国社会主义者的国际联系而献出了巨大的精力，他积极参加1889年在巴黎召开的国际社会主义工人代表大会的筹备工作。主要是由于他的努力才挫败了机会主义分子——法国的可能派和英国社会民主联盟的领导人——篡夺国际工人运动的领导权的企图。本卷发表的材料《可能派的代表资格证》以及《给〈工人选民〉报编辑部的信》反映了他在这方面的活动。

(阎月梅 译　孙家衡 校)

---

① 参看《马克思恩格斯全集》第1版第21卷第401页。

恩格斯对德意志人的历史的研究

——恩格斯《〈论德意志的原始历史〉的提纲（最初计划）》及《论德意志人的原始历史》和《法兰克时代》等手稿的写作过程及流传情况*

《〈论德意志人的原始历史〉的提纲（最初计划）》、《论德意志人的原始历史》（以下分别简称《最初的计划》和《原始历史》——译者）以及《法兰克时代》这几篇手稿在一定程度上是一个统一的整体，关于它们的写作时间没有直接的材料可资考证。以前认为写作时间在1881—1882年，这大概首先是根据恩格斯使用过的论文的发表日期以及撰写内容如此丰富的著作所需要的时间来推断的，而且很明显，是以博·道金斯的著作《不列颠的原始人及其在第三纪的地位》的出版日期为主要依据。这一著作于1880年初在伦敦出版，恩格斯在《原始历史》的开头就提到了。①

然而从对文章进行仔细的分析可以看出，受道金斯著作影响的两段话（参看《马克思恩格斯全集》中文版第19卷第509页第19行—第

---

* 本文选自《马克思恩格斯研究》1995年总第21期。
原题注：恩格斯著作草稿《论德意志人的原始历史》在《马克思恩格斯全集》第1版第19卷（第478—538页）中译为《论日耳曼人的古代历史》。——译者注
① 参看《马克思恩格斯全集》第1版第19卷第478页上恩格斯作的注释。

510页第1行）与恩格斯大概事后对正文所做的改动有联系。特别是《原始历史》的开头从（同上书）第478页全文开头第1行至第483页第12行的原则性改动，在手稿中不是一眼就能识别的。由此可以得出结论，即恩格斯最初是在不了解道金斯著作的情况下，因此很可能是在道金斯的著作发表以前就至少写完了大部分手稿。因为恩格斯对这一时期需要参考的文献极其留心，所以不能设想，他是在1882年著作完成后才知道有道金斯的书，并因此才打算修订自己的著作。

恩格斯用铅笔写的一个边注也说明了他是在1880年年中以前开始写作的。在这个边注里，恩格斯提到1880年5月20日的《自然界》杂志（伦敦和纽约版），他记下这份杂志时，显然文稿已经有了。特别是这四行"注释"①的从属地位及性质都说明，恩格斯作为这家杂志经常的读者，并不是在后来系统查阅杂志时才遇到它，而是对它的出版时间做个"注释"，以免遗忘。

还有些内容恩格斯可能参考了1880—1881年的《德意志西部历史月刊》②，这些内容包含在一处增补中。同样情况当然也适用于甚至1878年的全部原始材料③。

在最初写下的正文中所出现的最新材料，来源于威·阿尔诺德的著作《德意志的古代》（1879年哥达版）和彼·雅·科瑟伊恩《古代西萨克森语简明语法》（1881年莱顿版）。然而两书的内容在《注释：法

---

① 参看对《马克思恩格斯全集》历史考证版第1部分第25卷第1027页正文第34—35行的异文所作的注。

② 参看对《马克思恩格斯全集》历史考证版第1部分第25卷对正文第323页第14—17行所作的注。

③ 参看对《马克思恩格斯全集》历史考证版第1部分第25卷对正文第320页第25行、第323页第14—17行和第333页第38—40行所作的注。

兰克方言》中才出现,这个注释无疑是最后才写的。恩格斯在《德意志诸部落》①第三条中原来写了一段阐述语言学的题外话,后来又指示读者参看《法兰克方言》而把它删掉了,将这段题外话同《法兰克方言》做个比较,完全可以看出,前者是在不知道阿尔诺德和科瑟伊恩著作的情况下写成的。

总之,上述文献不足以说明手稿的写作时间是在1881—1882年,反而表明开始写作是在1880年年中以前。

另外还应该注意的是,恩格斯特别由于写作这两篇论著而感到有必要借又一次再版之机对自己在1850年发表的著作《德国农民战争》进行彻底修改。但因为没有任何相应的提示同1874年(错印为1875年)的第3版有关联,于是可以认为手稿的起草时间最早可能在1875年。这和其他恩格斯使用过的第二手史料的出版日期也一致。然而很难想象,恩格斯有可能早在1878年年中完成他的著作《反杜林论》(1878年莱比锡版)之前就着手写作内容如此丰富的科学著作。说明手稿是在《反杜林论》完成之后开始起草的,还有一个情况,这就是恩格斯于1877年夏天在《反杜林论》中就已经不得不同杜林认为在历史初期就有大地主的观点进行论战,虽然恩格斯在完成了《反杜林论》写作之后重新致力于《自然辩证法》的写作,不过到1879年底恩格斯只写了《1878年计划》(可能是1878年8—9月)及《辩证法》一章(可能是1879年9月)。

恩格斯是在1882年夏,可能在休假时即8月初就已经在准备《空想社会主义和科学社会主义》(1880年巴黎版)一书德文版的出版了,

---

① 在《马克思恩格斯全集》第1版第19卷(第523—538页)中译为《各日耳曼部落》。——译者注

并为此而开始写作《马尔克》①（参看恩格斯著《社会主义从空想到科学的发展》1882年霍廷根—苏黎世版第50—66页）。这时显然已经结束了《原始历史》等手稿的写作。

这个设想可以下列事实作依据：1882年11月22日恩格斯致信马克思，称他在普卢塔克关于马利乌斯的著作中找到一处，"如果把它同凯撒和塔西佗的著作对照一下，就可以把全部土地关系弄清楚了。基姆布利人'迁移了，但不是一下子，也不是通过连续不断的远征来实现的，而是在一年中最好的季节里，年复一年地越来越远地向前推进，就这样，在相当长的时间里，经过斗争和战争，他们走遍了整个大陆'。这一处同七十年以后凯撒描绘的苏维汇人每年更换新的耕地的情形对照一下，就说明了日耳曼人迁移的方式：在什么地方过冬，春天就在什么地方播种，而收割以后就继续迁移，直到冬季再停留下来"。② 手稿相应的地方表明，这个还包括别的结论的新思考在手稿中没有得到任何反映。③

恩格斯从休·豪·班克罗夫特的著作《北美太平洋沿岸各洲的土著民族》（1875年莱比锡第1卷）中获得的有关"塔西佗的日耳曼人和美洲的红种人间的相似之点"④ 的新的认识⑤，也可以断定手稿是在1882年夏天写完的。恩格斯在1882年12月8日把他所获得的新认识同样也写信通报了马克思。

---

① 《马克思恩格斯全集》第1版第19卷第351—369页。
② 《马克思恩格斯全集》第1版第35卷第112页。
③ 《马克思恩格斯全集》第1版第19卷第486页第12行至第487页第14行。
④ 《马克思恩格斯全集》第1版第35卷第120页。
⑤ 参看《马克思恩格斯全集》第1版第19卷第479页倒数第4行至第480页第2行和第493页。

上述证据导出的结论是,这些手稿的写作时间并不限于1881—1882年,而是在1878年年中至1882年8月初这段时间,因此手稿大概是和《自然辩证法》的部分篇章同时写成的,这些篇章产生于恩格斯撰写这部著作的第二阶段。

有一些线索表明,在这段时间内可能有几个无法明确划分时间界限的写作阶段。第一次暂停写作极有可能是在恩格斯写完《原始历史》第1章以后,恩格斯根据他所作的《最初的计划》,在这部分的最后注明:"下一章讲土地制度和军事制度"。① 假如恩格斯把接下来内容不同的一章(《和罗马的最初战斗》)与第1章是一气呵成的,那么这个说明就令人无法理解了。说明中所预告的一章(即《法兰克时代》第2章《区制度和军事制度》)的开头表明,恩格斯绝不可能在完成第一章后立即写出这一章,而只不过把它改换了标题在两篇手稿的范围内移到现在的位置。

从《马克思恩格斯全集》历史考证版第1部分第25卷第331页第30行至第332页第3行的异文来看,我们可以推测,恩格斯可能还在博·道金斯的著作《不列颠的原始人及其在第三纪的地位》发表之前又开始撰写手稿,之后首先由于要将《反杜林论》的三章改写成为《社会主义从空想到科学的发展》以及撰写《俾斯麦先生的社会主义》一文而不得不再次中断手稿的写作。

在那以后的第三个写作阶段中(最早始于1880年4月),在参考博·道金斯著作的基础上修改了《原始历史》一文,同时正如文中谈

---

① 参看《马克思恩格斯全集》第1版第19卷第479页倒数第4行至第480页第2行和第493页。

到科瑟伊恩时所表明的那样①，还写出了即使不是《法兰克时代》的全部手稿，至少也是《法兰克方言》。说明上述第二个推测的有下面一个情况，即恩格斯在布里德林顿码头休假的时候（1881年7月28日至8月20日），就研究了格·路·冯·毛勒的著作《德国领主庄园、农户和农户制度史》（1862年厄兰根版第1、2卷）。②根据这种情况，《法兰克时代》的手稿很有可能是在恩格斯休假之后开始写作的，特别是因为恩格斯在1880—1881年还为《自然辩证法》撰写了一系列的文稿和片断。恩格斯是否在这个推测的第三个写作阶段的比较有限的期间内（从1881年9月到1882年8月初）才将道金斯著作的有关内容补进《原始历史》一文，这一点尚未确定。奥·科豪森和L.雅科比、雅·施奈德尔及耶·雅·阿·沃尔索等人的著作虽然在1878年已经发表，但都是在正文增补中出现的，恩格斯是否在这个时期才参考他们的著作恐怕也有待研究。此外可以认为，恩格斯从1881年12月初到1882年4月底没有写这些研究文章。这段时间燕妮·马克思去世，恩格斯因此承担了某些义不容辞的任务，同时还要撰写《〈共产党宣言〉俄文第2版序言》和《布鲁诺·鲍威尔和原始基督教》③一文。

最后也不排除，恩格斯在撰写《家庭、私有制和国家的起源》（1884年霍廷根—苏黎世版）时，重新整理了有关材料之后才对几处正文做了准确的阐述。

比较《最初的计划》和最后完成的两大篇论文，提供了有关这些

---

① 《马克思恩格斯全集》第1版第19卷第568页第5—6行。
② 参看《马克思恩格斯全集》第1版第35卷第8页。
③ 在《马克思恩格斯全集》第1版第19卷（第327—336页）译为《布鲁诺·鲍威尔和早期基督教》。

手稿写作过程的进一步情况。《最初的计划》可能先只是用铅笔写的而且是在手稿开始写作时完成的。由此可以得知，恩格斯最初只计划写一篇有关德意志人的原始历史的论文，附带研究法兰克历史的一些问题。按照计划，《马尔克制度和军事制度》一节被定为第2章。在《最初的计划》"4）"中所写的章节要点"民族大迁徙以前的进步"，可能是在写作过程中才纳入计划的。对此，以下事实可以证明，即这一章节在手稿中没有相应的标题，而只是在经过几次改写后才形成的简短标题《最初的战斗》之下出现的。在这章结尾综述①时，恩格斯似乎才感到有必要给这章加一个独立的标题同时脱离第3章，在手稿本身并没有写进这种措词。《最初的计划》中所规定的三个注"皮提亚斯"、"德意志诸部落"和"鲁恩文字"，恩格斯在《原始历史》一文中只是写了《德意志诸部落》。有关皮提亚斯的注可能取消了，因为《原始历史》现在的文本的开头是重新写的，内容更加丰富，恩格斯在这个开头里对于事实情况进行了深入的研究。最后恩格斯在《最初的计划》中用钢笔将所有章节要点确定下来，可见他在写作过程中使《最初的计划》更加准确了，事实上，他在《原始历史》一文中详细论述了所有这些章节要点。

在《原始历史》的总计划中，最初有一章论述马尔克制度和军事制度，标题是"区制度和军事制度"，由于把这一章和放在前面没有计划写的《墨洛温王朝和卡罗林王朝的土地占有关系的变革》②一章结合起来，恩格斯创作了单独一部论述法兰克历史的重要著作。只有这样，

---

① 《马克思恩格斯全集》第1版第19卷第522页第10行至第523页第9行。
② 在《马克思恩格斯全集》第1版第19卷（第539页）中译为《墨洛温王朝和卡罗林王朝的土地关系的变革》。——译者注

篇幅很长的注释《法兰克方言》（超过文章全部篇幅的50%）并将所有三个部分合成一个相对独立的手稿《法兰克时代》也才有意义。有关法兰克方言的注释并不是一开始计划要写的，只是在写作过程中，恩格斯才感到有可能和有必要写这样一篇注释。这一点，除了《最初的计划》本身以外，从已经提到过的下面一个情况还可以看出：恩格斯最初在《德意志诸部落》第三段中已经包括了语言学方面的论证，内容相当丰富；① 显然，恩格斯在写完《法兰克方言》这个注释后才断然将《原始历史》中的这一段加以压缩，要读者参看注释《法兰克方言》，或者确切些说，恩格斯从另一个方面展开了论证。《法兰克方言》手稿和恩格斯事后在注释《德意志诸部落》相应的段落中进行的改动的关系还表现在，恩格斯在《德意志诸部落》相应段落中使用了插入符号 F（通常是干），这个符号恩格斯只是在两部手稿中的（法兰克方言）中使用过（虽然不是普遍使用）。

在起草这些手稿时，恩格斯可能也参考了自己多年研究的成果。1882 年 12 月 22 日他致信奥·倍倍尔，谈到《马尔克》一文是"几年来我研究德国历史的第一个成果"②。这篇文章同这些手稿的关系非常密切。从恩格斯 1868 年 3 月 19 日致马克思的信中就可以得知，恩格斯对那时已经发表的毛勒的著作是了解的，他写道："老毛勒的著作很好；但奇怪的是，有关这些问题的不少材料早就有了，而教授先生们使用得

---

① 参看《马克思恩格斯全集》第 1 版第 19 卷第 530 页第 10 行至第 533 页最后一行。

② 《马克思恩格斯全集》第 1 版第 35 卷第 416 页。

太少"①。后来,恩格斯对毛勒的评价更高,把土地制度真正意义的重新发现归功于他。② 正如马克思1868年3月14日和25日致恩格斯的信所表明的那样,恩格斯对毛勒的态度深受马克思的影响。在后一封信中,马克思写道:"他的书是非常有意义的。不仅是原始时代,就是后来的帝国自由市、享有特权的地主、国家权力以及自由农民和农奴之间的斗争的全部发展,都获得了崭新的说明"③。

与恩格斯在1873—1874年进行的研究相联系④,他所使用的史料和文献,同样也促使他去探讨在《原始历史》和《法兰克时代》中所研究的那个时期。恩格斯在这两年的研究成果形成了以《关于德国的札记》而闻名的两个手稿。

1875年4月恩格斯和彼·尼·特卡乔夫就在俄国仍然存在的土地公有制的作用展开了论战(参看弗·恩格斯:《流亡者文献》第5篇)⑤,从这一论战同样可以清楚地看到,恩格斯早已认真研究过在《原始历史》等两个手稿中所探讨的问题。在此恩格斯明确指出,"关于古代日耳曼公社土地占有制的更明确的说明及其详细情况,可以在**毛勒**的许多著作中找到"⑥。同样他还提到了1870年在彼得堡出版的费·巴·斯卡尔金的著作《在穷乡僻壤和在首都》。恩格斯在1881年夏天休

---

① 《马克思恩格斯全集》第1版第32卷第48页。这句引文的译文同原文略有出入,应译为"……但奇怪的是,有关这些问题的材料已经很多了,而教授先生们很少知道使用它们"。
② 参看《马克思恩格斯全集》第1版第19卷第353页。
③ 《马克思恩格斯全集》第1版第32卷第51页。
④ 参看《马克思恩格斯全集》第1版第33卷第619页。
⑤ 参看《马克思恩格斯全集》第1版第18卷第610—623页。
⑥ 《马克思恩格斯全集》第1版第18卷第618页。

假期间研究毛勒的著作时，再次参阅了这本书。

最后，《反杜林论》一书也证明，恩格斯密切注视有关人类早期历史的文献已经有几年了。恩格斯在1877年夏天写的《暴力论（续完）》一章里断定，"……他完全不知道毛勒关于原始德意志马尔克制度即整个德意志法的基础的划时代的著作，同时……他完全不知道那些主要受毛勒的影响而日益增多的其他著作，这些著作证明在所有欧洲和亚洲的文明民族中都存在过原始的土地公有，而且阐述了这种土地公有的存在和崩溃的各种形式"。[①]

这里看来还要交待促使恩格斯在这一时期再度悉心研究这些问题的一个情况，这就是日益增多的资产阶级文献恰好在此时使人们比任何时候都更有可能、都更有必要把这些文献中所包括的事实材料加以充分利用和概括，以充实唯物主义的历史观。

马克思在给维·查苏利奇复信的第一稿中提醒人们注意这种必要性的另一方面，他写道："我们在阅读资产阶级作者所写的原始公社历史时必须有所警惕。他们是甚至不惜伪造的"[②]。

还有一部分主要作为《原始历史》的依据的史料（例如阿·马尔采利努斯、普林尼、托勒密等人的著作），恩格斯在1869—1870年开始写作（但没有完成）《爱尔兰史》的同时就已经进行了仔细的研究。恩格斯在写作《家庭、私有制和国家的起源》时不仅利用关于古代德意志历史的知识，还利用了在写作《爱尔兰史》的过程中获得的有关克尔特人的知识。

---

① 《马克思恩格斯全集》第1版第20卷第191页。
② 《马克思恩格斯全集》第1版第19卷第433页。

这样长的时间整理和加工作为两部手稿基础的内容丰富的史料，就已经清楚地说明，撰写手稿之前曾对研究课题进行过深入的思考。这也表现在一系列的摘要和笔记中，其中和两部手稿关系特别密切的是：《摘记本第 VIII》第 7—24 页，（毛勒的著作《马尔克制度、农户制度、乡村制度和城市制度以及公共政权的历史概论》摘要），《摘记本第 XI》第 9—14 页（道金斯的著作《不列颠的原始人及其在第三纪的地位》摘要），《摘记本第 XIII》第 16—21 页［凯撒的《高卢战记》、斯特拉本的《地理学》、塔西佗的《日耳曼尼亚志》及卡·弗·维贝尔格的《古典民族通过商业对北方各国的影响》（1867 年汉堡版）等书的摘要］，还有一本《摘记》［毛勒的著作《德国马尔克制度史》（1856 年厄兰根版）摘要］；另外有两本文献，其中包括保·罗特的著作《从上古到十世纪的采邑制度史》（1850 年厄兰根版）的两页摘要，塔西佗《编年史》的一页多的摘要，普林尼的著作中有关日耳曼人的论述的一览表，对查理大帝时期一个索里达的含银量所做的计算以及为写作《法兰克方言》而做的直接准备——内容相当丰富的札记。恩格斯在撰写《法兰克方言》一文时，使用了在这些札记中整理好的语言方面的例子。在探讨恩格斯撰写这两部文稿的动机时，对于两篇论文所论述的对象进行这种长期的研究是必须加以考虑的，因为没有恩格斯这方面的任何直接的证明材料。

这两个手稿显然是恩格斯一个规模更大的研究计划的部分成果和中间成果，这个计划即使不是依据唯物史观重写德国历史，至少也是重写德国历史一些重要的转折点。这个任务的必要性马克思和恩格斯从他们共同写作《德意志意识形态》时起就意识到了，但恩格斯在 1890 年时还不得不指出："在这方面，到现在为止只做出了很少的一点成绩……

但是，许多年轻的德国人却不是这样，他们只是用历史唯物主义的套语……来把自己的相当贫乏的历史知识（经济史还处在襁褓之中呢！）尽速构成体系……有多少人除知道毛勒的名字之外，还对他有更多的认识呢！"① 早在1873、1874年时，恩格斯就计划写一部论述德意志历史的大部头著作，并且已经作了设想，这部著作应包括1500年至1873年这段时间，特别是法国大革命以后的时期（参看弗·恩格斯：《关于德国的札记》）。② 就这点而言，两部手稿和这个计划存在一定的联系，因为它们也包括了上述有关德意志历史的那一段，而且还揭示了形成中世纪末期德国的社会关系的演进过程。由此可见，恩格斯之所以没有实施1873—1874年的写作计划的一个原因有可能还是，他力图首先弄清以前的历史进程。这个联系也证明了在本文开头对手稿写作日期的最早时间所做的确定。

1870—1871年以后，首先是恩格斯加紧努力借助历史唯物主义来揭示特别是德意志民族历史的发展规律，很明显，这些努力一方面和德国与英、法、俄并列在欧洲力量对比中所占据的地位日益加强有关，另一方面也和德国工人运动在国际无产阶级运动中起主导作用有关。同这种荣誉地位相联系的实践的和意识形态的任务要求，向工人更有说服力地阐明，工人阶级的世界历史使命是迄今整个历史过程的合乎规律的结果。恰恰在1878年后，德国工人运动的特殊斗争条件需要"在德国社会党内传播若干德国土地所有制的历史和发展的基本知识"。"当这个党团结城市工人的工作已经有完成的希望而农业工人和农民的工作需要

---

① 《马克思恩格斯全集》第1版第37卷第432—433页。
② 《马克思恩格斯全集》第1版第18卷第647—654页。

着手进行的时候，这就显得尤其必要了"①。

这两部手稿有些内容已经用于、有些内容只是计划用于后来的著作（确切说是使用手稿的个别方面）。这两部手稿和恩格斯的下列著作有关，即《德意志帝国国会中的普鲁士烧酒》②，《威廉·沃尔弗》③，《马尔克》④，《关于普鲁士农民的历史》⑤，《法德农民问题》⑥。

因此在考虑恩格斯撰写两部手稿的原因和动机时，须注意彼此联系的诸多方面：恩格斯撰写两部手稿的用意，是想从历史唯物主义的视角来阐述和评价德意志民族的这一段历史，同时揭示资本主义以前的社会形态的规律。此外，手稿应有助于通过具体的历史宣传，为德国社会民主党争取农业无产阶级和劳动农民，因为他们占了德国人口的大部分。最后，为了这些目标，恩格斯想通过这几部著作，对资产阶级作者撰写的论述人类早期历史问题的内容丰富的文献进行利用、概括并且同旨在对群众施以民族主义影响的资产阶级历史编纂学进行论战。

两部手稿超出了一般提纲的性质，而具有大段大段地充分阐述的研究论文的形式。手稿尚未完全达到付排的程度，就它们的样式来说则是计划出版之前的一个充分成熟的预备阶段。

《原始历史》分为下列几章，即《凯撒和塔西佗》、《和罗马的最初战斗》、《民族大迁徙以前的进步》以及被恩格斯列为注释的《德意志

---

① 《马克思恩格斯全集》第1版第22卷第338页。
② 《马克思恩格斯全集》第1版第19卷第41—59页。
③ 《马克思恩格斯全集》第1版第19卷第61—106页。
④ 《马克思恩格斯全集》第1版第19卷第351—369页。
⑤ 《马克思恩格斯全集》第1版第21卷第277—289页。
⑥ 《马克思恩格斯全集》第1版第22卷第563—587页。

诸部落》一章。

恩格斯在第一章的开头主要依据道金斯的著作《不列颠的原始人及其在第三纪的地位》，描述了日耳曼人的起源。这些以民族迁徙理论为依据的论述符合当时的研究水平，但在今天看来是过时了，取而代之的是，主要认为日耳曼人是当地发展起来的观点。

接着恩格斯充分利用古希腊罗马时代的史料介绍了各日耳曼部落在公元前2世纪和1世纪的几次迁徙和战争，他称这是民族大迁徙的"序幕"。这些史料取自他所拥有的史料汇编《德译德意志古代的历史编纂学著作。原始时代》（1849年柏林版第1卷）。

和这两个问题相对照，恩格斯接下来考证了凯撒有关日耳曼人生活方式的报告，同时考虑到了凯撒那些"罗马人的想像"①。

根据塔西佗的描述，恩格斯肯定了在日耳曼人的发展过程中自凯撒时代以来出现的全面的进步，并且把从凯撒到塔西佗的这个时期称为"德意志人②历史的第一个大段落"。

这一章的结尾，恩格斯根据普林尼的一段总的叙述论述了各日耳曼大系统的居住地点。这些问题，恩格斯后来在注释《德意志诸部落》里进行了更精细的研究，所以他在这里则提示读者参阅《注释》。在《和罗马的最初战斗》一章里，恩格斯叙述了罗马人在公元前11年到公元16年反对日耳曼人的几次战争，在这几次战争中，他强调了公元9年瓦鲁斯指挥的那场战役和阿尔米纽斯的作用。

在《民族大迁徙以前的进步》一章里，恩格斯使用了卡·弗·维

---

① 《马克思恩格斯全集》第1版第19卷第487、490—491页。

② 在《马克思恩格斯全集》第1版第19卷第490—491页中译为"日耳曼人"。——译者注

贝尔格的著作《古典民族通过商业对北方各国的影响》，同时，依据了在当时已经发掘出来的出土文物。根据这些文物，他证明，"德意志人①从凯撒到塔西佗时期，在文明方面有了显著的进步，而从塔西佗到民族大迁徙（公元400年左右）以前，他们的进步更要快得多"。②

在注释《德意志诸部落》里，恩格斯试图利用罗马人的资料和借助比较语言学去把握日耳曼人的划分和在公元1、2世纪各日耳曼部落的居住地区。恩格斯这样做的时候从一开始就只限于打算"把问题搞得清楚一些"，他给自己提出的任务是，"把各民族整个地划分为几个基本部落"，从而"为进一步详细研究打下一个牢靠的基础"。③

仅就所涉及的古希腊罗马时代的史料而言，恩格斯的叙述按今天的眼光来看也证明他掌握了有关这个课题的丰富知识。像恩格斯当时那样，现在的研究也是从下面情况出发的，即古希腊罗马时代的史料在日耳曼人的划分及将各部落进行分类方面并不总是有明确说明的。

因此，考古学方面的史料对于阐明这个问题具有极重要的意义，有系统地研究这些史料，在恩格斯那个时代还刚刚开始，而且还根本没有从这样一个着眼点去充分利用这些史料。

恩格斯在《原始历史》一文中展现了一幅日耳曼人的历史画卷，就其基本特征而言，它远远超出了同时代资产阶级的古代日耳曼文化研究，即使在今天，它仍然是这个领域中马克思主义研究的一个重要基础。

---

① 在《马克思恩格斯全集》第1版第19卷第522页中译为"日耳曼人"。——译者注

② 《马克思恩格斯全集》第1版第19卷第522页。

③ 《马克思恩格斯全集》第1版第19卷第526页。

和《原始历史》相比较,《法兰克时代》具有更强的探讨和概括的性质。这主要因为,手稿比较强烈地显示出这样一种意图,即力求研究奠定政治史的基础的、社会经济的变革过程。在这种情况下恩格斯特别依据了罗特和毛勒的有关研究成果,他高度评价并明确赞赏这些研究成果,认为是首创性的成就。例如,恩格斯将罗特的著作《从上古到十世纪的采邑制度史》(1850年厄兰根版)称作"在毛勒以前时期出版的最好著作之一"。①

恩格斯借助于历史唯物主义的研究方法批判地吸收资产阶级历史学家这种详细研究的公认的研究成果。例如他在重新利用毛勒的著作写作《马尔克》一文时〔参见手稿《从古代(根据〈民族法〉)到卡罗林时代(根据毛勒的〈概论〉)的马尔克制度》,阿姆斯特丹国际社会史研究所藏"马克思恩格斯遗稿"(Sign. J44/20)〕,就认为毛勒是"不分主次和杂乱无章地引用一切时代的证据和事例";他"具有法律偏见的残余,每当问题涉及对**发展**的理解时,这种偏见就对他起阻障作用";他"对于**暴力**和它的作用注意得非常不够",最后他为"开明的成见"所束缚,认为"似乎自从黑暗的中世纪以来**必定**会不断朝着更美好的方向进步,这不仅妨碍他认识真正进步的对抗性质,而且也妨碍他认识个别的倒退情况"。②

对于现存的资产阶级的文献特别是罗特著作批判吸收的一个原则是,独立地利用由这些文献所开发出的原始史料,例如卡罗林王朝国王颁布的敕令。

---

① 《马克思恩格斯全集》第1版第19卷第543页。
② 《马克思恩格斯全集》第1版第35卷第123页。

在《墨洛温王朝和卡罗林王朝的土地占有关系的变革》一章中，恩格斯首先简短地概述了包括整个民族的血统联盟的瓦解过程及农村公社的形成，"在这些农村公社之间没有，或者几乎没有任何经济上的联系"。① 从这种新的民族生存方式中，恩格斯推导出"一个……不断地剥削……的国家政权"产生的必然性，并且解释了国家政权的形式。② 在恩格斯看来，日耳曼人这种发展的经济源泉是自主地，他以法兰克人为例叙述了这种发展的经济源泉。由此出发，他给自己提出的任务是，"研究一下，在这种自主地的基础上，一种社会国家制度是怎样产生的，这种社会国家制度又怎样——这是常见的历史的恶作剧——最终瓦解了国家，而且在古典的形态之下，消灭了一切的自主地"。③

恩格斯以手稿《法兰克时代》首次设计了封建主义形成过程及西欧中世纪早期历史的历史唯物主义的构想，内容十分丰富。这一构想的最根本的观点已被马克思主义的历史学家后来的详细研究所证实，它现在仍然是进一步研究这些问题的原则的理论基础。

无论在《原始历史》一文中，还是在《法兰克时代》一文中，恩格斯都利用了语言学，特别是比较语言学，来为他的历史研究提供依据。恩格斯系统地研究日耳曼语言学始于1859年（参看1859年3月14日恩格斯致斐·拉萨尔的信）。他研究过哥特语、古北欧语、荷兰语、弗里西安语、古高地德意志语和古萨克森语这些古代日耳曼语言（参看1859年11月4日及1869年3月28日恩格斯致马克思的信）。通过学习，恩格斯对各日耳曼部落的早期历史有了一个比较完整的概念。虽然

---

① 《马克思恩格斯全集》第1版第19卷第540页。
② 《马克思恩格斯全集》第1版第19卷第541页。
③ 《马克思恩格斯全集》第1版第19卷第541页。

他把语言史和语言学理解为构成语言使用者的历史的不可分割的组成部分，但是他一向只把它们看作历史原始史料的内容和对历史学家的研究成果的进一步补充。从这个观点出发，恩格斯同杜林及其在语言教学方面的非历史观进行了论战。

在写作《原始历史》及《法兰克时代》的过程中，恩格斯总结了他在语言学方面的研究成果，并给以比较系统的阐述。

在注释《德意志诸部落》中，恩格斯研究了古代日耳曼部落的亲属关系及各部落的划分。他批判地分析了雅·格林及卡·措伊斯的著作，认为他们的观点"今天都已经过时了"。① 这首先涉及法兰克部落的分类问题，在恩格斯看来，法兰克人是自成一体的大系统，它吸收了许多外部落的成分，除了涉及语言学专业知识的历史材料和语言材料之外，恩格斯还吸收了现代方言学（雅·格林，威·布劳涅，威·阿尔诺德）和当时不过仍处于萌芽状态的地名学的研究成果，以还原法兰克部落地理分布的早期历史。恩格斯这里仍然是简略述及，但是在本章先后两次要读者参看他的有关法兰克方言的论文。② 最后恩格斯将各日耳曼部落重新划为操五种基本方言的五个大系统。这五种基本方言是：哥特语、印格伏南语、斯堪的那维亚语及两种南部方言：易斯卡伏南语和赫米诺南语，这两种南部方言以后被称为法兰克语和高地德意志语。恩格斯证实了到那时为止被忽略的语言上的相互关联。他证明，弗里西安语及英语中的腭音化和法语毫无关系，此外他还特别强调，同音素相比，他更重视词形变化形式。他阐述的五种基本方言在很大程度上并不是通

---

① 《马克思恩格斯全集》第1版第19卷第526页。
② 参看《马克思恩格斯全集》第1版第19卷第530页和533页。

过音素，而是通过词变化形式联在一起的。然而恩格斯并没有列出完整的词形变化表，而是指明了专门科学继续进行较为准确的表述时所应遵循的方法。词形变化优先于音素，开始时就已经超出新语法学派一步，新语法学派以其语音规则无例外的理论决定了当时语言学研究的面貌。

马克思和恩格斯认为，语言史和语言使用者的历史是紧紧联系在一起的，这一认识同样超出了新语法学派的理论。因此，正如恩格斯所强调的那样，法兰克语和高地德意志语不能被视为一种方言，因为这两个部落的历史太不一样了。

很可能在1877年10月，恩格斯记下了有关法兰克方言的几个论点，作为《自然辩证法》的一个主题词为"两极化"的片断而流传下来。这里，恩格斯表述了一个思想，即"法兰克语是一种既是高地德意志的又是低地德意志的方言"。[1] 恩格斯在《原始历史》的注释中所作的有关法兰克语和法兰克人的简略叙述和此处的假说构成了恩格斯撰写的唯一的语言学方面的著作《注释：法兰克方言》[2] 的出发点。

这篇文章的主要特点是，把"自然界的"语言一方面当作同社会紧密相联的历史现象来理解和阐述，另一方面又作为语法规则的体系来理解和阐述。这两个特点虽然始终互相交错地起作用，但法兰克部落的历史对语言产生的影响更大。恩格斯通过这种办法把方言学的材料更广泛地联系起来，他这篇文章超出了传统方言学著作的范围。恩格斯将日耳曼方言的划分看成是同古代日耳曼民族的命运不可分割地联系在一起的历史问题。他明确强调历史比较方法的缺点，这些缺点在日耳曼方言

---

[1] 《马克思恩格斯全集》第1版第20卷第559页。

[2] 《马克思恩格斯全集》第1版第19卷第564—599页。

划分的问题上显得特别突出。他的论战是针对威·布劳涅和摩·海奈的。布劳涅是新语法学派的主要代表，在其《法兰克方言和高地德意志辅音音变的研究》一文中，只使用了一些文学作品来进行阐述，而海奈的研究则只是从古萨克森语的一些文献出发。恩格斯除此之外还掌握了其他一些书面证明材料，这些材料的优点在于，都能确定明确的地点。这些材料有：拉丁文文献中的日耳曼语起源的专有名词，《萨利克法》德文注释。但是，恩格斯着重使用了历史地名学，它为恩格斯提供了一个地区被不同部落居住过的证明。恩格斯尽可能亲自研究现代活的民族方言，他通过对这些民族方言的检验来考查古代书面方言，这种方法具有原则的方法论意义，对语言学来说也具有指导意义。恩格斯深知这一方面的局限，因为同时代的方言学研究只向他提供了有限的材料。恩格斯在从语言学方面阐述古代文学作品语言的特点时，还运用了现代方言中古老的特性，因此他能够从《古福音诗》的头韵诗中做出合乎逻辑的解释，而作为这部语言文字研究文献的出版者和编者的海奈却没有能做出这样的解释。这个方法在当时也是新颖的。这些具有普遍意义的成果构成了解释法兰克方言的特点的基础。恩格斯反对在语言学中盛行的对第二个辅音音变评价过高并指出，事实证明，第二个音变的标志妨碍了人们正确判断法兰克方言，因为这种原来统一的方言被撕成了几个部分。尽管有后来的分类，恩格斯还是认识到了法兰克方言的统一性，他是这样阐述这种统一性的，他用随着第二个辅音音变的侵入而产生的后来的边界反对原来的检验结果。这里恩格斯详细阐述了他在《自然辩证法》札记和片断中简略提到的问题。恩格斯进一步说明，由于第二个辅音音变，还使得一些非法兰克方言同法兰克语的各个分支毫无道理地联系在一起。最后，恩格斯证明，并不是全部的辅音音变都侵入到法兰克方言中，而只是一些辅音发生音变的单词，即孤立的词汇现象侵入到法兰克方言中。就连这种认识在恩格斯那个时代也是不为所知的，并在以后再一次被人们发掘出来。

恩格斯得出结论，法兰克方言在历史上所形成的全部特点说明了它是一个整体的性质。某些特点只符合某些个别的方言，另外一些特点则跨越了边界；一些特点较古老，另一些则较新。恩格斯以一整套语音、语法和词汇的特点为依据阐明了法兰克方言的特征，恩格斯没有说明重新确定各方言边界的原因。恩格斯还简略提及了方言之间由于部落的混合而相互发生的影响。

有关尼德兰民族语言的详细论述可以被看作是，对于一种语言的发展同这个民族取得自己民族独立以前的历史有着怎样的关联进行历史唯物主义研究的经典先例。

由于批判地分析了当时的语言学研究成果和依靠自己的认识，恩格斯首先超越了他那个时代的学院派日耳曼学的发展水平。同新语法学派主张语言规则无例外现象的观点相反，恩格斯提出，语言史同部落史是不可分割地联系在一起的。

在完成《马尔克》一文后，恩格斯并没有考虑马上重新开始并完成同这两部以及其它几部手稿或者说研究论文密切相关的撰写一部德国史的计划。他在1882年12月8日致马克思的信证明，他首先想"重新从事自然科学的研究"。①

研究的结果，恩格斯认为德国农民战争成为"全部德国历史的轴

---

① 《马克思恩格斯全集》第1版第35卷第121页。

心"① 这个信念加强了（这一信念有可能应该被认为也是恩格斯撰写研究论文的一个动机），因此，恩格斯在修改他写于1850年并自那时以后出版了第3版的《德国农民战争》时，打算使用这两部手稿中的他称之为"准备工作"的材料。这本书需要在"开头和结尾做一些重要的历史补充"。② 这个计划由于马克思逝世后恩格斯要完成大量的实践和理论工作而没有实现，但恩格斯直到逝世以前曾一再捡起这个计划，并在1884年底初步起草了计划的方案（参看《关于"农民战争"》，阿姆斯特丹国际社会史研究所藏"马克思恩格斯遗稿"Sign. H62/H33）。

尽管如此，两部手稿所取得的科学成果在恩格斯以后的创作中还是留下了显著的痕迹。例如，恩格斯在1882年9月中至12月中撰写的《马尔克》一文，该文于1883年发表，是他的《社会主义从空想到科学的发展》一书的附录。在《马尔克》一文中，恩格斯在进一步集中阐述土地关系的发展和农民的历史时，有一部分基本内容就是取材于这两部手稿的研究成果。恩格斯在此作为出发点综述了他在《原始历史》一文中所阐明的原始社会的土地关系，同时把《法兰克时代》主要用于阐述土地由公有变为私有的过程的开始阶段，因为他在《马尔克》一文中所研究的转变过程超过了《法兰克时代》所涉及的时间。

恩格斯在《马尔克》一文中仅仅略述的这个转变过程对墨洛温王朝和卡罗林王朝时代政治关系的影响③，在《区制度和军事制度》一章中也早已详细地阐明了。

恩格斯在《原始历史》和《法兰克时代》中对内容丰富的原始材

---

① 《马克思恩格斯全集》第1版第36卷第264页。
② 《马克思恩格斯全集》第1版第36卷第235页。
③ 参看《马克思恩格斯全集》第1版第19卷第360—362页。

料的整理加工,还有助于他撰写《家庭、私有制和国家的起源》(1884年哥廷根—苏黎世版)的个别章节。在第七章《克尔特人和德意志人的氏族》及第八章《德意志人国家的形成》的开头叙述社会背景时,恩格斯是以《原始历史》中的第一章和第三章(不那么明显)为基础的。特别是,恩格斯依据凯撒和塔西佗的描述以及利用出土文物研究日耳曼人生活方式的那些段落,以高度概括的形式被写了进来。① 恩格斯在第八章中所作的进一步阐述的部分内容特别接近手稿《法兰克时代》的那些探讨,这里恩格斯研究了马尔克制度长期存在的原因②,王室领地的形成及由此产生的王室向宠幸者赠送土地③,还有自由农民的衰落对军事制度的影响④。恩格斯在第九章《野蛮时代和文明时代》概述氏族制度被国家所取代的那一段,和手稿《法兰克时代》开头的论述密切相关。⑤

恩格斯在撰写《马尔克》及《家庭、私有制和国家的起源》等著作时,并不是简单地从这两部手稿中引用现成的认识,而是再一次研究史料,因此手稿所具有的功能主要是在具体的史料和上述著作所论述的

---

① 《马克思恩格斯全集》第 1 版第 486 页第 12 行至第 488 页倒数第 4 行、第 489 页第 12 行至第 490 页倒数第 2 行及第 518 页第 11 行至第 522 页第 16 行。

② 《马克思恩格斯全集》第 1 版第 19 卷第 539 页第 1—8 行、第 542 页倒数第 8 行、第 552 页第 4 行。

③ 《马克思恩格斯全集》第 1 版第 19 卷第 539 页第 1—8 行、第 542 页倒数第 8 行、第 552 页第 4 行。

④ 《马克思恩格斯全集》第 1 版第 19 卷第 560 页第 10 行至第 563 页倒数第 1 行、第 540 页第 13 行至第 541 页第 5 行。

⑤ 《马克思恩格斯全集》第 1 版第 19 卷第 560 页第 10 行至第 563 页倒数第 1 行、第 540 页第 13 行至第 541 页第 5 行。

部分之间起一种中介作用。

这两部手稿第一次是用俄文发表的,载于俄文第 1 版《马克思恩格斯全集》第 16 卷第 1 册第 339—389 页和第 390—439 页。两部手稿第一次用原文发表在《弗里德里希·恩格斯:论古代德意志的历史和语言。文集》德国统一社会党中央马列主义研究院编,1952 年柏林版,第 37—94 页和第 97—152 页。

注释《法兰克方言》用原文和俄文同时首次发表(对照印刷),是单行本《弗里德里希·恩格斯:法兰克方言》(1935 年莫斯科版)。

(原载《马克思恩格斯全集》历史考证版第 1 部分
第 25 卷第 988—1002 页)

(汪继兵 译)

《家庭、私有制和国家的起源》的意义和影响[*]

〔民主德国〕约·海尔曼

《家庭、私有制和国家的起源》是对于在 20 世纪阶级斗争条件下阐述马克思列宁主义具有重大意义的著作之一。其中有两个问题应作较为详尽的探讨,这就是:1. 家庭的历史问题;2. 社会经济形态的历史作用和顺序问题以及部分争论十分激烈的各种具体方面的问题。

关于家庭的历史

《起源》对于以历史为根据科学地看待妇女和家庭过去、现在和将来的地位,至今仍然具有重要的意义。在国际革命工人运动中,恩格斯为婚姻和家庭的未来发展和妇女的地位所制定出的理论已经成为指导方针。他的结论在现实的社会主义中被证明是正确的。但是,正是由于这个原因,恩格斯制定的家庭的历史及家庭在社会中的地位和作用的历史

---

[*] 本文选自《马列主义研究资料》1988 年第 1 辑。

原题注:本文系根据作者的文章《历史唯物主义和人类史。恩格斯〈家庭、私有制和国家的起源〉的写作过程和影响》(载《马克思恩格斯年鉴》1984 年柏林版第 7 期第 9—53 页)后两节译出,标题为译者所加。

唯物主义理论,从一开始就受到资产阶级社会学、宗教社会学和民族学学派的攻击。例如,威廉·施米特神父和威廉·科普尔创立的民族学文化史学派就建立了自己的一种古代史体系,其中心点就在于证明一夫一妻制家庭是人类社会永恒的神赋的基础。这是一种反对摩尔根和恩格斯的行为。① 今天,对于恩格斯关于家庭发展理论的直接和间接攻击的规模越来越大,而且花样也越来越多。它们首先反对家庭发展是由社会经济决定的并因此而产生具体的家庭形式和婚姻形式。② 恩格斯和摩尔根的观点常常被等同起来,这样会有利于争论,因为摩尔根是从进化论的角度而不是用辩证唯物主义的观点来理解家庭发展的。但是,正如上面指出的那样,恩格斯恰恰是在辩证唯物主义的分析这一基础上来阐述家庭历史的,从而达到了一个新质的水平。在这种分析过程中,恩格斯运用了摩尔根所使用的概念,并且为了说明不是根据自己在史料方面的知识所研究出的家庭发展各阶段而广泛采用了摩尔根的描述。所以,攻击的矛头特别指向恩格斯从摩尔根以及巴霍芬那里借用过来的概念如杂婚、群婚、母权制,目的在于诋毁恩格斯的整个理论。恩格斯认为,家庭的各个阶段是由各个时期的经济关系所造成的,并且在这种关系中起着一种根本的作用。对于具体论述的这些攻击没有能够削弱恩格斯的基本理论。已经提到的民族学文化史学派更是由于不能从科学上反驳恩格斯的理论而遭到破产。相反:发现家长制家庭是社会经济结构的单位(这是恩格斯的一大贡献)已经为各种学科所证实。例如,对于古代史

---

① 《人和人类社会的形成》1980年柏林版第161页;威·施米特、威·科普尔:《民族与文化》1924年累根斯堡版;威·科普尔:《文化与语言》1952年维也纳版。

② 《当代人类学》1981年第6期第625—638页。

的历史研究可以证明,这种与家庭有联系的社会经济结构形式是"家长制的农户组织"。把这种组织的作用加以绝对化,使一些研究者甚至设想有一种"氏族社会制度"同奴隶制和封建制并存,并且由那些家长制家庭组织所决定。

家庭发展的早期阶段始终是不够明确的。所以,对于群婚、氏族的形成及其实质、对偶婚制等问题已经作了许多新的考察,修正摩尔根的观点,从而也修正恩格斯的观点。例如,发现澳大利亚的地方团体是经济和社会的单位,它存在于氏族之下并且其成员来自不同的世系共同体。它们是一些地方氏族团体。又如,澳大利亚的民族学研究还查明了等级对偶家庭,据此,一组年长的男人和女人与一组较年轻的男人和女人过着共同的性生活,并且在经济上来往和互助。因此,年老的男人与年轻的女人、年长的女人与年轻的男人既是性生活的伴侣,又是相互抚养的伙伴。澳大利亚的地方氏族团体是发展史上已知的最古老的社会形式,在这些问题当中,它们的整个情况是可以分析的。与摩尔根的以及在他之后恩格斯的设想不同,这些团体不是母权制占统治地位,而是父系的,后代按父系来计算世系。"因此,在原始社会发展的初级阶段上,在氏族中不存在那种由于按女系计算世系而导致的妇女的母权制统治地位"①。氏族、家庭和经济目的之间的关系要比摩尔根在进化论方法基础上根据当时考察所得出的结论更为灵活和直接。显然,摩尔根和巴霍芬关于母权制的进化论模式的观念看来就不成立了,而是,母系和父系

---

① 《民族学—考古学杂志》1978年柏林版第657、577—580页。恩格斯认为"母权制"这一用语是不够确切的,他说:"……为了简便起见,我仍然保留了这一名称;不过它是不大恰当的,因为在社会发展的这一阶段上,还谈不到法律意义上的权利"。见《马克思恩格斯选集》第1版第4卷第37页。

在历史上可以并存,同时造成这种或那种形式的原因是次生的经济条件。例如,似乎随着向土地耕作过渡,在土地耕作作为基本生产主要由妇女来从事的地方,妇女的社会地位才大大提高——大约直至在家庭和氏族的亲属关系中按母系计算世系。在讨论氏族制度这些家庭形式和婚姻形式时,始终应当考虑到,这样一些家庭形式都是在古代共产主义社会的条件下形成的,主张母权制论点的女权主义观点,常常被错误地解释为母权制,即神话般的亚马孙族模式意义上的妇女对男人和对社会的古代统治地位。所以,针对这种观点应当着重指出,创造并推动社会前进的是男人和妇女共同的生产劳动。在这个过程中,不存在男人从属于妇女或被妇女所统治,或者妇女从属于男人或被男人所统治,无论世系按父亲计算还是按母亲计算,即父系还是母系,或者说无论是群婚制形式或对偶婚制形式占统治地位,都无足轻重。所以,在世界历史上,母权制和父权制先后承接的这种进化论公式显然是不存在的。同样,不能根据一个团体的成员同另一个团体的成员按照固定原则缔结婚姻关系的婚姻团体的存在,不能只根据摩尔根在论述中有时使用的术语,得出群婚制的结论来。相反,证明在已知最古老的团体中存在父系制,却说明了,在人类历史的早期,对偶制已经达到了一种较稳定的状态,这种稳定的状态很有可能是由于两性的分工和随之而来的男女必然在经济上进行合作而造成的。大规模的狩猎活动引起了两性分工;但是,大规模的狩猎活动早在人形成的初期就开始起着一种作用。这种条件下的两性分工,意味着地位的平等,不是一个伙伴从属于其他伙伴。

相反,在从氏族制度向阶级社会过渡的时期,家长制和一夫一妻的家长制家庭形成的情况则完全不同,这是产生了特殊财产,并且最后产生私有财产的结果。在这里,出现了家庭发展中的一个深刻的质的转折。恩格斯发现并论证了这种转折,从而远远超出了摩尔根及其方法和材料的范围。

现在,在严肃认真的社会科学研究中,还没有哪一个研究能够对这种社会时期和家庭结构本质变化的联系提出疑问。生物学研究,首先是动物生态学有时倾向于或是置这种联系于不顾,或是对它加以抹杀。民族学家君特·坦布罗克特别反对这种做法——尽管承认在低级结构上动物和人的行为中的类比。然而,一些动物生态学家仍然提出下述论点,即认为人类的"核心家庭",即由一男一女组成的家庭可以说是生物选择的结果,是自然形成的。他们拒绝杂婚,即导致生育后代的自由性交的说法,因为按民族学的观察来看,只有地位最高者才有繁衍后代的资格,等等。姑且不谈这些所包括论点的观察往往不大可靠,但下面一点却是事实:虽然在较高级的灵长类动物中有各种各样的对偶形式,但是有关人类形成时期的对偶关系,我们今天还不具备直接的原始材料。恩格斯就已经批驳过今天还在使用的、部分似乎有广泛材料为依据的这类论点并且得出这样的结论:"单是这一点就足以证明,动物的家庭和人类的原始社会是两不相容的东西;脱离动物状态的原始人类,或者根本没有家庭,或者至多只有动物中所没有的那种家庭。"①

在一些民俗学家的论证中———旦研究人类家庭——虽然强调了人的生物社会学本质,但是最终总是要往性生物方面提出问题,并且把家庭只看作是生物学意义上的种的发展的基本条件。"人的家庭也是作为一种生物学基础上的父母和子女的共同体,也就是说作为一种抚养后代的社会结构而向前进化的",被称为具有社会结构特征的动物家庭也同样如此。"同动物家庭的本质区别在于,人通过自己的生产活动越来

---

① 《马克思恩格斯选集》第1版第4卷第29页。

不依赖于自然界"。① 这里就是确定动物"家庭"和人的家庭的关系时产生误解的核心之所在。家庭首先不是一种"生物学基础上的共同体"或"社会结构",而是一种社会关系,"生物学基础",即在性方面的伴侣关系及其结果是从属于这种社会关系的。性方面伴侣关系的进化,不能从自然史上,而只能从正在形成中的共同社会生活的作用来加以解释。正如在其他古代公社中不断变换着的经济状况下所观察到的家庭和伴侣关系的多样性一样,澳大利亚的例子也说明了社会因素的重要意义。如果说民俗学家的把问题简单化的延续性的观点连原始公社都不能给予论证,那么,这一观点就完全无法对过渡到私有制和阶级社会、过渡到一夫一妻的家长制家庭的社会作出解释了。在阶级社会中,婚姻关系通常是服从于以阶级利益为特征的个人的特殊利益的——因此这种关系不是在生物学基础上"进化的",这一点是最一般的真理。即使在家庭当中,虽然与有其生物学基础相对立,人仍然首先是"社会关系的总和",并且作为这种总和而建立伴侣关系。

同时还必须注意到民俗学论证常常忽略的另一个方面:家庭是整个社会关系塑造出来的个人的结合,它是由这些关系,即由包括人类社会行为和人类文化水平在内的个人所谋求的阶级利益所决定的。恩格斯多次指出过,随着社会发展而形成的文化水平与以阶级利益为特征的婚姻关系和家庭形式是多么相互抵触。在从古代首先是从资产阶级上升时期开始的人类伟大人文主义的文献中,有许多戏剧著作一次又一次地反映了这样的矛盾,这些矛盾只有当婚姻不再是生产资料私有制范围内的经济单位时才不复存在。这只有随着对社会进行社会主义的变革才能够

---

① 《民族学—考古学杂志》1979 年柏林版第 462 页。

做到。①

恩格斯所说的"个人性爱"是人类文化不断发展的结果。摩尔根作为熟谙民族学材料的行家曾经指出,在社会的原始阶段,不存在作为文化形式的"个人性爱",而是婚姻的缔结和婚姻形式都是根据他人的利益而决定的。② 此外,恩格斯还指出一些阶级社会中众所周知的事实,不过,这正好说明婚姻和家庭中的伴侣关系具有社会的文化水平的特征。随着社会主义社会关系和文化关系的建立,决定婚姻和家庭中的伴侣关系"除了相互的爱慕以外,就再也不会有别的动机了","既然性爱按其本性来说就是排他的……那末,以性爱为基础的婚姻,按其本性来说就是个体婚姻。"③ 在这种情况下,"只有以爱情为基础的婚姻才是合乎道德的,那末也只有继续保持爱情的婚姻才合乎道德"④。伴侣在文化和道德上的崇高品质构成了这种社会主义的婚姻关系的基础。这类品质在按民俗学观点而确定的家庭发展的论点中没有或很少被加以考虑。

一些资产阶级的民族学家和生物学家恰恰企图使社会舆论对首先是由资产阶级人道主义所构想的,而只有在社会主义社会才有可能作为婚姻和家庭基础的这种关系持否定态度。例如,他们说个体具有"利己的基因"或者说具有受遗传学制约的,由进化即从自然史上获得的侵略性。应当是这种似乎以人的生物学本质为依据的特性决定着个体在家庭和社会中的行为。例如,牛津的生物学家理查德·道金斯在一本牛津出

---

① 见《马克思恩格斯选集》第1版第4卷第78—79页。
② 见摩尔根:《古代社会》,1977年商务印书馆版下册第459—463页。
③ 《马克思恩格斯选集》第1版第4卷第78页。
④ 《马克思恩格斯选集》第1版第4卷第78—79页。

版的书中写道:"我想论证,我们在一个有效的基因那里所期望的占统治地位的特性是一种毫无顾忌的利己主义。基因的这种利己性通常会引起个体的利己行为……一个孩子是不会放过任何机会去欺骗、说谎、蒙骗和掠夺的……我只是说,自然选择往往偏爱有如此行为的孩子,因此,当我们观察自由生活着的群体时会看到,在最密切的家庭圈子中也会有欺骗和自私行为。说'孩子要欺骗'这句话的意思是,促使孩子们去欺骗的基因将要在基因池中争取有利地位。"① 道金斯认为,男人中杂婚和妇女中一夫一妻制的倾向应当根据遗传学的纲领来加以认识。② 动物学家埃里希·施泰茨根据遗传学上的人的存在的决定性提出了一整套文化崩溃的观点:"在一个变得远不是危险的环境中,生存斗争中人的真正大敌是他周围的人。在同周围人的斗争中,对个体来说不是伦理学和美学价值(忠实、父母之爱、诚实),反倒是卑劣的基本行为意味着一种特殊的机会"。③ 作为这种所谓遗传学决定性的必然后果的战争被看作是最后结论:"人具有侵略性,无论如何战争是不可避免的,因此,争取和平只能是浪费时间"④,这是对于婚姻、家庭、个体和社会的这类所谓科学认识的反人道主义的顶峰。这些论点自称科学,实际上则是披着科学的外衣为帝国主义的目的进行辩护,"科学的论证"不是科学的认识。它们的术语和运用这些术语赋予现实关系、赋予反对现实的社会主义的斗争以现实意义的做法是新鲜的,但是从本质上讲并不新鲜。马克思和恩格斯尽管非常尊敬达尔文,尽管对他的非辩证

---

① 理·道金斯:《利己主义基因》1978 年西柏林—海德堡—纽约版第 164 页。
② 理·道金斯:《利己主义基因》1978 年西柏林—海德堡—纽约版第 193 页。
③ 埃·施泰茨:《人的进化》1974 年魏耳海姆—贝格施特拉塞版第 53 页。
④ 《自然》伦敦版第 276 卷 1978 年 9 月 9 日第 5684 期第 120—221 页。

方法持保留态度，但是却直言不讳地明确批驳说，把"生存斗争"这个核心原理套用于社会，在科学上是站不住脚的。① 显然，马克思列宁主义的家庭研究不能指望根据那些以思想上预先形成的论点为出发点对灵长类动物作动物生态学研究的著作得出新的见解，即便现在常常有人认为能够做到这一点。虽然所引用的这类论点没有科学根据，但是它们却有着一种目的：消除每个人在对待同伴和社会时的文化上和道义上的障碍，或者说把他们变成为帝国主义强权政治服务的工具。

恩格斯知道，通往社会主义社会的婚姻和家庭的道路将是曲折的。婚姻关系和家庭关系将会如何——这在"资本主义生产行将消灭"以后，"在新的一代成长起来的时候才能确定"。② 在恩格斯看来，只有在那个阶段才能作出这种确定，这就是在人的关系中的社会主义人道主义的阶段，其物质基础是社会同等地关怀一切儿童。③

这样，恩格斯不仅为历史，而且也为婚姻和家庭的未来设计了一幅壮丽的草图，从此，这幅草图将由"新的一代"进行描绘——同时也将遇到来自社会生活的各种各样的错综复杂的情况和矛盾。例如下列问题就是如此："伦理"（按照恩格斯的理解）的作用，即为了孩子的教育而维系的婚姻、使家庭生活充满文化气息、家庭生活的道德、家庭与社会的关系和儿童的社会教育等。

不是有意识地去研究建立这种关系的生物学和心理学条件这本身恐怕是一种疏忽。马克思和恩格斯从未置此于不顾。但是，那种认为用生物学观点论述问题的资产阶级民俗学能够为说明社会主义的家庭

---

① 见《马克思恩格斯全集》第1版第20卷第655页。
② 《马克思恩格斯选集》第1版第4卷第79页。
③ 《马克思恩格斯选集》第1版第4卷第72页。

的发展提供社会主义的认识这一期望是要落空的。思想意识与经验研究的相互联系，生物学基础与作为社会关系总和的人之间的辩证关系极其紧密，以致资产阶级民俗学对于家庭的研究成果不能套用于社会主义关系。

家庭的历史、它的超越各个社会经济时期的形式的多样性说明，家庭关系必然要表现为各种形式，这些形式限制了人类生活的生物学基础和心理学基础，而且构成了在社会经济关系起决定作用情况下的一种辩证的相互关系。然而这却表明，社会的"伦理"和道德——它们在同资产阶级社会的对立中产生——对于家庭的发展起着头等重要的作用。"这样的人们（即社会主义社会的人们。——作者注）一经出现，对于今日（即在资产阶级社会的道德中！——作者注）人们认为他们应该做的一切，他们都将不去理会，他们自己将知道他们应该怎样行动，他们自己将造成他们的与此相适应的关于各人行为的社会舆论——如此而已。"①

关于社会经济形态的理论

《起源》是那些详尽论述马克思主义关于早期人类史观点的著作之一。正因为如此，恩格斯的这本书也是人们在研究和阐述早期各历史时期时最常引用的马克思列宁主义经典作家的著作之一。但是，由于从总的目的而产生的阐述的具体性和详尽性，同时也引起了一系列理论上的讨论。这部著作在前资本主义历史的基础与分期的讨论中常常被作为两种基本见解的证据而加以引用：

---

① 《马克思恩格斯选集》第1版第4卷第79页。

1. 认为恩格斯通过《起源》实现了马克思的遗愿并运用后者对摩尔根著作的摘录，对早期历史最终作了概括性的阐述，并且同时，也修改或者说放弃了马克思在1857—1858年制定的并在1859年《政治经济学批判》序言中发表了的形态论。恩格斯把前资本主义的阶级社会各历史时期理解为一种社会形态，它同时为奴隶制和农奴制所决定，而且只是由这一形态才产生出作为一种新形态的资本主义。①

2. 认为恩格斯尤其收回了马克思关于"亚细亚生产方式"是进步的社会形态的观点。在认识了原始社会以后，马克思和恩格斯不再把"亚细亚生产方式"看作社会的经济形态，它的基本要素被归入原始社会。②

据说这就是马克思和恩格斯在这个问题上的"最后定论"。③ 本文的目的不是介绍或详细论述在此期间举行的仅在德意志民主共和国名称

---

① 例如克·魏斯格尔伯设法使人相信，恩格斯着重指出的、以奴隶制—农奴制—雇佣劳动为基础的三个阶级社会形态时期，并没有被恩格斯作为这三个时期来加以理解；马克思从来没有把奴隶制和农奴制作为后果加以看待，等等。见克·魏斯格尔伯：《论马克思关于原始共同体及其解体的思想的发展和体系（1845—1867）》1980年柏林洪堡大学出版第116页及以下各页。

② 见《历史杂志》1968年第10期第1267—1272页。——详细讨论情况见《历史杂志》1972年第11期第1401—1412页。克·魏斯格尔伯认为，亚细亚生产方式的意思只能指的是自然生成的共产主义，根据摩尔根的研究，这种共产主义形同社会形态，代替亚细亚生产方式的概念。见克·魏斯格尔伯：《论马克思关于原始共同体及其解体的思想的发展和体系》第76页。M.戈德利尔出于不同的思想目的也作了类似的解释。他声称，在读了摩尔根的著作以后，对于马克思和恩格斯来说，亚洲失去了它所具有的可以复制原始社会的那种作用。见《观念》1969年2月巴黎版第92页及以下各页。

③ 《历史杂志》1972年第11期第1403页。

就多达数百种①的关于早期历史形态分期的讨论。恩格斯这部关于"起源"的著作所由以产生的历史的来龙去脉，常常不为那些讨论的参加者，即历史学家、哲学家、民族学家、考古学家、人类学家所重视。人们一般这样去研究《起源》，好像恩格斯在其中只是想揭示早期历史的基础，并且用这种观点去评论和衡量那些论述。

  但是，事实已经表明，并且恩格斯本人也多次谈到过，这部著作是以19世纪70年代和80年代之交思想斗争中的现实原因作为根据的，并且该著很大部分是以摩尔根提供的事实材料为基础，而恩格斯起初只想对这些材料进行"叙述"或"概括"。该著对于历史研究的意义在于对现实阶级斗争的趋势和发展作了深入的历史分析。《起源》的目的是要为无产阶级世界观提供论据、进一步阐明这一世界观并且加强工人阶级在政治斗争中的地位。对此，前资本主义社会形态历史分期的那些理论成分居多的问题并没有什么特殊作用。同样，对欧洲以外任何一个国家向社会主义过渡的问题，即通过工人阶级去推翻统治阶级社会的问题也没有作出什么预见。在这方面，在恩格斯看来，东方是处于历史之外的，他只是从作为资本主义和"国家社会主义"怪物的殖民史的角度去引述东方。在谈到诸如印度和俄国那些不以私有制为基础的原始公社，即古代公社继续存在的问题时，恩格斯得出了这样的结论：只有当"现代共产主义的因素"②，即无产阶级革命的胜利去震动它们，它们才能够在新的基础上继续得以生存，并且使自己作为社会机构而获得更

---

  ① 这里不作任何综述，沃·库特勒曾部分地作了评论，见《形态论与历史》第238—292页；克·魏斯格尔伯：《论马克思关于原始共同体及其解体的思想的发展和体系》第143页。

  ② 《马克思恩格斯选集》第1版第4卷第442页。

新。恩格斯同马克思一样,也认为东方关系的特点是"不存在土地私有制"。在他们看来,这就是"了解整个东方的一把钥匙"。① 在《反杜林论》中,恩格斯进一步阐述了这一观点,② 并且在1890年对它再次加以强调。③

因此,看来恩格斯当时认为,无论对东方的研究多么富有启发,都无助于著作的主要目的。在前面他指出了:"在这个意义上,我们有理由说:没有古代的奴隶制,就没有现代的社会主义",在后面他写道:"古代的公社,在它继续存在的地方,在数千年中曾经是从印度到俄国的最野蛮的国家形式即东方专制制度的基础。只是在公社瓦解的地方,人民才靠自身的力量继续向前迈进,他们最初的经济进步就在于利用奴隶劳动来提高和进一步发展生产"。④《起源》在摩尔根的发现这一基础上继承或者说阐述了《反杜林论》的这种观点。恩格斯基本上解释了,在他看来,为什么具有数千年历史的东方关系不能用形态的三段式来进一步加以说明。尽管在摩尔根提供了广泛的材料论述阿兹特克人和印加人的高度文化,而且马克思又作了详细摘要的地方,恩格斯也没有使用这些材料;他甚至没有提到过这些社会的难点。但这并不是说恩格斯忽略了亚细亚生产方式。他在1884年1、2月份写的信件清楚地表明,他对亚细亚生产方式还是记忆犹新的。因此,人们不能把《起源》作为论据来反对马克思和恩格斯关于东方关系或者说"亚细亚生产方式"的观点。恩格斯在《起源》中所要明确探讨的问题是通往现代社会主

---

① 《马克思恩格斯全集》第1版第28卷第260页。
② 见《马克思恩格斯选集》第1版第3卷第214页;《马克思恩格斯全集》第1版第20卷第681页。
③ 见《马克思恩格斯全集》第1版第22卷第36页。
④ 《马克思恩格斯选集》第1版第3卷第220—221页。

义的主要途径或者说原初途径,而不是对前资本主义社会的发展作出全面分析。

相比之下,恩格斯是否把历史形态顺序及其对人类历史三段式后果的途径看成了在掌握了今天历史事实以后我们所看到的那种途径,则是另一回事。例如,在本世纪,特别是在近几十年中搜集到的材料证明,希腊的发展不像恩格斯根据当时的知识所阐述的那样,是与东方相隔绝地从氏族社会中发展起来的。希腊的发展在恩格斯看来是私有制基础上的形态顺序的起点,他仅仅从原始社会这条根去解释这种发展。他没有阐明或者说无法阐明,这条根本身只有在东方已经付出代价这一土壤上才能生长。在《反杜林论》中,恩格斯探索过这类联系,然而,他还不能历史地把握它们。他只做到不确切地把东方关系理解为原始公社和奴隶制之间的一种形态关系;他首先把它看作是古代公社基础上的这种停滞不变的关系。① 因此,马克思和恩格斯时而用来同"亚细亚生产方式"相提并论的并不像有人常常断言的那样是原始公社本身,而是在专制制度范围内原始公社的继续存在。根据当时经验研究水平,恩格斯还不可能对古代奴隶制时期以前的东方关系作出确切判断。然而不能因此得出这样的结论,认为不存在这种关系,恩格斯没有把它作为一种经济形态的关系加以接受等,或者认为恩格斯干脆把东方关系归入奴隶制的经济形态之中。② 1857—1858 年马克思在社会经济形态的序列中从理论上阐述了东方关系(或者说"亚细亚生产方式")的短暂性。限于当时

---

① 《马克思恩格斯选集》第 1 版第 3 卷第 220 页。
② 例如,霍·格里克(还有不少苏联作者)强调指出,根据80 年代初马克思和恩格斯的观点,东方关系属于以奴隶制为基础的社会形态。但是,格里克对此未能提供严肃的论据或证明。见《哈雷—维滕堡马丁·路德大学学报。社会学和语言学类》1979 年第 1 期第 5—14 页。

掌握的原始资料，恩格斯在具体的历史阐述中，还没能把这种生产方式的短暂性同它数千年来停滞不变的问题分离开来。今天，显然是能够分离开来的，而且不进行这种分离肯定不符合马克思和恩格斯的精神。①

因此，恩格斯所制定的世界史的观点——鉴于从原始社会到阶级社会的历史延续性——无疑需要用古代东方社会来加以补充。然而，关于相应的形态及其本质规定的讨论并没有结束。根据公元前4000年到公元前1000年中叶的人类历史所具有的历史事实和联系，历史学家是不会对这样一种经济形态的存在避而不谈的。这种社会经济形态的存在代表了古代社会和古代奴隶制之间社会经济形态逐渐进步的时期。

虽然由于各种各样的情况，这个疑难在《起源》中没有得到详细说明，但是恩格斯却提出了与此相关联的一个重要理论问题，产生这个问题的原因，一方面是作为形态顺序的历史的延续性，另一方面是历史发展的不平衡性，即在不同社会经济形态阶段上同时存在各种不同的社会。这一点包括了恩格斯未作详细说明的东方各社会同原始社会和古代奴隶制社会的关系。对此，恩格斯以日耳曼人与罗马人的关系为例，并且根据奴隶制的没落和西欧封建主义的兴起而作了分析。

所涉及的问题如下：

1. 前资本主义阶级社会的繁荣和瓦解及其被推翻。

2. 在遭到危机摧残的社会的被剥削阶级"自在地"但还不是"自为地"存在着的条件下，能够通过革命方式对社会实行革新并保证历史延续性的主观力量。恩格斯所谈的是他们的斗争产生了历史合力的那些力量。②

---

① 见《世界史中的进化与革命》1976年柏林版第1卷第6—17页。
② 见《马克思恩格斯全集》第1版第37卷第462页。

3. 人民群众的作用以及组织成原始共产主义公社或组织成具有原始共产主义传统的公社的人民群众；具体地说就是"自由的法兰克农民"①。

4. 前资本主义阶级社会条件下的，尤其是同一种新的更高类型的社会制度形成相关联的历史发展的中心问题和外围问题。

恩格斯在下面的意义上探讨了这个问题，即在历史发展的中心，产生了有一些是相当大的经济发展和文化发展的客观可能性。然而，由于阶级关系所造成的局限性，这些可能性在衰亡时期同样免不了要消失，因为使它们得以发挥的主观力量还不存在。这类主观力量存在于这些中心以外的来源于原始社会的部落和各部落团体之中——虽然受到这些中心的影响，但是从社会的角度来看，他们还是相对保持着童贞，这要归功于他们的氏族社会的组织性。②

与资本主义的发展相关联，马克思和恩格斯对原始社会公社及氏族共同体曾经作过多方面的探讨，现在恩格斯又从前资本主义发展的联系中把这个问题作为理论问题提出来重新加以研究。

通过对这些历史联系的分析及理论上的概括，恩格斯从历史过程本身的不平衡性当中发现了社会发展的世界历史的推动力，并且主要把握了实现历史并创造出新成就的历史上的主观力量和客观条件之间的世界历史的关系。最近数十年才逐渐在马克思主义历史研究中加以采纳和阐

---

① 《马克思恩格斯选集》第 1 版第 4 卷第 151 页。
② 《马克思恩格斯选集》第 1 版第 4 卷第 93、104、151—153 页。关于中心和外围的问题见《阶级社会的原始外围》1978 年莫斯科版。

发的恩格斯的这一发现，大大丰富了对于历史规律性的认识。①

这样，前资本主义社会关系中的阶级斗争在世界历史上的特殊作用范围和作用条件就被认识了。这些认识对于研究前资本主义各种社会经济形态的革命过渡，对于说明这些时期的主观因素和社会主导力量尤其具有头等重要意义。如前所述，恩格斯本人是通过罗马人、日耳曼人的关系和向封建制度的革命转变时期来详细说明这个问题的。②

虽然《起源》通篇对社会经济形态各时期的整体的阐述并不突出，但是，在历史三段式的人类史的宏观形态中，社会经济形态根本没有完全退居次要地位。同原始共产主义与阶级社会以及阶级社会与共产主义之间的矛盾相比，这种三段式各大形态各个时期之间的矛盾好像是低等级的矛盾。因此，在一个大的时期中，社会时期之间的延续性与间断性、进化与革命的关系，通过另一种方式表现为三个大的时期之间的这样的关系。但是，这并不意味着恩格斯没有看出三段式各大形态中的分期。

他发现原始社会分为两个主要时代：蒙昧时代和野蛮时代。③ 第一个时代的特点是以采集现成的天然产物为主。④ 第二个主要时代⑤是靠

---

① 1977 年在历史学家代表大会上，指出了有必要从世界历史的观点出发来分析这些问题。见《历史杂志》1977 年第 10 期；1978 年第 4 期第 336—349 页，第 6 期第 533—549 页。

② 见《恩格斯与历史问题》第 81—113 页；《历史问题》1964 年莫斯科版第 5 期第 95—111 页。

③ 见《马克思恩格斯选集》第 1 版第 4 卷第 17 页。

④ 见《马克思恩格斯选集》第 1 版第 4 卷第 23 页。

⑤ 见《马克思恩格斯选集》第 1 版第 4 卷第 17 页。

人类的活动来增加天然产物的生产为其基础①，通过这个过程，"产生了全新的社会关系"②。第一次社会劳动分工是从这个时期，从两种不同形式的采集经济和生产经济并存开始的。③ 在第一个主要时代，即蒙昧时代产生了氏族的前提并且最后产生氏族本身。群婚制是与这个时代相适应的。在野蛮时代这个主要时代中，氏族和家庭具有了新的内容和形式。氏族变成了氏族社会。真正的意义上的明显的氏族社会形成了，群婚制为对偶制家庭并最终为家长制家庭所取代。④

恩格斯以摩尔根为依据所阐述的两个时代间的变革，当时首先在理论上可以从观察现代各民族而推断出来。恩格斯把原始社会两个主要时代的分界看得很大——他把它和文明时代的界限等量齐观。经过一个世纪的经验研究，实际的历史过程差不多已经揭晓，恩格斯所推断出的这种变革的深刻性质已得到证实。今天，"生产力的新石器时代的革命"已经成为研究古代历史的无可争辩的基本理论和基本概念。

恩格斯把私有制基础上的文明时代划分为三大时期——奴隶制、农奴制和雇佣劳动制，它们分别通过革命的过渡时期而分隔开。⑤ 由于著作的主要目的所致，对于这种社会形态的划分——直至奴隶制和封建制

---

① 见《马克思恩格斯选集》第1版第4卷第23页。

② 见《马克思恩格斯选集》第1版第4卷第48页。

③ 这里由恩格斯提出的社会劳动分工问题，在马克思主义的古代史研究中，几十年来被错误地解释为农耕者与畜牧者之间的劳动分工。关于这一点见约·海尔曼和厄·塞尔诺编《前资本主义时期的生产力和社会形态》1982年柏林版第77—91页。

④ 见《马克思恩格斯选集》第1版第4卷第154页；《人和人类社会的形成》第149页。

⑤ 见《马克思恩格斯选集》第1版第4卷第172页。

之间的过渡，主要进行了具体历史的阐述，而很少着重从理论上去阐述。但是，这种划分作为恩格斯历史观点的理论基础恰恰在《起源》中也得到了明确的反映。①

在《起源》中，恩格斯不是通过抽象的理论研究，而是通过对历史时期的具体分析来论证他的关于家庭、私有制和国家的历史以及它们在人类历史中作用的理论。因此，同马克思的《政治经济学批判大纲》或者同致查苏利奇的复信草稿相比，这种分析在《起源》中在量的方面占有大量的篇幅。然而恰恰是这种做法为恩格斯理论结论的本质和深度奠定了基础。在《起源》中，对于历史上的事件、结构和发展，个别、特殊和一般的辩证法作了杰出的论述。恩格斯的整个计划都体现了这样的目的。因此，如果不把它作为整体看待并且只抽出个别部分，那么，不仅会在形态分析那些大的问题上，而且也会在向阶级社会过渡和家庭发展的具体问题上势必导致在进行解释和加以"应用"时带有局限性。

恩格斯是在使用摩尔根创造的"军事民主制"这一概念的情况下来把握向阶级社会和国家进行过渡的。然而，摩尔根阐述的是形式变化和制度，恩格斯则与之不同，他把"军事民主制"论证为社会经济的过渡时期，在这个时期中，出现了源出于原始共产主义的结构从属于正在形成的、以私有制为基础的剥削阶级统治目的的情况。这种远远超过

---

① W.N.尼可夫洛夫声称，80年代初马克思和恩格斯经过研究把世界史划分为五个阶段。见《社会经济形态》1978年莫斯科版第142—143页。三段式的制定和在三段式后加上原生形态的两个主要时代和次生形态的三个时代的做法是正确的，论据如上。然而，尼可夫洛夫则着眼于古代社会、奴隶制社会、封建社会、资本主义社会、社会主义社会这个序列。而这五个阶段无论马克思还是恩格斯都没有说过。

摩尔根的基本理论,已经通过大量具体分析而得到证实。这样一种延续性是历史上间断性的条件,是克服原始共产主义社会和导致阶级社会的社会革命的条件。恩格斯以印第安人部落、希腊人、罗马人和日耳曼人及其向阶级社会和国家的过渡为例,对他在1884年2月16日致考茨基的信中谈到爪哇时所涉及的这个一般性问题作了研究。同样,也谈到了人民群众与贵族、人民群众与正在形成中的统治阶级的作用,提出了这些社会力量之间斗争辩证法的问题和它们的斗争结果问题。向阶级社会过渡中的各种国家类型是这一斗争的结果。①

因此,"军事民主制"不是从形式上的概念结构来理解的历史范畴,而是氏族社会和阶级社会之间过渡时期的概念。

从"军事民主制"时期的斗争中,产生了剥削阶级统治的政治机构,恩格斯对此毫不怀疑。如果说一些马克思主义的民族学家和历史学家因为世界上许多地区从原始社会中产生了专制的统治形式②,而没有使用或者反对"军事民主制"的概念,那么,这也不能成为反对"军事民主制"作为过渡时期的论据。这只能是对恩格斯所认识的这个时期本质的一种确证,在这个时期中,统治阶级开始形成并且开始从政治上组织自己的力量。掌握决定权的部落贵族的代表,在同其他部落的通常形式相同的军事民主组织进行斗争时,是把本部落或其余部落的军事扈从队和按军事民主制组织起来的自由人作为靠山的。恩格斯阐述了这个时期的复杂性及其矛盾性,同时也指出了由于社会斗争条件的不同而出现的各种不同的国家形式,比如专制制度、王权、君主制、贵族共和国等等,都是分别作为当时统治阶级的政治统治形式而存在的。资产阶级

---

① 见《马克思恩格斯选集》第1版第4卷第165—166页。
② 《苏联民族学》1978年第1期第35页。

民族学研究用以取代"军事民主制"而提出的"早期国家"、"酋长国家"等概念,掩盖了私有制的形成、统治阶级及该阶级政治统治之间的辩证关系。① 因此,对于恩格斯具体历史地阐述并从理论上论证了的"军事民主制",它们不可能是说明这一时期的另外一种解释。②

恩格斯在一百年前写下了他的著作,当时科学社会主义还不可能得到十分具体的阐述。按照恩格斯的想法,《起源》应当对于科学社会主义的"整个观点"有着重要的意义。这个目的已经达到。他的著作取得了认识整个人类史的理论成果,由于这些成果,这一目的不断得到更新,一百年来,这部著作作为一个整体,对于历史唯物主义世界观、在推翻以私有制和剥削为基础的社会和建立社会主义社会的阶级斗争中,始终具有现实的意义。

(高爱贺 译　王宏道 校)

---

① 见 E. R. 塞尔维斯:《国家和文明时代的起源》1977 年美因河畔法兰克福版第 12 页。

② 如果不从恩格斯所阐述的社会经济意义上把"军事民主制"时期理解为过渡时期,就不可能解决国家形成的问题。见《亚细亚生产方式与国家的产生。关于存在财产公有制的阶级社会中国家形成的逻辑分析问题》1980 年不来梅版。

《家庭、私有制和国家的起源》的写作过程*

〔民主德国〕约·海尔曼

1884年2月16日,恩格斯在马克思的遗稿中发现对摩尔根的摘要以后,高兴地写信给卡尔·考茨基:"在论述社会的原始状况方面,现在有一本像达尔文学说对于生物学那样具有**决定**意义的书,这本书当然也是被马克思发现的,这就是摩尔根的《古代社会》(1877年版)。马克思曾经谈到过这本书,但是,当时我正在思考别的事情,而以后他也没有再回头研究;看来,他是很想回头再研究的,因为根据他从该书中所做的十分详细的摘录中可以看出,他自己曾打算把该书介绍给德国读者。摩尔根在**他自己**的研究领域内独立地重新发现了马克思的唯物主义历史观,并且最后还对现代社会提出了直接的共产主义的要求。……假如我有时间,我倒想利用马克思的札记来把这些材料加加工,为《社会民主党人报》的杂文栏或《新时代》写点东西……泰罗、拉伯克及其同伙所搞的整个骗局,不管是族内婚、族外婚,还是其他各种荒诞无稽

---

* 本文选自《马列主义研究资料》1987年第4辑。

原题注:约阿希姆·海尔曼是德意志民主共和国科协主席、科学院院士和古代史与考古学研究所所长,曾于1987年4月份来华访问。本文系根据作者的文章《历史唯物主义和人类史。恩格斯〈家庭、私有制和国家的起源〉的写作过程和影响》前两节译出,标题为译者所加。

之谈,现在都被彻底揭穿了。这些先生们在这里拼命抵制这本书,它是在美国印刷的,五个星期以前我就订购了这本书,但直到现在还没有收到!"①

在同一年,即1884年10月3日,恩格斯完成对他的由霍廷根—苏黎世人民书店出版社出版的《家庭、私有制和国家的起源。就路易斯·亨·摩尔根的研究成果而作》一书的最后校订。② 不久后,即1884年10月15日,已有30本书被分送到"世界各地",并且就该书译成波兰文、俄文和意大利文问题进行了商讨。③ 恩格斯在1884年2月16日的信中谈到马克思对摩尔根著作的摘录时向考茨基所表露过的那些不确定的想法④,不但已经明确,而且还付诸实现了,并且远远超过最初设想的目的。正如列宁后来所说,一部"现代社会主义主要著作"就这样问世了。⑤

关于写作过程的时间顺序

虽然恩格斯写作《起源》的时间顺序是清楚的,但是首先仍然有必要去揭示看来对写作过程有重要意义的至今尚未受到重视的一些相互关系。显然,恩格斯在研究摩尔根著作摘录及其原书的过程中,改变了自己的写作构想。

---

① 《马克思恩格斯选集》第1版第4卷第442—443页。
② 《马克思恩格斯全集》第1版第36卷第213页。
③ 《马克思恩格斯全集》第1版第36卷第221页。
④ 《马克思恩格斯选集》第1版第4卷第443页。
⑤ 《列宁选集》第2版第4卷第43页。另见《马克思恩格斯年鉴》1981年柏林版第4卷第53、60页。

恩格斯最迟在1884年1月初看到了马克思的摘录并且认识到了它的意义。接着他立即定购了摩尔根的著作，但是五个星期过后，即1884年2月16日仍没有收到。① 1884年3月7日，他很可能得到了此书，但没有详细阅读。他——已经知道马克思的摘录——非常兴奋地写信给弗·阿·左尔格："请读一读摩尔根（路易斯·亨·）的《古代社会》，是1877年在美国出版的。他巧妙地展示出原始社会和原始社会共产主义的情景。"② 3月24日，他告诉考茨基，他费了很大劲才弄到了这本书，如果他有时间，想对此书作一番加工。③ 在这以后，他显然亲自阅读了这本书。4月11日，当他已经着手概括摩尔根这本书时，觉得这是一本"写得如此糟糕的书"。他希望一周后就能写好自己的书。④ 在写作过程中，大约在4月中旬，恩格斯认识到，不能简单地"叙述"摩尔根的著作。因此，他于1884年4月26日写信给考茨基说："这对我们的工人不会有什么帮助。"但是"这篇东西对于我们共同的观点，将有特殊的重要性。……因此，这篇东西要认真加工，仔细推敲，从总体上作周密思考，但是在写作时不应当顾虑反社会党人法"。⑤ 显然，本书的提纲以及章节划分已经拟定完毕，尽管恩格斯1884年4月18日曾向保尔·拉法格抱怨过他"忙得不可开交"⑥。5月17日以前，恩格斯一直在按照这份提纲写作。5月10日，他说，他要"完成一部重要

---

① 见《马克思恩格斯选集》第1版第4卷第443页。
② 《马克思恩格斯全集》第1版第36卷第127页。
③ 《马克思恩格斯全集》第1版第36卷第132页。
④ 《马克思恩格斯全集》第1版第36卷第135—136页。
⑤ 《马克思恩格斯全集》第1版第36卷第144页。
⑥ 《马克思恩格斯全集》第1版第36卷第143页。

的著作——《家庭、私有制和国家的起源》"①。5月17日说道:"稿子今天写完,还要再校阅一遍并作最后的润色,这需要几天的时间。……文章很长,约一百三十页八开纸,而且写得很密,标题是《家庭、私有制和国家的起源》。"② 5月22日,除了最后一章"还需要校订"外,稿子被寄往苏黎世。③ 5月26日,全书写作完毕。④ 但是,关于出版问题的谈判却拖了下来。六个星期以后,即1884年7月11日,恩格斯向考茨基抱怨说:"同狄茨打交道是件麻烦的事。……因此,最后请你们决定采取一种积极的办法!"⑤ 不久,即1884年7月16日,考茨基告诉他,霍廷根—苏黎世的人民书店出版社将出版这本书。⑥ 7月28日,恩格斯寄还了校样,并且订购了30本书。⑦ 10月3日,恩格斯把校样寄往苏黎世,校样中的最后几处勘误没有来得及被采纳。⑧ 显然,本书是在9月底印刷的,《社会民主党人报》预告时说10月2日已经出版。⑨ 1884年10月11日,恩格斯已经拿到他要的书。⑩ 根据恩格斯自己的说法,可以作如下推论:

1. 他开始直接起草工作不会早于4月初。因为,3月24日他还拿

---

① 《马克思恩格斯全集》第1版第36卷第147页。
② 《马克思恩格斯全集》第1版第36卷第147页。
③ 《马克思恩格斯全集》第1版第36卷第148页。
④ 《马克思恩格斯全集》第1版第36卷第155页。
⑤ 《马克思恩格斯全集》第1版第36卷第176页。
⑥ 见《弗·恩格斯和卡·考茨基通信集》1955年维也纳版第133页,由贝奈狄克特整理出版。
⑦ 见《马克思恩格斯全集》第1版第36卷第185—186页。
⑧ 见《马克思恩格斯全集》第1版第36卷第213页。
⑨ 《马克思恩格斯研究论丛》第3期第130页。
⑩ 《马克思恩格斯全集》第1版第36卷第214页。

不准是否有时间对"摩尔根的书"作一番加工。① 3月31日,他又向劳拉·拉法格抱怨,说他受到干扰和纠缠,不但时间,而且连房间和书桌都不属于他了。②

2. 经过对马克思的摘要和摩尔根原书的研究,恩格斯改变了对自己著作的范围和目的的设想。最初,他打算只对摩尔根的书进行概括,4月中旬他改变了自己的计划。4月24日,书的章节分编完毕,5月17日,写完全文。种种情况表明,写作时间是短的,③ 这之所以可能,只是因为恩格斯在此期间已经成竹在胸,并且仰承他对希腊、罗马、凯尔特和日耳曼人的历史及史料具有广博的知识。这一点也是恩格斯之所以对摩尔根著作具有独立性,有可能根据自己的问题提法通过具体的历史分析在短期间内对摩尔根不够详细或者几乎没有注意到的历史方面加以探讨的原因。

3. 恩格斯深入地研究了摩尔根著作中的所有制和国家问题,从而改变了他的写作计划。在研究过程中他发现,材料本身对于"整个观点",即历史唯物主义,对于当时同国家社会主义的具有现实意义的理论斗争有着特殊的意义。同马克思的摘要相比,从《起源》一书本身也可以明确指出写作计划的变动。第一章《史前各文化阶段》和第三章《易洛魁人的氏族》是马克思摘记和摩尔根著作的概括或摘录。这一点从编排和内容上看大部分也适用于第二章《家庭》。但是,本章的第二部分却是恩格斯独立的阐述和评论,即使细节问题也是如此。马克

---

① 《马克思恩格斯全集》第1版第36卷第132页。
② 《马克思恩格斯全集》第1版第36卷第133页。
③ 主要见恩·恩格尔贝格《社会形态的必然顺序问题》,载《历史杂志》1974年第2期第156—157页。

思在他的摘要中就已经对家庭作过评价，比摩尔根阐述得更为确切和深刻，例如关于一夫一妻制家庭的社会经济特征。①

写作计划的扩大使恩格斯能够在写作《起源》的过程中间接介入了1884—1885年的党内斗争，并且加强了革命力量在党及其目标的根本问题上反对改良主义思想的立场。②

《起源》首先在工人阶级中迅速得到传播。③ 截至1890年，已经印刷了根据封面来看是不同的3个版本，共5000册。1891年7月，恩格斯完成该书第4版的修订。1891年11月——印的字样是1892年——，由约·亨·威·狄茨出版社出了第4版。加上1894年出的第6版，恩格斯在世时德文版本共印了11000册。在其他国家出了12版。因此，《起源》是19世纪传播最广的马克思和恩格斯的著作之一。④ 恩格斯在世时本书曾出版过意大利文（1885）、波兰文（1885）、罗马尼亚文（1885—1886）、塞尔维亚—克罗地亚文（1887—1888）、丹麦文（1888）、捷克文（1891）、匈牙利文（1893）、俄文（1893）、法文

---

① 见《马克思恩格斯全集》第1版第45卷第365—368页；《马克思恩格斯选集》第1版第4卷第53页。

② 见《为无产阶级政党的革命性而斗争。早期德国工人领导人通信集。1884年12月至1885年7月》1977年柏林版第52页。

③ 见《为无产阶级政党的革命性而斗争。早期德国工人领导人通信集。1884年12月至1885年7月》1977年柏林版第54页。

④ 见《马克思恩格斯研究论丛》第3期第133—134页，《马克思恩格斯年鉴》第4卷第154—156页。

(1893) 和西班牙文（1894）等译本。1902 年出版第一个英文译本。①那时以来，《起源》在世界各大洲曾用 50 多种语言出版。从 1917 年 10 月到 1961 年 5 月，单是在苏联就用 28 种语言出版过，总印数为 3348000 册。②

关于本书的基础和目的

70 年代和 80 年代之交，马克思开始研究摩尔根《古代社会》一书，这并非偶然。马克思在研究柯瓦列夫斯基《公社土地占有制》一书（1879 年在莫斯科发表）的过程中，就引起了他对摩尔根著作的注意，因为该书有对摩尔根著作的引文。③ 柯瓦列夫斯基后来说，从美国旅行归来时，他曾亲自把这本书带给了马克思。④ 大概是在研读完全书之后，紧接着在 1880 年夏，马克思就已经开始对摩尔根《古代社会》

---

① 在英国，当 1901 年《起源》在翻译过程中，英国社会主义者领导人海德门就对此表示反对。他认为，这项翻译等于把煤运往纽卡斯尔，因为已经有了可同《资本论》相比拟的摩尔根用英文写的书，恩格斯在他的书中除了对他一窍不通的东西给予软弱无力的概括外，不外乎是一些粗制滥造（见 1901 年 4 月 20 日、27 日伦敦《正义报》）。

② 见《马克思主义史》1961 年莫斯科版第 375 页。

③ 见马克思：《资本主义生产以前的各种形式。1879—1880 年土地所有制史的比较研究。由汉斯－彼得·哈斯迪克从手写体遗稿中整理出版》1977 年法兰克福（美茵河畔）—纽约版第 25 页。

④ 见马克思：《资本主义生产以前的各种形式。1879—1880 年土地所有制史的比较研究。由汉斯－彼得·哈斯迪克从手写体遗稿中整理出版》1977 年法兰克福（美茵河畔）—纽约版第 6 页和注 11。

一书作摘录。① 马克思从19世纪40年代起一直在进行探讨，并且为了便于自己理解在1857—1858年写的《政治经济学批判大纲》中专门系统地论述过的理论问题，他在这本书中找到了使之进一步完善的材料。因此，摩尔根这本书摘要的篇幅很长，计有98页8开纸（136个印刷页），全是写得密密麻麻的。② 马克思首先摘录的是论述关于家庭观念和财产观念发展的第三编和第四编，然后是论述具体历史发展的段落。马克思洞察到摩尔根关于日耳曼的论述十分粗略而且很不充分，便中断了摘录工作。由于摩尔根的这一缺陷，马克思才补充上自己的思想以及引自凯撒和塔西佗著作的材料，这两个人的著作是他在作摘要时阅读的。对于其余20页摩尔根论述中国及其他地区的材料，马克思一直没有加以重视。

摩尔根是达尔文主义的信徒，他用进化论的观点写成自己的著作。③ 因此，他能够把通过几十年研究所获得的关于人类早期历史的知识纳入这样一个发展序列，这个序列从人脱离动物界后的原始状态开始，一直延续到阶级社会。

摩尔根把发展的思想运用于资产阶级社会最神圣的制度如家庭、私有制和国家，从而抹去了它们永恒的光环。这种批判是以揭示国家产生以前的社会基本联系为基础的。在摩尔根看来，以氏族为中心的氏族社会的生产资料公有制决定了这个社会本身，并且诸如人民大会、议事会

---

① 见马克思：《资本主义生产以前的各种形式。1879—1880年土地所有制史的比较研究。由汉斯-彼得·哈斯迪克从手写体遗稿中整理出版》1977年法兰克福（美茵河畔）—纽约版第217页。

② 见《马克思恩格斯全集》第1版第45卷第328—571页。

③ 见《苏联民族学》1978年莫斯科第1期第15页。——《民族学—考古学杂志》1981年柏林版第516—580页，特别是第576页。

和由群众选举并罢免首领这些民主制度,是与这种社会相适应的。

摩尔根认为,社会发展的动力在于"观念"或者说观念的发展,比如"财产观念"的发展、"管理观念"的发展,也就是说智力的增长。这些观念从箭头到铁路的发明和发现而得到实现,并且为人类的发展奠定了基础。① 摩尔根的论证与达尔文1871年写的《人类的由来》一书中的论证几乎一字不差。② 根据摩尔根的观点,达尔文所理解的自然选择是体能和智能历史地实现的结果。"没有血缘亲属关系的氏族之间的婚姻,创造出在体质上和智力上都更强健的人种"。恩格斯从中得出了这样的结论:"实行氏族制度的部落便必然会对落后的部落取得上风,或者带动它们来仿效自己。"③ 然而,在达尔文想通过这些观念和他的进化论观点论证为什么资本主义社会是**自然形成的**社会的同时,摩尔根却根据一个没有私有制、阶级和国家的活跃的原始状态的存在而得出这样的结论,即在更高级形式上的这样一个社会是可能的,因此会得到复活。④

尽管本原在于"观念",摩尔根还是把财产看作历史的推动力:"无论怎样高度估量财产对人类文明的影响,都不为过甚。它是使雅利安人和闪族人摆脱野蛮社会、进入文明社会的力量。"⑤ "人类的智慧在自己的创造物面前感到迷惘而不知所措了。但是,总有一天,人类的理

---

① 见摩尔根《古代社会》1977年商务印书馆版下册第511、555—557页。
② 见查理·达尔文:《人类的由来及性选择》1874年芝加哥—纽约版第46—47页。
③ 《马克思恩格斯选集》第1版第4卷第42页。
④ 见摩尔根《古代社会》下册第556页。
⑤ 见摩尔根《古代社会》下册第511页。

智一定会强健到能够支配财富。"① 关于历史的推动力他作了下列一般解释：我们的存在是以蒙昧的野蛮的祖先的、劳动、社会和成功为基础的，它们是"上帝为从蒙昧人发展到野蛮人、从野蛮人发展到文明人而制订的计划中的一部分"②。

这种历史观——由于它以经验论方法为基础——无疑导致了客观地、唯物地去认识历史。根据其世界观哲学本质，它是唯心主义和进化论的观点，③ 是以达尔文的社会发展观点为依据的。

当然，马克思认识到了摩尔根的这种方法论基础，看到了摩尔根进化论的局限。他没有对摩尔根的"观念"展开论争或加以评论，而是在"观念"一字的后面加了个惊叹号。因此，他摘录道："**对财产的最早观念（！）**"④ 在1881年3月8日给查苏利奇复信的第一篇草稿中，马克思在谈到摩尔根时写道，这位作家"是不可能有革命倾向的嫌疑的"⑤。事实上，摩尔根在任何地方连想都未曾想过要做出超出进化论范围的革命变革。他寄希望于人的思想和自我认识的教育，这些人有责任去改变社会存在，也能够驾驭"人类的头脑中关于财产的观念"⑥。

---

① 见摩尔根《古代社会》下册第556页。

② 见摩尔根《古代社会》下册第557—558页。

③ 现在还没有以摩尔根的著作为依据对他的哲学立场进行历史唯物主义的分析。厄·塞尔诺认为，摩尔根的观点由于并非辨证的"进化论思想框框"而受到局限；但是，从原则上讲，摩尔根代表了唯物主义历史观（见《民族学—考古学杂志》，1981年第575—580页）。I. L. 安德列也夫得出了相反的结论："摩尔根是唯心主义者"（见《苏联民族学》1978年第1期第35页）。

④ 《马克思恩格斯全集》第1版第45卷第378页。

⑤ 《马克思恩格斯全集》第1版第19卷第432页。

⑥ 摩尔根：《古代社会》下册第556页。

恩格斯对摩尔根的评断首先是在马克思摘要的基础上形成的。但是，在摘要中，马克思在有些地方的解释超出了原作者，对他的唯心主义没有加以考虑。因此，恩格斯认为，摩尔根"在他自己的研究领域内独立地重新发现了马克思的唯物主义历史观"。① 在1884年《第一版序言》中，恩格斯对这一评价稍加限定，他写道，"摩尔根在美国，以他自己的方式，重新发现了……唯物主义历史观"②。但是，他这些话决本不是说，摩尔根是个历史辩证唯物主义者。资产阶级自然科学家虽然没有自觉地以辩证唯物主义思想为指导，但也得出唯物主义的结论，揭示出辩证的自然史方面相互关联的事实，这种情况不为少见。③ 恩格斯对摩尔根的评论应当理解成这样一种评价性的关联，特别是这种关联涉及达尔文和恩格斯尊重这种涉及的时候。④ 但是，80年代初恩格斯在写作《自然辩证法》时对达尔文主义的理论环境曾进行过研究。⑤ 在《起源》序言的结尾处，他指出了——虽然不是争论——《古代社会》的局限性："经济方面的论证，对摩尔根的目的来说已经很充分了，对我的目的来说就完全不够"，还应当重新加以改写。⑥ 在正文中，恩格斯

---

① 《马克思恩格斯选集》第1版第4卷第443页。

② 《马克思恩格斯选集》第1版第4卷第1页。

③ 见《马克思恩格斯全集》第1版第20卷第384—385页。

④ 见《马克思恩格斯选集》第1版第4卷第42页。

⑤ 见《马克思恩格斯全集》第1版第20卷第650—655页。恩格斯使达尔文——和海克尔——的哲学观点接近于18世纪法国唯物主义机械的唯物主义自然观："它甚至倒退到毕达哥拉斯那里去了，他就曾经把数，即量的规定性，理解为事物的本质。"(《马克思恩格斯全集》第1版第20卷第599页）在恩格斯看来，达尔文最重要的是他的自然研究，这种研究使他发现了"有机界的发展规律"。(《马克思恩格斯选集》第1版第3卷第574页）

⑥ 《马克思恩格斯选集》第1版第4卷第3页。

常常就是这样做的,并且就摩尔根所不懂得的经济和社会现象及运动的辩证法作了阐述。① 例如,在谈到雅典国家时曾写道:"各种形式的更替,基本上已由摩尔根描绘出来了,我要补充的大半是引起这种形式更替的经济内容。"② 这一点也完全适用于"军事民主制"看作氏族社会的最后阶段的阐述。这个阶段的社会经济关系和推动力只是恩格斯才认识并加以阐述的。③ 就摩尔根对历史形式的研究而言,他只停留于阐述各种形式的更替。

在资产阶级的著作中,有人把马克思给查苏利奇的复信草稿中对摩尔根所作的实事求是但有所保留的评价同恩格斯1884年2月16日给考茨基的信及1884年《起源》序言中所作的评价进行了比较,据此编造说马克思和恩格斯之间存在着理论上的矛盾。④ 恩格斯研究摩尔根的成果用的是辩证唯物主义观点,对此已经谈到了一些,然而,恩格斯的研究却说明,不仅仅存在着同马克思的**完全**一致。而且恩格斯根据马克思的摘要和他们共同的历史唯物主义的历史理论,必要时还对摩尔根的成

---

① 《马克思恩格斯选集》第1版第4卷第21—23、52—55、59—61、70—72页。

② 《马克思恩格斯选集》第1版第4卷第105页。

③ 《民族学—考古学杂志》1982年柏林版第11—31页。

④ 见劳·克拉德:《再论马克思、恩格斯和摩尔根》,载《当代人类学》1977年芝加哥版第2合订本第333—336页。克拉德说,恩格斯对摩尔根没有采取批评的态度,同马克思相反,他有自己另外的历史学说,认为主观力量起着主要作用,如"占有欲、贪欲和权力"(《马克思恩格斯全集》第1版第45卷第378—380页)。除了蓄意编造,再也拿不出马克思和恩格斯理论观点相矛盾的论据,无论对摩尔根的态度和对其成果的正面阐述都是一样。克拉德找不到任何一个恩格斯没有接受马克思观点的地方,恰恰相反,恩格斯完全接受了马克思理论上的重要见解,或者凡马克思摘录风格与之不同而不易理解的问题都用自己的话来进行阐述。

果作了"颠倒",并且揭示出摩尔根研究成果中的历史辩证的联系。但是,他也没有批驳摩尔根的唯心主义进化论的理论观点。恩格斯完全遵从马克思的设想,根据他们两人的"唯物主义的历史研究所得出的结论来阐述摩尔根的研究成果,并且只是这样来阐明这些成果的全部意义"。①

恩格斯经过短时间的犹豫和彻底了解马克思摘要的内容及摩尔根的成果后,就立即执行马克思在这方面的遗愿,尽管那时他已经63岁而且肩负着繁重的工作。他要同在理论和实践方面向他求教的各国工人运动的代表进行广泛的通信。他要为马克思和他本人的一些著作的翻译和再版做准备。用多种文稿写成的《资本论》尚未发表的各个部分摆在他的面前。从他的信件中,人们可以感觉到促使他对《资本论》进行整理加工持续的内在压力,而且由于繁多的义务和阻碍(直至1883—1884年长达数月的病患),这种压力越来越大。最后,整理马克思遗物的工作也必须完成。所以,1884年冬春之际——马克思逝世后一年,是恩格斯工作最为繁重的一个时期。

因此,恩格斯写作此书必定有充分的理由。实际上,恩格斯写作《起源》既有科学理论方面的理由,也有现实政治方面的原因,因为他认识到,这个主题对于世界观方面的争论是有表现力的。

恩格斯同马克思一样,详尽而彻底地研究摩尔根的着眼点,是进一步从理论上圆满地论证科学共产主义是人类历史合乎规律的归宿。从这一着眼点出发,自1845至1846年共同写作《德意志意识形态》一书以来,马克思和恩格斯研究了所有制和公社的发展阶段,②50年代,马克

---

① 《马克思恩格斯选集》第1版第4卷第1页。
② 《马克思恩格斯选集》第1版第1卷第26—29页。这里第一次阐述了从部落所有制开始经过古代封建所有制到资本主义所有制的所有制发展阶段。

思掌握了社会经济形态的历史更替并作了阐述。① 1857—1858 年时，对以公有制为基础的原始社会的认识仍不完备。马克思所掌握的资料来源于近代各种不同社会整体中曾经存在过和仍然存在着的原始公社的残余。正如马克思后来阐述的那样，这些公社在初生形态中继续存在是有其条件的。② 虽然从中可以得出原始共产主义社会关系的结论，但是它们在结构和职能上的相互联系在很大程度上仍是未知数。70 年代末，唯物史观理论阐述上的这种缺陷被讲坛社会主义者，特别是被国民经济学家阿道夫·瓦格纳利用了。他在一本政治经济学教科书中，重新搬出资产阶级惯用的"论点"来反对共产主义，说什么，到目前为止共产主义实际上从未在任何地方发挥过作用，并且也不可能发挥作用，因为没有私人资本家的生产过程是不可能有的。正如马克思所认为的那样，资本主义私有制生产不是暂时的现象。③ 马克思用"**在私人资本家出现以前**"就存在的原始公社驳斥了这种论证。④ 因此，从理论上阐述在其中不以私有制为基础的生产过程得以实现的形态，对于巩固唯物主义世界观和历史观有着重要的意义。

70 年代末，原始共产主义这一理论问题具有了进一步的实际意义，因为在剥削者国家，甚至在资本主义国家仍然存在着这种或那种形式的

---

① 见《马克思恩格斯全集》第 1 版第 46 卷上册第 471—518 页。关于结论见《马克思恩格斯选集》第 1 版第 2 卷第 81—85 页。这里确切地阐述了马克思对从亚细亚生产方式到资本主义历史时期社会经济形态更替的认识以及对历史规律的认识。

② 见《马克思恩格斯全集》第 1 版第 19 卷第 430— 434 页。

③ 见《马克思恩格斯全集》第 1 版第 19 卷第 401 页。

④ 见罗尔夫·德鲁贝克、雷纳特·梅尔克耳：《马克思恩格斯论社会主义社会和共产主义社会。马克思主义关于共产主义改造学说的发展》1981 年柏林版第 411—412 页。

公有制的公社和合作社。问题提法本身并不新鲜，而且马克思在1857—1858年就已经认识到了这个问题并且就这个问题的某些方面作了主要是理论抽象的论述。亚细亚生产方式被揭示出来，或者——更一般地说——全部社会关系及其结构（包括古代）的问题已经被提出来了。70年代，在巴黎公社失败以后，俄国的发展和农民问题迫切需要对这些历史联系研究出明确的观念。有鉴于此，恩格斯转而研究中欧和西欧的公社关系的历史。下列著作就是在这个研究的成果基础上写成的：《社会主义从空想到科学的发展》、1881—1882年写成的两部手稿：《论日耳曼人的古代历史》和《法兰克时代》，以及1882年秋写的论文《马尔克》。① 在《马尔克》一文的开头写道："在德国这样一个还有整整一半人口靠种地过活的国家里，有必要使社会主义工人，并且通过他们使农民弄清楚，当前的大小土地所有制是怎样产生的"。古代历史的几个基本原则，即"民族按亲属关系的划分和土地公有制"，恩格斯是知道的。② 恩格斯在文章结尾描绘农民的前景时写道：恢复马尔克，使之成为社会主义的合作社。③ 早在1882年恩格斯就从反面指出，在以阶级斗争为特征的历史以前曾经历过"原始状态"，虽然它的历史推动力尚不清楚，但是，阶级斗争的历史规律在这里还不适用。④ 恩格斯把这

---

① 见《马克思恩格斯选集》第1版第3卷第376—443页，《马克思恩格斯全集》第1版第19卷第478—538、539—599、351—369页。

② 《马克思恩格斯全集》第1版第19卷第353页。

③ 《马克思恩格斯全集》第1版第19卷第369页。

④ 见《马克思恩格斯选集》第1版第3卷第423页。《社会主义从空想到科学的发展》是根据《反杜林论》改写而成的，1878年在《反杜林论》中还没有这一思想。

种认识写进1883年6月28日写的《共产党宣言》德文版序言中。① 在研究摩尔根并写成《起源》以后,恩格斯在1888年英文版《宣言》中回顾了对这种社会形态的认识过程,对此,他在结尾处写道:"最后,摩尔根发现了氏族的真正本质及其对部落的关系,这一卓绝发现把这种原始共产主义社会的内部组织的典型形式揭示出来了。"② 根据这一揭示,在《宣言》正文中作为唯一原理而提出的阶级斗争的原理就确切了。③

1879年,马克思开始研究已经提到过的柯瓦列夫斯基的著作,随即又研究了摩尔根的著作。早在1881年,在给维拉·查苏利奇的几个复信草稿中,他通过首先是对摩尔根的研究而得出关于原始状态理论上的结论。尤其是他从人类走向共产主义的角度成功地从理论上描绘了三种形态,这就是把历史按时代划分为原始共产主义——阶级社会——共产主义社会。④ 50年代以来,马克思多次研究了"次生的"原始状态公社问题,通过对摩尔根的研究,他对这个问题完全明确了。他能够独立地阐发对这些公社的命运的观点,这些公社在原始社会整体之外,好像一个"**与世隔绝的小天地**"似的继续存在。⑤ 这些思考是由于维拉·查苏利奇所提出的俄国公社远景的问题而引起的,马克思接着又考虑了这类公社在未来社会主义革命中的地位。如前所述,恩格斯在提出类似问

---

① 见《马克思恩格斯选集》第1版第1卷第251页。

② 见《马克思恩格斯选集》第1版第1卷第251页。

③ 见《马克思恩格斯选集》第1版第1卷第237页。恩格斯谈到了"氏族社会"。

④ 见《马克思恩格斯全集》第1版第19卷第434—435、444—445、450—451页。

⑤ 见《马克思恩格斯全集》第1版第19卷第436页。

题的情况下对德国的马尔克进行了研究。

同样,一直不受重视的世界观方面的其他联系,也引起了恩格斯对古代历史的特殊兴趣。达尔文主义从自然科学的角度提出了人在自然界中的地位,人类的自然发展问题。达尔文本人通过自己在历史方面的发现得出了唯心主义的结论,并且导致下述观点,即阶级斗争是"生存斗争",是产生出优秀社会和优秀社会阶级、首先是产生英国资本主义及其统治阶级的自然选择的手段。① 另一方面,主要是由于恩格斯的帮助,工人运动成功地在自己的世界观中吸收了达尔文的具有指导意义的自然知识。说明这一点的一个很好的例子就是保尔·拉法格从1884年1月起所作的几次关于达尔文主义的报告,因为这些报告他同恩格斯商讨过。② 为了同达尔文在人类史方面的唯心主义进化论的论点进行讨论,恩格斯早在1876年就写了《劳动在从猿到人转变过程中的作用》一章,从哲学的角度论证了物质从自然史的运动形式向社会史的运动形式的质的转变,同时阐述了引起这种转变的辩证唯物主义的相互联系。③ 恩格斯从而确定了自然史和历史的界限。虽然该书在1896年才发表,但是它的成果却是恩格斯后来研究工作,首先是写作《起源》一书的基础。

在巴黎公社失败后和反社会党人法时期,围绕着进化论而展开的斗争大为尖锐起来。这个理论是区分进步思想和保守思想、科学世界观和宗教世界观的分水岭。统治阶级和资产阶级知识分子的代表认为,不管愿意与否进化论支持了历史唯物主义的发展学说,这种看法是完全正确

---

① 见达尔文:《人类的由来及性选择》1874年芝加哥—纽约版第615页。
② 见《社会民主党丛书。社会主义新理论和历史论文集》1885—1887年霍廷根—苏黎世版第1卷;《马克思恩格斯全集》第1版第36卷第146—147页。
③ 见《马克思恩格斯选集》第1版第3卷第508—519页。

的。达尔文揭示并论证了，发展是自然界的客观规律。这些观点在工人运动接受这种理论时有着重要的意义。与此相比，这一理论在论述社会时的局限性就微不足道了。马克思高度评价了进化论的杰出作用，早在1873年他就满怀崇敬心情向达尔文寄赠一本写有题字的新版《资本论》。恩格斯在《自然辩证法》中讨论了达尔文的研究成果。首先，他有力地批驳了把"生存斗争"套用到人类历史中去的作法。① 如前所述，他在《劳动在从猿到人转变过程中的作用》一章中阐发了历史的、辩证法的正面观点。恩格斯没有研究达尔文关于"观念"在历史上的作用的观点。同样，对摩尔根从达尔文主义前提出发对历史所作的水平相似的重复解释也没有给予重视。

80年代初，在反社会党人法和俾斯麦国家社会福利政策条件下的这场意识形态的争论中，国家社会主义起着一种特殊的作用。俾斯麦社会立法镇压加"糖饼"的两手，目的是要摧毁独立的工人运动，并战胜科学共产主义。国家社会主义的论点，即带有普鲁士特征的福利国家的论点，对于特别是在国会党团中的社会民主党部分领袖从来都不是没有影响的。同国家社会主义进行斗争，目的还在于阐明剥削者国家合作社或合作社联合体的作用和剥削者国家社会福利政策，不使工人阶级对国家社会主义的进化产生幻想。通过空想社会主义、蒲鲁东和拉萨尔的观点以及1875年哥达纲领②中的某些章节，已经在无产阶级当中助长了这些思想。

另外，在80年代初，特别是由于洛贝尔图斯《第四封社会问题书

---

① "因此，把动物社会的生活规律直接搬到人类社会中来是不行的。"(《马克思恩格斯选集》第1版第3卷第572页)

② 见《马克思恩格斯选集》第1版第3卷第435—436、18—25页。

简》在他死后以《资本》为题的发表,又使洛贝尔图斯学说死灰复燃。①洛贝尔图斯宗法社会主义的乌托邦必定会阻碍工人阶级反对资产阶级国家,首先是反对俾斯麦国家和争取建立社会主义社会制度的斗争。鉴于洛贝尔图斯学说的影响,社会民主党的马克思主义的领袖们如考茨基②纷纷发表文章同这一学说展开斗争。恩格斯从1883年开始研究这个问题,并且利用《哲学的贫困》德文第一版序言对洛贝尔图斯进行了批判。序言写于《起源》付印③之际。正如恩格斯嘲讽地说道,洛贝尔图斯"是普鲁士所特有的社会主义的真正的奠基人,而现在也终于被公认为这样的人了"④。小资产阶级宗法式的乌托邦,被冒充为社会主义并且有时十分幼稚地置阶级社会和国家的社会经济基础于不顾,这同样使恩格斯感到有必要去弄清原始共产主义制度的结构和作用方式以及导致私有制和国家形成的推动力。从这个意义上讲,在一个私有制占主导地位的社会里并且在存在相应的国家的条件下,合作公社这个以公有制为基础的生产形式的问题就更具有特殊的意义。

  恩格斯为了这个目的而开展了工作,并且阅读了J. W. B. 莫尼的《爪哇,或怎样管理殖民地》(1861年伦敦版)。1882年12月8日,他在给马克思的一封信中告知说,他从休伯特·豪·班克罗夫特的著作《北美太平洋沿岸各州的土著民族》(1875年伦敦版)的第一卷里作了摘要。目的在于,同时也是为了写作有关马尔克公社的论文,"最后彻

---

① 《马克思恩格斯研究论丛。纪念奥古斯特·科尔纳斯的活动》1975年柏林版第20号第92—126页;《资产阶级和小资产阶级的社会主义经济学概念(1848—1917)》1976年柏林版第93—106页。

② 见《马克思恩格斯全集》第1版第36卷第169—171页。

③ 见《马克思恩格斯全集》第1版第36卷第164—165页。

④ 见《马克思恩格斯全集》第1版第21卷第207页。

底弄清楚塔西佗的日耳曼人和美洲的红种人间的相似之点"。1882年12月2日,他写信给奥古斯特·倍倍尔说,他"昨天已把小册子的最后一部分手稿,即关于马尔克制度和一般德国农民简史的附录寄往苏黎世"。他接着写道:"这是几年来我研究德国历史的第一个成果"。因此,由于同样的原因,他在1884年2月16日致考茨基的信中谈了他准备写作《哲学的贫困》"序言"(1884年10月24日写完)的要点,他打算在"序言"中"揭穿关于洛贝尔图斯的神话",谈了他研究古代共产主义公社被剥削者国家置于从属地位的问题,并且表示了对摩尔根著作及其意义和可能对它进行加工的想法,这一切肯定不是偶然的。早在一个月以前,即1884年1月18日恩格斯就曾嘲讽地指出,在爪哇,"荷兰政府在古代共产主义农村公社的基础上,把全部生产如此之好地'社会主义式地'组织起来了……相形之下,俾斯麦简直是一个黄口孺子"。由于上面概要说明的原因,恩格斯在2月16日的信中又一次提到了这个问题,并且建议用爪哇的实例"来说明猖獗一时的国家社会主义……从这里可以看到,荷兰人怎样在古代公社共产主义的基础上以国家的方式组织生产,并且怎样保证人们过一种他们所认为的非常舒适的生活……这种情况是很有意思的,而且很容易从中吸取有益的教训。这也附带证明了,那里的原始共产主义,像在印度和俄国一样,今天正在给剥削和专制制度提供最好的、最广阔的基础(只要现代共产主义的因素不去震动这种原始共产主义),并且在现代社会条件下,它和瑞士各旧州的独立的马尔克公社一样,成为极其引人注目的(或者应当被克服或者应当得到进一步发展的)历史遗迹"①。接下来恩格斯对摩尔根的书和马克

---

① 见《马克思恩格斯全集》第1版第35卷第120、416页,第36卷第110、91、112页。

思的摘要作了介绍。

恩格斯阐述爪哇和国家社会主义时,从另外一个角度谈到了马克思三年前在给查苏利奇的复信草稿中从公社的角度探讨过的同样的理论问题。在恩格斯看来,这种"有益的教训"明显适用于国家社会主义,正如适用于原始共产主义公社基础上的专制国家组织一样。

这样,恩格斯就从现实的角度出发,对于那些第一次是在1845—1846年他和马克思共同写作的《德意志意识形态》中起过作用的思想和研究重新进行探讨。早在那时,他们两人就以这种观点作为出发点,即人类经历过一个原始状态,在这个原始状态中,部落所有制而不是私有制起着决定性的作用。"在古代民族中,由于一个城市里同时居住着几个部落,因此部落所有制就具有国家所有制的形式,而个人的所有权则局限于简单的 possessio〔占有〕……在起源于中世纪的民族那里,部落所有制先经过了几个不同的阶段——封建地产,同业公会的动产,工场手工业资本——然后才变为由大工业和普遍竞争所产生的现代资本,即变成抛弃了共同体的一切外观并消除了国家对财产发展的任何影响的纯粹私有制。"在部落所有制基础上,"所有者可以依靠个人关系,依靠这种或那种形式的共同体来统治非所有者"。因此,部落所有制在这里被看作前资本主义对抗性社会关系的基础。这种认识在《共产党宣言》的开头部分得到了反映:"到目前为止的一切社会的历史都是阶级斗争的历史。"①

1857—1858年,马克思在《资本主义生产以前的各种形式》一节中,重新研究了这种社会发展的最初状况。"这种以同一基本关系〔即

---

① 《马克思恩格斯全集》第1版第3卷第69—70、73页,《马克思恩格斯选集》第1版第1卷第250页。

土地公有制〕为基础的形式，本身可能以十分不同的方式实现出来。例如，跟这种形式完全不矛盾的是，在大多数**亚细亚的**基本形式中，凌驾于所有这一切小的共同体之上的**总合的统一体**表现为**更高的所有者**或**唯一的所有者**，实际的公社却只不过表现为**世袭的**占有者。……剩余产品……不言而喻地属于这个最高的统一体。因此，在东方专制制度下以及那里从法律上看似乎并不存在财产的情况下，这种部落的或公社的财产事实上是作为基础而存在的，这种财产大部分是在一个小公社范围内通过手工业和农业相结合而创造出来的"①。接下来是对古代和日耳曼公社及其同部落所有制关系的分析。因此，亚细亚生产方式的本质在于，在按宗法制组织起来的国家的范围内，以共同使用土地、以部落或公社所有制为基础的独立公社是处于被剥削的地位的。所以，部落所有制根本不是古代共产主义的公共所有制。

在这个时期，马克思和恩格斯还不知道剥削者社会以外的和组织成为国家的社会以外的"部落所有制"的存在形式和发展形式。因此，70年代中期，他们还在把社会一出现就是组织成为国家的社会作为出发点。1876年年中，恩格斯在他准备同杜林进行争论时作了摘记："因此，在整个暴力论中，只有到目前为止的一切社会形式，为了维持自身而需要**暴力**，甚至有时它们要用暴力来加以推行这一点是正确的。这种暴力，就其组织形式看，就是**国家**。因此，当人摆脱最原始的状态后到处就有国家存在的观点我们认为是没有意义的……国家和暴力恰恰是到目前为止的一切社会形式的**共同特征**"。② 在《反杜林论》中，恩格斯提到了个人的某些为了社会共同利益而必须具备的权限：解决争端、监

---

① 《马克思恩格斯全集》第1版第46卷上册第472—473页。
② 《马克思恩格斯研究论丛》1982年柏林版第12号第177—178页。

督用水、执行宗教职能等,并且指出:"这样的职位,在任何时候的原始公社中,例如在最古的德意志的马尔克公社中,甚至在今天的印度,还可以看到。这些职位……是国家权力的萌芽。"① 上面的引述证明,剥削和国家权力最古老的形式是建立在部落所有制基础上的。1846 年 12 月 28 日,马克思在他给巴·瓦·安年科夫的信中阐述历史唯物主义史观时写道:"这样,正因为奴隶制是一个经济范畴,所以奴隶制从创世纪时起就在各国人民中存在。"②

随着研究工作的开展和对"原始状态"和古代公社知识的不断丰富,马克思和恩格斯逐渐怀疑,在历史上最古老的时期就已经存在剥削和国家权力的观点是不充分的。"古代原始共产主义共同体"的观念形成了,而且在我们引述过的 1884 年 2 月 16 日致考茨基的信中,恩格斯使用了这一概念。在这里,恩格斯出于现实的原因,从理论上极为明确地指出了原始共产主义公社以及以公共财产或共同占有主要生产资料为基础的公社和合作社同以私有财产关系为基础的国家之间的关系。对德国近代史的多年研究(关于马尔克公社的文章就是这些研究的成果之一)促使恩格斯在 80 年代初开始对日耳曼古代史和印第安古代史进行比较研究。显然,恩格斯看到了深入而普遍地探讨 1882 年在《马尔克》一文中讲到西欧时就遇到过的这一问题的必要性。

70 年代末或者确切说在 1884 年初以前,马克思和恩格斯对这种原始状态的形态性质、基础和上层建筑还没有一个明确的认识。原始状态被看作史前史,从而被看作自然状态而置于历史之外。③

---

① 《马克思恩格斯选集》第 1 版第 3 卷第 218 页。
② 《马克思恩格斯全集》第 1 版第 27 卷第 484 页。
③ 马克思这样写道:"……纯粹的渔猎民族还处于真正发展的起点之外"。

马克思在研究了摩尔根以后超越了这个阶段，并在摘录中联系着原始状态抓住了原始共产主义社会形态及其作用方式的基本特征，在给查苏利奇的复信草稿中，他从中得出了世界历史形态三段式意义上的结论：原始共产主义——私有制基础上的阶级社会——共产主义。①

显然，恩格斯不知道马克思给查苏利奇的复信草稿。1883年春马克思逝世以后，他把1862年以前的信件作了清理。"1862年以后的书信，马克思自己已经清理得相当好了。但是我们要弄清……这个阁楼的全部秘密，还得过些时候。"② 因此，在恩格斯的著作中，没有出现过1881年马克思创造的诸如原生形态或古代形态和次生形态的概念。然而，从《起源》可以看出，恩格斯所研究的理论领域是同一个：古代共产主义的"以血族团体为基础的社会"或者说氏族制度，被以私有制为基础的充满阶级对立和阶级斗争的社会所炸毁和取代，"这种阶级对立和阶级斗争构成了直到今日的全部**成文**历史的内容"，而这个社会又将在行将到来的社会变革中由于"把……生产资料——变为社会所有"而被消灭。③

同马克思给查苏利奇的复信草稿中的情况一样，恩格斯在说到这种形态的三段式时，毫无赞同**一种**无区别的前资本主义阶级社会形态之意，而是区分阶级社会中以三大奴役形式：奴隶制、农奴制、雇佣劳动制来表明特征的"文明时代的三大时期"。④

---

① 见《马克思恩格斯选集》第1版第2卷第109页。1894年恩格斯还没有得出这个结论，见《马克思恩格斯全集》第1版第22卷第505—506页。

② 《马克思恩格斯全集》第1版第36卷第31—32页。

③ 《马克思恩格斯选集》第1版第4卷第2、71页；另见摩尔根：《古代社会》上册第163—165页。

④ 《马克思恩格斯选集》第1版第4卷第172页。

促使恩格斯写作《起源》还有一个重要原因，这就是家庭问题。"家庭"这一概念在标题中被放在最前面并非偶然，因为从理论和历史上看，从自然状态过渡到社会状态的问题是反映在家庭的历史之中的。"确定原始的母权制氏族是一切文明民族的父权制氏族以前的阶段的这个重新发现，对于原始历史所具有的意义，正如达尔文的进化理论对于生物学和马克思的剩余价值理论对于政治经济学的意义一样。它使摩尔根得以首次绘出家庭史的略图；这一略图，在目前已知的资料所容许的限度内，至少把典型的发展阶段大体上初步确定下来了。非常清楚，这样就在原始历史的研究方面开辟了一个新时代。"① 1891年，恩格斯在他的序言中进行回顾时就是这样写的，这个序言在某种意义上也是关于家庭史观点的一篇题外话。

同时，关于家庭的章节也是那些带有最具现实意义的观点和结论的章节之一。在大工业"迫使妇女走出家庭，进入劳动市场和工厂，而且往往把她们变为家庭的供养者"的条件下，婚姻和家庭问题从工人阶级斗争的角度以新的方式提出来了。"我们从过去的社会关系中继承下来的两性的法律上的不平等，并不是妇女在经济上受压迫的原因，而是它的结果"。争取妇女平等权利的斗争，是与"一切女性重新回到公共的劳动中去……个体家庭不再成为社会的经济单位"② 联系在一起的，这个斗争已被列入妇女在其中成为主体力量的无产阶级阶级斗争的议事日程。对于工人运动来说，从理论上弄清家庭和妇女在社会中的地位的起源与本质，已经成为迫切的问题。1879年，奥古斯特·倍倍尔正是出于这个目的发表了他的《妇女与社会主义》一书。他完全正确地认识

---

① 《马克思恩格斯选集》第1版第4卷第14页。
② 《马克思恩格斯选集》第1版第4卷第68、69、70页。

到:"因此,所谓的妇女问题只是一般社会问题的一个方面……它只能随着一般社会问题的解决而最终得到解决。"然而,倍倍尔却通过下述论点来解释妇女过去的被压迫状况:

"在古代,造成妇女处于受奴役的状况,使这种状况维持数千年之久并且导致男女在身心方面的重大差别,从而加强了妇女的依附关系,其原因是妇女女性本质的特征"①。在这个基础上去描写妇女的作用、婚姻和家庭作用的历史是很难令人满意并最终解决问题的。所以,恩格斯在他给倍倍尔的信中(对倍倍尔寄来1883年所写的书表示感谢)可能有意不谈有关家庭的写作计划。相反,他着重指出倍倍尔对德国工业发展方面的描写是非常出色的。②《起源》出版以后,倍倍尔在恩格斯理论的基础上彻底改写了自己的著作。倍倍尔的这本书是第一次世界大战前最受欢迎的马克思主义读物之一,并且为传播恩格斯关于家庭史的认识作出了重要贡献。③

在《起源》发表以前,还没有一部用历史唯物主义的观点来阐述婚姻和家庭历史的著作。因此,1883年9月18日恩格斯就考茨基在斯图加特出版的《宇宙》杂志(1882年10月至1883年3月)上就"婚姻和家庭的起源"所写的"关于婚姻的文章"写信说道:"无论如何,原始的性的共同体属于遥远的时代,并为以后进步的或退步的发展所淹没,现在无论在什么地方再也找不到它的原始形式的标本。可是,一切晚近的形式都可在这种原始的基础上找到它们的说明。不过我相信,只

---

① 引自奥古斯特·倍倍尔:《妇女的过去、现在和将来》1883年霍廷根—苏黎世版第1、6页。

② 见《马克思恩格斯全集》第1版第36卷第89页。

③ 见奥古斯特·倍倍尔:《妇女与社会主义》1891年斯图加特版第Ⅷ、9页。作者特别强调,《起源》是阐述家庭历史的基础。

要您不完全放弃忌妒是**社会的决定性**因素（在原始时代）这种看法，就不可能正确叙述这一发展过程。

一般说来，在所有这些范围如此之广和材料如此之多的科学研究中，要取得某些真正的成就，只有经过多年的工作才是可能的。"①

马克思和恩格斯从思想上对家庭和社会关系的认识更加深刻。第一个成果就是1883年恩格斯为《资本论》第一卷第三版所写的一条注释。在这条注释中，家庭和氏族的关系得到了新的确定。马克思开始时认为是家庭发展为氏族，通过恩格斯在注释中概括指出的后来"透彻的研究"，使马克思认识到，"氏族是以血缘为基础的人类社会的自然形成的原始形式"，从这种原始形式中产生了各种不同的家庭形式。②

因此，在70年代和80年代之交，历史唯物主义开始对当时社会状况压迫下的婚姻、妇女和家庭的作用进行深入的研究。在社会民主党内，对这个问题的兴趣非常强烈。然而，社会民主党的马克思主义领导人如倍倍尔和考茨基在家庭史和妇女在历史上的作用方面的观点本身是非常不明确的。

所以，在80年代初，有许多现实的世界观问题和政治问题需要解答。同马克思一样，恩格斯由于同工人运动及其马克思主义的领导人之间联系密切，对这些问题是了解的。同国家社会主义的斗争、对马尔克和古代农民公社以及妇女、婚姻和家庭作用所提出来的问题，以这种或那种方式促使马克思和恩格斯回过头去研究当时认识很不够、实质上根本不认识的人类社会的"原始状态"。这一批有现实意义的政治问题使他们两人自70年代末以来，又重新深入研究有关"原始状态"的资料

---

① 《马克思恩格斯全集》第1版第36卷第61页。
② 《马克思恩格斯全集》第1版第23卷第389—390页脚注。

和书籍。

也正是这种整个因果联系促使恩格斯不顾 1884 年冬春之际极其繁重的工作，立即着手研究马克思的摘要和对摩尔根著作进行概括。如前所述，1884 年 4 月在进行概括时，他已经知道，在这项工作中，在多大程度上业已掌握解决过去几年对国家、公社、家庭、婚姻、社会历史大的时期和社会历史的推动力所提出的许多问题的答案。因此，他不只是从摩尔根著作作出总结，而是与此相联系对具有现实意义的历史的基本问题进行研究和阐述。

因此，对于恩格斯来说，有充分的理由，以辩证唯物主义和历史唯物主义方法论为基础，对历史研究和民族学研究的最新认识和材料加以研究、检验、概括并用以发展马克思主义的理论和世界观。

（原载《马克思恩格斯年鉴》第 7 卷第 9—24 页）

（高爱贺 译 王宏道 校）

《家庭、私有制和国家的起源》1884—1895 年在德国社会民主党内的传播[*]

〔民主德国〕乌尔苏拉·赫尔曼

1884 年 10 月初，弗·恩格斯的著作《家庭、私有制和国家的起源。就路易斯·亨·摩尔根的研究成果而作》（以下简称《起源》——译者注）发表了。早在 9 月份，德国社会民主党的理论刊物《新时代》就几乎全文刊载了该书的序言。《新时代》的编辑卡尔·考茨基在一段介绍性的评论文字里强调指出：马克思和恩格斯所作的每一项工作都是"划时代的成就"。而"恩格斯的这部著作"可算作"最重要的成就之一"。[①] 它充分利用史学与社会学方面的新的科学知识，以进一步发展工人阶级的世界观和更深刻地论证无产阶级的解放斗争。恩格斯的这部著作促进了国际上科学社会主义与工人运动相结合的进程。他回答了各个无产阶级政党在政治和意识形态的阶级斗争中所要探讨的核心问题。

恩格斯的这部著作对于德国社会民主党所产生的影响，比人们以前所想像的更为深刻。德国社会主义工人党把马克思主义作为具有决定性影响的理论而在德国工人运动中大力加以贯彻。在革命的社会民主党人

---

[*] 本文选自《马克思恩格斯研究》1990 年总第 4 期。

[①] 卡·考茨基：《弗·恩格斯的一本新书》，载于 1884 年《新时代》（斯图加特），第 420 页。

看来，《起源》的思想与马克思和恩格斯的其它著作有着紧密的联系。1883年和1884年，社会民主党的出版社出版发行了15000册《共产党宣言》，1883年，还3次印刷出版了共9500册《社会主义从空想到科学的发展》；同年，奥托·迈斯纳出版社又出版了《资本论》第1卷德文第3版；1885年，《反杜林论》也出了新的版本。在随后的一段时间里，马克思和恩格斯的许多著述相继得以发表，而《起源》促进了以新的、特定的视角来掌握马克思主义的过程。

《起源》的基本思想

恩格斯对其著作作了以下评述："我想，这篇东西对于我们共同的观点，将有特殊的重要性。"[①]《起源》从理论上更深刻地论证了共产主义是人类历史发展的合乎规律的必然结果，赋予马克思主义世界观以更大的完整性。它有助于德国社会民主党更加自觉地将历史唯物主义当作工人阶级进行革命解放斗争的武器。恩格斯概述了历史唯物主义的本质，证明了它普遍适用于一切社会时期。他的这一著作表明，革命的工人运动必须从其立场出发研究历史，并在完成当前和未来任务方面从中取得教益。

恩格斯将历史唯物主义运用于原始社会的研究，在社会思想史上首次证明，社会的有组织性并不是随着国家的产生才开始的。国家产生之前的那个时期不应再被摈斥在人类历史之外。更确切说，在原始共产主义的基础上，社会发展可分为两个主要阶段。依据路·亨·摩尔根的发现及民族志学与考古学的其它一些研究成果，恩格斯阐述了以生产资料

---

① 《马克思恩格斯全集》第1版第36卷第144页。

公有制为基础的原始社会的本质。按亲属关系组成的氏族和部落构成了社会的基本单位；由于当时的生产力发展水平极其低下，其中的每个成员一律享有平等的权利和负有同等义务，以集体的方式生产与生活以求得整体的生存繁衍。

从原始社会到阶级社会的革命变革，第一次得到了唯物主义的解释。恩格斯指出，这个历史过程的发展形式是多种多样的，同时还指出了人民群众的行动在历史过程的发展中所起的作用，从而驳斥了庸俗唯物主义的简单化以及宿命论的公式化。他更为精确地表达了《共产党宣言》提出的关于阶级斗争是社会发展的动力这样一个论点。他一方面说明，没有阶级和阶级斗争的社会曾经历了人类历史最为漫长的时期；另一方面，他又具体地证明了，剩余产品的出现与生产资料私有制的形成导致阶级与阶级斗争的产生。

恩格斯讲述了关于人类历史三个大的阶段：原始社会、对抗性的阶级社会和社会主义—共产主义的观点，他阐述了所有剥削社会的共同特征，从原始共产主义的本质中得出了建立在生产力无比高度发展阶段上的未来共产主义社会的结论。

婚姻和家庭的产生第一次得到了唯物主义的解释。与当时盛行的唯心主义观点以及把对动物界的观察简单套用到人的共同生活的做法相反，恩格斯证明了物质生产的决定性作用。并且详细说明了，生产资料公有制使得妇女在原始社会里受到尊重；只是在私有制形成以后，妇女才沦于受压迫的地位，而且也有了对被剥削阶级的奴役。这两者发生在同一个过程中。恩格斯对过去、现在和将来的两性关系所作的历史性概述证明，这类关系的变化取决于社会制度的变化。他强调指出，家庭的发展既取决于劳动生产率的提高，也对后者产生反作用。恩格斯着重指出，在资本主义社会中妇女在工厂里就业为她们的解放创造了前提条件。他概述了社会主义社会里婚姻和家庭的以摆脱资本主义的财产利益和以两性间权利平等为特征的新面貌,在某些工人的婚姻中,已经出现这种婚姻和家庭的萌芽。

《起源》证明了当时的流行观点——一夫一妻制家庭在社会发展的开始阶段便已存在,而部落和国家就是由此发展而来的——是缺乏科学依据的。《起源》推进了革命工人运动中在妇女就业问题上澄清思想的过程,并促使社会民主党争取把女工吸引到无产阶级解放斗争中来。

恩格斯进一步完善了马克思主义的国家学说,从而支持了德国社会民主党革命力量的政治和意识形态方面的斗争。《起源》第一次把国家的历史本质和职能联系起来加以研究。列宁在其著作《国家与革命》的开始部分解释了《起源》的基本思想。他强调指出:"这一段话已经十分清楚地表明了马克思主义关于国家的历史作用及其意义的基本思想。"①

恩格斯从不同的历史进程,具体地阐述了国家是在向剥削社会过渡时阶级矛盾不可调和的产物,从而有力地论证了马克思主义关于国家是各个时期统治阶级的权力工具的学说。他系统地说明了国家机构维护剥削阶级权力的特征。他着重揭示了警察和军队的作用,这样就使得资本主义社会里军国主义的对内职能也获得进一步说明。同样,恩格斯的提示,即战争并不是永久的和符合自然规律的,而只产生于社会一定的发展阶段,也对这学说作了补充。

恩格斯指出,国家的性质取决于各个时期的社会形态,并且展示了各个国家类型的历史序列(他没有使用这一概念)。他深化了对国家的经济职能的认识,指出国家进一步扩大了统治阶级的经济势力,从而巩

---

① 《列宁选集》第 2 版第 3 卷第 175 页。

固了整个统治制度。在这里恩格斯探讨了俾斯麦的波拿巴主义的本质,他深入地驳斥了拉萨尔所遵循的并且通过资产阶级的意识形态而对工人运动产生影响的唯心主义国家观。他指明了议会斗争的可能性和界限并以此批驳了机会主义者过高估价资产阶级议会政治在实现社会主义过程中的作用的行径。因此,他促使德国社会民主党中的革命力量更加确信,工人阶级必须通过坚决的阶级斗争去夺取政权。恩格斯揭示了资产阶级民主共和国的阶级本质,并称之为资产阶级和无产阶级在其中展开决战的国家形式。在此,他指出了工人阶级夺取政权的最近期任务。

在德意志帝国内部的意识形态方面的阶级斗争中,社会民主党以新的观点为武器,来反对认为私有制、资产阶级家庭和国家是永恒的这种主张。由于对人类历史有了深刻认识,对资本主义及其制度的批判越来越透彻;对社会之分化为阶级,理解更为深刻;社会达尔文主义将自然规律套用于社会,从而认为资本主义是天然合理的社会制度的观点,受到了更加有力的批驳。

现在有一种论调,认为革命的德国社会民主党所接受的只不过是一种被恩格斯肤浅化了的"变性的马克思主义",这是对于革命工人运动的科学理论的攻击。持此论调者说,《起源》就是证据,似乎它增强了达尔文主义进化论思想在德国社会民主党内的影响。但是恩格斯的这一著作及其思想却证明情况正好相反。[①] 恩格斯根本没有采纳摩尔根唯心主义的思考方法,而更确切地说,是从历史唯物主义立场出发。对摩尔

---

① 关于恩格斯的《起源》和摩尔根的《古代社会》的关系,可见约阿希姆·赫尔曼:《恩格斯的〈家庭、私有制和国家的起源〉一书导论》,第16—19页。

根的发现做出评价，由此得到全新的成果。① 再说对于这一点，恩格斯的这部著作的宣传者如奥·倍倍尔和威·李卜克内西、布·舍恩兰克和克拉拉·蔡特金，当时还有卡·考茨基和爱·伯恩施坦都很清楚。《起源》一书有助于为人的生活更深地发掘自然与社会的辩证法。恩格斯的著作并不是所谓的达尔文主义式的肤浅化，而是更加全面、科学地论证了工人阶级的世界历史使命：消灭生产资料私有制与在此基础上的剥削和压迫，建立获得解放的人的共产主义社会。这也是当年德国社会民主党内能够接受这部著作的根本原因。

反社会党人法实施时期《起源》的传播情况

1884年10月，反对社会民主党的非常法已经实施了六年。然而，普鲁士—德意志警察国家并没有达到摧垮革命工人运动的目标。相反，德国社会主义工人党在组织上、政治上和思想上得到巩固，并且在1884年10月的帝国国会选举中，获得到那时为止数量最多的选票。党所面临的任务是，在它的成员中间更加广泛地传播马克思主义世界观，同时使工人阶级的革命选择昭然于社会生活的一切领域里。这是因为社会民主党的社会影响在争取民主和社会进步的斗争中与日俱增，需要进一步把社会民主党建设成为一个群众性的马克思主义政党以及资产阶级思想家变本加厉而又变化多端的攻击和俾斯麦国家的狡诈的策略——它妄图通过保险法来使工人运动中的资产阶级自由派和改良派取得优势地位。在这种形势下，恩格斯的著作对德国社会主义工人党的意识形态斗

---

① 关于"变性的马克思主义"这一概念，主要见于《马克思恩格斯全集》原文版第1部分第26卷的前言。

争作出了重要贡献。

《起源》一书在反社会党人法实施的情况下，还卖出5000本如此可观的数量。并且随着销量的持续增长，该著作对党员产生了直接影响。该书最初由德国社会主义工人党的出版社，霍廷根—苏黎世人民书店出版。这本书出版后立即由人民书店交给党的秘密销售部门。早在1885年1月底，党的出版社社长赫尔曼·施留特尔写信给恩格斯说："顺便提一下，这本书即使在书店出售销路也是好的。自然，在购买此书的人当中工人要多于所有其他阶级。"到1885年11月份为止，即在一年之内，这部著作就已经销售大约2000册。这个数目大体相当于80年代中期德国社会民主党内订购理论书籍的人数。① 后来狄茨把库存的书接受过来，并且于1886年作为第2版发行和1889—1890年间作为第3版公开销售。这样一来，《起源》一书通过正式的销售渠道对公众产生了更大的影响。② 狄茨在1886年春曾指出，"该书的出版量很大"③，"它也销售得很快"④。恩格斯本人也说："我的小册子作为通俗读物为实际宣传的目的服务，未必合适。"⑤ 鉴于当时的学校教育水平，实际上，要

---

① 《新时代》的订数达到大约2300份。《社会民主党人文献》的销量据尤利乌斯·莫特勒说，总共32期，平均每期发行数大约2100册。

② 首先瑞士的出版商雅科布·沙贝利茨承担了该书在德国的部分销售任务。而当莱比锡的警察局没收了一个三星期期限的邮件以后，这位书商迟迟不肯续订。狄茨当时也为该书的发行作出了贡献。

③ 约翰·亨利希·威廉·狄茨1886年3月15日致卡尔·考茨基的信（原件现存阿姆斯特丹社会史国际研究所）。

④ 约翰·亨利希·威廉·狄茨1886年4月20日致赫尔曼·施留特尔的信（原件现存阿姆斯特丹社会史研究所）。

⑤ 《马克思恩格斯全集》第1版第36卷第494页。

理解该书即使对于社会民主党的干部来说也具有很高难度,因此广大的党员就需要通过阅读马克思主义理论干部所写的读物来领悟《起源》一书的思想。恩格斯的这部著作的思想在党内的政治和思想斗争中,从两个方面得到了反映。

根据现今的研究状况,要分析整个党内对于家庭、私有制和国家,对于历史唯物主义,对于自然和社会的关系,尤其是对于达尔文主义的观念是不可能的。显然,恩格斯这部著作的思想财富并没有为全党所完全接受。本文将主要谈一谈,在哪几个方面可以直接证明《起源》的思想得到了领会吸收。

德国社会民主党党员通过《新时代》杂志和《社会民主党人报》的介绍,立即得知恩格斯这本新著的消息。① 党的理论刊物为使其读者对历史唯物主义的基本要点有所了解,几乎全文刊登了恩格斯的序言,同时,考茨基在他写的评论性按语里评价了《起源》一书对于唯物史观(他使用了这个概念)的价值。考茨基本人曾从事上古史问题研究,因此,他在文中强调了关于原始社会的新的科学认识。他写道:"马克思和恩格斯从一开始就认识到了作为唯物史观的基础的上古史研究的重要性。人类的上古史是马克思全力研究的领域之一,并且他已经成为这些方面的第一流权威。"考茨基称《起源》一书是"对于上古史研究具有根本性意义的著作"②,它证明了历史唯物主义是放之四海而皆准的。

---

① 见卡尔·考茨基:《弗·恩格斯的一本新书》,载于1884年《新时代》(斯图加特),第420—422页。《弗·恩格斯的新著》,载于1884年10月23日与11月6日《社会民主党人报》(苏黎世)。

② 见卡尔·考茨基:《弗·恩格斯的一本新书》,载于1884年《新时代》(斯图加特),第420—422页。《弗·恩格斯的新著》,载于1884年10月23日与11月6日《社会民主党人报》(苏黎世)。

地下的中央机关报的编辑部根据恩格斯的序言撰文叙述了《起源》的写作过程，并称之为"恩格斯、马克思和摩尔根这三位思想家的作品"。① 文章引用考茨基发表在《纽约人民报》上的一篇评论，这篇评论将摩尔根的发现总结为三点：1. 根据不同的文化形态对人类的史前史进行分期；2. 对原始家庭形态的研究；3. 氏族制度的起源和意义。考茨基引述恩格斯的著作，介绍了关于原始共产主义的知识，并将它运用到反对资产阶级关于家庭的观点的论战中去。然而，他在叙述国家的起源时，却没有提及恩格斯关于阶级矛盾不可调和性和国家的阶级本质的精辟见解。考茨基强调指出，恩格斯的著作更加准确地阐明了人类发展的进程，从而使得当前的社会现象能得以解释。应该说考茨基以上两文的发表对于"促使我们的人订购该书"② 作出了贡献。

《起源》一书于1884年底出版之后，德国社会主义工人党的革命力量就党的无产阶级的性质问题和马克思主义作为党的思想理论基础问题同机会主义代表人物展开了激烈的论战。1884—1885年党内争论的是关于如何评价议会斗争，以及关于容克—资产阶级国家所采取的一切措施的阶级内容和党的目标是对资本主义进行改良还是经过革命推翻剥削者社会等问题。在这种形势下，奥·倍倍尔断言："恩格斯的著作……对于党来说是一个成果；希望首先是领导者们要好好研究它；而不是随便读读而已。"他在给恩格斯的信中写道："还有你的《家庭起源》也是一部杰作，而且恰合时宜。你这样大年纪仍勤奋写作，使党大受裨

---

① 《弗·恩格斯的新著》，载于1884年10月23日《社会民主党人报》（苏黎世）。

② 卡尔·考茨基1884年8月18日致恩格斯的信，载《弗·恩格斯与卡尔·考茨基通信集》，1955年柏林版，第140页。

益,令我十分兴奋;归根结底,卓越的文献著作是党一切活动的基础。"①

倍倍尔指的主要是在反对"国家社会主义"的论战中恩格斯所作出的贡献。为了阻止马克思主义在社会民主党内日益深入人心,资产阶级思想家鼓吹典型容克—普鲁士的"国家社会主义"的代表人物卡尔·洛贝尔图斯的理论。洛贝尔图斯在死后被颂扬为科学社会主义的创始人,而马克思要么被指责剽窃,要么两者的理论被谎称为具有同等的价值,党内机会主义的代表人物也同意此类观点。这场争论主要是在政治经济学领域内进行的。然而恩格斯的《起源》一书也直接包括在内。在那时之后不久退出社会民主党的卡尔·奥古斯特·施拉姆否认这本"富有才智的书"具有任何新意。倒不如说它"及时地肯定了洛贝尔图斯的功绩,并证明马克思和恩格斯这方面的观点同洛贝尔图斯的观点是一致的"②。在和施拉姆的论战中,考茨基指出,洛贝尔图斯完全拘囿于当时的资产阶级科学的认识水平,同资产阶级的科学一样,洛贝尔图斯摒除了没有家庭、私有制和国家就有社会组织性存在的可能性。所以他也不可能理解希腊和罗马的早期历史。因为他将氏族视为家庭集团,而正是摩尔根才揭示了氏族制度的本质。③

关于洛贝尔图斯的论战表明,恩格斯的这本书的意义决不仅仅在于马克思主义国家理论方面。确切说,人类的早期历史是资产阶级历史观

---

① 《恩格斯和倍倍尔通信集》1985年人民出版社版第229页。
② C. A. 施拉姆:《答卡·考茨基先生》,载于1885年《新时代》(斯图加特),第222页。
③ 卡尔·考茨基:《结束语》,载于1885年《新时代》(斯图加特),第224—232页。

和马克思主义历史观之间争论的根本问题。关键是，没有私有制，一夫一妻制家庭和剥削者国家的社会是否有可能存在的问题。恩格斯的世界史观推动了唯物史观的传播，和批驳资产阶级的意识形态。因此在论战中无论是考茨基还是伯恩施坦用马克思主义的哲学唯物主义来批判洛贝尔图斯的哲学唯心主义，并由此得出两种观点是不一致的结论，绝非偶然。为此他们都从马克思的《政治经济学批判》序言里引证关于历史唯物主义本质和社会形态合乎规律的顺序的经典。①

奥·倍倍尔《1886年10月12日在德累斯顿木匠专业联合会成立四周年纪念演说》②，也主要阐述了这一世界史方面的问题——工人阶级的未来胜利是迄今整个人类历史发展的必然结果。倍倍尔的这篇演说是讲给党员和工会会员及他们的妻子们听的，后来印成小册子出版了两版。倍倍尔强调指出："谁要是认为国家自人类社会化之初便已存在，那么他就大错特错了。国家是由旧的原始共产主义家庭公社内部发展而来的社会中一定经济矛盾的产物。这一点，当今的科学已完全无可争辩地认识到了。今天可以肯定，所有原始民族使他们一开始形成社会组织的时候，就存在着共产主义的共同生活，并且这种共同生活承认男女享受充分的平等权利。"倍倍尔接着简洁而形象地讲解了，私有制、阶级斗争和国家产生的历史，以及它们在"社会形态"发展过程中的演变。

---

① 卡尔·考茨基：《答复》，载于1884年《新时代》（斯图加特），第497—498页。

② 奥古斯特·倍倍尔：《1886年10月12日在中央大厅参加德累斯顿木匠专业协会成立4周年纪念会上的演讲》，载《奥古斯特·倍倍尔。演讲与作品选集》第2卷1878—1890年上半卷，第343—358页。当这篇《纪念演讲》在萨克森地区流传开来时，曼海姆法庭却于1887年1月予以查禁。

他强调指出,生产资料转变为私有财产并不是"被自愿承认"的,而无疑要经过严酷的斗争。国家是"为了维护私有财产而形成的"。"可见最早的国家并不是为保护弱者,而是为了保护强者建立的,它是压迫弱者的工具。"① 倍倍尔强调:国家确保剥削者的政治与经济权力,并以德意志帝国的资产阶级为例来说明。其间他依据恩格斯的观点解释了各剥削社会里文化进步的矛盾性。倍倍尔的这篇《纪念演说》阐明了,了解社会形态的更替顺序决不像资产阶级思想家宣称的那样会导致宿命论。其实倍倍尔所要阐述的中心思想是:为使工人阶级做好准备,"与资本强权进行决战"②,即便是小小的工人协会也具有其作用。

1889 年威·李卜克内西在半月刊杂志《国家和公民。两者如何与两者应当如何》上发表了一篇介绍《起源》的文章,突出阐述了国家问题。李卜克内西在这份持小资产阶级改良主义立场的刊物里宣传了马克思主义的观点,并要求读者亲自去读恩格斯的著作。他说,从恩格斯这部著作的成果中,可以获取"关于现今国家之本质的全面认识"。他几乎逐字引述了恩格斯关于国家是当时最强大的、经济上处于统治地位的阶级的权力工具的论断。③ 同恩格斯一样,他也引证了摩尔根的结论,即"文明时代"必将为了人类进步的利益而被战胜。李卜克内西

---

① 奥古斯特·倍倍尔:《1886 年 10 月 12 日在中央大厅参加德累斯顿木匠专业协会成立 4 周年纪念会上的演讲》,载《奥古斯特·倍倍尔。演讲与作品选集》第 2 卷 1878—1890 年上半卷,第 349、351、352 页。

② 奥古斯特·倍倍尔:《1886 年 10 月 12 日在中央大厅参加德累斯顿木匠专业协会成立 4 周年纪念会上的演讲》,载《奥古斯特·倍倍尔。演讲与作品选集》第 2 卷 1878—1890 年上半卷,第 357 页。

③ 《马克思恩格斯全集》第 1 版第 21 卷第 195—196 页。

最后说:"人必须努力去重新赢得对其自己产品的支配权。在征服大自然现在已经取得的巨大成果的基础上,在现代可能的自由联合的基础上,使人接近这一目标:这就是未来国家的任务!"

在反社会党人法实施的岁月里,《起源》一书得到充分评价还有一个目的,这就是更加详细地阐述革命的社会民主党对于妇女权利平等的纲领性立场。上面所列举的文章以及有关上古史的专论,多数论及了原始社会里的妇女享有受尊重地位,这样就从历史的角度给社会民主党的要求以有力的支持。首先从《起源》一书中引用的是关于妇女就业的论据。1885年1月和1886年8月在中央机关报上也发表了有关的文章。① 从而在党内得到广泛的传播。1886年发表系列文章的撰稿人是美国社会民主党人弗洛伦斯·凯利-威士涅威茨基夫人。

女工遭受着双重剥削,因而她们照顾家庭的时间极少。所以党内关于已婚妇女的就业问题观点有分歧。拉萨尔主义不赞成妇女就业和享有政治权利。相反,马克思和恩格斯却指出:资本主义为打破妇女广泛脱离政治生活以及在家庭与社会里无权和受压迫状况创造了必要性和可能性。因此,他们并不是简单地赞成妇女就业,主要因为这样的要求在从前而且在工人运动的外部也已经提出来了。确切地说,他们反对的是产业女工受资本主义剥削这一现实。他们撰文进行了最激烈的谴责,并且最强烈地要求对女工采取专门的保护措施。首先,他们并不将妇女劳动视为暂时的弊端,而是从经济规律的角度来解释这一现象。他们把吸收

---

① 《社会民主党和妇女工作》,载于1885年1月1日《社会民主党人报》(苏黎世)。《社会民主党和妇女工作问题,关于纲领问题的论文》,载于1886年8月11、18、25日《社会民主党人报》(苏黎世)。

妇女加入工业称作是社会的一个进步,是妇女的政治与社会解放的前提。①

上面提到的那几篇刊登在《社会民主党人报》里的文章就是持这种观点的。这些文章的作者与关于社会民主党想消灭妇女劳动的言论进行论战。他们称这样的要求是空想的和反动的,因为它同资本主义生产方式的规律相矛盾。妇女就业则是妇女社会地位上的进步。这些作者引证了马克思的《资本论》②、倍倍尔的《妇女和社会主义》③ 以及恩格斯的《起源》。例如前边提到的第一篇文章引证恩格斯的论断时指出,妇女的解放受就业的制约,虽只要妇女被排除于社会生产劳动之外而只限于从事家庭的私人劳动,那么妇女的解放就是不可能的。④ 凯利-威士涅威茨基夫人详尽地引述了关于工人的婚姻由于妇女参加大工业生产而具有平等关系的那段话。她将哥达纲领提出的"禁止损害健康和败坏道德的妇女劳动"的要求称作是排斥妇女这一竞争者的借口,因而赞成修改党纲。

1888年11—12月,克拉拉·蔡特金就"当代的女工和妇女问题"在社会民主党的报纸《柏林人民论坛》发表了一系列文章。这些文章

---

① 《马克思、恩格斯、列宁论妇女和家庭》,1980年莱比锡版。
② 《马克思恩格斯全集》第1版第23卷第536—537页。
③ 奥古斯特·倍倍尔:《妇女的过去、现在和未来(妇女和社会主义)》,1883年霍廷根—苏黎世版。
④ 《马克思恩格斯全集》第1版第21卷第186、84—85页。

于1889年3月底经修订后印成小册子出版。① 历史问题她只是一带而过,② 却详细论证了：妇女参加工业生产是她们争取平等权利的前提条件,社会民主党首先要将产业女工组织起来。克拉克·蔡特金在1889年7月的巴黎国际工人代表大会上,就在一篇谈妇女平等问题的报告里陈述了其著作的思想。大会关于劳动保护的决议强调了妇女平等与工人阶级解放斗争的联系,从妇女就业出发,要求同工同酬,而不受性别的限制。③

在1889—1890年党和工会飞跃发展时期,《起源》一书同样促进了工人运动确定革命目标。当俾斯麦国家为汹涌的罢工斗争所迫,于1889年再次试图以老年和伤残保险法来使工人脱离社会民主党的时候,倍倍尔在1889年4月4日的那次帝国国会上的演说中解释了社会和政治力量的联系以及它的历史变迁。他当时说:"当私有财产出现的那一刻,国家也随之产生了。而在此以前它并不存在；随着私有财产的产

---

① 1888年11月10、17、24日。1889年4月13日《柏林人民论坛》。克拉拉·蔡特金:《当代的女工和妇女问题。柏林工人文库》第3册,1889年柏林版。

② 克拉拉·蔡特金在文章的开头写道:"除了'母权制'赋予妇女的突出的社会权力地位的时期和民族以外,女性从来就是处于受压迫的地位。"(克拉拉·蔡特金:《当代的女工和妇女问题》,第3页)她把战争中的胜利者对妇女的掳掠视为奴役的开始。她用马克思主义分析了资本主义社会的妇女地位,但却没有解释恩格斯所阐述的那些因素,特别是剩余产品的出现,生产资料私有制和被剥削被压迫阶级的形成。然而她在1896年社会民主党代表大会上所作的报告,则与上述文章有所不同,见克·蔡特金:《妇女鼓动问题》,载《德国社会民主党代表大会会议记录(1896年10月11—16日于哥达)》1896年柏林版,第160—168页。

③ 《巴黎国际工人代表大会会议记录(1889年7月14—20日)》德译本,(威廉·李卜克内西作序)1890年纽伦堡版,第80—84页。法国工人党纲领提出了同工同酬的要求。

生，国家必然要产生，以便运用必须的保护力量来维护私有者和对付那些无财产者。……在人类发展的进程中，恰如社会经济结构所发生的变化一样，国家形式与国家政权也要发生变化。"因此统治阶级运用他们的统治，"主要通过立法维护并有利于他们的阶级利益"。然而今后社会进步要求"变私有制为公有制，为社会所有制"。①

保·拉法格于1890年7月初发表在《社会民主主义文库》上的一篇题为《所有制的发展》的文章，论证了工人运动的这一目标。② 他批驳了私有制永恒性这一资产阶级论断，指出在社会形态的更替中私有制的可变性，但没有精确分析生产力和生产关系的相互关系。拉法格以此进一步展开了恩格斯所没能详细论述的《起源》在历史诸时期方面的一个重点，而德国社会民主党人对这一重点未作专门研究。他所得出的结论是："文明时期"既摧毁了原始共产主义所有制，也为未来具有高度组织性的共产主义社会准备了条件。"社会革命将打碎资产阶级形态，并把共产主义这一未来社会唯一可能的形态付诸实现。"《社会民主党人报》评论拉法格的文章，是依据唯物史观来阐述所有制历史的一个尝试，报纸强调指出，所有制关系对人类历史有着决定性的影响。

可见，《起源》在德国社会民主党的革命力量为在党内将马克思主义作为决定性的思想体系来加以贯彻所作的努力中占据有重要地位。1887年，圣加仑党代表大会决定制订新的党纲，这时一些具体建议也

---

① 奥古斯特·倍倍尔：《私有制应转化为社会所有制》，摘自1889年4月4日在德国帝国国会上关于老年人和伤残保险法草案的演讲，载《奥古斯特·倍倍尔。演说和作品选集》第2卷（1878—1890）上半卷，第575、571页。

② 保尔·拉法格：《所有制的发展》（由爱·伯恩施坦译成德文），《社会民主党文库。XXXI》，1890年伦敦版。据尤·莫特勒称，该书于同年即售出约1500册。

涉及恩格斯在《起源》中已经探讨的问题：不把工人阶级解放的希望寄予资产阶级的议会制，删掉关于依靠国家的帮助建立生产合作社的要求而代之以取消生产资料私有制这一要求，在纲领里明确提出妇女享有平等权利。《起源》一书有助于在这些问题上克服拉萨尔主义，以及进一步抵制资产阶级和小资产阶级观念。因此，恩格斯的这部著作也影响到德国工人阶级群众性的马克思主义政党的形成。而由于这个党在社会生活中有着举足轻重的影响，反社会党人法最终宣告失败。

摩尔根的《古代社会》

社会民主党人在把《起源》的思想吸收与运用到自己著作中的同时，也谈到了恩格斯曾高度评价的摩尔根的著作《古代社会》。许多资产阶级的和改良主义的政论作家一再认为恩格斯的著作不过是对摩尔根的成果的概括总结；相反，马克思主义的代表人物，如奥·倍倍尔、爱·伯恩施坦、卡·考茨基、保·拉法格、威·李卜克内西和希·舍恩兰克却强调了恩格斯独立的成就，多次强调了《起源》一书基于历史唯物主义所获得的新的质。

1887年，考茨基撰写一篇恩格斯的传记文章，同年12月《社会民主党人报》也予以转载。这篇传记文章对《起源》一书之有别于摩尔根著作的新的质进行了恰如其分的分析。书中写道，马克思和恩格斯的意图是，挫败资产阶级科学界绝口不提的策略，介绍并同时扩大摩尔根的研究。"应当对摩尔根研究中的历史问题上的不足之处加以补充，将其纳入马克思和恩格斯的唯物主义历史观的领域，使人类的早期历史和晚期历史在发展中融合为一，这些任务在一本146页的小册子中都完成了。"① 这一评价在1895年该传记在党的中央机关报《前进报》重新发表和出版单行本以后，再次得到广泛传播。②

恩格斯认为，在科学地考察原始社会时，从摩尔根著作本身吸取他的划时代的认识，是绝对必要的。当狄茨于1888年5月准备将该书翻译成德文时，他征求了恩格斯包括对版权问题的意见，从1888年5月16日这位出版家给恩格斯的信中可以看出他首先关心的问题是："……为什么那些一向争着出德文书的德国出版商会放过摩尔根的著作？"③ 对此恩格斯立刻给予了答复，因此狄茨于5月19日回信写道："衷心感谢您来信通报情况。可见该书一定要翻译成德文。"④

社会民主党人威·艾希霍夫表示愿意承担这项任务。他曾同马克思和恩格斯本人见过面并且于1868年在马克思的支持下撰写了国际工人协会的第一部历史。⑤ 艾希霍夫在那时正在将几部社会批判性小说从英文翻译成德文，因此他与恩格斯和爱琳娜·马克思－艾威林保持着联

---

① 卡尔·考茨基：《恩格斯的生平和著作》见《智慧的明灯》1983年人民出版社版第195页，恩格斯在1887年8月8日给弗·阿·左尔格的信中写道：他"看过这篇东西，做了修改和补充"。"因此，"他认为，"在涉及事实方面，以后如有需要，可以使用它。"(《马克思恩格斯全集》第1版第36卷第667页)

② 卡尔·考茨基：《恩格斯的生平和著作》，载于1895年8月9日《前进报》（柏林）。《恩格斯的生平和著作》，1895年柏林版，第29—30页。

③ 约·亨·威·狄茨1888年5月16日致恩格斯的信（原件现存苏共中央马列主义研究院中央党务档案馆）。

④ 约·亨·威·狄茨1888年5月19日致恩格斯的信（原件现存苏共中央马列主义研究院中央党务档案馆）。

⑤ 威廉·艾希霍夫：《国际工人协会，她的创立，组织，政治与社会活动和发展》，1868年柏林版。

系。在他被拘留期间,他想深入细致地研读恩格斯的《起源》一书,但却遭到慕尼黑监狱管理当局的阻挠。为此他在致威·李卜克内西的信中写道:"我带来的马克思和恩格斯的著作(《雾月十八日》、《家庭的起源》)被扣留了整整两个月,尽管我提出,这些书不是被查禁的。"

1888年5月,狄茨和艾希霍夫签订合同,给了后者7个月的时限。① 恩格斯十分重视摩尔根著作有一个可靠的德文译本,所以看来他向艾希霍夫表示过愿意为他审定译稿。后者写信给恩格斯说:"关于摩尔根的著作,即使您没有先向我提出要求。我也会把您的提议当作我的请求来向您提出。现在我怀着感激的心情接受这一建议,并且将随时把我的手稿作为挂号'公文'寄给您审阅。"② 1888年6月底艾希霍夫"译完了第一编,这恐怕是最难的部分"③。他想于11月底把"摩尔根著作的前三分之一"寄给恩格斯"审阅校订,特别是讲述各种发明和发现的第一编很需要校订"。④

然而恩格斯并未亲自审阅译稿,他把这个任务交给了考茨基。艾希霍夫显然对科学术语很不熟悉,因而校审译稿几乎等于重译。所以考茨基在1891年初给恩格斯的信中写道:'摩尔根著作的德译文已审订完毕。它花费我好多功夫。最后几章是我自己译的,我觉得我全部重译也

---

① 威廉·艾希霍夫1888年6月2日致恩格斯的信(原件现存苏共中央马列主义研究院中央党务档案馆)。

② 威廉·艾希霍夫1888年6月2日致恩格斯的信(原件现存苏共中央马列主义研究院中央党务档案馆)。

③ 威廉·艾希霍夫1888年6月30日致恩格斯的信(原件现存苏共中央马列主义研究院中央党务档案馆)。

④ 威廉·艾希霍夫1888年11月26日致恩格斯的信(原件现存苏共中央马列主义研究院中央党务档案馆)。

不会比校订艾希霍夫的稿子用的时间更多。他的稿子本该一致些。现在根本不是这样,只是一个没有特色的东西。"①

这部书于1891年出版,书名为《原始社会。人类从蒙昧时代经过野蛮时代到文明时代的发展过程的研究。威·艾希霍夫译自英文本,卡尔·考茨基校》。摩尔根原著的书名《古代社会》被翻译成了《原始社会》。这样的选词是为了强调在阶级社会之前的社会形态的存在。社会民主党能够从摩尔根的书中获得重要的认识。② 在围绕一些现实问题所进行的意识形态的阶级斗争中,这主要有以下几个方面:达尔文的支持者摩尔根将进化的思想运用于社会,并且以他的民族学研究驳斥关于现存制度的永恒权利这一说法。尽管他把社会的发展看作是观念的发展,但是他也证明生产力的发展和社会的变化之间存在着联系,并且认为所有制关系对于社会各关系起着决定性作用。摩尔根指出,在生产资料的社会所有制的前提下,曾经存在过自由、平等和博爱的制度。达尔文及其理论的许多资产阶级追随者们将资本主义理解为天赋的社会制度,而摩尔根却从中得出结论认为,一个没有私有制、阶级和国家——在更高形式上——的民主社会是有可能实现的,甚至,它对于人类的继续进步

---

① 卡尔·考茨基1888年11月26日致恩格斯的信。载《弗·恩格斯与卡·考茨基通信集》1955年柏林版第286页,并见卡尔·考茨基1892年2月19日致恩格斯的信,同上书第329页。

② 约阿希姆·赫尔曼:《历史唯物主义和人类历史》,载《马克思恩格斯年鉴》第7卷第12—14页。

是绝对必需的。①

摩尔根的书——鉴于它的特点——远远比不上恩格斯的《起源》销售得那样快而广。该书的第2版直至1908年才得以问世。② 此书在相当长的时间里主要为社会民主党的历史学家和理论家们用作自己撰述的基础。③

考茨基打算在《新时代》上发表一篇摩尔根的传记。1890年他问恩格斯："你是否认为值得去收集这方面的材料和做这项工作？我真想给左尔格写信谈谈这件事。"1894年3月，《新时代》从《纽约人民报》出版的1894年人民历书《先驱者》上转载了题为《路易斯·亨·摩尔根》的一篇传记文章。文中有两处提到了恩格斯对摩尔根的研究成果的评价，同时强调指出："官方科学的代表人物把引导人们重视摩尔根著作的重要意义这件事，交给社会主义者去作，这是他们的'科学性'的典型表现。是马克思和恩格斯首先展示了《古代社会》的作者对于人类历史所作出的贡献，是德国社会主义者促成了这部著作德文本

---

① 路·亨·摩尔根:《古代社会或人类从蒙昧时代经过野蛮时代到文明时代的过渡》(威·艾希霍夫译，卡尔·考茨基校。1891年斯图加特德文版) 第474—475页。恩格斯将这段文字从英文翻译过来并且引用到他的著作中 (见《马克思恩格斯全集》第1版第21卷第202—203页)。文中说道："社会的分解，即将成为以财富为唯一的最终目的的那个历程的终结，因为这一历程包含着自我消灭的因素。"在艾希霍夫和考茨基的译者里，这段话完全采用了恩格斯的译文。

② 狄茨出版社先后于1920年和1921年出版该书的第3、4版。

③ 罗莎·卢森堡:《民族经济学导论》(《罗莎·卢森堡全集》第5卷，1975年柏林版第593—612页)。

的翻译和出版。"①

在受到恩格斯和摩尔根的启发及在他们的研究的基础上，《新时代》发表了若干篇讲述希腊英雄史诗和民间传说的文章。保·拉法格撰写了有关"母权"和"婚歌和婚俗"的文章。② 布·舍恩兰克发表了关于《伊利亚特》的思考文章。③ 海·库诺夫运用民族学方面的资料探讨了亲属关系。④ 这些以及后来发表的文章为传播唯物主义理论作出了贡献。它们使人认识到：人类的出发点并不是一夫一妻制家庭，而是一个社会团体；原始群、氏族和部落的特点就是人人平等；压迫妇女的现象只是出现在较晚的发展阶段。

在社会民主党反对殖民政策的斗争中，恩格斯和摩尔根的著作有助于认清下列事实："野蛮人"并不是按照自然法则注定要在"生存斗

---

① 《路易斯·亨·摩尔根》，载于1893—1894年《新时代》（斯图加特），第1卷第25号第792页。

② 保尔·拉法格：《母权。关于家庭起源的研究》，载于1886年《新时代》（斯图加特），第241—251、289—303页。保尔·拉法格：《婚歌和婚俗，关于家庭起源的研究》，载于1887年《新时代》（斯图加特），第14—21、79—85、97—105页。

③ 布鲁诺·舍恩兰克：《〈伊利亚特〉和氏族理论》，载于1890年《新时代》（斯图加特），1890年第39—43页。

④ 亨·库诺：《古代秘鲁的社会机构》，载于1889年《新时代》（斯图加特），第19—25、57—62页。亨·库诺：《苏门答腊岛上的巴塔人和勒姜人的婚姻和婚姻法》，载于1889年《新时代》（斯图加特），第529—538页。亨·库诺：《达尔文主义反对社会主义》，载于1890年《新时代》（斯图加特），第326—330、376—386页。亨·库诺：《澳洲黑人的亲属组织，论家庭发展史》，1894年斯图加特版。另见《新时代》1883—1902年度的内容总索引，埃曼努埃尔·武尔姆编，1905年斯图加特版，第15—18页。

争"中失败的劣等种族：确切说，他们是生活在一个远远不及资本主义制度的社会制度里。考茨基发表于1885年的一篇关于"印第安问题"的文章就代表了这种观点。① 文中，他同达尔文的社会学说展开论争，强调指出，不是较高的智力，"而是更高的生产方式"才使得白人具有对印第安人的优势。考茨基强调了恩格斯的思想，即社会主义社会将为这些民族群体的自由发展奠定基础。他说："随着资本主义被克服，对于它们来说也必然开始一个新时代（只要到那时它们没有被灭绝）。"②

1891年的修订版

如果说《家庭、私有制和国家的起源》在反社会党人法期间就通过公开的或地下的轨道得到广泛传播的话，那么在非常法废除之后，其思想的影响更加扩大了。斗争条件的改变要求党加强马克思主义的宣传，而这项工作则因为党重新取得合法地位而变得容易了。党员们对科学社会主义理论的兴趣大大增长。此外，大批新党员也需要进一步明确党的目标。因此党准备拟定一个新纲领，这一纲领与在德国工人阶级的马克思主义群众性政党内贯彻科学社会主义这项任务也是相适应的。当统治阶级在意识形态上现在比以前大为加强对人民群众的影响时，这项

---

① 卡尔·考茨基：《印第安人问题》，载于1885年《新时代》（斯图加特），第17—21、63—73、107—116页。在这个问题上，考茨基的观点有了根本性的改变。见卡尔·考茨基：《植物界里的生存斗争》，载于1883年《新时代》（斯图加特），第186—189页。

② 卡尔·考茨基：《印第安人问题》，载于1885年《新时代》（斯图加特），第113、116页。

任务就愈加重要了。马克思主义思想的广泛传播是由这两个因素决定的,党在 90 年代初期在很大程度上适应了这个要求。在这种情况下,党的革命力量将恩格斯的《家庭、私有制和国家的起源》视为重要的支持。

早在 1890 年 4 月间,正值党即将取得合法地位时,狄茨就出版《起源》新版一事向恩格斯请教。他想改进该书的装帧并将它编入《国际丛书》。恩格斯赞同狄茨的建议,并于 1890 年 5 月底开始为修订此书收集资料。然而这项工作因为他为德国和国际工人运动斗争所承担的种种义务而中断。1890 年底,《起源》原有存书全部售完,① 而此书的订单却纷至沓来。② 因此狄茨迫切请求恩格斯尽快完成修订工作。

1891 年 7 月,恩格斯终于把修订的手稿寄给了狄茨。新版序言早于 1891 年 6 月就已经在《新时代》上发表。恩格斯显然又在其校样上作了改动。8 月 15 日狄茨在给恩格斯的信中向他保证:"尽管您所见到的 1—4 印张的校样已经完成拼版,但并不妨碍您对此作任何改动。通常总是再次拼版的。对此我们不会感到为难。"③ 1891 年 11 月,《起源》的德文第 4 版问世了,总共印了 2000 册。1892 年和 1894 年又接连出了两版。这样,在恩格斯生前,除了在反社会党人法实施期间所售出 5000 册以外,后来又陆续发行了 6000 册。这样。《起源》一书就成为

---

① 卡尔·考茨基 1890 年 12 月 21 日致恩格斯的信。载《弗·恩格斯与卡·考茨基通信集》第 267 页。

② 卡尔·考茨基 1891 年 1 月 9 日[3 月 9 日]致恩格斯的信,载《弗·恩格斯与卡·考茨基通信集》第 285 页。

③ 约·亨·威·狄茨 1891 年 8 月 15 日致恩格斯的信(原件现存苏共中央马列主义研究院中央党务档案馆)。

在德国社会民主党中流传最广的马克思和恩格斯著作之一了。

再有,恩格斯以其新版著作不仅在思想上而且还在经济上支持了工人运动。他按惯例不取分文稿酬,而将它用于政治斗争。这次,狄茨向德国和奥地利的社会民主党的财务处各支付了500马克。①

恩格斯在对其著作进行修订和增补当中,尤其着眼于原始家庭的历史和妇女在资本主义社会和在社会主义社会里的不同地位。《起源》的其它内容,如国家与革命的理论,共产主义社会的本质和唯物史观,他在这个时期发表的其它一些文章中论述过。

家庭历史研究的发展情况是新版序言的主题。这篇序言提前发表时,恩格斯加上了《关于原始家庭的历史。(巴霍芬,麦克伦南,摩尔根。)》的标题。他描述了这个领域的研究者的三部著作的特色,并且着重指出摩尔根的划时代贡献。恩格斯表示,"为了维护摩尔根的权利,我要给那些剽窃他的著作的人们一点厉害看看"②,因此他高度评价说:摩尔根对氏族的重新发现"对于原始历史所具有的意义,如同达尔文的进化理论对于生物学和马克思的剩余价值理论对于政治经济学的意义一样";"非常清楚,这样就在原始历史的研究方面开辟了一个新时代"。③恩格斯促使人们注意到,科学的新成果是与圣经上的创世说不相容的。他强调了在那个年代里的意识形态斗争中关于原始社会的知识所应有的世界观方面的作用,并借此说明官方科学界绝口不提摩尔根的原因。恩格斯说道,因为摩尔根"还有一个太过分的地方,就是他不仅像傅立叶

---

① 约翰·海因里希·威廉·狄茨1891年10月5日致恩格斯的信(原件现存苏共中央马列主义研究院中央党务档案馆)。
② 《马克思恩格斯全集》第1版第38卷第111页。
③ 《马克思恩格斯全集》第1版第22卷第256、258页。

那样地对文明……对我们现代社会的基本形式进行了批评,而且还用了只有卡尔·马克思才能用的字眼来谈论这一社会的未来的改造"。①

恩格斯强调了由社会民主党出版的摩尔根著作的德文版的好处——它冲破了对摩尔根的发现所实行的有计划的压制,从而说明了无产阶级的阶级利益同最先进的科学是一致的。

恩格斯在原始社会问题上对《起源》本身进行了扩充,他增加了许多新的研究成果,例如关于古代雅典、关于澳大利亚和俄国的问题等方面。他更加深入地阐述了巴霍芬的成果,更加详细地说明在向一夫一妻制家庭的过渡当中父权制家庭的特点。恩格斯充实了反驳社会达尔文主义观点的论据。他反对将动物生活现象机械地照搬到人类关系中的企图,并且指出,人类并不是由现代的类人猿进化而来,而是来自二者共同的祖先。

修改的一个大的方面是妇女的社会地位问题。恩格斯确切表述的思想符合无产阶级妇女运动的实际需要,自《起源》第1版发行以来,这一运动已取得显著进步。恩格斯密切关注1889年国际工人代表大会的讨论,了解德国的情况并且把他身边的人,把爱琳娜·马克思和路易莎·考茨基作为讨论问题的伙伴,而她们本人都是社会主义妇女运动的积极分子。这样,恩格斯就对政治实践的种种问题有了最好的了解。关于这一点,他写信给劳拉·拉法格说:"路易莎在很大程度上是我的启发者,她对这个问题有许多明晰和独到的见解。"②

恩格斯首先分析了这样一个论点,即妇女的要求集中一点就是男女

---

① 《马克思恩格斯全集》第1版第22卷第256、258页。
② 《马克思恩格斯全集》第1版第38卷第126页。

在法律上的平等。他指出："确立双方的真正社会平等的必要性和方法，只有当双方在法律上完全平等的时候，才会充分表现出来。"① 1891 年 8 月在布鲁塞尔国际工人代表大会上所作的决议主要也是关于这个资产阶级的平等权问题。恩格斯的论述有助于对该决议的根据及其限度的理解。

其次，恩格斯更为充分地论述了，只有工业才向妇女开辟了一条参加社会生产的途径这样一些观点。他写道："妇女解放的第一个先决条件就是一切女性重新回到公共的劳动中去；而要达到这一点，又要求个体家庭不再成为社会的经济单位。"② 恩格斯以此在这个有激烈争论的问题上支持了国际工人运动中的马克思主义力量。

最后一点，恩格斯展开阐述了在生产资料社会所有制条件下的未来家庭。他指出，社会主义社会需要采取怎样的方法，才能使妇女就业与其母性身份协调一致。因为在资本主义的条件下，她们要么履行家庭义务，要么"参加公共的劳动而有独立的收入"。相反，社会主义社会可以通过服务性工作和工业来解除许多家庭义务。譬如它承担了很大部分的抚养和教育孩子的义务和"同等地关怀一切儿童，无论是婚生的还是非婚生的"。③

恩格斯概括地叙述了，个人的性爱在历史上是如何形成的和在社会主义社会里对婚姻的所有经济上的附加考虑都不存在了，相互的倾慕成为结合的主要动机。他进一步指出，社会主义婚姻的新特点在工人当中已略见端倪。恩格斯希望阐明，即使在现代以至未来，两性关系的决定

---

① 《马克思恩格斯全集》第 1 版第 21 卷第 87 页。
② 《马克思恩格斯全集》第 1 版第 21 卷第 87 页。
③ 《马克思恩格斯全集》第 1 版第 21 卷第 87、89、95 页。

性因素仍然是社会经济。今天引自《起源》的有关妇女社会地位的论断，绝大多数是恩格斯在这一版中才增补的。

女权主义者多次宣称，恩格斯提倡在社会主义制度下婚姻和家庭的解体。此说缺乏依据。确切地说，恩格斯证明了，典型的一夫一妻制家庭的经济基础将不复存在。他主张在未来的家庭中男女关系平等，并且指出"以性爱为基础的婚姻，按其本性来说就是个体婚姻"。①

理查·伊文斯所著的关于妇女运动的书被非马克思主义历史学视为典范作品，该书断言："卡尔·马克思和弗里德里希·恩格斯……无疑很少谈及妇女的解放问题，确切地说，在他们看来，这个问题即使不是无足轻重，也是次要的。"上述言论只是表明：该书整个典型特点就是对马克思主义的彻底歪曲，对反马克思主义观点无所顾忌地全盘接受，以及对待原始史料的轻率态度，以及这种言论的无知。将《起源》1884年版本与1891年版本作个比较便可发现，马克思主义是如何重视这个问题，以及恩格斯又是如何强调这个当时居于突出地位的问题的。

马克思主义力量高度赞同这一情况。克·蔡特金在1895年载《平等》上的悼念恩格斯逝世文章中写道："无产者妇女尤其应该怀着感激之情怀念他。他既为她们作为被剥削者的解放斗争，又为她们作为妇女争取解放奠定了科学基础。……他拓展和深化了摩尔根和巴霍芬的使它们成为一个具有惊人的逻辑性和明晰性的体系的组成部分，并以这些著作为依据在科学上无可辩驳地证明了，家庭与所有其它社会产物一样，是在经济关系和所有制关系的推动下发展和变化的，家庭的形式总是在不断的形成和消亡。他的杰作《家庭、私有制和国家的起源》对于全

---

① 《马克思恩格斯全集》第1版第21卷第87、89、95页。

体女性的解放斗争具有根本的意义。"①

倍倍尔的《妇女与社会主义》一书中包含的《起源》的思想

在社会主义工人运动重新取得合法地位之后，1891年2月，奥·倍倍尔的《妇女与社会主义》的新版出版了，这本书促使《家庭、私有制和国家的起源》思想在德国和国际工人运动中得到最广泛的传播。在《起源》一书出版之前，倍倍尔就先后于1879年和1883年发表了其理论代表作的第1稿和第2稿。在这两稿中，他把马克思和恩格斯阐明的原则运用于自己的研究对象，并且在历史唯物主义的基础上论述了妇女的解放是工人阶级争取社会主义斗争的组成部分。他首先从生理因素解释了妇女在早期社会中的地位。那时他还认为，婚姻和家庭是本源，部落、国家和社会都由此发展而来，但是他却反对资产阶级思想家以此为出发点为资本主义所作的辩护。

正如倍倍尔在1891年新版里所写的，他因《起源》一书而感到有责任"检验我的书中有关妇女原始时期的地位和人类的史前史等历史部分的正确性，因为我认识到，这一部分不能再维持不变而亟需作根本的修改"②。倍倍尔在1886—1887年入狱服刑期间，因为没有收到经人转交的这本在实行反社会党人法的情况下遭禁的书而未能实现这次修改计划，所以最早发表的该书的外文译本里尚未吸收《起源》一书的思想。

---

① 克拉拉·蔡特金：《弗里德里希·恩格斯，哀悼他的逝世》，载《克拉拉·蔡特金：演讲和论文选集》，1957年柏林版第1卷，第82—83页。

② 奥古斯特·倍倍尔：《妇女和社会主义（妇女的过去、现在和未来）》。（新编第9版）1891年斯图加特版，第Ⅷ页。

1890年11、12月，还在恩格斯尚未完成《起源》新版的时候，倍倍尔就致力于改写《妇女与社会主义》①。该书的第3次修订版即第9版于1891年2月出版。倍倍尔称该版是对其观点的"根本性扩充和原则性的强化"②。他希望通过对原始社会的特征的分析来更深刻地论证工人阶级争取社会主义的世界历史性的斗争。他强调指出，关于原始社会的阐述"从根本上支持了我关于妇女未来地位的观点，因为通过这些阐述最令人信服的方式证明了，人类发展的进程最终要复归到与开始的原始社会中出现的相似的社会现象上去，只不过其文化发展阶段无限地提高了，而且吸收了长期文化发展的所有成果"③。

　　倍倍尔吸取了恩格斯著作中的重要见解。他分析说明了人类原始社会的本质特点：生产资料的社会所有制，氏族是社会关系的形式，共产主义的生产方式和妇女享有平等权利的共同生活方式。他着重指出："生产过程的进步"④ 促使社会向高级阶段发展。

---

① 倍倍尔于1月22日在给海尔曼·施留特尔的信中写道：他的工作负担很重，"特别是我［……］要为狄茨重新修订《妇女》一书，这成为我的一项极其重要的工作，因为它要经过根本的修改和扩充。狄［茨］打算赶在圣诞节出版它。但是这事不可能办到"。1890年12月22日，倍倍尔写信给施留特尔："不久将要出版篇幅大大增加了的《妇女》一书。"估计当时狄茨对该书正进行最后加工（见卡尔·考茨基1890年12月21日给恩格斯的信，载《弗·恩格斯与卡·考茨基通信集》1955年柏林版第267页）。

② 奥古斯特·倍倍尔：《妇女和社会主义》，1891年斯图加特版，第8、9、10、14、23页。

③ 奥古斯特·倍倍尔：《妇女和社会主义》，1891年斯图加特版，第8、9、10、14、23页。

④ 奥古斯特·倍倍尔：《妇女和社会主义》，1891年斯图加特版，第8、9、10、14、23页。

倍倍尔特别强调家庭关系的可变性。为说明这一点，他像恩格斯一样引用了摩尔根关于家庭是一个能动的要素的论断，倍倍尔强调指出："某一时期的家庭组成离不开当时的社会状态，同每一个时期的需要与文化水平相适应，而且随着人们社会关系的基础及其生活条件的变化而变化。"① 他明确指出，历史事实驳斥了关于家庭形式是固定的、永恒的观点。

倍倍尔现在从剩余产品的出现或者说生产资料私有制这个原因来解释妇女受奴役和受压迫的现象。他将人的被奴役与妇女的受压迫视为同一个过程的两个方面，但却没有放弃自第2版起就加在书的开头的那个论断，即妇女早在阶级产生以前就处于受压迫的地位了。倍倍尔对于阶级社会在家庭发展中所造成的深刻变革的理解，也表现在，他依据恩格斯的观点指出，这一变革是"发生在人类襁褓时期的**第一次伟大的革命**"②。

倍倍尔在《未来的妇女》一章里为了论证，也谈到了原始社会。他指出，人类将重新回到"共产主义所有制和完全的平等和博爱"，但是到那时，这些"不再只是氏族成员，而是所有的人"在生产力的巨大增长的基础上所共享的了。倍倍尔强调说，作为平等权利的享有者，"妇女将重新起到从前在原始社会里所曾起过的积极作用"。在这里，

---

① 奥古斯特·倍倍尔：《妇女和社会主义》，1891年斯图加特版，第8、9、10、14、23页。

② 奥古斯特·倍倍尔：《妇女和社会主义》，1891年斯图加特版，第8、9、10、14、23页。

他又一次引证恩格斯的《起源》①，用摩尔根对人类未来所下的结论来作为这一章的结尾。

接着，倍倍尔在他的这部主要理论著作中，以坚定的唯物主义观点对婚姻和家庭的起源作了解释，描述了原始公社的特征，并确证了社会主义的未来。倍倍尔直至该书的最后一版即第50版都保留了这些内容，只是在措辞上有部分改动。他虽然不似恩格斯那样言辞犀利，但是在原则上他们的观点是一致的。1891年2—8月，倍倍尔的这本书总共售出26000册。② 1895年出版的已经是第25版了。这本介绍科学社会主义基本知识的无产阶级妇女运动的手册，成为那一代工人最常阅读的关于无产阶级解放斗争的内容及其目标的一本书。但是在反社会党人法废除后的反对社会民主党的思想斗争当中，大批诋毁社会主义的文章书籍充斥市场，倍倍尔的这本小册子也成了它们所抨击的主要对象。它们或者煞有介事地对马克思主义提出所谓科学的辩驳，或者被乔装成普及本成千上万册地免费分发给工人们③。这些来自资产阶级方面的文章书籍也证明了，《起源》的思想在当时的社会思潮中引起了普遍的注意。

弗赖堡大学教授亨利希·恩斯特·齐格勒在1893年发表的论文

---

① 奥古斯特·倍倍尔：《妇女和社会主义》，1891年斯图加特版，第342、343、343—344页。

② 奥古斯特·倍倍尔：《妇女和社会主义》（新编第11版，前言）1892年斯图加特版，第18页。

③ 德国自由思想党的主席欧根·李希特尔所著的小册子《社会民主党的异端邪说》和《社会民主党的未来蓝图——按照倍倍尔言论的意思描述》先后于1890年11月和1891年11月发表，格外引起公众的注意，前者迄至1891年11月印数达8万，购买500册的售价由每册50芬尼降至10芬尼。后者的印数到1894年已高达254000册。

《自然科学与社会民主党的理论》中,专门把《起源》的思想选为抨击的对象。此外他特别提到倍倍尔的《妇女与社会主义》一书,因为书中社会民主党的理论"有得到绝对承认的表述";他也引述恩格斯的著作。他声称,恩格斯的著作甚至不能称其为"严肃的科学批判的对象",因为该书作者并不是"思想的创立者"。确切地说,恩格斯是不加批判地接受了摩尔根的思想,并且有倾向性地进行了加工。齐格勒对此作了如下概括:"我确信已经表明,社会民主党的理论在关于妇女原始的社会地位、关于家庭的起源、关于人口增长、关于生存斗争、关于国家起源及在关于人类平等理论等方面根本背离了自然科学的观点或者说它们二者是对立的;我还指明了,国际趋势和共产主义思想与自然科学毫无关系。"他认为,如果社会民主党想立足于科学的基础之上的话,那么它"就必须摆脱对马克思和恩格斯的依附,并对他们的学说进行独立的批判"。①

为此倍倍尔写信给恩格斯说:"从书名看,这本书是针对我的,实际上却**毋宁说是针对你的**,对你的攻击凶得很呢!"

"这本书浅薄得无以复加,但是它却说明了,摩尔根对家庭起源的阐述使这些人感到多么的不舒服。最好能有人在《新时代》上狠狠地教训一下这位先生。"②

由倍倍尔建议而写成的反驳文章以《自然科学反对社会科学》为题刊载于1894年4月的《新时代》上。该文出自伯恩施坦的手笔。他

---

① 亨·恩·齐格勒:《自然科学与社会民主党的理论》,根据达尔文和倍倍尔的著作阐述了两者之间的关系。同时对当时社会民主党的理论进行了科学批判。1893年斯图加特版第5、6、239、241页。

② 《恩格斯和倍倍尔通信集》1985年人民出版社版第887页。

强调指出,齐格勒在批驳的时候,必然要与恩格斯著作,尤其是《反杜林论》相对立,原因是恩格斯"作为现代科学社会主义理论的创始人之一,不仅与马克思同是该理论最可靠的资料来源者,而且他还比马克思更多地从事了自然科学的研究"。① 然而伯恩施坦同时也大大贬低了倍倍尔的科学成就。伯恩施坦反对将"生存斗争"的说法搬用到社会,他维护了社会民主党的观点,并把齐格勒著的书看作是向流行的资产阶级观点出卖科学。虽然伯恩施坦展开了激烈的论战,然而,他却完全疏忽了两个重要方面:所有制关系的作用和国家的作用。

倍倍尔本人在1895年春出版的《妇女与社会主义》第25版的导言里,对齐格勒的书作了批驳。他坚决驳斥对恩格斯的攻击并强调指出,不能用自然科学方面的根据来说明社会现象和过程,因为"只有社会原因"才对社会现象和过程"产生决定性影响"。齐格勒没认识到,"是社会需要造就了新的社会形态,由此可见社会形态的发展离不开人,人的发展也不能脱离社会形态,二者互为因果,是同时产生的"。齐格勒和其他资产阶级思想家不愿意承认唯物主义历史观。他们害怕:"它对现存国家制度和社会制度的生存所下的结论;因为,如果发展的规律也适用于社会,那么,资产阶级社会如何能断言,除了它之外,绝无更好的社会制度?"②

倍倍尔的理论代表作在他生前就被译成20种文字,仅德文就出版了25版。它介绍了《起源》一书的基本观点。倍倍尔对恩格斯这一

---

① 爱德华·伯恩施坦:《自然科学反对社会科学》,载《新时代》(斯图加特),1893—1894年度,第2卷第29期第70页。

② 奥古斯特·倍倍尔:《妇女和社会主义》,(第25版前言)。1895年斯图加特版,第12、15、13页。

"杰出的和基本的著作"[①] 的推崇，促使读者也去阅读《起源》本身。在争取妇女平等权利的斗争中，这两本著作的思想对革命的工人运动有决定性影响。

《起源》和社会民主党的纲领

《家庭、私有制和国家的起源》同《共产党宣言》、《资本论》以及马克思、恩格斯的其它著述一样，对于1891年10月的爱尔福特党代表大会通过的德国社会民主党的马克思主义新党纲也产生过影响。然而，有关爱尔福特纲领的历史文献却往往未提及《起源》一书，这是不对的。《起源》一书对于深化历史唯物主义思想、阐明私有制的作用、从理论上论证工人阶级夺取政权的必要性以及对于理解妇女的解放是无产阶级解放斗争的组成部分等，也作出了贡献。爱尔福特纲领就包含了明确的马克思主义思想内容。

与此相反，格奥尔格·冯·福尔马尔却试图将党拉到机会主义的立场上，[②] 因此他也反对《起源》的基本思想。福尔马尔在1891年6、7月间的多次演讲中否认国家的阶级性，并且否认所有制关系与统治关系之间的联系。在他为行动纲领所提的五条要求里，只字不提妇女的平等权利，哪怕是资产阶级权利范围之内的。从他对历史的态度上也可看出马克思主义和机会主义是黑白分明的。福尔马尔认为："具体地说，过

[①] 奥古斯特·倍倍尔：《妇女和社会主义》，（第25版前言）。1891年斯图加特版，第9页。

[②] 京特·亨宁：《奥古斯特·倍倍尔——普鲁士—德意志军事国家的死敌(1891—1899)》，1963年柏林版，第47—105页。

多地探究过去无助于现实的政治运动。"① 大多数党员坚决反对福尔马尔的机会主义纲领，这证明了马克思主义思想在广大党员中的影响。

《起源》一书对于德国社会民主党确定目标的影响，从一些解释这个新纲领的文章里可以明显看出。这些文章是受党的执行委员会的委托而撰写的，目的是促使广大党员更加深入地理解马克思主义的战略和策略。1892年7月，卡·考茨基撰写的《爱尔福特纲领原则部分的解释》发表了。考茨基在其著作的前言里列举了现代社会主义的基本著作，其中有恩格斯的《起源》一书。考茨基分析了私有制在历史上所起的作用。从原始共产主义社会中作出关于社会主义未来的推断。他在分析资本主义国家的经济统治手段的特征时，以及在论述关于生产资料转变为社会所有制的必要性时，运用了恩格斯著作里的思想。考茨基以《起源》为依据，阐明了资本主义和社会主义社会的婚姻和家庭的本质，强调指出妇女参加工业的生产劳动是她们取得平等权利的前提。

考茨基这部介绍科学社会主义基本原理的著作，于1892年出了3版。该书从其特点和篇幅来看主要是面向社会民主党的干部，因此党的领导决定将原书改编成篇幅较短的小册子，这本小册子以《社会民主党的原则和要求。对爱尔福特纲领的解释》为题于1892年出版。考茨基在第一部分概括了他的上述著作里的阐述，布鲁诺·舍恩兰克在第二部分评论了纲领里提出的最近要求，其中第5条的内容是"废除在公共与私人关系中使妇女受歧视的所有法令"。② 这样德国社会民主党就满足

---

① 格奥尔格·冯·福尔马尔：《论德国社会民主党最近的任务》，1891年慕尼黑版第8页。
② 《德国统一社会党历史文献》，1981年柏林版，第1卷（1847—1845年），第116页。

了布鲁塞尔国际工人代表大会提出的关于将这条要求写进各个国家的社会民主党纲领中去的愿望。如上所述,恩格斯在《起源》的修订版里阐明了妇女争取法律上平等权利的必要性及其限度。舍恩兰克吸收了这些思想,他将妇女的社会经济状况放到中心地位。他着重指出,"妇女在法律上的地位是她们在私有制的统治下所处的完全依附地位的反映";① 他还引证了《起源》一书里的论断,即男人自原始社会解体以来是家庭的统治者。他使用统计资料证明妇女正越来越多地参加资本主义生产,强调妇女就业的意义。这本由考茨基和舍恩兰克撰写的小册子在 1892 年的发行量达到 12 万册,它的读者已超出社会民主党成员的范围。

通过这本书和其它读物的出版,社会民主党人对研究《起源》发生了兴趣。在拥有大约 300 名成员的克雷费尔德人民同盟的图书馆,《起源》一书在 1894—1895 年间被借出 8 次。而同期每本书(包括文艺书籍)的平均出借次数为 7 次左右,政治和科技方面的书籍的出借次数为 3—4 次。在南德的一个工业城市有一个读书协会,它拥有 45 名成员。在那里,《起源》一书被借出过 2 次。柏林的卡尔·马克思读书俱乐部早在 1890 年 6 月和 1891 年 3 月就从事于《起源》一书的研究了。他们对该书的各个章节边读边讨论。

当福尔马尔于 1892 年 7 月对爱尔福特纲领作改良主义的阐释时,马克思主义者在驳斥这种解释时也引证了恩格斯的《起源》。福尔马尔在法文杂志《蓝皮评论》的一篇文章里谎称,社会民主党期待着现存国家采取社会主义措施。党必须重新阐明帝国政策的阶级本质,并消除

---

① 卡尔·考茨基/布鲁诺·舍恩兰克:《社会民主党的原则和要求——对爱尔福特纲领的解释》,1892 年柏林版,第 41 页。

对威廉二世和帝国首相莱奥·冯·卡普里维政治"新方针"的幻想。当时统治阶级正准备加强军国主义化，因此党就更有必要对这个剥削者国家采取一致的原则立场。

威·李卜克内西在《前进报》上发表多篇文章，驳斥福尔马尔的观点与社会民主党的纲领与目标是不一致的。① 他指出，只有当统治阶级能赢得利润时，资本主义国家才接管工业企业。福尔马尔期望阶级国家所具有的目的、职能及世界观，与它的基本组成部分、它的设施以及它的实质是绝不相容的。②

同时发表的考茨基的著作《爱尔福特纲领》有一节专门论述了"国家社会主义和社会民主党"。③ 考茨基在说明国家所采取的同时也关系到整个社会利益的那些经济措施的阶级本质时，使用了《起源》的思想进行论证。他指出，国家之所以履行其"公益职能……往往是因为疏忽了这些职能会危及社会的存在，同时也会危及统治阶级的存在，然而，这个国家也决不会以违背上层阶级的整体利益，换句话说决不以威胁到他们的统治的方式来履行这些职能。

"现代国家将某些企业和职能国有化的这种作法，不是为了限制资本主义剥削，而是维护和加强资本主义的生产方式，或者说是为了亲自参与这种剥削。"

---

① 威廉·李卜克内西：《国家社会主义》，载于1892年7月6、21、22、28日《前进报》（柏林）。

② 威廉·李卜克内西：《国家社会主义》，载于1892年7月28日《前进报》（柏林）。

③ 1891年夏的党的执行委员会的纲领草案包含了李卜克内西所阐述的谴责"国家社会主义"论调的内容，但是未被收进纲领的最后文本。另见1892年7月6日《前进报》（柏林）。

在1892年11月召开的党代会上，关于《国家社会主义和革命的社会民主党》这个议题的发言人李卜克内西阐述了马克思主义的立场。他在关于这个问题的辩论中指出，"马克思和恩格斯告诉我们，'国家'是建立在私有制和阶级对立的基础之上的"①，当他讲这些话时与会的许多代表们无疑就想到了《起源》。这些讨论反映出多数代表在关于资本主义剥削国家的阶级性方面的认识是一致的。相反，在一些由此派生出来的问题上，他们之间却存在着某些分歧。尽管如此，党代表大会没有动摇对容克—资产阶级军事国家的基本革命的态度。②

几周以后，在1893年2月，倍倍尔在关于所谓"未来国家"的辩论期间，在帝国国会的论坛上宣传了《起源》的思想。统治阶级之所以策划这场辩论，是因为他们企图掀起一个反社会主义的浪潮以破坏广大人民对进一步军国主义化的抵制。倍倍尔和李卜克内西毫无保留地阐述了党的革命目标。这样他们就将反军国主义的斗争与工人阶级的世界历史使命最紧密地结合了起来。同时，他们也与统治阶级的大规模的反社会主义欺骗宣传公开展开斗争。

倍倍尔把《起源》视为马克思和恩格斯指明党的斗争方向的基本著作之一。他在1893年2月3日和6日的演说中，提到了《起源》所论及的问题的丰富性。他声明自己信奉唯物史观，赞成从资本主义到社会主义的变革的革命性质。在现实斗争方面，他要求给妇女以政治权利，并表明了对于在资本主义条件下的生产合作社问题的看法。他特别

---

① 《德国社会民主党代表大会会议记录（1892年11月14—21日于柏林召开）》第193页。

② 《关于对于"国家社会主义"的态度的决议》，载《德国工人运动史文件和材料》1974年柏林版，第3卷（1871年3月—1898年4月），第395—396页。

深入地发表了对马克思主义国家观的看法。他在无讲稿的演说中阐明,只要存在共产主义所有制,国家便是多余的。他说明了社会变动导致产生私有制、阶级矛盾和阶级斗争并从而为国家的形成准备了条件的社会变动的特征。但是即使到了那个时候,国家也不是一成不变的,而是"为了考虑统治阶级在各方面的要求而存在的"。因为"社会现象的复杂性,使得国家本身也变得愈来愈复杂。于是,先生们你们可以看到(由此我们的唯物史观也认为),在现存社会里存在着某种生产设施和这一社会相应地调节它的交换关系的情况下,国家权力和国家形态也相应发生变化和变革。几千年来植根于私有制土壤的社会,从古代国家,从封建专制国家发展而来的资本主义社会,随着其社会关系的愈加错综复杂,不言而喻,需要对国家行政机构进行彻底的改造。"然而,它的基本特征仍保持不变,国家权力"代表着统治阶级的社会利益,它所要关心的是使这一利益不受侵害,它建立某种法的体系,借此使得由经济关系产生的法的制度尽可能巩固而有保证地保持下去"。关于爱尔福特纲领,倍倍尔说道,工人阶级必须而且必将取得政权。"将来有朝一日社会民主党掌握了国家权力,工人阶级的任务就是要没收像施托姆、克虏伯等先生们的那些大企业,并将它们变为社会所有。"

社会民主党将这些在帝国国会上的演讲编成专集印行了至少10万册。本文引用的倍倍尔2月3日的演讲,被印成小册子发行了170万册。① 此外,《前进报》和社会民主党的其它一些刊物也刊登了这篇演

---

① 奥古斯特·倍倍尔:《未来国家和社会民主党》(1893年2月3日在德意志帝国国会上的演讲),1893年柏林版,关于这本小册子的印数,可见《德国社会民主党代表大会(1893年10月22—28日在莱因河畔法兰克福召开)会议记录》,1893年柏林版,第36页。

讲。因此,《起源》的思想在1895年以前的那个时期,在关于"未来国家"的辩论期间,得到了最广泛的传播。

1894年,在狄茨出版社关于恩格斯的《家庭、私有制和国家的起源》一书的出版广告上写道:"该书在德国获得了杰出的成就,现已出版第6版便是有力的证明。"1895年以前《起源》一书被视为马克思主义的基本著作,——无论朋友还是敌人都是这样看的。它的一些根本观点已被吸收到社会民主党的纲领中,并且被运用到反对容克资产阶级剥削国家的阶级斗争实践中。一些独具风格的马克思主义代表将这部著作用作政治斗争和思想斗争的武器,并且知道重视和维护它有别于摩尔根《古代社会》一书的独立性。在1884年至1895年期间,奥·倍倍尔和威·李卜克内西、克·蔡特金和保·拉法格、卡·考茨基、布·舍恩兰克和爱·伯恩施坦为宣传和捍卫《起源》的思想都作出了特殊的贡献。其中奥·倍倍尔所作的贡献是最全面的。

1895年8月5日,恩格斯逝世了,在悼念他的文章里,都对《起源》作了评价。它被称作除《英国工人阶级状况》和《反杜林论》之外的恩格斯的主要著作之一。直至1895年,传播和接受这部著作的思想的,是在革命的德国社会民主党内贯彻马克思主义的组成部分,推动了德国工人阶级的马克思主义群众性政党的形成和发展。

鉴于这部著作对思想斗争的突出影响,修正主义者不得不将其攻击的矛头也指向恩格斯的《起源》。伯恩施坦本人表演得尤为露骨。在魏玛共和国时期,革命的叛徒卡·考茨基和海·库诺夫撰写了大部头的书,以继续发展《起源》为名来行反共产主义之实。相反,在德国共产党诞生之后,恩格斯的著作很快便被视为党内流动学校的标准教材。列宁在其著作《国家与革命》中吸收与发展了恩格斯的思想,此后这些思想借助社会主义在俄国的社会实践,得到了广泛深刻的理解。恩格斯的著作在恩斯特·台尔曼所领导的德国共产党内贯彻列宁主义的过程中获得了坚固的地位。

在法西斯主义寿终正寝之后。恩格斯的《家庭、私有制和国家的起源》是出版最早与发行量最大的书籍之一。1946年发行了10万册单行本。从那时起，狄茨出版社发行了16版的单行本，总计41万册。《起源》一书通过两卷本或六卷本的《马克思恩格斯选集》以及《马克思恩格斯全集》的出版而不断得到传播。自1945年以来，狄茨出版社总共出了68版约计173万册；在德意志民主共和国，《起源》以过去德国工人运动史上空前的规模被运用于理论与实践中去了。社会现实证明了，《起源》一书对于发达的社会主义社会的形成，尤其对于国家问题和妇女的社会地位，对于哲学和历史，对于我们整个世界观，仍具有生命力和高度的现实意义。

[原载《马克思恩格斯年鉴》（柏林）第10卷]

（王竞 译 王宏道 校）

马克思恩格斯与柯瓦列夫斯基及其著作*

〔联邦德国〕汉斯–彼得·哈斯蒂克

柯瓦列夫斯基的《公社土地占有制,其解体的原因、进程和结果》一书,于1879年由莫斯科F.B.密勒出版社出版。该书在将近一百年之后影印出版,这不仅因为著作本身具有历史影响,还因为作者本人在许多学科的科学史上占据着不容置疑的地位。

在这本专著的序言中,柯瓦列夫斯基引述过慕尼黑法史学家格·路·冯·毛勒的著作,同毛勒一样,他本人对马克思恩格斯历史观的形成也有过长远的影响;而毛勒于1854年发表的主要著作,由于它同"社会主义方向"(马克思语)有着思想史上的联系,如今已经出过第

---

* 本文选自《马列主义研究资料》1987年第3辑。

原题注:本文是作者为1977年法兰克福—纽约康普斯出版社据柯瓦列夫斯基《公社土地占有制,其解体的原因、进程和结果》(1879年莫斯科版)第一册照相复制版所作的序,标题是译者加的。

三版①了。恩格斯的著作《家庭、私有制和国家的起源》奠定了马克思主义分期法的基础；他在1891年该书修订第四版中，特别提到马·马·柯瓦列夫斯基，该书的第二章有一段话："我们感谢马克西姆·柯瓦列夫斯基（《家庭及所有制的起源和发展概论》1890年斯德哥尔摩版第60—100页），他向我们证明了，今天我们在塞尔维亚人和保加利亚人中还可以见到的那种称为 Zádruga〔扎德鲁加〕（大意为大家庭）和 Bratstvo（胞族社）的家长制家庭公社，以及在东方各民族中所见到的那种形式有所改变的家长制家庭公社，乃是一个由群婚中产生并以母权

---

① 毛勒的著作《马尔克制度、农户制度、乡村制度、城市制度和公共政权的历史概论》（1854年慕尼黑第1版）于1896年再版，再版特别说明了是由亨·库诺主持的；第三版于1966年在阿伦由科学出版社出版。有关该著在科学史上的地位及其历史影响，参看：K. 狄克考普夫：《格·路·冯·毛勒（1790—1872）传记》（1960年卡尔闵茨版），E. W. 伯肯费尔德：《十九世纪德国制度史研究。合乎潮流的课题和榜样》（1961年柏林版）第134—147页，以及 A. I. 达尼洛夫：《毛勒的马尔克理论的特点问题，兼论其在中世纪农业历史编纂学中的地位》（载《国立托木斯克古比雪夫大学丛刊》第128期（1954年托木斯克版）。早些时候出版的马克思恩格斯的通信和阿姆斯特丹国际社会史研究所珍藏的马克思恩格斯遗著手稿，都提供了众多的证据证明他们对毛勒理论的吸收。有关恩格斯的情况参看汉·彼·哈斯蒂克编《弗里德里希·恩格斯：古代马尔克制度》，载《弗里德里希·恩格斯（1820—1970）。报告，讨论，文献（1970年5月25—29日乌培塔尔国际学术会议）》（1971年汉诺威版）第261—289页，书中注9证明了马克思认真研究过毛勒著作。

制为基础的家庭到现代世界的个体家庭的过渡阶段。"① 在论述克尔特人氏族和德意志人氏族的那一节中，恩格斯还参照前述引文来阐明塔西佗的《日耳曼尼亚志》第 26 章以及凯撒的《高卢战记》第 4 卷第 1 章和第 6 卷第 22 章：

"柯瓦列夫斯基已经证明……家长制家庭公社乃是母权制共产制家庭和现代的孤立的家庭之间的中间阶段，它虽不是到处流行，但是流行很广。在这以后，问题已经不再像毛勒和瓦茨争论不下的那样——是土地公有还是土地私有，而是关于土地公有的**形式**是什么了。毫无疑问，在凯撒时代，苏维汇人不仅有过土地公有，而且也有过共同核算的共同耕作。至于他们的经济单位是氏族，还是家庭公社，或者是介于两者之间的某种共产制亲属集团，或者所有三种集团依土地条件的不同都存在过，关于这些问题将来还会长久争论。但柯瓦列夫斯基认定，塔西佗所描述的状况，不是以马尔克公社或农村公社为前提，而是以家庭公社为前提的；只是过了很久，由于人口增加，农村公社才从这种家庭公社中发展起来。

---

① 《马克思恩格斯选集》第 1 版第 4 卷第 53—54 页。1890 年出版的柯瓦列夫斯基的《家庭及所有制的起源和发展概论》一书，恩格斯初次阅读后所作的评论，还基本上是持保留态度的。他在 1890 年 8 月 27 日致保·拉法格的信中写道："柯瓦列夫斯基的书中有一点很重要：他提出在母权制和马尔克公社（或米尔）之间隔着家长制的大家庭，这种家长制的大家庭在法国（法兰斯孔太和尼韦尔内）一直存在到 1789 年，在塞尔维亚人和保加利亚人中至今还存在，叫扎德鲁加。柯瓦列夫斯基对我说，这是俄国普遍的看法。如果这一点能成立，那末塔西佗和其他作者的许多不好懂的地方将得到解释，但同时也会产生新的问题。柯瓦列夫斯基书中的主要缺点就是**法学上的谬误**。我的书再版时，我将谈这个问题。另一个缺点（也是所有研究学问的俄国人的通病），就是过分相信**公认的权威**。"（《马克思恩格斯全集》第 1 版第 37 卷第 447—448 页）

"按照这个观点,德意志人在罗马时代在他们所占据的土地上的居住区,以及后来在他们从罗马夺取的土地上的居住区,不是由村落组成,而是由大家庭公社组成的,这种大家庭公社包括好几代人,耕种着相当的地带,并和邻居一起,像一个共同的马尔克一样使用四周的荒地。在这种情况下,塔西佗著作中谈到更换耕地的那个地方,实际上就应当从农学意义上去理解:公社每年耕种另一块土地,将上年的耕地休耕,或令其全然荒芜。由于人口稀少,荒地总是很多的,因之,任何争夺土地的纠纷,就没有必要了。只是经过数世纪之后,当家庭成员的人数大大增加,以致在当时的生产条件下共同经营已成为不可能的时候,这种家庭公社才解体;以前公有的耕地和草地,就按人所共知的方式,在新形成的单个农户之间实行分配,这一分配起初是暂时的,后来便成为永久的,至于森林、牧场和沼地依然是公共的。

"这一发展过程,对于俄国,已是历史上完全证实了的。至于德意志,乃至其余的日耳曼诸国,不可否认,这个推测,在许多方面,较之以前流行的把农村公社的存在追溯到塔西佗时代的见解,能更好地诠释资料,更容易解决困难。"①

恩格斯在《起源》的修订第四版中所引用的著作,就是柯瓦列夫斯基1890年在斯德哥尔摩出版的《家庭及所有制的起源和发展概论》。柯瓦列夫斯基同马克思以及在马克思逝世后同恩格斯曾一度过从甚密。1879年马克思曾经这样描述同这位较他年轻三十岁的青年人之间的关系:"他是我的'学术上的'朋友之一,每年都要来伦敦,利用英国博

---

① 《马克思恩格斯选集》第1版第4卷第137—138页。

物馆的珍藏"①。而柯瓦列夫斯基在他于1909年发表在《欧洲通报》上的回忆马克思的文章中,也谈到了"同《资本论》作者的长达两年几乎每周一次的思想交流",他说,这种思想交流即使在他受聘于莫斯科大学以后每年夏季去伦敦时,仍时而进行。② 柯瓦列夫斯基的回忆文章虽然在政治上有所距离,但还是比较热情的。在马克思致恩格斯的一封信中有一段话很能说明这位莫斯科的法史学家、未来的大学教师同马克思和恩格斯在70年代中期所建立的关系的性质和内容,马克思写道:"柯瓦列夫斯基昨天来我这里,他要汉森的著作;我对他说,他**明晚**可以拿到;同时,根据他的要求,约好明晚(星期二)去看你。现将汉森的著作寄给你,你会像我一样用两三个小时很容易地读完它。"③ 这里指的是格·汉森论述特利尔专区农户公社的论文,这篇

---

① 1879年9月19日马克思致圣彼得堡的尼·弗·丹尼尔逊的信(《马克思恩格斯全集》第1版第34卷第385页)。有关描述他们之间关系的,还有马克思和恩格斯之间的通信以及他们同丹尼尔逊、拉甫罗夫、吴亭、保·拉法格、考茨基以至同柯瓦列夫斯基本人的通信,即《马克思恩格斯全集》第1版第34卷第27、30、76—77、82、93、98、101、104、192、202、221、333和343页,第35卷第341页,第38卷第27、457和483页。《马克思恩格斯与革命的俄国》(1967年莫斯科版)还有许多证明材料,见该通信集第320、336、350、356、394—395、396、398—399、454、469、481、483—484、505、619—620、626—627、677、729和736页。

② 柯瓦列夫斯基的文章《两个人生》,载《欧洲通报》1909年卷第6期第495—522页,第7期第5—23页。柯瓦列夫斯基撰写的马克思及其同时代人赫·斯宾塞的生平事略中有关马克思的部分被译成德文,转载《卡尔·马克思。回忆和论文集》(莫斯科马克思恩格斯列宁研究院编,1934年莫斯科—苏黎世版)第212—213页,文内引文见该书第227页。

③ 《马克思恩格斯全集》第1版第34卷第30页。

论文为古代自由的马尔克公社学说奠定了基础,在马克思恩格斯遗稿中实际上所见的是他们所作的摘要。① 柯瓦列夫斯基在伦敦进行研究的时候,正值马克思的创作时期,这个时期马克思对于土地所有制进行了深入的历史的研究,并且除了对汉森这位"德国农业史研究的巨擘"②的上述论文做过摘录以外,还对如毛勒论述日耳曼—法兰克以及德意志法的历史的著作③,哈克斯特豪森、柯舍列夫、德麦利茨和乌季耶舍诺维

---

① 格·汉森著《特利尔专区的农户公社(世代相承的协作社)》,见《柏林皇家科学院1863年语文学和历史论文集》(1864年柏林版)第75—96页。估计于1876年12月上半月马克思和恩格斯所做的汉森著作的摘记,在阿姆斯特丹国际社会史研究所的马克思恩格斯遗稿中编号为B123及J3,两本笔记本分别为第43—51页和第19—21页。

② K. Th. 冯·伊纳马-施泰内格:《格·汉森〈农业史论文集〉第1卷(1880年莱比锡版)评注》,载《国民经济和统计年鉴》第36卷(1881年)第504页。

③ 马克思对毛勒晚年总共十二卷的著述进行了全面的、认真的研究,这些著作是1854年出版的《概论》,和随后的1856年的《德国马尔克制度史》,1862—1863年的四卷本《德国领主庄园、农户和农户制度史》,1865—1866年的两卷本《德国乡村制度史》和1869—1871年的又一四卷本《德国城市制度史》。在阿姆斯特丹国际社会史研究所的马克思恩格斯遗稿中藏有8开纸总共286页的评注性摘要,大部分可能约于1876年5、6月份完成,部分甚至可能早在1868年3月即已完成。

奇等人论述俄国制度以及南斯拉夫制度的著作，① 克雷马齐论述印度法制的著作②和被柯瓦列夫斯基借走的卡德纳斯论述西班牙土地所有制的两卷本著作③做了摘记。

因此，柯瓦列夫斯基在其传记文章《两个人生》中对于马克思在他的成长道路上所给予的影响作出如下的评价，决非言不由衷，他写道："这是很可能的，如果没有同马克思结识，大概我既不会……去研究土地所有制的历史，也不会去研究欧洲的经济发展。"④ 柯瓦列夫斯

---

① A.冯·哈克斯特豪森：《俄国农村制度。它的发展及其在1861年立法中的确立》（1866年莱比锡版）；1876年5月笔记摘录，国际社会史研究所马克思恩格斯遗稿笔记本 B127 第14—39页。

亚·柯舍列夫：《论俄国公社土地占有》（1875年柏林版）；1875年笔记摘录，据莫斯科苏共中央马列主义研究院所藏复制件在《马克思恩格斯文库》第12卷（1952年版）第140—160页用俄文发表。马克思的手稿藏阿姆斯特丹国际社会史研究所。

F.德麦利茨：《M.V.博吉西奇对南斯拉夫人习惯法的考察》，载《法国和其他各国古代和现代立法评论》1876年卷第235页及以下各页；1876年7月至12月笔记摘录，国际社会史研究所马克思恩格斯遗稿笔记本 B123 第52—65页。Og.M.乌季耶舍诺维奇：《南斯拉夫人的家庭共有制。关于阐明塞尔维亚民族和克罗地亚民族的民族土地制度和家庭制度的研究报告》（1859年维也纳版），1876年11月至12月笔记摘要，国际社会史研究所马克思恩格斯遗稿笔记本 B125 第16—43页。

② L.克雷马齐：《印度法和法兰西法比较》，载《法国和其他各国古代和现代立法评论》1876年卷第312页及以下各页；1876年7月至12月笔记摘录，国际社会史研究所马克思恩格斯遗稿笔记本 B123 第65—70页。

③ D.F.卡德纳斯：《西班牙土地所有制史论》（两卷，1873—1875年马德里版），1876年11月至12月笔记摘录，国际社会史研究所马克思恩格斯遗稿笔记本 B124 第1—105页；B125 第14—15、44—77、78—86页；B123 第70—93页。

④ 柯瓦列夫斯基：《两个人生》，引自1934年的德文译本第227页。

基还说，马克思对他的著作十分熟悉，并且坦率地发表自己对这些著作的见解。所以，例如他在马克思持否定态度的情况下，曾中止自己第一部论述法兰西税务管辖权的巨著①的出版。相反，对于柯瓦列夫斯基"提示马尔克公社的过去或者是根据比较民族志学和法的比较史的报告描述远古以来家庭形式的发展进程"的尝试，马克思则表示颇为赞赏。② 这两本著作，马克思都得到过柯瓦列夫斯基的赠本，这是有案可查的。而第二本书无疑是指他的有关公社土地占有制的著作，如今我们把它重印了。③ 这本著作除马克思私人用的一册和有据可查的图书馆藏的另外四册以外，似已下落不明，然而不久以来却成了研究马克思的焦

---

① 柯瓦列夫斯基：《十四世纪至路易十四在位期间法兰西税务管辖权史论》第1卷第1分册（1876年莫斯科版）。

② 柯瓦列夫斯基：《两个人生》，引自1934年的德文译本第227页。

③ 马克思私人使用的柯瓦列夫斯基《十四世纪至路易十四在位期间法兰西税务管辖权史论》（1876年莫斯科版）和三年后出版的论述公社土地占有制的著作，在1895—1933年间为"社会民主党图书馆"收藏，自1933年以后，这些书籍同党的藏书一样，由于党的财产被没收而普遍遭到失散的厄运，而马克思恩格斯的私人藏书，在恩格斯逝世后，即已毫无分别地并入党的藏书。现在莫斯科苏共中央马列主义研究院和中央党务档案馆，编目为 F.1, op.1 第5776号的马克思过去所藏的柯瓦列夫斯基《公社土地占有制》一书，1933年以后先是归普鲁士国家机要档案馆，后为图书馆所有，系布鲁诺·凯泽尔重新发现的大约八十本俄文书名的原马克思恩格斯藏书之一，这些书已于70年代初移交给莫斯科苏共中央马列主义研究院。柯瓦列夫斯基关于法兰西税务管辖权的著作，据 B. M. 卢贾克报道，似乎是经过同样的途径而为莫斯科的研究院所保管。

这两本著作的扉页上均有作者的题词。1876年出版的那本著作上题写着："献给杰出的友人卡尔·马克思。敬请多多宽待。马克西姆·柯瓦列夫斯基。"《公社土地占有制》一书的赠言是："献给卡尔·马克思，以志友谊和崇敬。柯瓦列夫斯基。"

点。这部于1879年夏在莫斯科出版的俄文著作,据估计是柯瓦列夫斯基于同年8月底9月初亲自送达马克思手里的①。该书恰恰起了一种催化作用,决定了马克思直到第二年秋季这段时间的研究方向和工作计划。过去,马克思一直密切地注视着欧洲的法的历史研究的进程。现在,柯瓦列夫斯基有关公社土地占有制,其解体的原因、进程和结果的考察研究,使得马克思把目光从欧洲舞台转向亚洲、美洲和北非,并且能够使他如此兴致勃勃,以至他不仅决定彻底阅读,为了更好理解著作,他补习了印度政治史和王朝史,而且从现存的遗著手稿来看,还做了将近五十页的评注性的摘要。

马克思的这一重要文稿,同马克思使用的那本满是阅读时作的各种标记的柯瓦列夫斯基的书一样,在马克思恩格斯遗稿里那些未发表的浩瀚的摘记中,埋没达数十年之久。只是在1958年和1962年间,个别章节的俄译文才在一些亚洲问题的专门刊物上发表②,此后,于1975年全文出版了俄文本和摘要出版了英文本。③ 原文文本考证第一版于1977年作为阿姆斯特丹国际社会史研究所编辑出版的文集《社会史资料与研究》之一

---

① 《马克思恩格斯全集》第1版第34卷第385页。

② 《苏联东方学》杂志1958年卷第3期第3—13页,第4期第3—22页;第5期第3—28页;《东方学问题》1959年卷第1期第3—17页;《亚非人民》1962年卷第2期第3—17页。

③ 由N.B.捷尔·阿科皮扬根据莫斯科苏共中央马列主义研究院所存手稿复制件翻译的。马克思大部分用德文作的柯瓦列夫斯基著作的笔记的俄译文,收在1975年莫斯科出版的《马克思恩格斯全集》俄文第2版第45卷(第153—226页),中译文在《马克思恩格斯全集》第1版第45卷第207—327页。

马克思笔记的《英属东印度》和《阿尔及利亚》两节的英译文收在劳·克拉德编《亚细亚生产方式。马克思著作中的资料、发挥和评论》(1975年阿森版)第346—412页。

出版①，该文本在1974年曾作为高等学校读物印行过有限的数量。

关于马克思笔记的内容，在上述考证文本的序和资料部分已有介绍，这里不再重复；但是还应指出如下一点，即马克思对于"资本主义生产以前的各种形式"的阐述前后完全一致。1857—1858年马克思写作《政治经济学批判大纲》②总结了自己的研究成果，自那时起，我们才从他的著作中知道"资本主义生产以前的各种形式"。在马克思的笔记中，柯瓦列夫斯基常常自相矛盾；恰恰是这种矛盾和大量批判性和引申性的评注使得人们可以认为，马克思阅读柯瓦列夫斯基《公社土地占有制》所作的笔记，主要表达的是马克思自己的见解。马克思在这一创作时期，对于自己所从事的研究和所探讨的问题，发表过哪些言论，可以说鲜为人知。因此，产生于这一时期的上述文稿，正是在复核从前的各种观念方面，具有更加重大的意义。对于有关分期问题的内在论的讨论而言，也同样如此，因为，只要清理马克思和恩格斯遗稿的工作不被视作当务之急，这种争论势必仍旧是思辨式的争论。马克思的笔记对"亚细亚生产方式"有详细的阐述，它呈献给人们的不是一些臆测，而是对于迄今争执不下的问题的大量准确的见解。其中，马克思批判地分析了柯瓦列夫斯基对于尤其是莫卧儿帝国时期印度在制度史方面的发展，他提出论据批驳柯瓦列夫斯基的西欧意义上的封建发展的论点；他支持那种把亚洲历史和欧洲历史区别对待的做法，同时，以他自己的论据来驳斥把封建主义的概念无限推广，坚决反对把从西欧模式中发展出

---

① 汉·彼·哈斯蒂克编：《卡尔·马克思论前资本主义生产的各种形式。1879—1880年对土地所有制史的比较研究》（1977年法兰克福—纽约康普斯出版社版），《社会史资料与研究》（阿姆斯特丹国际社会史研究所编）第1卷。

② 即《马克思恩格斯全集》第1版第46卷自第18页《导言》起以后，《资本主义生产以前的各种形式》一节在第46卷上册第470—520页。

来的各种结构概念简单地套用于印度或者说亚洲的情况。另外，文稿还提供了具体的证据，证明马克思在多大程度上，把当时法的历史和农业史研究的成果——（附带指明）用马尔克公社理论说明土地原始集体占有这一基本命题——融汇到自己的历史观中。

由国际社会史研究所主持出版的马克思的柯瓦列夫斯基著作笔记的文稿考订版，还汇编再现了马克思用书的复制文本中的大量旁注，而这样的版本照例只限于从形式上去描述那些打在旁边和下面的线。如今这样一个版本连同柯瓦列夫斯基著作的复制本，使得人们能一步一步地仔细观察马克思占有和加工材料的漫长过程。这种对马克思"工作间"的具体观察，和现在才成为可能的把马克思的笔记同原著复制文本加以细致入微的比较，使得我们对科学家马克思的工作方式和方法的认识更加深入。

柯瓦列夫斯基从 1879 年发表论述公社土地占有制的著作起，便置身于俄国的以及德国的法的历史和农业史研究的传统之中，并直接参加了斯拉夫民族主义者和法的历史学派代表之间围绕"氏族"与"公社"和在德国发展起来的关于古代自由马尔克公社学说的争论。① 此外，

---

① 涉及德国研究的领域除原题注举出的文献外，参看 H. 沃普夫纳：《古代马尔克公社史论文》，载《奥地利历史研究所通报》第 33 卷（1912 年）第 553 页及以下各页和第 34 卷（1913 年）第 1 页及以下各页；A. 多普施：《自凯撒时代至查理大帝欧洲文化发展的经济基础和社会基础》（上下两部，1924 年第 2 版，1961 年阿伦版）。

1880 年以前俄国有关的文献，收在《农民土地公社研究资料汇编》（实际上马克思也使用过这个资料汇编）第 1 卷（1880 年圣彼得堡版）附录第 1—46 页。另外参看 C. 戈尔克的研究史专著：《关于"米尔"的产生和发展的各种理论》（1964 年维斯巴登版）；K. D. 格罗图森：《俄国法的历史学派。论十九世纪下半叶俄国思想史》（1962 年吉森版）；还有关于民族历史编纂学史的三卷本的文集《苏联历史科学史论文集》（苏联科学院历史研究所编辑出版）第 1—3 卷（1955—1963 年莫斯科版）。

《公社土地占有制》一书还表明,人们的视野已由仅限于日耳曼—法兰克的法律范围或斯拉夫的法律范围的制度史学,扩展到法的比较历史和民族学法学。除了毛勒(1790—1872)和牛津法史学家梅恩爵士(1822—1888),柯瓦列夫斯基奉为典范引用他们的著作①以外,在思想史方面尤为杰出的是艾·德·拉弗勒、约·雅·巴霍芬、奥·冯·吉尔克、阿·赫·波斯特和路·亨·摩尔根等人的著作,② 柯瓦列夫斯基均求教过。他综合各种初步的研究成果(围绕着马尔克公社理论的种种科学史方面的联系,当时虽已得到揭示,但仍有待进一步逐一进行考察③),提出了自己的基本论点,对此,在他的序言中有较为详细的论述,这就是"只有对土地所有制的发展进程作历史的比较研究",才能"解释土地集体占有制形式普遍消亡的原因和结果"。④ 对他来说,从最广义的角度来看,在这个问题通过法的历史和制度史以及民族学的比较研究成果,当时已经扩展到世界史范围的情况下,关键就在于早期农业

---

① 见柯瓦列夫斯基原书序言第Ⅲ—Ⅳ页各处。梅恩是法的比较史与制度史和民族学法学这个当时尚属年轻的研究领域的主要代表人物,参看 C. 菲沃的传记著作《从身份到契约:亨利·萨姆纳·梅恩爵士传(1822—1888)》(1969年纽约版)。

② 艾·德·拉弗勒:《所有制及其原始形式》(1874年巴黎版);约·雅·巴霍芬:《母权论。根据古代世界的宗教和法权本质对古代世界妇女统治的研究》(1861年斯图加特版);奥·冯·吉尔克:《德国合作社法》第1卷《德国合作社法的历史》(1868年柏林版);阿·赫·波斯特:《远古时代的血族公社和婚姻的产生。关于一般比较国家学和法学的论文》(1875年奥尔登堡版);路·亨·摩尔根:《古代社会,或人类从蒙昧时代经过野蛮时代到文明时代的发展过程的研究》(1877年纽约和伦敦版)。

③ 见汉·彼·哈斯蒂克编:《卡尔·马克思论前资本主义生产的各种形式》第XXXI页及注59,和 K. D. 格罗图森:《俄国法的历史学派》第221—222页。

④ 柯瓦列夫斯基的《序》第1页。

制度的结构。柯瓦列夫斯基开头简要概述了土地所有制史的研究状况,那时的研究普遍证明了,土地私有制的产生比较晚,是通过不动产集体占有制形式的解体产生的。柯瓦列夫斯基通过他在莫斯科"法学学会"所作的许多专题报告①,为写作这部著作做了准备。他给自己提出的任务是,首先要使自己的研究跳出比较法学的传统研究领域;他给自己设定的考察目标是,对墨西哥、秘鲁、阿尔及利亚和印度的农业制度与对德国和瑞士的农业制度分别进行历史比较的描述。他说,他之所以这样做的理由是,在上述欧洲以外的国家,古代的土地占有制形式一直保留到现代,而现在同时正在完成向私有制的过渡;相反,德国和瑞士还明显地大量存在着早已消逝了的土地占有制形式的残余,使得人们可以对古代组织进行确凿的推断。柯瓦列夫斯基论述土地占有制的这部专著第一册的结构也与此相适应:第一章和第二章研究的是古代美洲印第安人文化和西班牙殖民政策对已经形成的社会结构和农业结构的影响。第三至第六章叙述了莫卧儿帝国灭亡以前的印度农业制度史。第七章论述的是英国行政当局对印度农村自古以来的土地占有关系的影响。第八章探讨在另一个地区即北非受伊斯兰教影响的农业制度。最后一章主要谈法国在征服阿尔及利亚以后所实行的殖民政策。第二册应是研究瑞士和德国的情况,未能问世。对此,柯瓦列夫斯基只写了一篇不长的论文,论述瓦特州公社土地占有制的解体,于1876年发表,这篇论文,马克思也得到过他的赠本②。此外,柯瓦列夫斯基在1901—1904年间出版的多

---

① 从1878年卷第4、5两期《法学通报》转载的莫斯科"法学学会"的会议记录中可以看出,柯瓦列夫斯基于1878年2月13日和那以后,分别就"印度同时存在的几种公社土地占有制形式"和"英国在印度实行的土地政策"做过专题报告。另见《资料汇编》附录第43页书目报告。

② 柯瓦列夫斯基:《瓦特州公社土地占有制解体史略》(1876年伦敦版),德译文于1877年在瑞士出版。

卷本欧洲经济史①中,对于中欧的情况也有详细的阐述。柯瓦列夫斯基在其著作的命题和安排上仍完全为时代精神所束缚,并且他所采取的在比较广阔的基础上围绕马尔克公社理论展开讨论的途径不过是漫长的研究进程中的一个片断。虽然如此,他还是把自己论著的相当大的部分建立在对同时代那些原始资料进行独创性的总结基础上的。他不但利用了那些有重要意义的印度的法律文本,埃利奥特和道森搜集的迄今尚无人超过的原始资料,尤其是"印度事务部"的图书与档案,同时还利用了洛·戈马拉、阿科斯塔、本佐尼、拉斯卡萨斯等人的著作。②

《公社土地制占有制》一书也是柯瓦列夫斯基令人赞佩的毕生巨著的起点,其毕生巨著的重点不单单放在法的历史和制度史的领域,而且还放在社会史和经济史,同样也放在民族学、社会学和政治学③。柯瓦列夫斯基在19世纪80年代和90年代的俄国科学史上占有独特的地位,他在所有的学科,甚至那些初创的学科中都做了重要的工作。1895年《国民经济和统计年鉴》上有一篇评论文章,评论柯瓦列夫斯基根据在牛津大学讲课时的讲稿所出版的文集《俄国现代习惯法和古代法律》

---

① 柯瓦列夫斯基:《资本主义经济形式产生前欧洲经济的发展》,(1901—1904年柏林版),共7卷。第1卷计539页,研究进入到公元十世纪以前的中世纪地主统治和乡村公社发展中罗马人和日耳曼人的作用。

② 柯瓦列夫斯基原书第Ⅶ页(序)、第47页及以下各页、第51页及以下各页、第130页及以下各页等处。

③ 柯瓦列夫斯基的全部著作,除在俄国和西方专业刊物上发表的大量论文以外,还包括大约25种独立的著作,部分是多卷本的。参看汉·彼·哈斯蒂克编:《卡尔·马克思论前资本主义生产的各种形式》第324、325页。1917年在彼得格勒出版的一本文集《马·马·柯瓦列夫斯基——学者、国务活动家和社会活动家、公民》把柯瓦列夫斯基评价为学者和政治家,并有他的作品目录。该文集撰稿人中有帕·加·维诺格拉多夫、谢·安·科特利亚列夫斯基和尼·伊·卡列耶夫。

(1891年伦敦版)。文章说,"这位在自己的祖国为人称颂的作者,在西欧被视为法史学家和制度史学家以及一般民俗学的代表也享有日益增高的声望"①,此话颇具代表性。

马克西姆·马克西莫维奇·柯瓦列夫斯基(1851—1916)在他用西方语言出版的作品中均署名为 Maxime Kovalevsky。②他出身于哈尔科夫的一个拥有庄园的贵族家庭。在哈尔科夫大学修完法律课程以后,于1872—1877年相继在柏林、维也纳和巴黎文献学院,最后在伦敦进行专业学习。在伦敦时,得到亨·萨·梅恩的指导,专攻法的历史、制度史和人类学法学这一领域。1878年,他应聘为莫斯科大学教授,讲授国家法、外国公法和法的比较史。但是,1887年,由于他具有自由主义思想而被解聘,此后他定居巴黎。在以后的年代里,他在欧美许多大学任客座教授,其中有斯德哥尔摩、牛津、布鲁塞尔、伯克利、芝加哥等地的大学。1901年,他创办了"巴黎俄国社会科学高等学校"。1905年革命后回到俄国,在彼得堡执教并积极从事政治活动,创建(自由主义的)民主改革党,出版《国家报》并于1906年被选入第一届杜马。自1907年起,他以大学代表的身份参加国务会议,为其成员。此外,1909年以后,他还是著名的彼得堡《欧洲通报》(月刊)的主编和出版者,早在他流亡之前,他即以《批判评论》杂志编辑和《法学通报》

---

① 在《国民经济和统计年鉴》第65卷(1895年,第126页及以下各页)上发表书评的作者是 E. 冯·贝格曼。

② 参看柯瓦列夫斯基的自传文章《我的写作和学术生涯》,载《俄国思想》第16年卷(1895年)第1期第2部分第61—86页。另外还有德·尼·阿努钦写的《悼念马·马·柯瓦列夫斯基》(1916年莫斯科版)和布罗克豪斯—叶弗龙出版的《百科辞典》第15卷(上)(1895年)第502—504页、《社会科学百科全书》第8卷(1932年)第595页及以下各页和《苏联历史百科全书》第7卷(1965年)第452—456栏上的传记条目。

撰稿人而成名。1909年他还被选为法兰西学院团通讯院士,并于1914年由彼得堡科学院多年的通讯院士晋升为正式院士。在此还值得一提的是,柯瓦列夫斯基也是"巴黎社会学学会"会员和(巴黎)"社会学国际研究所"的领导人之一。

柯瓦列夫斯基作为社会学家、民族学家和历史学家虽然已经成为专门研究①或一般研究②的对象,但是,他的法的历史和制度史的著作③在

---

① 这里首先应该举出的是B. G.萨夫罗诺夫的专论文章《社会学家马·马·柯瓦列夫斯基》(1906年莫斯科版);还要指出的是R.沃姆斯在《社会学国际评论》第24年卷(1916年)第5期257—263页上的悼念文章。有关民族学家柯瓦列夫斯基的论文有B. A.卡洛耶夫的《马·马·柯瓦列夫斯基》(载《苏联民族学》1966年卷第6期第30—42页)和M. O.科斯文的《高加索民族学家马·马·柯瓦列夫斯基》(同上书,1951年卷第4期第116—135页)。前面已经提到过的文集《苏联历史科学史论文集》第2卷第351—370、645及以下各页等处,第3卷第414—418、449—463、792页等处。另见St.波斯纳的悼念文章〔载《史学评论》第122卷(1916年)第236—239页〕以及A. N.萨温:《历史学家马·马·柯瓦列夫斯基》(载《历史消息》1916年卷第1期170—183页),N. I.卡列耶夫:《法国革命史学家马·马·柯瓦列夫斯基》(载《欧洲通报》1917年卷第2期第211—226页)和N. P.格拉齐安斯基:《中世纪史学家马·马·柯瓦列夫斯基》(同上书,1916年卷第6期143—155页)。

② C. C.卢吉切夫:《马·马·柯瓦列夫斯基的政治立场和方法论观点》(载《托木斯克大学学报》1957年卷第33期第195—222页)。

③ P. F.拉普金在他的文章《马·马·柯瓦列夫斯基著作中的公社问题》(载《历史问题》1955年卷第9期第110—120页)中,从马克思主义的立场出发,开始研究一个重要的方面——柯瓦列夫斯基的公社理论。在德国的研究中,人们持否定态度的整个著作,指的就是注30中所举出的柯瓦列夫斯基的欧洲经济史,因为就中世纪早期而言,它写的几乎全是中世纪早期的法的历史。参看A.多普什:《欧洲文化发展的经济基础和社会基础》第1部第209—375页等处,H.沃普夫纳:《古代马尔克公社史论丛》,载《奥地利历史研究所通报》第33卷(1912年)第578页及以下各页,同时J.吉尔柯在其评论1901年出版的柯瓦列夫斯基著作的第1卷的书评〔载《法的历史杂志》第23(即日耳曼)部分第338—341页〕中发表了有代表性的观点。

科学史上应占有何种地位，尚未确定。此外，鉴于已经有人强调指出过，柯瓦列夫斯基在19世纪80年代和90年代俄国和整个欧洲的科学史上具有独特的地位，我认为，现在对于他的"学术生涯"给以跨越各个学科的、详尽的阐述，并进而写出一部政治性的柯瓦列夫斯基传记，便是理所应当的了。

1977年5月于不伦瑞克

（王宏道 译）

马克思和恩格斯在民族学著作方面的比较（一）*

〔美〕劳·克拉德

一、马克思和恩格斯的一般关系

马克思和恩格斯对社会主义的理论和实践的贡献，他们在世时，人们并没有认真地去区分，只有下一代才提出了这个问题。恩格斯是意识到这种区分的，因为他写道："马克思是天才，我们至多是能手。没有马克思，我们的理论远不会是现在这个样子。所以，这个理论用他的名字命名是公正的。"① 恩格斯对他与马克思之间关系的评价，被他们的传记作者们所接受。梅林写道："在哲学方面马克思无疑有着更高的天赋，首先是受过更有系统的思维训练。"梅耶说："马克思受到天才的

---

* 本文选自《马列主义研究资料》1989年第3辑。劳伦斯·克拉德是美国著名人类学家，本刊1987年第1期的《国外对马克思晚年人类学笔记的研究》一文曾对他作过较详细的介绍。本文是他在马克思晚年人类学笔记研究方面最重要的著作之一，最初发表在阿姆斯特丹《国际社会史评论》杂志第18卷（1973年）第223—275页上。本刊1987年第3辑曾全文译载这篇文章的第2章，现在应读者的要求把其余3章分两次刊登出来。

① 《马克思恩格斯选集》第1版第4卷第238页。

无情驱迫,而恩格斯则生活在他的丰富人性的较温和控制下。"梁赞诺夫只是断定,两人的合作和相互支持非常和谐,恩格斯起的是辅助作用。奥·科尔纽对这一合作的开始这样写道:"恩格斯对共产主义起源的研究,更多的是在经济和社会方面,而不是在哲学和政治方面,他把共产主义描述为资本主义社会发展的必然产物。这赋予了马克思的仍然是理论的和抽象的概念以明确性。"科尔纽提到恩格斯在《德法年鉴》(1844)上发表的两篇论政治经济学的文章。虽然他不承认一个的造诣比另一个更高,但是他谈到了马克思的抽象化能力和恩格斯的具体化能力。说马克思和恩格斯的思想和活动完全一致,是力求建立社会主义学说正统的观点,按照这种观点,他们的思维能力的质的差别并不意味着他们在社会主义、共产主义的理论和实践中的思维产物在实质上有何差别。

用马克思的名字命名的理论,是马克思在一定程度上曾极力要与之割断关系的理论。这一理论的一些名称都是恩格斯起的:die materialistische Auffassung der Geschichte,或 materialistische Geschichtsauffassung,die materialistische Anschauung der Geschichte。① der historische Materialismus(历史唯物主义)的名称是恩格斯最先提出的:"本书(《社会主义从空想到科学的发展》)所捍卫的是我们称为'历史唯物主义'的东西……"②这些东西已造成一些混乱,因为有人甚至要我们到马克思在1859年8月《人民报》上发表的政论文章中去找恩格斯创造的这个名称的起源。其实,马克思的立场在八年以后表现得很清楚,那时他

---

① 参看《马克思恩格斯全集》第 1 版第 13 卷第 526 页,第 19 卷第 227、228 页,第 20 卷第 29、292 页,第 21 卷第 29 页,中译文都是"唯物主义历史观"。

② 参看《马克思恩格斯全集》第 1 版第 22 卷第 339 页。

在提到宗教幻象的世俗核心时写道,这"是唯一的唯物主义的方法,因而也是唯一科学的方法"。①

科尔施和卢卡奇在 20 年代初彼此独立地得出了相互有关的结论。他们探讨的不是马克思和恩格斯在发展作为政治行动纲领的社会主义中的不同作用,更不是他们天赋差异的意义,而是两人在理论贡献上的差异。当时讨论的是辩证法被推广应用到人类历史以外的领域即自然界的问题,卢卡奇明确提出这是恩格斯追随黑格尔的错误榜样而造成的结果。

胡克写道:"马克思和恩格斯之间的确切关系尚有待探索。"他接着说,正统观点是两人完全一致的;他同时反对托·马萨里克、阿·拉布里奥拉和 R. 蒙多尔福这些批评家关于"他们两人之间有本质差别"的看法。按照胡克的观点,恩格斯赋予马克思的学说以特有的着重点,他把马克思的理论变成一种"假说和演绎的体系"、一种"封闭的体系"、一种与马克思的"自然主义能动主义"相对的"简单化的唯物主义"。按照胡克的观点,马克思是一个自然主义者和人道主义者;马克思和恩格斯同样持有反学理主义的和反独断主义的观点。

熊比特认为马克思从经济角度对历史的解释"无疑是至今为止社会学的最伟大的个人成就之一",他的理论能够揭示形成宗教、伦理、美学、政治决断及其兴衰的经济条件。恩格斯把历史的经济条件说成经济动机,一部分是错误的,一部分是"琐细得可怜的"。熊比特认为马克思"非常渊博",是"天才和先知",他的《剩余价值理论》是"理论热情的纪念碑"等等。另一方面,恩格斯虽然"在智力上,尤其是作为理论家很出色,但是远不如马克思。我们甚至不能肯定,他是否总能

---

① 参看《马克思恩格斯全集》第 1 版第 23 卷第 410 页注 89。

领会马克思的意思"。

哈耶克把马克思和恩格斯的哲学描述为黑格尔主义的实证主义。李希特海姆和乔尔旦把这个名词只用于恩格斯一人。乔尔旦把马克思说成自然主义者,哈贝马斯与他相反,把马克思的自然主义人道主义和恩格斯的自然主义宇宙论加以区分;哈贝马斯把马克思的自然主义同恩格斯和考茨基、列宁和斯大林的形而上学唯物主义对立起来。柯尔以另一种方式表达科尔纽关于恩格斯是两人中较具体的思想家的想法:恩格斯比较实际,马克思是"学者气质",恩格斯促使马克思走向"现实主义,远离化装成更高价值的抽象概念"。按照柯尔的观点,恩格斯是一个"活泼的而不是深刻的思想家",马克思的逝世使他可以不再像原来那样,表现出比马克思还要"更加马克思主义得多"的样子。萨特认为,恩格斯的思维与马克思相比较为简单化。

李希特海姆根据恩格斯 1883 至 1895 年的著作,描述了恩格斯个人的哲学发展。按照李希特海姆的看法,这些著作构成后来正统马克思主义的基础。乔尔旦的态度颇为接近胡克,强调两人之间的共同性,虽然恩格斯的着重点有所不同。阿·施米特系统地阐述了恩格斯的宇宙论辩证法和马克思的历史辩证法之间的差别。关于马克思的自然主义术语是由胡克、哈贝马斯和乔尔旦创造的;艾温纳里把马克思的历史辩证法同恩格斯的将辩证法应用于自然区分开来。弗莱舍尔详尽地探讨了马克思和恩格斯的关系。他的观点体现在这样一个小标题:"马克思和恩格斯——马克思还是恩格斯?"中;恩格斯"编纂"了关于自然哲学的黑格尔主义范畴材料;马克思和恩格斯有同样的世界观,但是他们的哲学不同;恩格斯是苏联的辩证唯物主义哲学的祖师爷。

二、马克思和恩格斯与自然史和人类史辩证法的关系①

科尔施、卢卡奇和许多追随他们的人认为,马克思同恩格斯的自然辩证法学说无关。从著作的行文和一般涵义来看的确如此,因为马克思著作的绝大部分论述社会中的经济关系以及人的社会的、经济的、政治的生产和关系的辩证法。只有恩格斯一人阐述了自然辩证法的哲学立场,他的解释者们也是这样理解他的,作为例外的只有普列汉诺夫和列宁,他们认为马克思也持有同样的立场。然而,马克思虽然极少谈到自然辩证法,也没有制定出一个明确的体系,但是却并不是与这种哲学立场绝对分割开来,毫无关系。在1844年的《经济学哲学手稿》中,马克思谈到人和自然的潜在的统一:"历史本身是自然史的即自然界成为人这一过程的一个现实部分。自然科学往后将包括关于人的科学,正像关于人的科学包括自然科学一样:这将是一门科学。"②

人与自然界的分离在文明条件下越来越深刻。关于这一点,马克思写道:"在土地所有制处于支配地位的一切社会形式中,自然联系还占优势。在资本处于支配地位的社会形式中,社会、历史所创造的因素占优势。"③ 这一提法把资本主义时期放在一边,把古代东方社会、古典古代和中世纪封建社会等放在另一边。人类的原始公社时期更应该与东方的、古典古代的等生产方式放在一类,因为它与它们一样,社会中的

---

① 这部分原文为"见本刊1987年第3辑第169—177页",内容略。本书编者将相关文章的内容收录补充进来。——本丛书编者注
② 《马克思恩格斯全集》第1版第42卷第128页。
③ 《马克思恩格斯全集》第1版第46卷上册第45页。

生产是非工业的或工业以前的，资本结构的数量微乎其微。另一方面，原始社会的土地所有制问题与东方社会、古典封建社会或资本主义社会的不同，正像社会阶级的关系（或没有这种关系）与这些社会不同一样。古代或传统东方的农民公社的性质，也与原始公社的性质不同。马克思的这句话表明，这里有许多问题尚待解决。

在谈到原始的家庭和氏族中的分工时，马克思提出了包括原始民族在内的人和自然的关系。自然，天然，只是原始民族生活的一个方面。马克思写道："另一方面，我在前面已经谈到，产品交换是在不同的家庭、氏族、公社互相接触的地方产生的，因为在文化的初期，以独立资格互相接触的不是个人，而是家庭、氏族等等。"这样，马克思使自然和文化甚至在原始人的生活中就对立起来。他接着写道："不同的公社在各自的自然环境中，找到不同的生产资料和不同的生活资料。因此，它们的生产方式、生活方式和产品，也就各不相同。"① 这为反驳任何关于马克思把原始人和文明人绝对分割开来的概念，提供了充分的根据。所有的人都与文化有关系，这就暗示在原始公社中存在着文化的开端。原始人的生活就是这样的：自然环境把它的统治强加在文化的开端上，由此产生出生产方式和生活方式的差别。原始人没有以文明人那种程度和方式支配和改变自然环境。

《共产党宣言》开头的一句话根据阶级斗争把人类的历史和前史划分开来。② 这个原则包含在从《政治经济学批判大纲》的导言中援引的那段话中，但是两者之间的关系仍然成问题，有待弄清。恩格斯在《宣

---

① 《马克思恩格斯全集》第 1 版第 23 卷第 390 页。
② 《马克思恩格斯选集》第 1 版第 1 卷第 250 页："到目前为止的一切社会的历史都是阶级斗争的历史。"

言》1888年版作为对开头一句话的脚注所加的修正,仍然没有提到自然的人和文化历史的人之间区分的实质;恩格斯在这里写道:"这是指有文字记载的历史。"他然后提到俄国农民的土地公有制、条顿族农业的过去历史中的同样作法、以及摩尔根发现氏族所揭示出的原始共产主义。恩格斯在注中写道:"随着这种原始公社的解体,社会开始分裂为各个独特的、终于彼此对立的阶级。"① 对此可以提出的反对意见是,俄国的农民在恩格斯的脚注之前的几个世纪当中,已经形成为阶级,并且以许多次的起义表达了对地主的对抗;恩格斯并没有把这些民族及其行动和制度与古代的条顿人和原始氏族组织清楚地区分开来。

除了内容以外,还有风格问题。《共产党宣言》开头那句话要人们注意阶级斗争,注意这种现象的历史重要性。恩格斯的脚注使人忽视开头那句话的宣言性质,忽视整部《宣言》是一个宣言、一个阶级斗争的宣言。恩格斯把这句话的内容和形式变成为关于历史编纂学的性质和形式的讨论。因此,这个脚注把政治行动变成了学术争论;他用不足以完成其任务的武器来捍卫这一争论的一方。最后,在文明人和原始人对自然的关系的问题上,恩格斯退到了早先就持有的不是从人的统一性而是从二元性来看待人的立场上,一种反辩证法的立场上。

马克思从他在上世纪50年代的著作中仍然持有的这种二元性过渡到一种人类实际统一的立场,根据这种立场,原始人和文明人在他们对自然和自身的关系中,只是被他们的社会关系和生产关系、具体的社会和社会情势所分隔开来。早在《资本论》的某些段落中,特别是在关于摩尔根和梅恩著作的摘要笔记中,马克思确认了人类文化及其内部的历史过程的统一性。

---

① 《马克思恩格斯选集》第1版第1卷第251页。

上面提到的马克思在《资本论》第一卷中的那个提法，表面上看起来是把人和自然的辩证法区分开来，但不完全是这样："那种排除历史过程的、抽象的自然科学的唯物主义的缺点，每当它的代表越出自己的专业范围时，就在他们的抽象的和唯心主义的观念中立刻显露出来。"① 自然科学的唯物主义由于它的抽象而与人类历史的唯物主义区分开来，但是历史过程的唯物主义也是如此：按照马克思的看法，在对人类历史的研究中，唯物主义的、因而也是科学的方法在抽象应用时就不成其为这种方法；自然科学所代表的科学唯物主义的缺点就表现在他们的抽象的和意识形态的观念中。这段话丝毫也没有否认人的科学和自然的科学的潜在统一性，只是说要使自然科学的抽象变具体，使它所代表的抽象的和意识形态的观念受到批判；所以，《资本论》中的这个著名提法应该按照《经济学哲学手稿》中的那段话来考虑，后者也应该按照前者来考虑。然而这两段话之间的差别是相当大的：在1844年的提法中，自然界的潜力在于它的人化。马克思指的是工业，即在人类的领域内部（尽管以异化的形式）形成的那部分自然界。② 在《资本论》中以及在该书完成前后的通信中，马克思指出他头脑中的自然科学比包括在人类历史中的自然界工业部分的科学更为广泛。他写道，按照黑格尔的规律，单纯的量的变化到一定点时就转化为质的区别。③ 这既指遭到行会制度力图用强制办法防止的中世纪的手工业师傅变为资本家，同时也指现代化学中应用的分子说。马克思这个提法的脚注，恩格斯在《资本论》第三版中作了修正，然而我们看到，包括脚注在内的整个这

---

① 《马克思恩格斯全集》第1版第23卷第410页。
② 《马克思恩格斯全集》第1版第42卷第128页。
③ 《马克思恩格斯全集》第1版第23卷第342—343页。

段话阐述了那个既支配着化学中的又支配着欧洲中世纪和现代历史中的量变质变关系的规律。"应用"这个词不是指应用化学（或工业等等的化学），而是指一切化学，纯粹的、应用的等等都包括在内。马克思在1867年6月22日致恩格斯的信也说到了这些。① 恩格斯的手迹不仅在《资本论》第三版的那个脚注的内容中，而且在那封信中也能看到。恩格斯还给《资本论》第三版另外加了一个注，这个注原来是马克思在他自用的那本书的页边上作的，谈到经济学中的数量质量关系。② 可见，马克思的辩证法和唯物主义概念的这一方面被他既应用于人，也应用于自然界，自然界既被看作与人分隔开的，又被看作包含人的工艺的工业部分。这个问题最初是与人类史和自然史的统一分开的，但最终与它是一个问题。

马克思在《资本论》中论述资本主义积累的历史趋势的那一章中写道："但资本主义生产由于自然过程的必然性，造成了对自身的否定。这是否定的否定。"③ 马克思在1877年11月写给《祖国纪事》的信中又回到这一思想上来。④ 这个过程不是一种比较或类比，就是说，不是一种文学上的借喻。自然过程和经济过程在这一点上是同一回事：是否定的否定。这个提法在黑格尔那里和恩格斯那里都可以找到。因此，把马克思放在一边，把恩格斯作为黑格尔的应用者放在另一边，是不确切的。同时，马克思关于他与黑格尔、与辩证法和与物质世界的关系，在1873年1月24日写的《资本论》第二版跋的末尾有一段很清楚的说

---

① 《马克思恩格斯全集》第1版第31卷第312页。
② 《马克思恩格斯全集》第1版第23卷第690页。
③ 《马克思恩格斯全集》第1版第23卷第832页。
④ 《马克思恩格斯全集》第1版第19卷第130页。

明。在这里，辩证法只是从它的历史的、人类的、社会的方面去理解。而且，马克思把自然工艺史即在动植物的生活中作为生产工具的动植物器官的形成史，与社会人的生产器官的形成史区分开来。他和维科一样，认为自然史同人类史的区别在于，人类史是我们自己创造的，而自然史不是我们自己创造的。与自然辩证法对立的人对自然的辩证法，马克思在《剩余价值理论》中作了阐述，这部著作在内容和形式上都与他先前的《经济学哲学手稿》、《关于费尔巴哈的提纲》和《德意志意识形态》密切相符。根据《剩余价值理论》中的提法，人是自然过程的结果，但是一旦人已经存在，他就作为前提进入关系，而人只有作为自己本身的产物和结果才成为前提。① 这是马克思关于人是自我生产者的理论的首要意义。

马克思避开像"历史唯物主义"或"唯物主义历史观"这样的名称；他最接近于这种简略说法的提法是"唯物主义的、从而是科学的方法"。这种方法指与科学的抽象化对立的科学的具体化，指宗教的具体的非神秘化，因为宗教是一种抽象化。宗教的唯物主义基础是与它的神秘化或天国形式，从而与它的抽象化对立的。但是这只是科学方法的一部分，正像自然史只是自然科学的一部分一样。在人类史内部有数学，按照维科的观点，数学是人创造的，所以应该属于人类史。数学有它的历史，但是它在某种程度上在历史编年史内部，在某种程度上又在任何历史编年史之外。数学与时间发展的不同关系之间的关系尚有待探索。

数学当然不是与历史或时间性有复杂关系的科学的唯一方面。历史与时间性（即对事件在时间上的研究）不是一致的。正像马克思在《政治经济学批判大纲》导言中指出的，科学的非数学方面是历史的，

---

① 《马克思恩格斯全集》第 1 版第 26 卷第 3 册第 545 页。

也是非历史的。在这篇导言论政治经济学方法的第三节中，马克思说，现象在历史上出现的先后次序和它们在科学分析中出现的先后次序不是一样的；因此科学的顺序和历史的顺序应该加以区分。

在科学的即唯物主义的方法的发展中，《德意志意识形态》占有特殊的地位。马克思和恩格斯认为这部著作极为重要，曾极力设法使之出版，最后同意在1847年的《威斯特伐里亚汽船》杂志上发表了一部分（对卡尔·格律恩的批判）。马克思在1859年的《政治经济学批判》序言中对这部著作作了确切的和赞许的评价。既然不能出版，马克思达到和恩格斯一起自己弄清问题这个主要目的就作罢了。但是恩格斯不满足于此，在1883年马克思逝世后，他还同爱德华·伯恩施坦讨论，争取使这部著作出版，但是没有成功。这部著作论费尔巴哈的第一章是由梁赞诺夫发表的。在编者说明中，梁赞诺夫把"唯物主义历史观"和关于"经济因素在历史中占优势"的理论加以区分。这是很重要的一点，但是已和它的作者一起被人遗忘了。

《德意志意识形态》无论在编排形式上还是在实质上，都有许多不清楚的地方。实质上，这些不清楚的地方在某种程度上是由目前这种对手稿的编辑加工方式造成的。虽然这部著作是准备发表的，但是它目前的形式并不确切反映马克思和恩格斯原来写成的样子，特别是论费尔巴哈的第一章。《神圣家族》的个别章节标明是由马克思或恩格斯写的，而《德意志意识形态》则被说成整部著作是由两人合写的。《德意志意识形态》的作者问题很重要，因为它的某些提法涉及马克思对自然辩证法信奉的程度，特别是论述费尔巴哈的第一章。梁赞诺夫在编者说明中说标题为"一般意识形态，德意志意识形态"的第一节是马克思写的。但是马克思特有的文风在这一章的以后各节中也很明显。所以，我们将认为整个这第一章基本上出自马克思之手。

这一章中有两个问题与唯物主义观点的讨论有关。第一个是在这一章的副标题"唯物主义观点和唯心主义观点的对立"中提出的。按照梁赞诺夫的说法，这个副标题是恩格斯用铅笔加在这一章末尾的，加的日期没有注明。这可能是恩格斯在1888年重新翻阅这部著作时加上的，从恩格斯自己论述费尔巴哈的著作中可以为这一结论找到证据，但是不能肯定是如此。这既不是马克思的观点也不是他的词句，也许他并没有看到过。《德意志意识形态》第一卷只有论费尔巴哈的这一章有副标题（第二卷各章都有），这个问题的形式方面在这里也有助于说明不是马克思把唯物主义观点和唯心主义观点对立的概念带进论费尔巴哈这一章的。

第二个问题涉及在论费尔巴哈的这一章中多处出现的"自然"、"自发"这些词。《德意志意识形态》的英文版编者说马克思对这些词的用法是不一贯的，但是"不一贯"也许并不确切。马克思扩大了这些词的含义，把先进文明之外的人类史、与现代资本主义时代的人相对立的自然状态的人、资本主义以前的文明等包括进来。此外，这个词似乎还用来表示不是按有意识的安排产生出来的东西；例如，在论费尔巴哈的这一章的专门论述共产主义的第三节中，"自发"这个词后面有一个解释："就是说它不服从自由联合起来的个人的共同计划"。这排除了与霍布斯或卢梭有关的那种社会关系概念。马克思在《德意志意识形态》的不同地方使用"自然"、"自发"、"自发性"这些词，反映了黑格尔对完整的人和分裂的人的区分以及费尔巴哈对异化的人和真正的人或异化劳动和真正劳动的区分，前一种区分马克思在《资本论》中仍继续使用，后一种区分在马克思的《经济学哲学手稿》中非常明显。这个问题不属本文的范围，需要专门研究。在《德意志意识形态》中，马克思避开了自然哲学的体系，问题不是不一贯，而是没有得到充分的阐述。在《资本论》和《剩余价值理论》中关于自然的论述也是这样。

马克思是不让人拖着往他并没有为自己确定的方向走的。另一方面，马克思所不愿弄成一个完整体系的论述，被恩格斯在自己的著作中拼凑到了一起。这些论述凑在一起，获得了马克思本人不曾赋予它们的重要意义。主观判断不能排除，但是恩格斯加到他编辑的那一版《资本论》中去的东西，除了对化学史的一处修正这一无关大局的问题以外，没有什么不是已经用马克思自己的话和思想表达过了的。马克思并不把自然科学排除在辩证法之外，因此在这个问题的形式方面与恩格斯并没有什么不同。至于实质方面，恩格斯著作中的自然辩证法必须就其本身来判断，不能看成是马克思或马克思主义的产物。人类史的辩证法同样是他们两人以不同的方式发展的。正像胡克说的那样，这不仅仅是着重点的问题，虽然有一部分的确是这种问题。他没有提到的部分指恩格斯及其他人对马克思著作的使用，在这种使用中马克思的这些著作变成了不同正统的经典。世界观和哲学之间似乎没有什么差别。恩格斯著作的经典不是像李希特海姆说的那样是在马克思逝世后第一次问世的，恩格斯在这方面的独立创造远远早于马克思的逝世。恩格斯思想中的经典的东西存在于它的内容之外，它同时既是恩格斯在马克思逝世前后对马克思的关系，又是我们对那种关系的关系。

恩格斯的谦逊产生了一个副作用，就是在关于马克思和恩格斯的讨论中出现了某种势利眼的作风：除了在他的忠实信徒、传记作者以及其他像哈尔丹那样介绍过他的著作的人们眼中之外，恩格斯的威望受到了贬损。对恩格斯的误解近年来有所发展，其中有些人对马克思和恩格斯的思想都了解得很肤浅。

三、马克思和恩格斯在民族学方面的著作

恩格斯的著作再没有比《家庭、私有制和国家的起源》更著名的了。这部著作的产生与马克思的一部依据同样资料来源（摩尔根的《古代社会》）的著作有密切的关系。马克思的摩尔根著作摘要笔记手稿的历史、恩格斯研究马克思的资料和摩尔根的著作的情况以及恩格斯关于这个问题的著作分别与摩尔根和马克思的著作之间的关系的形式方面，在《卡尔·马克思的民族学笔记》的前言中已作了说明。根据上世纪80年代的民族学研究状况，可以对马克思和恩格斯的著作进行一些比较。

马克思在上世纪40年代站在哲学人类学的行列中：他的博士论文、研究、黑格尔俱乐部中的活动、他发表的著作、与阿·卢格的通信等，是这点的证明。马克思关于哲学人类学写的东西比这多得多，一部分是作为对黑格尔、费尔巴哈、蒲鲁东等人的论战写出的，其中只有少数在他生前发表了。但是，不管它们是发表了还是未发表，都对我们后来在他的著作中可以看到的提法产生了影响。莫斯科和柏林的《马克思恩格斯全集》编辑部最近重版的马克思的《剩余价值理论》，使这一点变得很明显。

最近发生了关于马克思的生平和学说是否有连续性的争论。有些人，如科尔纽，认为1845—1846年的经济学著作标志着断裂点，因为这是"历史唯物主义形成"或者说马克思和恩格斯制订历史唯物主义的时候。《全集》的编者们认为这两人的著作在1845—1846年以前的时期同等地创造了辩证唯物主义和历史唯物主义的前提，在1845—1846年期间同等地进行了对它的系统制订；他们在这时创立了科学共产主

义。阿尔都塞以明确的语言表述了同样的思想:"从1845年起,马克思同一切把历史和政治建立在人的本质之上的理论彻底决裂。"这颇有点权威声明的味道。

我们将从马克思的著作中既有连续性又有间断性的前提出发。包括民族学、史前史、人类生物学及有关学科在内的经验人类学,马克思在世时就开始发展了。他在40年代以当时的哲学人类学方式表述的许多提法,在他后来的包括民族学笔记在内的著作中都可以看出来。

马克思的摩尔根著作笔记占B146号笔记本的98页,菲尔著作笔记占26页,梅恩著作笔记占38页;拉伯克著作笔记占B150号笔记本的8页。梅恩著作笔记与其他几个笔记不同,马克思在摘要过程中加了大量的评论和论战性意见。马克思的字写得很细,有许多省略语、缩写式,一部分是通用的、一部分是自造的。他对摩尔根的著作摘得很全,在不同的地方加了许多评论。恩格斯到1883年的某个时候才看到这个笔记本。他在1883年11月7日准备付排《资本论》第一卷第三版时,还没有好好了解这个笔记本的内容。恩格斯给第三版加的注提到Stamm①,而根据他在《家庭的起源》中的概念,在这种场合本来是会用gens的,他在给《共产党宣言》1888年版加的注中就是这样用的。恩格斯在1884年1月初开始寻找摩尔根的原书。由于找不到,他根据马克思的笔记为该书编写了一个梗概,当伯恩施坦1884年2月底至3月初在伦敦逗留时,曾把它读给伯恩施坦听。在1884年3月下旬他找到了一册摩尔根的原书,由于掌握了摩尔根的书、马克思的笔记、他自己编写的梗概,再加上有渊博的背景知识,他接着用两个月的时间就完成了他的

---

① 《马克思恩格斯全集》第1版第23卷第389—390页。Stamm 一般指"部落",这里中译者按照恩格斯后来的概念,把它和gens一样译为"氏族"。

小册子。恩格斯在那个时期的通信中没有提到在 B146 号笔记本中也包含有的菲尔或梅恩的著作；他在一封给考茨基的信中，后来又在一封给保·拉法格的信中提到莫尼的书，在给拉法格的信中提到了梅恩的名字，但是没有提到他的任何著作。① 马克思作过摘记的民族学领域的其他著作，有约·拉伯克爵士的《文明的起源》（1870），对这本书他是在 1882 年才进行研究的。此外，马克思还对俄国社会学家柯瓦列夫斯基的一部著作作了详细摘要，并且加了评论。

马克思在哲学人类学方面进行工作的时候就开始研究经验人类学了。那时他已经读了沙尔·德·布罗斯、克·迈纳斯及其他研究原始民族的学者的著作。他定居伦敦后不久，又重新开始了民族学的研究。1851 年，他对 W. C. 泰勒的《野蛮和文明状态中的社会的自然史》（1840）一书作了摘要。从那时起，他非经常地研读民族学方面的书籍，到上世纪 70 年代末 80 年代初，他又在这个领域进行紧张的工作。有时，他要他的朋友为他作的书刊摘要，恩格斯按照马克思的请求读了 H. H. 班克罗夫特的《太平洋国家的土著人种》（1874—1876）一书的一些章节。

马克思是由于他的"学术朋友"柯瓦列夫斯基的推荐而对摩尔根的书发生兴趣的。摩尔根的书所根据的材料一部分是他自己在易洛魁人当中的研究以及他的一些朋友和通信者在大洋洲的研究，还有一部分是摩尔根对古希腊罗马人以及在较少的程度上对希伯莱人的研究。关于北美洲和大洋洲的民族学，马克思对摩尔根没有什么可以补充，但是在古代和中世纪的民族学方面，他补充了许多自己的资料。恩格斯在写《家庭、私有制和国家的起源》时，除了摩尔根和马克思的资料和论据以

---

① 《马克思恩格斯全集》第 1 版第 36 卷第 112、194 页。

外，又补充了一些他自己的东西。

恩格斯在该书的序言中写道，这"在某种程度上是执行遗言"，马克思曾打算"联系他的——在某种限度内我可以说是我们两人的——唯物主义的历史研究所得出的结论来阐述摩尔根的研究成果"。恩格斯提到马克思写在摩尔根一书的详细摘要中的批语，然而说他的书只能"稍稍补偿"马克思未完成的工作。①

恩格斯接着说道："根据唯物主义观点，历史中的决定性因素，归根结蒂是直接生活的生产和再生产。但是，生产本身又有两种。一方面是生活资料即食物、衣服、住房以及为此所必需的工具的生产；另一方面是人类自身的生产，即种的蕃衍。"② 恩格斯这句话受到亨·库诺夫、伯恩施坦以及苏联和民主德国的《马克思恩格斯全集》的编者们的批评。社会中的生产和再生产应该和生物学上冠有同样名称的过程区分开来。

曼亨－赫尔芬把促使恩格斯没有区分生物学上的生产和社会经济生产的观念追溯到《德意志意识形态》。如果是这样的话，那么《德意志意识形态》这部著作或有关的章节就必定离开了历史中的经济因素的领域。的确，恩格斯力求区分原始社会和先进社会；在前者中，经济因素让位于亲属关系的因素。然而，曼亨－赫尔芬在《德意志意识形态》中指出的证据不是很明确的。马克思在那里写道："人们用以生产自己必需的生活资料的方式，首先取决于他们得到的现成的和需要再生产的生活资料本身的特性。这种生产方式不仅应当从它是个人肉体存在的再

---

① 《马克思恩格斯选集》第1版第4卷第1页。
② 《马克思恩格斯选集》第1版第4卷第2页。

生产这方面来加以考察。"① "人们用以生产自己必需的生活资料的方式"是"生产方式"（社会中和社会的经济中的），它"不仅应当从它是个人肉体存在的再生产这方面来加以考察"。个人肉体存在的再生产，与两性配偶或类的肉体存在的再生产并不是同一回事。正像库诺夫等人指出的那样，再生产这个词既可指两性的过程，也可指社会经济过程。马克思在这里是不是除了指经济的再生产，还指生物学上的再生产，并不清楚。

曼亨-赫尔芬认为马克思和恩格斯已经把生物学过程包括到唯物主义观点中，因为他们并没有把生产力的概念看作纯经济的概念，后来生产力这个不明确的观念被抛弃了，重新把它拣起来的是恩格斯而不是马克思，因为恩格斯设想了一个"经济以前的"时期。库诺夫认为恩格斯的这种观念是错误的，唯物主义历史观应该具有统一性。恩格斯采取了《德意志意识形态》那个提法可能包含的意义的一个方面。可是，如果那里指的是生物学上的再生产，那么这部著作的这一部分就必须从恩格斯的历史唯物主义经典即经济因素在历史解释中占优势的经典、从普列汉诺夫的辩证唯物主义的经典等等当中被剔除出去。

马克思论自然规律、原始社会和文明社会

马克思在他的摩尔根笔记中在许多地方谈到早期人的生活中的经济和社会因素问题。他把等级制度②完全看作一种服从社会规律的社会现象，而在《资本论》的论述分工和手工业的那一章中他写道："种姓和

---

① 《马克思恩格斯选集》第1版第1卷第25页。
② 《马克思恩格斯全集》第1版第45卷第470—471页。

行会由以产生的自然规律,就是调节动植物分化为种和亚种的那个自然规律。不同的只是,种姓的世袭性和行会的排他性发展到一定程度会当作社会法令来颁布。"① 马克思在这里区分社会的不同发展阶段;一方面,支配等级的世袭性等等的规律与自然规律是一样的;另一方面,它们又服从人类的法令。这个提法中模棱两可的地方是,按照一种解释,古代社会的等级制度被理解为完全是一种自然现象;按照这种解释,一种服从社会法令的完全不同的规律在人类社会的另一个发展阶段起作用。按照第二种解释,古代规律中的世袭因素是自然的,正如在动植物中一样;它们被作为社会法令颁布的事实既不改变在较后发展阶段上的世袭性的自然内容,也不取消在较早发展阶段上的世袭性的社会内容。马克思的摩尔根著作摘要中那段论述等级制度的话把这种模棱两可澄清了,只能按第二种解释来理解。恩格斯在《家庭的起源》中选择了第一种解释所提出的立场。这种立场不是从一种关于人的完全社会的概念中产生出来的,或者说是与这种概念不一致的。马克思在1844年的《经济学哲学手稿》和《关于费尔巴哈的提纲》中提出了这种概念,在50年代末的著作《政治经济学批判大纲》和《政治经济学批判》序言中又有进一步的论述。《剩余价值理论》,特别是其中的第三卷对它又有进一步的发展。马克思在《资本论》中补充新的资料和见解,继续完善他对这种立场的论述。从马克思根据摩尔根的《古代社会》和梅恩的《早期制度史》作的摘要和笔记可以看得很清楚,马克思认为社会生活中的经济影响无论在人的文明生活还是早期生活中都是首要的因素。恩格斯对经济因素在人的原始生活和文明生活中的作用所作的区分,并不符合马克思自己在关于摩尔根的评论和对梅恩的批驳中所表达

---

① 《马克思恩格斯全集》第1版第23卷第377页。

的结论。马克思关于加拿大育空河地区的库钦部落写道,他们有"三个社会等级,或阶级",它们都是在等级之外通婚的单位。马克思就此评论道:"而以氏族原则加征服这样的方式,不会使氏族逐渐形成为等级吗?"接着他补充说:"一旦**在氏族的血缘亲属之间**产生**等级之分**,这就同**氏族原则**发生**冲突**,而氏族就会僵化为自己的对立面即**等级**。"①在这里,等级不是继氏族之后、而是与氏族同时发生的,是氏族的对立物;它被看作是社会的文明组织的一部分。这样,原始人和文明人之间的又一条分界线被马克思排除了。

社会通过各种阶段和亚阶段的演进(一)

亚里士多德认为人类社会的演进是从野蛮走向政治生活的。人的社会生活的第一种形式是家庭,但是村子的出现在国家之先,国家是相当大量的村子的结合,几乎或完全能自给自足。亚里士多德所说的国家是polis,这是希腊人喜爱的一种社会生活形式,但是当时其他许多民族并不喜爱。亚里士多德把人按其本性称作 zôon politikón。但是这个本性(Phýsis)不是在每一个人类社会中都实际存在的,因为他提到有些人并不生活在 polis 中。所以,我们的结论是,polis 是人类生活的状况,它是一些人的实际本性,另一些人的潜在本性。某些亚里士多德的评论家,如圣托马斯,在这方面并不作实际和潜在的区分。黑格尔采用亚里士多德的概念;在他的《逻辑学》第二版前言中,黑格尔引用亚里士多德的意见说,只有在生活必需品得到保障以后,埃及人才转向哲学。亚里士多德后来补充说:"数学在埃及很早得到发展,是因为教士阶级

---

① 《马克思恩格斯全集》第1版第45卷第471页。

很早就处于有闲暇的地位。"

黑格尔提出了由低级向高级发展的思想,并且把它应用于人类的历史和社会。李奇曾提醒人们注意黑格尔的发展概念是一种思维过程。华莱士指出,黑格尔不是生物学的进化论者,但是他是社会的进化论者。除了这里提到的个别观点以外,黑格尔的总的体系如何有助于19世纪类型的进化论,已由费舍尔以及在后的卡西勒尔所说明。达尔文这样谈到结构的不变和变之间的辩证关系:"我现在承认,在我的《物种起源》的前几版中,我也许过分注意自然选择或适者生存了。我对《起源》的第五版作了修正,把我的看法局限在结构的适应性变化上;但是我根据最近几年的经验确信,许多现在看来无用的结构以后将显得有用,因此会进入自然选择的范围。不过,我以前没有充分考虑到存在着既不有益也不有害的结构,我认为这是我这部著作中至今发现的最大的疏忽之一。"达尔文所表达的结构和适应性变化的相互关系,是具体化的存在和形成之间的辩证的相互关系,而它曾被黑格尔潜在地作为这种关系、实际地作为一种抽象的潜在性表达过。马克思发展了黑格尔的这一方面。他与达尔文的关系已由他们两人共同持有的自然界的反目的论所确定。达尔文反对关于自然选择引起物种中的变异的概念,反对关于自然选择意味着有意识的选择的概念。达尔文说:"我说自然,只是指许多规律的总的行动和产物,而规律只是指我们所弄清的事件发生的顺序。"马克思在给恩格斯的一封信中说,达尔文的《自然选择》一书"为我们的观点提供了自然史的基础"。[①] 而在一封给拉萨尔的信中,马克思说:"虽然存在许多缺点,但是在这里不仅第一次给了自然科学中

---

① 《马克思恩格斯全集》第1版第30卷第131页。

的'目的论'以致命的打击，而且也根据经验阐明了它的合理的意义。"①

马克思在《德意志意识形态》、《共产党宣言》、《政治经济学批判》、《资本论》、《剩余价值理论》等著作中，对人从动物王国发展出来的理论以及人作为人发展的理论有大量的阐述。他密切注视生物学上的发展。然而，他把达尔文的自然哲学与他的社会哲学区分开来。例如，他批评达尔文接受马尔萨斯关于人口和人类社会的思想，但是并不改变他对作为生物学家的达尔文的评价；他赏识的是作为自然哲学家的达尔文。

另一方面，恩格斯表述了生物学的进化理论的立场。恩格斯并没有考察达尔文后来得出的物种的保持和变异的相互关系，如果恩格斯对它进行了考察的话，他也许会把它表述为辩证的对立和转化。恩格斯只是考察了重复的个体变异的原因，他指责达尔文忽略了这一点。② 恩格斯的《自然辩证法》表达了同样的观点。着重点通篇放在形成上，完全撇开与存在的关系。而且，在后一部著作中，恩格斯把讨论引进了社会达尔文主义的领域。但是恩格斯对这种学说提出的批评是很不够的，因为他写道："把历史看作一系列的阶级斗争，比起把历史单单归结为生存斗争的差异极少的阶段，就更有内容和更深刻得多了。"③ 这的确只是对社会达尔文主义的形式方面的温和攻击。内容方面完全没有触及。不是社会达尔文主义在历史观方面比阶级斗争学说更贫乏和肤浅，而是它与阶级斗争学说完全不同，因为它们在人和社会的本性以及人和社会

---

① 《马克思恩格斯全集》第 1 版第 30 卷第 575 页。
② 《马克思恩格斯选集》第 1 版第 3 卷第 109 页。
③ 《马克思恩格斯选集》第 1 版第 3 卷第 573 页。

的相互关系方面是从不同的前提出发的。

在恩格斯的著作中,包括社会进化在内的人类进化学说,无论在其直接的还是附带的发展方面,都只是部分地和科学唯物主义、或者在具体形式上和辩证唯物主义有关系。恩格斯采取了单线的发展观点,而且在这一点上比摩尔根更严格。摩尔根偶尔还有关于多线发展的一些考虑。例如,新世界和旧世界在他的描述中是按不同的线索发展的,因为他发觉新世界在被发现以前不曾有过对动物的驯养。因此他寻找在两个半球之间相等的形式。马克思对这一方面没有补充任何自己的东西,但是把它摘抄下来了。摩尔根偶尔提到一条发展线索对另一条发展线索的横向影响,马克思摘抄了这些情况,并且以赞许的口气补充了一些他自己的资料。这些思想线索在恩格斯的《家庭的起源》中是看不到的。

家庭的起源无疑是恩格斯这部著作的最薄弱的方面。库诺夫第一个对它提出了批评。顿凯尔采取了与库诺夫同样的观点。马克思从摩尔根那里把家庭体系接过来,只表达了少数几点不同看法。摩尔根把古希伯莱人和罗马人的父权制家庭看作是离开家庭发展主线的例外情况,从而反对亨利·梅恩的看法,反过来又受到 M. 柯瓦列夫斯基的反对。恩格斯采纳了家庭从母权制到父权制的简单发展体系,像在摩尔根的著作中一样不考虑希伯莱和罗马的变形。在《起源》的第四版中,恩格斯吸收了柯瓦列夫斯基关于家长制家庭的资料,① 但是将第一版和第四版加以比较可以看出,恩格斯并没有根据柯瓦列夫斯基的著作改变他的观点。他并没有把摩尔根和柯瓦列夫斯基的相反体系统一起来。

顿凯尔批评恩格斯对家庭发展的立场,然而赞扬他对国家发展的描写。相反,卢卡奇在他的早期著作中没有发现恩格斯关于家庭的阐述有

---

① 《马克思恩格斯选集》第 1 版第 4 卷第 52 页。

什么错误,但是批评他对雅典国家形成的描写。恩格斯认为雅典国家的产生乃是一般国家形成的一种非常典型的例子,他的理由是,它是在没有受到任何外来暴力的干涉下以纯粹的方式进行的。① 卢卡奇反对这种观点,认为这是"不完全确切的,而且对这个发展阶段的过渡说来是完全不典型的"。对恩格斯的指责又是简单化。恩格斯所要解决的是一个比较复杂的问题,需要进行详尽的阐述,可是恩格斯对它的说明却太简略了。通过征服形成国家的理论在当时为许多人所相信;不久之后 L. 古姆普洛维茨和 F. 奥本海默就从这个立场来论述国家的形成,这导致了暴力论。恩格斯在他的《反杜林论》中就已对这种理论进行了批判。恩格斯清楚地证明了,国家形成过程中的内部暴力是经济性质的,外部因素则使情况变得不清楚和很复杂。卢卡奇提出的简单化的指责一部分是有道理的,但是显然情况比他所说的更复杂,他也犯了简单化的毛病。

在库诺夫、伯恩施坦、顿凯尔、卢卡奇对家庭和国家的起源的讨论中,恩格斯所设定的中项没有被看到。柯瓦列夫斯基的文章没有什么不同,因为他关心的是恩格斯著作的"理论"和"政治"方面,而不是经济因素在古典古代社会研究中的作用。恩格斯对私有制起源的论述分散在他对其他题目的讨论当中:在简略地概述了史前的蒙昧和野蛮文化阶段之后,他把他的书分成以下各章:家庭、易洛魁人的氏族、希腊人的氏族、雅典国家的产生、罗马的氏族和国家、克尔特人和德意志人的氏族、德意志人国家的形成、野蛮时代和文明时代。各章的标题把读者的注意力引向家庭、氏族和国家的制度,各个文化发展阶段和被论及的民族同样被突出来,但是所有权制度无论在各章的标题和小标题中都看

---

① 《马克思恩格斯选集》第 1 版第 4 卷第 115 页。

不到，除了在书名中提到以外，在内容中是分散到各处的。另一方面，摩尔根在《古代社会》中用第四编专门论述"财产观念的发展"。马克思在他的笔记中改变了在摩尔根著作中的顺序，把这第四编放在第二编里使得他根据这一编作的摘要在整体中所占的比例大于在摩尔根著作中的比例。

然而，恩格斯把所有制问题当成中心问题。他写道，对出生自一定的父亲的社会承认"之所以必要，是因为子女将来要以亲生的继承人的资格继承他们父亲的财产"。① 在希腊的英雄时代，氏族制度已开始衰落；这点的证据是父权制、财富在家庭内部的积累、财富的不平等分配及其反作用、世袭贵族的最初萌芽；新获得的财富；私有财产的神圣化；国家被发明出来保障财富以及社会分裂为有产阶级和无产阶级的永久化，等等。② 这些段落阐述了国家形成的客观方面和财产及其在私人手中的积累等等的中心作用。

摩尔根详细讨论了这些过程，特别是在《古代社会》的第二编第十章中。他在这里阐述了据认为是提修斯进行的改革，他认为提修斯不是一个人，而是代表一个时代；他提到阿提卡社会被划分为三个阶级："**这一阶级划分不仅是承认财产和贵族分子**在社会管理中的地位，而且也是一次**直接反对氏族掌权的行动**。"马克思在摘抄这一段后补充道："普卢塔克所说的'**卑微贫穷的人欣然响应提修斯的号召**'，以及他所引用的**亚里士多德**所说的提修斯'**倾向于人民**'这些话，和摩尔根相反，显然表明**氏族酋长**等人由于财富等等已经和**氏族的群众**处于**内部冲突**之中，这种情况，在存在着与**专偶制家庭**相联系的**房屋**、**土地**、**畜群**

---

① 《马克思恩格斯选集》第1版第4卷第57页。
② 《马克思恩格斯选集》第1版第4卷第104页。

的**私有制**的条件下,乃是不可避免的。"①

摩尔根在这一点上没有援引普卢塔克或亚里士多德,这是由马克思连同他对摩尔根的反对意见作为一种插入的评论加进来的。恩格斯在这个问题上完全按照摩尔根的阐述,略去了马克思的这些考虑。但是马克思提出的问题,除了他在一夫一妻制家庭和私有财产之间所作的联系以外都是很重要的。第一,他在氏族的领袖和群众之间的关系问题上与摩尔根争论。第二,争论的内容不仅涉及财产和管理关系的客观和公开方面,而且涉及领袖和群众之间的利益冲突。马克思在此处并没有详谈利益问题,但是在对亨·梅恩著作的摘要中他又回到这个问题上来。他在这里清楚地说明了,利益问题有一个客观方面和一个主观方面,这两个方面是相互有关联的。②

马克思写道,国家在社会发展的一定阶段是社会的赘疣,当那个发展阶段不存在了,国家就消失了。至于这一过程的开始:"先是个性摆脱最初**并不是专制的桎梏**[……],**而是群体**即原始共同体的**给人带来满足和乐趣的纽带**——从而是**个性**的片面发展。"③ 至于后者的真正性质,它只有在我们分析内容即这个"个性"的利益时才会显露出来。马克思把这个个性放在引号中,把它看作某种不是或不完全是所显露出来的那种样子的东西。个性既是属于个人的,同时又不仅是属于个人的。利益有内外两面,就像个人的内容与形式的关系一样。这个个性的内容就是利益,利益在一方面是人类个体的**主体性**。马克思接着写道:"那时我们就会发现,这些利益又是一定的社会集团共同特有的利益,即**阶级**

---

① 《马克思恩格斯全集》第1版第6卷第516—517页。
② 《马克思恩格斯全集》第1版第45卷第581、586、609、612页。
③ 《马克思恩格斯全集》第1版第45卷第646页。

利益等等，所以这种个性本身就是阶级的个性等等，而它们最终全都以**经济条件**为基础。"① 这样，个性的内在的、主体的内容就变成了个人的外在的、社会的关系，而这就是社会经济阶级。形式变为内容同时就是个人利益变为它的另一面即集团利益，主体性变为客体性，以及内在性变为外在性。这些是以其相互关系表现出来的，这些相互关系本身是复杂的，因为它们一方面是对立面，另一方面是个人和社会阶级的组成成分。对立面又是社会阶级之间的，阶级内部的个人之间的。最后，利益是个人内部的对立面。

恩格斯则提出卑劣的贪欲作为历史的主观因素，他认为这种贪欲"是文明时代从它存在的第一日起直至今日的动力"。② 一方面，恩格斯关心的不仅是人的外表，而且还有他的内部生活。另一方面，这个意见的实质还和历史中的客观影响有相互关系。

恩格斯虽然只是偶尔积极从事民族学研究，但是他有这个领域的发展观念，这一点比马克思强。恩格斯写道，摩尔根所提出的分期法只能暂时被接受，它只有在没有重要的新资料补充到这门发展的科学中来时才是有效的。③ 正像通常可以预期的那样，他的分期法并未能维持很久。然而这种对问题的观念是纯粹理论上的，因为《家庭的起源》的一般理论概念从1884到1891年并未因此发生任何变化。在那段时间里，除了被恩格斯评论过的著作以外，还出版了 F. 波阿斯论爱斯基摩人、波·道金斯论史前史的著作，以及 G. 德莫尔蒂耶、A. H. 兰福克斯、S. 雷纳赫、A. H. 骚瑟、F. 西波姆、W. 罗·斯密斯等人的书。恩格

---

① 《马克思恩格斯全集》第1版第45卷第647页。
② 《马克思恩格斯选集》第1版第4卷第173页。
③ 参看《马克思恩格斯选集》第1版第4卷第17页。

斯主要在他的《论日耳曼人的古代历史》的文章中探讨了道金斯的著作。

马克思的摘要是根据1870至1880年之间出版的书籍作的。当时有许多活动，但是在英国有关领域中的主要人物是查·达尔文和赫·斯宾塞。马克思给这两人赠送了他的《资本论》，他们已经就人和社会的研究表达了自己的立场。达尔文对拉伯克的影响是众所周知的。当达尔文的著作最初问世时，马克思密切注视着发展情况，因为他在当时给恩格斯和拉萨尔的信中以及在《资本论》的脚注中都评论了达尔文。后来达尔文的著作如何影响拉伯克、E.雷·兰卡斯特等人的情况，马克思没有评论。恩格斯的著作谈到了各种资料、对这些资料的解释和理论之间的相互关系，对民族学说来是一个具有决定意义的贡献。

恩格斯的《起源》从第一版到第三版没有什么改动。出第四版时（1892），他除了在词句上作了许多修改以外，还对第二章（家庭）和第七章（克尔特人和德意志人的氏族）作了相当大的变动。第二章的变动吸收了马·柯瓦列夫斯基关于家庭起源（1890）、亨·库诺夫关于古代秘鲁（1890）、法森和豪伊特关于澳大利亚土著居民（1880）的进一步研究成果，以及老一辈著作家的其他资料：A.霍伊斯勒论中世纪的德意志人；巴霍芬论母权制（1861）；梅恩的《古代法律》（1861）；以及沙·傅立叶的著作。此外还增加了对荷马、欧里庇得斯、尼贝龙根之歌等的引证。第二章的总篇幅在第四版中增加了三分之一。第七章的变动包括从柯瓦列夫斯基、格林以及古北欧民谣中补充的资料。法森和豪伊特的资料，他是在书的开头涉及他的纲领性立场的地方补充进去的。但是，不管这些新资料就本身来说如何重要，都没有能使恩格斯改变他的观点的整个体系。然而，柯瓦列夫斯基关于家庭发展体系的看法与摩尔根的看法是不同的。恩格斯按照他自己的科学计划，本来应该说明他为什么在争论中选择一方而不选择另一方的理由。V.G.恰尔德曾企图在摩尔根和恩格斯的一般理论意向的基础上，根据在十九世纪末和二十世纪中叶之间对人类学补充的新资料，制订出一个新的体系来（见他1951年出版的《社会的演变》一书）。

（待续）

（莫立知 译）

马克思和恩格斯在民族学著作方面的比较（二）*

〔美〕劳·克拉德

社会通过各种阶段和亚阶段的演进（二）

对马克思和恩格斯在民族学领域的著作进行比较的下一个问题，涉及人类社会向文明时代或政治上组织起来的社会过渡中的发展阶段。摩尔根谈到了古代氏族的自由、平等和博爱，随后在氏族的瓦解中形成军事民主制，在这一点上恩格斯紧紧追随摩尔根。这里涉及荷马时代希腊的军事指挥官 basileus（巴赛勒斯，有时译作"王"）。摩尔根援引易洛魁、阿兹忒克和希腊的领导人作例子，认为在野蛮时期有民政首领和军事首领之分。荷马时代的希腊人在他的分析中一方面有军事指挥官，另一方面除了军事的、司法的和僧侣的权力以外有管理权。摩尔根把这种统治形式看作是野蛮时代高级阶段末期的一个特殊的亚阶段，恩格斯在这一点上追随他。

马克思认为荷马时代的社会组织的概念是这样的。每一个氏族都起源于某一个神，部落酋长则起源于一个更显赫的神。甚至人身不自由的人，例如牧猪人优玛士和牧牛人菲洛修斯也都是出身于神，在《奥德

---

* 本文选自《马列主义研究资料》1987 年第 4 辑。

赛》中,也就是在比《伊利亚特》晚得多的时候是这样。在《奥德赛》中把"英雄"的称号也给予传令官木利奥斯和盲人歌手德莫多克,等等。奥德赛用来称呼亚加米农的"科伊拉诺斯"这一词和"巴赛勒斯"这个词一样,也仅仅意味着"战争中军队的统帅"。"希腊著作家用来表示荷马时代王权的**巴赛勒亚**一词(因为这一权力的主要特征就是**军事的统率**),在同时存在**酋长会议**和**人民大会**的情况下,其意不过是一种**军事民主制**而已。"①

这种提法与摩尔根和恩格斯的不一样。摩尔根和恩格斯把"军事民主制"作为一种正式的范畴。然而马克思把军事民主制当作一种比喻,而不是人类发展的一个明确的亚时期或阶段。军事领袖、酋长会议和人民大会加在一起,构成一种类似军事民主制的东西。这种比较松散的表述,意味着马克思对他所看到的那种形式的分期法没有明确表态,或者表示怀疑。

四、从哲学人类学到经验民族学

在关于费尔巴哈的第六条提纲中,马克思写道:"费尔巴哈把宗教的本质归结于**人**的本质。但是,人的本质并不是单个人所固有的抽象物。在其现实性上,它是一切社会关系的总和。"② 社会关系是古典经济学家的鲁宾逊·克鲁梭形象中包含的孤立个人的对立面。马克思不断反对鲁宾逊形象,反对类似鲁宾逊漂流记的故事。孤立的个人不仅是古典经济学家和经济学中的主观价值论的虚构,而且也是社会契约论的前

---

① 《马克思恩格斯全集》第 1 版第 45 卷第 511—512 页。
② 《马克思恩格斯选集》第 1 版第 1 卷第 18 页。

提。社会契约论提出，个人为了达到他们的目的——和平、不再担惊受怕、改进物质生活和更加长寿——而彼此间订立契约，组成一个社会。在社会契约论者霍布斯、斯宾诺莎、卢梭直至斯宾塞的理论中，个人存在于社会之先，个人的存在是社会成立的先决条件。马克思的思想是，人只存在于社会中，社会是人的生活的一个条件，正像人是社会的条件一样（没有个人就不存在社会）马克思用"人的本质"这个说法来表示这一点。他所说的"人的本质"，不是抽象的而是具体的，不是天生的而是后天的。在它的具体性和现实性上，它是人类关系的总和，一种抽象的内在本质的对立面。从这当中能够做的文章太多了，因为马克思避开了人的东西的本体论。他只说到人存在于社会中为止，至于人只是一种社会存在物，个人身上的社会的东西是他作为人的存在的要素，他留给别人去论证。

马克思在他的许多著作中提出了关于人身上存在着社会的东西的思想：《政治经济学批判大纲》、1859年的《政治经济学批判》、《资本论》等。人是而且只可能是社会中的存在物，19世纪早期的空想社会主义者和共产主义者把这作为口号来反对当时在欧洲当权的个人主义的社会经济学说。马克思和恩格斯在《共产党宣言》中，后来恩格斯又在《社会主义从空想到科学的发展》中明确地说明了他们的学说。社会主义和共产主义这两个词并不是严格分开的，恩格斯断言，马克思和他当时决定用这个或那个词，是由于实际的原因而不是理论的原因，即为了与罗·欧文、沙·傅立叶等的追随者区分开来。[①] 然而，他们仍然是社会主义者，没有把社会主义者这个词在理论上与共产主义者区分开来。

---

① 参看《马克思恩格斯选集》第1版第1卷第244页。

斐·滕尼斯虽然不接近马克思或马克思主义,然而他在自己的书中在六七处提到马克思和他的著作,以表示他的敬意。滕尼斯的《公社和社会》表达对政治运动中的个人主义的极度反对,因为他和他的老师亨·梅恩一样,是从人是社会动物这一前提出发的。不过,梅恩从断定人是社会存在物开始,然后从作为身份的生活形式进到契约形式。滕尼斯的"公社"是在身份形式中产生的,在这种形式中,个人是社会的实体,而在梅恩那里,家庭是这种实体。滕尼斯从个人主义者的学说中借用了意志的概念,断言在"公社"中有意志。滕尼斯把社会主义和共产主义这两个名词放在一起,但是不是以说明"公社"和"共产主义"(Gemeinschaft 和 Communism)、"社会"和"社会主义"(Gesellschaft 和 Socialism)有共同辞源基础的方式。而马克思通常是把"公社"(Gemeind,Gemeinwesen)与"社会"(Gesellschaft)截然分开的;他也把亚里士多德关于人的定义从"社会动物"改成"国家公民"。在马克思的《政治经济学批判大纲》和《资本论》中,对公社(Gemeinwesen)赋予很大的注意。对摩尔根、梅恩和菲尔著作的摘要为马克思在这个领域的思想补充了很多材料。

1. 原始公社和农民公社

马克思对农民公社、原始社会的集体公社制度和个人在社会中的地位的关心有许多方面,其中之一是对亚细亚社会或亚细亚生产方式的讨论。亚细亚社会的基础是农民公社,农民公社内部又包含有许多集体制度。马克思认为这种制度属于共产主义的低级形式,研究这种低级形式,可以发现未来的高级形式的某种东西,他在给查苏利奇的回信草稿中,在《共产党宣言》1882年俄文版序言中和在摩尔根著作的摘要中,就是这样说的。摩尔根的观点是，人追求财产的生涯对人的精神有歪曲的作用，这个观点与马克思的观点并不是不相容的。所以，他开始了对古代氏族、东方公社和欧洲农民制度的研究。此外，由于这些公社从古代一直延续到现在，它们表明人类发展除了通过资本主义道路以外还有另一个方向。这是对人的现在和未来问题的多元态度，一种反决定论的态度。

马克思不仅研究了古代的公社形式，而且补充了农民公社的资料，他的最重要的来源是 G. L. 毛勒，他从毛勒的著作中采用了大量关于日耳曼古代的材料。此外，他还研究了许多关于斯拉夫农民制度和东方公社的著作，其中包括梅恩和菲尔的著作。我在《卡尔·马克思的民族学笔记》一书的前言中已详细介绍了马克思对农民公社的研究情况，这里只谈几个附带的问题。

第一个问题涉及公社和集体性之间的差别。这种公社可能是农村的或城市的；的确，在主要成分是农民的民族、社会、文明中，城市制度都受到农村制度的强烈影响。例如，我曾描写过 19 世纪俄国的起源于农民的生产集体（劳动组合）。在直至 19 世纪甚至 20 世纪的东欧，在古代的希腊和罗马，在古代的东方和其他地方，都有过生产或消费的集体制度。

在关于凯撒的《高卢战记》、塔西佗的《日耳曼尼亚志》和日耳曼的"马尔克"、俄国的"米尔"、南方斯拉夫的"扎德鲁加"和东方的公社的讨论中，提出了公社集体性的问题。马克思在他的摩尔根笔记结尾处补充了一系列他从凯撒、塔西佗和塔西佗的解释者利普西乌斯的著作中作的摘记，它们是摩尔根的著作中没有的，大部分谈的是古代日耳曼民族的集体制度。至于他当时脑子里考虑的是印度的公社问题，可从他把菲尔的《雅利安人村庄》（The Aryan Village）误写成"雅利安人公社"(The Aryan Commune)看出来;① 他研究雅利安人的村庄,在某种程度上正是为了研究印度的公社。摩尔根著作摘要包括有马克思补充的论南方斯拉夫的"扎德鲁加"、俄国的"米尔"及有关制度的材料,在梅恩著作摘要中同样有关于公社生活的讨论。

对古代公社集体组织中的公共的和私人的关系和惯例之间的差别,马克思只是开始了考察而已;同样,在古代氏族的瓦解中,从身份向契约的过渡只是被马克思作为事实对待。文明状态中的公共财产与私有财产问题同原始状态中的共同集体享有相对立。马克思同梅恩和摩尔根一样,把古代的民族看作是集体,不同的只是梅恩赞美个人、个人的财产所有制、法律和道德地位的出现,摩尔根则哀叹财产的出现、在文明时代对财产的过分追求以及这对人及其精神世界的有害影响。恩格斯对摩尔根真心诚意地表示赞同,马克思并没有表示异议。

确认人是社会存在物的概念,在19世纪40年代早期马克思的许多著作中都可看到。他后来又对它继续进行研究,但是关于原始社会只是简略地涉及。然而原始公社的生活与这早期的思想有密切的联系,后来他在对毛勒、柯瓦列夫斯基、摩尔根、梅恩、菲尔和拉伯克的著作的摘要中又继续进行研究。马克思所假定的原始公社和人的个性之间的关系,不仅与梅恩相反,而且也与霍布斯和卢梭相反。研究从原始公社的过渡,不仅是为了研究其本身,而且也是为了理解社会过渡问题、先前的原始共产主义状况、后来的社会分为阶级的状况以及原始共产主义对在文明条件下向共产主义过渡的教训。柯瓦列夫斯基曾把从原始公社过渡的基础与私有制的发展联系起来。他假定了一种在共同占有土地并且

---

① 参看《马克思恩格斯全集》第1版第45卷第688页(中译者把Village和Commune都译成了"村社",本文作者所说的这层意思就看不出来了)。——译者注

隔一定时间重新分配土地的公社村子里或亲属公社里的初民生活。较远的亲属的增加和新的移民的到来,造成对较远的亲属和新的移民不利的不平等分配。较近的亲属和较老的居民占有着较大的(也许是较好的、较肥沃的?——柯瓦列夫斯基在这里简单化了)份地,他们看到,如果其他人被赋予平等权利,他们的财富就要减少,为了自卫而将这些较大的份地转变为私有财产。柯瓦列夫斯基然后提出了一种把占有时效先定为20年,后定为10年,一达到这个时效就合法地永远取得土地权的理论。马克思评论道:"这样说要简单得多:**份地的不平等已经很大**,这种不平等必然逐渐地造成财富、要求等等方面的各种不平等,简言之,即造成各种社会的不平等,**因而产生争执**,——这就必然使事实上享有了特权的人极力**确保自己作为所有者的地位**。"①

马克思接受了关于原始的分村氏族公社、共同土地所有制、各个家庭之间隔一定时间重新分配土地以及有某些较远的氏族成员和新的移民到来的概念。土地分配的不平等造成争执,于是拥有对土地的优先要求权的老居民为了自卫而建立了私有制。(自卫是双重意义的,第一是维持优先的权利,第二是在发生麻烦时防止侵犯。)然而,分为氏族集团定居,必须以氏族公社的各支系在空间上的分隔为前提条件,空间上的分隔又与离开原来定居地的时间上的距离有联系。这是柯瓦列夫斯基和马克思之间的共同基础。然而,柯瓦列夫斯基提出血亲意识的因素而不是氏族不同支系分居各地的事实作为有促进作用的原因。马克思反对把意识因素这样引进历史。②

按照马克思对柯瓦列夫斯基的理解,各民族集团的分村定居、外人

---

① 参看《马克思恩格斯全集》第1版第45卷第247页。
② 参看《马克思恩格斯全集》第1版第45卷第232页。

的到来、早定居者的反应，造成了社会和经济的不平等。因此，社会和经济的不平等是建立在民族公社固有的社会经济因素上和这样一些外部关系上：同宗旁系亲属的分出、其中有些人的返回以及其他的移居因素。导致私有财产的社会安排之所以被采用，是为了保护在社会财富分配中业已存在的不平等，或者保护那些已经从这种不平等中得到好处的人们不致遭到可能出现的社会骚动之害。

原始的平等、博爱和共产主义由于内部因素的作用而衰落的理论，应该和公社之间的交换因素联系起来看，商品和商品交换正是从这里开始它们的历史旅程的。这是和前者相反的辩证成分，因为它包括公社对一个外部关系即商品之间的交换的内在化，商品生产的内部关系从而建立起来。相反，在第一种理论中，对不平等出现的解释建立在内部关系的外在化以及通过旁系亲属迁入、回来等的重新内在化上。马克思没有把内部因素和外部因素结合起来，因为他的研究由于逝世而中断了。

恩格斯提出的对古代公社衰落的解释，一部分已经说过：主观因素是贪婪等，客观因素是公社中财产的积累。关于日耳曼的原始公社马尔克制度，恩格斯同样认为它的基本特征是乡村氏族公社共同占有和使用土地。按照恩格斯的观点，血统联盟随着人口数目的不断增加和民族的继续发展而被破坏。从这种原始的联盟中产生出了母村和移民村的体系。① 在稍后对马尔克的研究中，恩格斯提出了同样的概念，他甚至认为整个民族在最初构成一个统一的马尔克，从那里产生出母村和女儿村的体系。② 恩格斯在评述马克思描写的商品交换开始时的情形时，在交

---

① 参看《马克思恩格斯全集》第 1 版第 19 卷第 540 页。
② 参看《马克思恩格斯全集》第 1 版第 19 卷第 354 页。

换开始中引进了剩余（社会）产品的因素。①

人口数目增加的因素和民族继续发展的因素，实际上是社会历史发展的内在因素。母村和女儿村的体系看起来是这一发展中的外部关系的因素，但是恩格斯把它看作是一个统一民族的整个社会生活内部固有的统一体系的社会运动。（这是从内在因素到外在因素的过渡。）剩余社会产品的假定同样是向一种外在关系即公社之间的商品交换的过渡。这些因素并没有被恩格斯集中到一起，而是分散在不同的地方。这种过渡既没有被明确假定，也没有与它们的结局联系起来，这些结局就是达到商品交换和商品生产的各公社的历史发展，从而产品的异化、人们相互之间的和与自然界的异化、公社内部的对立，公社之间的对立。恩格斯所假定的向文明时代的过渡，是与上述关系分开的。

技术的改进、征服自然的科学的发展、动植物新品种、新工具（犁、风车、冶金术的发展等）的采用，没有被考虑到。也许恩格斯在《法兰克时代》一文中说的"民族的继续发展"这句话包含着这些内容，但是这句话太含糊，不能让人得到什么确定的概念。

恩格斯那里缺少的，是原始民族社会生活的主观的和客观的、内在的和外在的、形式的和本质的关系这些不同因素之间的相互关系。在马克思逝世时，这些因素是零散的。我们不能说恩格斯把它们联结成了一个辩证的体系，虽然他在主观方面和客观方面的贡献都比后面几代人认为的更丰富；遵循他的传统的后面几代人的贡献是颇为片面的，因此一般说来并没有遵循他的传统。

---

① 参看《马克思恩格斯全集》第 1 版第 25 卷第 1015 页。

2. 亚细亚社会和生产资料

马克思无论在菲尔著作摘要中还是在梅恩著作摘要中，都把东方和欧洲的历史过程严格区分开来。只要菲尔试图按照封建主义来思考亚洲的问题就受到他的嘲笑，梅恩对隆·辛格的东方君主国作与欧洲君主国对照的描述，则受到他默默的支持。他还反对柯瓦列夫斯基关于传统印度的封建主义的理论。马克思也像菲尔一样，把印度和西欧的分村加以区分。马克思在上世纪50年代从事新闻写作的时期，曾密切注视亚洲的发展，特别是中国和印度的发展。不管亚洲的进一步发展是不是会与欧洲历史趋于一致，他拒绝关于在那时以前欧亚两洲历史道路相同的思想。

恩格斯作为出发点的前提是："在先前的一切社会发展阶段上，生产在本质上是共同的生产，同样，消费也归结为产品在……共产制公社内部的直接分配。"社会的分工破坏了生产和占有的共同性。[①] 这是排除地理差异的一般规律。恩格斯曾谈到亚洲驯养、繁殖和放牧牲畜；游牧部落在第一次社会大分工中与其余的野蛮人分离开来。恩格斯认为社会分工的结果是商品生产、个人之间的交换逐渐发展；畜群逐渐转归私人所有，个人之间的交换变得更普遍。因此，亚洲符合对全人类适用的一般规律。

魏特福格尔指责恩格斯对"作为主要社会制度"的亚细亚社会的存在在赞成和反对之间动摇不定。他说，恩格斯的基本态度是，在《家庭的起源》一书发表以前和以后的著作中都承认亚细亚社会是一种能够

---

① 《马克思恩格斯选集》第1版第4卷第170页。

与封建制度等相比的历史和社会范畴,而在《家庭的起源》这本书中则看不到这种性质的亚细亚社会。在《反杜林论》中,恩格斯确认东方专制主义的存在,把它直接与农村公社的长期存在联系起来,这种公社"在数千年中曾经是从印度到俄国的最野蛮的国家形式即东方专制制度的基础"。①

魏特福格尔的论据是,东方专制制度是社会中的一种统治形式,它一般是在亚洲早期国家中从垄断控制供水和水利工程的行政职能中产生出来的,有些地方一直存在到20世纪,其次,列宁和斯大林得出结论,这类职能的行政垄断创造了一种可以适用于苏联国家形式的政治、经济和技术的社会范畴,因此禁止使用这个范畴于社会、历史和经济的分析。

恩格斯应该与这种论据有什么联系,魏特福格尔没有肯定。他在提到《反杜林论》时认为恩格斯"缺乏敏锐性",虽然他发现恩格斯在那部著作中谈到亚细亚社会。恩格斯被指责"隐藏了"他在别的地方大谈特谈的东西,即功能国家的专制主人无情的剥削方法,还被指控"转弯抹角地承认了"他在提到文明时是把东方专制主义排除在外的。然而魏特福格尔对恩格斯的评价与列宁和斯大林的不一样。要么是魏特福格尔对自己的读者没有足够开诚布公,要么是他没有完全制定出自己的立场。这些是关于论据的政治背景、用法和目标的形式的和外部的问题。至于魏特福格尔对恩格斯的分析的实质,有一个他没有谈到的看法值得考虑。《起源》和恩格斯在1888年准备出版的《共产党宣言》英文版一样,只关心单线的发展。恩格斯的《反杜林论》、《共产党宣言》1882年俄文版和1890年德文版则断定有多线的社会发展途径,这些著

---

① 《马克思恩格斯选集》第1版第3卷第220页。

作或是和马克思合作的产物，或是反映了马克思和恩格斯以前共同制定的立场。恩格斯论述马克思《资本论》第三卷的著作同样表现出两种情况：第四十三章的第一部分是恩格斯根据马克思的材料加工成的，在这里，北美的大草原、阿根廷的帕姆帕斯草原以及俄罗斯和印度的共产制公社的土地被同中欧和西欧的租地农场主和农民的土地区分开来。①在恩格斯为补充说明《资本论》第三卷所写的文章中，对从农民公社生产方式到资本主义生产方式的发展是按直线式阐述的。②

问题不在于，恩格斯独自一人时是单线发展论者，而和马克思在一起时则是多线发展论者。问题在于，恩格斯没有掌握一和多、抽象和具体、一般和特殊之间的关系的辩证法。马克思是从抽象到具体进行思考的，他的著作表达了这些关系的辩证法。恩格斯的辩证法在许多场合是有缺点的，因为是片面的。魏特福格尔的辩证法也是有缺点的、片面的，但是在国家形成的问题上，他的辩证法是恩格斯的辩证法的对立面。恩格斯在《起源》中假定了国家发展的一种"完全纯粹的"情况。恩格斯撇开了自然的关系，从而撇开了与周围的公社、氏族、部落的关系。按照恩格斯的观点，国家形成的过程完全在雅典氏族体系的内部进行，由那里面的社会和经济关系的瓦解和转变来说明。他不考虑在这从社会生活的公社形式向政治形式过渡的时期中人对自然的不断变化的关系，也不承认公社之间的经济交换或征服这种外部关系。

然而，马克思曾表达了这样一种看法，即产品发展成为商品，是由不同公社之间的交换，而不是由同一公社各个成员之间的交换引起

---

① 《马克思恩格斯全集》第 1 版第 25 卷第 817—818 页。
② 《马克思恩格斯全集》第 1 版第 25 卷第 1015、1020 页。

的。① "商品交换是在共同体的尽头,在它们与别的共同体或其成员接触的地方开始的。"② 恩格斯在1894年的评论是:"今天,自从毛勒到摩尔根等人对原始公社作了广泛的研究以来,这已经成了不容争辩的事实了。"③ 这样一来,《起源》的论述方式的缺陷就更加令人吃惊,因为恩格斯完全孤立地(抽象地)谈雅典的发展,可是产品转变为商品这一在古代氏族瓦解和政治社会形成时期起作用的经济因素,却是公社之间的关系。因此,可以向恩格斯提出的指责,比不确切(卢卡奇)或忽略过程中的地理差异(魏特福格尔)更严重。这就是他否认了自己的原则,不要说应用对这种原则的辩证理解,连理解也没有做到。

恩格斯对两个因素置之不理。第一,在产品向商品转化中的不同公社、氏族等等之间的相互关系。古代社会并不是作为一种纯粹的情况转变为政治社会的;因此把雅典作为这种情况处理不仅在事实上是错误的,在理论上也没有意义。任何事情都不是孤立地发生的,而且马克思曾明确反对说孤立的实体过渡到一般政治社会,不管这种实体是部落、民族,还是公社、村子等。第二,经济因素在向文明过渡的时期就已起作用,而不是只在文明时期起作用,这是恩格斯把原始人和文明人分隔开来的一处重要修正。从这两点考虑得出的第三点考虑是:产品生产到商品生产的转变和公社生活到文明生活的转变,并不是以同一速度平行地进行的;它们是相互交错的,但是恩格斯没有把经济上的相互关系弄清楚。

另一方面,魏特福格尔的立场得到后来发表的马克思著作的支持:

---

① 《马克思恩格斯全集》第1版第25卷第198页。
② 《马克思恩格斯全集》第1版第23卷第106页。
③ 《马克思恩格斯全集》第1版第25卷第198页注(27)。

马克思继续反对把东方的历史范畴归入欧洲的历史范畴。马克思把亚洲的传统社会与古典的封建欧洲的传统社会截然区分开来。魏特福格尔探讨已经形成的早期国家（恩格斯探讨的是形成中的国家）。他展现了不同等级的社会，一端是没有国家的较简单的社会，另一端是有国家的复杂的社会。贯穿政治发展的不同阶段的共同因素，是水的控制、控制水的社会机构以及与控制水有直接联系的技术、所有权等的发展。这些首先是人对自然的关系以及从这些关系中产生出的内部和外部的安排。财富的增加和财产的积累、公社所有制与私有制的经济关系、产品转变为商品的经济关系、公社之间的商品交换、社会内部的社会关系、社会中个人的主观因素和社会发展的内在因素——马克思和恩格斯考察过的这一切，魏特福格尔都没有谈。另一方面，他讨论了在已经分为阶级、形成国家的社会中的征服这种外部社会因素。魏特福格尔讨论了在复杂的、分为阶级的社会形成过程中人和自然环境的辩证关系以及人与其外部社会环境的关系，但是没有讨论正在形成国家过程中的社会本身内部的关系和过渡情况。然而，这是马克思在他对柯瓦列夫斯基、摩尔根和梅恩的批评中主要关心的东西，在这一点上，恩格斯和马克思是一样的。

马克思的民族学笔记处于哲学人类学和经验人类学发展的中心。在哲学人类学中，人是社会存在物、在社会中相互作用、而社会本身是集体的理论早就针对人是独立个体的理论被提出来了，但是还没有得到充分的阐述。在经验人类学中，人类社会的发展已经在一方面作为一定社会的外部关系、另一方面作为内部关系得到考察。这两者的关系仍然是一个辩证问题。

恩格斯在马克思关于民族学的著作中探寻通过人类历史和社会斗争的航海图。他采用了这些著作的一部分而不是全部作为他的指南，甚至把马克思的未完成的意见作为规范,鼓励别人也这样做。他作出自己的评论,从而以具体的方式对人的科学作出了贡献。他的作用与马克思相比是矛盾的,一部分是按规范行事的,一部分是科学的。

  马克思在上世纪40年代初开始作为哲学人类学家发表著作,他非常关心对人的经验研究,但是并没有作出这种研究。另一方面,经验人类学研究当时并没有很好的发展,并不能支持在《经济学哲学手稿》中所包含的经验人类学。在以后的40年中,马克思密切注视关于人的经验科学的发展,并且认真加以研究。A.巴斯提安、E.B.泰勒以及上面提到的那些民族学家,是他在这个领域阅读和批判的重要部分。因此,随着社会文化人类学越来越成为一门具体的经验科学,马克思从一种抽象的立场过渡到一种科学唯物主义的立场,并且随着这个领域中的科学中心的发展,自己参加到运动当中去。

(原载《国际社会史评论》1973年版第18卷)
(莫立知 译)

马克思晚年对历史唯物主义的发展[*]

艾福成

总结民族学研究成果，进一步对历史唯物主义的理论加以补充、发挥和发展，是马克思民族学笔记的重要内容之一。马克思从来不把自己的唯物史观看作最后完成了的终极真理，而看作发展中的理论。

民族学笔记关于这方面的内容，概括起来大体可分为四类。1. 摘录有科学价值的材料，肯定正确的观点。这一点在对待柯瓦列夫斯基和摩尔根的著作上表现最为突出。2. 批驳错误的观点，剔除虚假的材料。如对梅恩和拉伯克的著作摘要。3. 对民族学的科学成果进行加工、改造。对摩尔根的《古代社会》，马克思除作详细摘记外，还改变了原著内容叙述的次序，为自己预计要写的唯物史观著作做准备。4. 进行理论上的提炼、升华。据不完全统计，在《古代社会》一书摘要中，马克思共写了106条批注，除一些表示连接性的插语和名词解释外，有25条是马克思自己理论观点的概括，有27条是对摩尔根观点的阐述。从上述四方面可以看出，民族学笔记是马克思潜心研究取得的初步成果，有很强的理论性，有很高的科学价值。

民族学笔记的另一个特点，是探索性，它毕竟是供马克思自己研究

---

[*] 本文选自《马列主义研究资料》1987年第4辑。

之用的笔记，是为撰写科学著作的准备。有许多素材和理论"毛坯"，尚未上升到理论体系，没有进行充分的理论论证。有一些观点是在酝酿之中，有些问题正在斟酌、思考、选择之中，在不同的笔记，或同一笔记的前后，关于同一问题的看法和提法就有变化。

认识和把握了民族学笔记的特点，我们在研究时，首先应该充分发掘马克思的有价值的理论观点和思想火花，不能低估笔记的科学价值和意义。其次，也要从笔记这种性质的著作实际出发，从其本身内容出发，进行恰如其分的分析，实事求是而不牵强附会地评价其意义。

民族学笔记对历史唯物主义的突出贡献，首先是对两种生产理论的进一步发挥和补充。虽然笔记中没有提到两种生产的概念，但我们不能单纯从概念字眼出发，而应从实际内容出发。人类自身生产是婚姻和家庭形式、亲属关系、亲属制度以及人口增殖这些因素的总和。我们应从这些因素的总和去把握人类自身生产的概念。这样来看，这方面的内容在笔记中几乎比比皆是。马克思充分肯定摩尔根关于群婚的发现及关于五种家庭形式顺序相承发展的观点，探讨了家庭发展的规律性及其与自然选择、物质生产发展的内在联系，研究了人类自身生产诸因素的特点及其相互关系。马克思不仅肯定了摩尔根关于亲属关系和亲属制度的观点，而且进一步深化了，他把家庭和亲属关系比作经济基础，把亲属制度比作上层建筑，视前者为人类自身生产中具有决定性的关系，而视后者为派生关系。这样就把人类自身生产诸因素及其相互关系具体化、明确化了。这是马克思对人类自身生产理论的重要发展。

其次，马克思着重研究了婚姻家庭与原始社会制度的关系，批判了混淆家庭与氏族、氏族与部落的错误观点，揭示了人类自身生产对原始社会发展所起的主要支配作用，因为氏族制度作为原始社会的社会制度，是由血缘亲属关系决定的，是靠血缘关系的纽带来维持的。

再次，马克思在民族学笔记中，研究了母权制向父权制的过渡、原始氏族制度的解体过程、私有制、阶级和国家的起源等问题，不仅为揭示私有制、阶级、国家的起源打下了基础；还考察了物质生产与人类自身生产在历史中所起的不同作用、它们的相互关系及其在原始社会发生作用的表现形式，为从两种生产相互关系及其作用方面表述社会发展的一般规律创造了条件。

以上说明，在民族学笔记中，关于两种生产的理论，关于原始社会发展规律的思想，关于在原始社会和阶级社会两种生产所起作用的区别的思想，关于私有制、阶级、国家起源的思想，都已经提出来成为轮廓清晰、昭然若揭的东西了，只是没有来得及以著作的形式写出来而已。这些思想的孕育、形成，无疑是对唯物史观的重要补充和发展。

恩格斯《家庭、私有制和国家的起源》的写作，与马克思的民族学笔记有着直接的密切联系。从基本内容来看，二者是一致的，根本谈不到有什么矛盾和背离。《起源》一书的基本线索，正是遵循马克思《〈古代社会〉一书摘要》的结构顺序安排的。恩格斯在《起源》中得出的总结论，亦即贯穿于全书的总的思想，在第一版序言中做了概括的表述（见《马克思恩格斯选集》第4卷第2页）。这段精辟的论述至少表述了如下三点主要思想：

第一，表述了两种生产的不同含义，揭示了它们在历史中的不同作用及其相互关系。

第二，从上述思想的角度，对社会发展的一般规律作了更为完全的表述，指出两种生产是历史发展中的决定因素，一定时代和一定地区内的社会制度都受它们的制约，尽管两者所起的制约作用是不同的。

第三，科学地表述了原始社会发展的规律性，指出原始社会由于生产力水平低下，社会制度在较大程度上受血族关系的支配，人类自身生产起了主要的决定作用。

　　这些基本思想和结论是在马克思民族学笔记基础上概括总结出来的，对唯物史观作了重要补充和发展。虽然《起源》与民族学笔记在性质上和表达形式上有区别，但在基本理论上没有本质的不同。从这种比较，我们可以看出，民族学笔记是《起源》的准备，而《起源》则是民族学笔记一部分重要内容的结晶。没有民族学笔记，也就没有《起源》对这些问题的发展。从这个角度看，马克思在民族学笔记中所表达的关于两种生产、关于原始社会发展规律等思想就是极其宝贵的了，确实是对唯物史观的重要贡献。

国外对马克思晚年人类学笔记的研究[*]

杜章智

不久前由人民出版社出版的《马克思恩格斯全集》第四十五卷，包括有马克思晚年的四个人类学笔记[①]：《马·柯瓦列夫斯基〈公社土地占有制，其解体的原因、进程和结果〉一书摘要》、《路易斯·亨·摩尔根〈古代社会〉一书摘要》、《亨利·萨姆纳·梅恩〈古代法制史讲演录〉一书摘要》和《约·拉伯克〈文明的起源和人的原始状态〉一书摘要》。本刊本期还开始刊登另一个未编入全集的笔记《约·巴·菲尔〈印度和锡兰的雅利安人村社〉一书摘要》。这是马克思在逝世的前几年中，即在1879—1882年期间所作的笔记，而其中的拉伯克著作

---

[*] 本文选自《马列主义研究资料》1987年第1辑。

[①] 马克思本人并没有给这些笔记定名称。《马克思恩格斯全集》第四十五卷俄文版编者把它们称作"马克思对资本主义以前社会的研究"，或简单地称作"笔记"，有些苏联学者把它们称作"古代史笔记"。在《马克思恩格斯全集》第四十五卷中文版前言中，这些笔记被称作"古代社会史笔记"。西方学者则一般把它们称作"人类学笔记"，由于这个人类学是指文化人类学或社会人类学，后者又和民族学通用，所以有时也用后面这几个名称来称呼马克思的笔记。上面三种情况，都是研究者想通过取名给这些笔记定性。而我只是在这些笔记所摘录的著作是人类学著作的意义上使用这个名称。

摘要则是在他逝世前几个月完成的,所以可以说,这是马克思的真正最后的手稿。

马克思生命的最后十年曾被称为"慢性死亡",这是一种极大的误解。其实,马克思虽然年迈体衰,健康状况极其不好,在这期间还是像以往一样坚持了艰苦的研究工作。而且,他的研究范围比以前显著地扩大了。正像恩格斯说的,"对于一个从历史起源和发展条件来考察每一件事物的人,一个问题自然是要引起一系列新的问题的"。马克思为了"把论地租的一章写得空前地完善",对"原始社会史、农艺学、俄国的和美国的土地关系、地质学,等等","都进行了彻底的研究"。① 为了关心不发达的资本主义边缘地区的发展前景,为了更好地解决自己著作中与生产方式概念、国家的起源、从一种社会形态向另一种社会形态过渡等有关的重要的历史唯物主义理论问题,马克思在晚年极大地增加了对古代西方社会和西方以外的社会的兴趣,把注意力从政治经济学转向了更广泛的、以欧美人类学家的著作为基础的研究。在生命的最后十年中,马克思虽然没有公开发表任何重要的著作,却留下了三万多页质量很高的笔记,而人类学笔记是其中最重要的部分。

本文拟大致介绍一下国外对马克思晚年人类学笔记的发表和研究情况以及国外学者对这些笔记在马克思整个思想发展中的地位问题的看法,供我国研究者参考。

一、发表的经过

马克思关于摩尔根的笔记,由于恩格斯在写作《家庭、私有制和国

---

① 参看梅林:《马克思传》1965年三联书店版第620页。

家的起源》时利用过，很早就为人所知了。十九世纪末二十世纪初，同德国社会民主党有联系、特别是在该党机关刊物《新时代》工作的卡尔·考茨基、爱德华·伯恩施坦和亨利希·库诺夫，曾讨论过这部分材料，然而在这个圈子之外无人知道马克思的人类学笔记为何物。

十月革命后的第三年，列宁派梁赞诺夫（当时是"马克思恩格斯研究院"第一任院长）去国外收集马克思恩格斯的手稿，梁赞诺夫1923年11月20日在莫斯科社会主义科学院作的关于这一任务完成情况的报告中，除了没有提到菲尔的材料以外，对这些笔记作了简要的介绍。这个报告发表在那一年的《社会主义科学院学报》上，后又被卡尔·格律恩堡主编的《社会主义史文库》（1925）所转载。从这个报告看，梁赞诺夫对这些笔记的理论意义是认识得很不够的。他在报告中只轻描淡写地提了一句："从这些笔记可以明显地看出，马克思在七十年代末期在封建主义和土地占有制的历史方面进行了许多研究。"其余都是关于马克思的工作作风和工作态度的评价。他举了马克思关于摩尔根的摘要作例子，说马克思在1878年得到了摩尔根的著作，用密密麻麻的小字作了98页极其详细的摘要，他的每一页至少相当于2.2个以上印刷页。"已经年迈的马克思就是这样工作的"，就是这样"极其认真地对待他所研究的任何一个新问题的"。这表明马克思"直到生命的终结都保持了扎扎实实、有条不紊的工作作风"。因此他认为，这些笔记对马克思的传记作家们具有特别重要的意义。同时他还表示，他对马克思在六十三岁高龄还花那么多时间来这样系统地、详细地作摘记感到不可理解，认为这是一种"不可饶恕的学究气"。①

---

① 见梁赞诺夫：《马克思主义史概论》1928年莫斯科增订第2版第2卷第206页。

可能，主要正是以梁赞诺夫为代表的苏联学者们对这些笔记的理论意义如此认识不够，使得这些笔记迟迟没有公开发表。① 在苏联通过梁赞诺夫从国外获得的马恩手稿资料（照相拷贝）中，《自然辩证法》在1925年就公开发表了，《德意志意识形态》和《1844年经济学哲学手稿》到1932年也发表了。可是马克思的人类学笔记，其中最有名的关于摩尔根的摘要到1941年才在《马恩文库》第9卷上发表了俄译文。关于柯瓦列夫斯基的摘要第一次用俄文发表在《苏联东方学》杂志1958年第3、4、5期，《东方学问题》杂志1959年第1期和《亚非人民》杂志1962年第2期上，前后用了五年时间才刊登完。关于菲尔的摘要第一次用俄文发表在《亚非人民》1964年第1期、1965年第1期和1966年第5期上，短短四五万字的东西也拖了三年才刊登完。关于梅恩的摘要和关于拉伯克的摘要，直到1975年才在《马克思恩格斯全集》俄文版第四十五卷中第一次用俄文发表。

马克思的人类学笔记手稿的原件和马克思恩格斯的其他许多手稿资料一起，收藏在阿姆斯特丹的国际社会史研究所里，战后已向研究者开放。因此，西方学者早已有可能对它们进行研究，例如埃尔哈德·卢卡斯在1964年就发表了评介马克思这部分手稿遗产的专论。② 但是对广大学术界和理论界说来，去阿姆斯特丹研究档案毕竟不是一件轻而易举的事情。这一研究上的障碍，在1972年由于荷兰阿森市范·戈库姆出版公司出版了劳伦斯·克拉德编辑的《卡尔·马克思的民族学笔记》一书而在很大程度上被排除了。克拉德是美国人类学家，曾先后在华盛顿

---

① 当然还会有其他原因，如二次大战对整个马恩著作出版工作的干扰。
② 《马克思和恩格斯对摩尔根的态度》，载《塞库奈姆》杂志1964年第15卷；《马克思和恩格斯对达尔文的理解》，载《马克思主义研究》1964年卷。

大学、哈佛大学、西柏林自由大学等校任教,五十年代和六十年代中期曾去苏联中亚地区和亚非一些地方研究落后民族,发表过不少人类学著作,六十年代末七十年代初去阿姆斯特丹的国际社会史研究所,在该所的大力支持和合作下研究马克思的人类学笔记手稿。克拉德在上面说的这本书中,按照国际社会史研究所收藏的马克思笔记手稿的原样发表了马克思的四个笔记(即关于摩尔根的摘要、关于菲尔的摘要、关于梅恩的摘要和关于拉伯克的摘要,《马克思恩格斯全集》第四十五卷也收了四个笔记,它们之间的差别是前者收了关于菲尔的摘要,而后者收了关于柯瓦列夫斯基的摘要)。克拉德在马克思的笔记正文前面写了一个长篇《绪论》,对马克思这些笔记和马克思的整个思想发展进行了全面的评述,在正文后面附了供进一步研究之用的参考书目及其他资料。由于这是马克思的人类学笔记用原文首次在西方发表,这本书的出版引起了研究马克思思想的国际学术界很大的重视。它在1974年就出了第二版,很快就出了日文、德文、意大利文、西班牙文、法文及其他文字的译本。克拉德在1975年又出版了一本书,叫作《亚细亚生产方式。卡尔·马克思著作中的资料、阐发和评论》。他从研究亚细亚生产方式的角度对马克思和恩格斯的著作和笔记中关于资本主义以前各种社会形态的论述进行了系统的研究,并在书的后半部分摘要发表了马克思关于柯瓦列夫斯基的摘要的英译文。此外,联邦德国学者H. P.哈尔斯蒂克还出版了两本书:《卡尔·马克思遗著中关于土地占有制历史的比较研究。M. M.柯瓦列夫斯基〈公社土地占有制〉摘要》(1974年明斯特版)和《卡尔·马克思论资本主义以前的生产形式,1879—1880年关于土地占有制历史的比较研究》(1977年法兰克福和纽约版),在其中发表了马克思的几个人类学笔记。这样,苏联在《马克思恩格斯全集》第四十五卷中所发表的四个人类学笔记,西方就都发表了,并且还多发表了一个关于菲尔的摘要。

二、研究的概况

马克思晚年人类学笔记的公开发表,引起国际学术界的普遍重视。

西方学者一般都把这些笔记看作马克思的最重要文献。马克思的早期著作《1844年经济学哲学手稿》在三十年代的发表,在西方学术界引起了持续几十年之久的关于两个马克思的争论。围绕着"青年"马克思和"老年(成熟)"马克思之间是否有"断裂"、究竟哪个是真正马克思的问题,对马克思主义的实质及其他一系列重大理论问题进行了尖锐而认真的探讨。在人类学笔记发表以后,西方学者发现,在这两个马克思之外,还有另一个马克思——晚年的马克思。这个晚年的马克思与前两个马克思到底是什么关系?马克思在年迈体衰、健康状况很不好的情况下,花那么多精力和功夫去研究人类学家的著作,作那么多摘要笔记,他的动机和目的到底是什么?马克思的人类学笔记在他的思想发展中到底占什么地位?在今天有何现实意义?在以前关于两个马克思的争论中所涉及的一些问题,现在显然必须根据新的材料重新加以考虑。

在马克思晚年人类学笔记发表以前,西方早就有各种"马克思主义人类学"流派,并且到六十年代末期得到显著的发展。它们原来都是从马克思的《1844年经济学哲学手稿》、《德意志意识形态》、《共产党宣言》、《政治经济学批判》序言、《资本主义生产以前的各种形式》以及《资本论》等著作中吸取概念来建立自己的理论。在马克思的人类学笔记发表以后,自然各个流派都需要考虑如何把这些笔记纳入自己的理论体系,如何把它们与马克思的其他著作、与马克思的整个思想联系起来加以理解。

不过，马克思的这些笔记对研究者说来难度很大。与以前发表的手稿（如《1844年经济学哲学手稿》、《政治经济学批判大纲》等）不同，这些笔记不是为了发表，而是"为了自己"而写的，它们基本上都是从所阅读的原著中摘录下来的资料，只是在发现原著中特别值得注意或精彩的地方、以及遇有疑问或认为有不确切和谬误之处，马克思才加上边线标记，并在少数地方在摘抄的原文当中加批了自己的意见和补充材料。从笔记的全文看，马克思加批成段文字、表达完整意见或提出某个问题和观点的地方，只占极小的比例。要根据这少量马克思的批注理出马克思思想中正在酝酿的新的理论观点，研究者必须熟悉马克思那个时代的具体历史条件、各种思潮和问题，以及政治和意识形态的背景。只有少数修养有素的专家才能做到这一点。可能正是由于这个缘故，尽管西方学术界对马克思人类学笔记的公开发表非常重视，各种马克思主义人类学流派的著述中都必然要提到这些笔记，然而直接以它们为研究对象的学术论著却不是很多的。

据手头的英文资料来看（当然是很不完全的），从劳伦斯·克拉德的《卡尔·马克思的民族学笔记》一书在1972年出版以来，只有很少数的几位学者在这方面提供了有点分量的东西。首先应该提到的是克拉德本人。他除了给《卡尔·马克思的民族学笔记》和《亚细亚生产方式》两书写了长篇序言，对马克思的有关著作和思想发展作了详尽介绍以外，1973年发表了论文《作为民族学家的卡尔·马克思》（《纽约科学院学报》第二类第35卷第4期）和《马克思和恩格斯的民族学著作的比较研究》（阿姆斯特丹《国际社会史评论》第18卷），还在联邦德国用德文出版了《马克思著作中的民族学和人类学》一书。1975年他又在《国际社会史评论》第20卷中发表了长文《马克思主义人类学的原则和矛盾——关于人的科学的新观点》，结合对马克思人类学笔记的研究阐述了马克思主义人类学的内容。1973年他在国际人类学和民族学第九次代表大会上作了关于马克思人类学笔记的报告，题目是《〈卡尔·马克思的民族学笔记〉评介》，后被收入斯坦利·戴蒙德主编的《走向马克思主义人类学》一书（1979年纽约版）。1982年他又发表了《进化论、革命和国家：马克思与他的同时代人达尔文、卡莱尔、摩尔根、梅恩和柯瓦列夫斯基的批判关系》一文（作为埃里克·霍布斯鲍姆主编的《马克思主义史》第一卷的一章）。

其次应该提到美国学者诺曼·莱文，他也是最早研究马克思的人类学笔记、并且是去阿姆斯特丹国际社会史研究所根据档案进行研究的人之一。他在《共产主义比较研究》杂志1973年第6卷上发表了《马克思和恩格斯思想中的人类学》一文。中国读者大概都知道莱文是《马克思反对恩格斯》（1976年纽约版）一书的作者，他在那本书中论证了马克思的思想和恩格斯的思想的全面对立，把这两人的思想分别称作马克思主义和恩格斯主义。在这篇人类学论文中，莱文对马克思和恩格斯怎样对待路易斯·亨利·摩尔根、约翰·拉伯克和格·格·毛勒的人类学著作进行了对比研究，得出了他们两人在人类学方面观点也完全对立的结论。他还在《伯克利社会学杂志》1973—1974年第18卷上发表了《辩证唯物主义和村社》一文，根据马克思的人类学笔记和给维拉·查苏里奇的复信草稿论述了马克思对俄国农村公社的态度，论证了关于马克思的社会发展观不是单线的，而是多线的论点。

到七十年代后半期，特别是进入八十年代以后，作者的圈子有所扩大。现在可以看到下列五本论文集和专著：斯坦利·戴蒙德编《走向马克思主义人类学》1979年纽约版；乔尔·S.卡恩和约瑟·R.劳贝拉编《资本主义以前社会的人类学》1981年伦敦版；莫里斯·布洛赫著《马克思主义和人类学关系史》1983年牛津版；特奥多尔·汕宁编《晚期马克思和俄国道路。马克思和"资本主义边缘"》1983年伦敦版;迪·巴纳尔吉编《马克思的理论和第三世界》1985年新德里—伦敦版。它们都对马克思晚年的人类学笔记有所阐述。此外在刊物上还可以看到一些有分量的学术论文,例如:特奥多尔·汕宁:《晚期马克思与俄国的"资本主义边缘"》,载于美国《每月评论》1983年6月号;唐·凯利:《人类学:论垂暮之年的马克思》,载于美国《思想史杂志》1984年4—6月号;拉·杜娜耶夫斯卡娅:《马克思的"新人道主义"、〈人类学笔记〉和妇女解放》,载《实践》杂志国际版1984年1月号;等等。

在苏联,由于马克思关于摩尔根《古代社会》一书的摘要笔记发表得较早,恩格斯的《家庭、私有制和国家的起源》又与这一笔记有极密切的联系,苏联学者过去结合恩格斯的著作对马克思的这一笔记研究得较多。至于马克思的其他几个摘要笔记,则很少看到研究文章(在六十年代展开关于亚细亚生产方式的国际讨论时,曾有一些苏联学者的论文涉及这些笔记的内容,但专门以这些笔记为研究对象的文章则没有)。

1983年纪念马克思逝世一百周年时,《哲学问题》杂志8月号发表了苏共中央社会科学院教授 И. Л. 安德烈也夫的一篇文章《马克思的最后手稿:历史和现实》,1985年莫斯科《思想》出版社出版了同一作者的一本书《马克思主义史中的手稿篇章(卡·马克思七十至八十年代手稿中的公社和氏族问题)》。书的内容是文章的扩充,两者都对马克思关于柯瓦列夫斯基的摘要、关于摩尔根的摘要和给查苏利奇的几个复信草稿进行了研究,并阐述了它们对理解当前亚非拉不发达国家社会发展前景的意义。安德烈也夫在书的序言中写道:"马克思的创作遗产有一部分几十年来或是无人知晓,或是只有在专门研究马克思著作的学者的狭小圈子中才能读到。现在,世界革命过程的发展不可避免地正在使辩证唯物主义的社会学说的新的理论方面获得现实意义，从而使得越来越需要对马克思这部分创作遗产进行领会和思考。"他又说："由于这些手稿相对说来不久以前才和广大科学工作者见面，它们还没有成为专门哲学分析的对象"，他这本著作是"试图在某种程度上填补这个空白"。① 这几句话已清楚地说明了苏联学术界对马克思人类学笔记研究的现状。

如果说西方在这方面的研究只是刚刚起步，那么苏联的状况则更差——又在重复过去对马克思早期著作（《1844年经济学哲学手稿》等）的研究落后于西方一段时期的历史。之所以会如此，一方面固然有上面说的这些笔记不那么好研究的因素，恐怕更主要的还是由于苏联学者像当初梁赞诺夫发现这些手稿时那样，囿于正统马克思主义观念，对它们的意义认识不足。

尽管对马克思晚年人类学笔记的研究无论在西方还是在苏联都还只能说刚刚开始，但是发表的论著所涉及的问题已非常广泛。要对情况进行全面介绍，非一篇短文所能办到，因此这里只想涉及国外学者对人类学笔记在马克思整个思想发展中的地位问题的看法。

三、马克思晚年人类学笔记在马克思思想中的地位问题

总的说来，国外学者都是从不同角度把马克思晚年的人类学笔记与他以前的工作和思想联系起来，认为是后者的继续和发展。

苏联学者是从完善历史唯物主义理论的角度观察这些笔记的。《马

---

① И. Л. 安德烈也夫：《马克思主义史中的手稿篇章》1985年莫斯科版第3、4页。

克思恩格斯全集》第四十五卷俄文版前言中把马克思的这些笔记称作"马克思研究资本主义以前的各种社会形态的历史问题的四篇著作",说"马克思从七十年代中期起开始研究这个问题,并主要重视原始公社瓦解的历史"。俄文版编者说,马克思对这个问题感兴趣,"反映了他力求扩大和加深他以前制定的关于世界历史的一般唯物主义观念,力求全面而深入地研究政治经济学,特别是详尽地弄清楚资本主义以前各种社会形态的经济规律"。他们强调,"马克思特别仔细地研究了公社土地占有制的演进和历史命运问题,有关社会不平等现象、私有制、阶级和国家的起源、以及人类社会发展的初期阶段家庭关系的作用等问题",并且说,马克思的这些笔记表明,"当时科学所积累的大量事实材料以及最进步的学者们所得出的结论,不仅完全证实了他早先形成的关于原始社会是无阶级社会的概念,而且使得有可能把这些概念具体化"。俄文版编者还把这些手稿称作"马克思的创造实验室",① 通过对它们的研究可以更好地了解马克思一些思想观点的形成和发展过程。

И. Л. 安德烈也夫也和第四十五卷俄文版编者一样,指出马克思在这些笔记中"集中注意力探讨了世界资本主义的资产阶级以前的(基本上是公社农民的)边缘地区的社会经济发展的倾向和前景",强调他的这种研究"是根据世界历史过程的辩证唯物主义概念进行的,他始终不渝地力求把世界历史过程的规律性应用于根本不同于西欧的条件"。②不过,安德烈也夫明确指出了这些笔记"与《资本论》及其他专门研究资本主义社会的规律和矛盾的著作截然不同","这是马克思一生创

---

① 《马克思恩格斯全集》第 45 卷俄文版第 X 页。

② И. Л. 安德烈也夫:《马克思的最后手稿:历史和现实》,载苏联《哲学问题》杂志 1983 年第 8 期第 59 页。

作生活中的一个重要里程碑","这时他的学术兴趣发生了转变,开始专门研究原始社会结构(公社和氏族)、这些社会结构在世界历史中的地位、特别是殖民主义和资本主义对它们的摧残和破坏、在建立社会主义改造的主客观前提的过程中的前景"。①

英国学者莫里斯·布洛赫(伦敦大学人类学讲师)在《马克思主义和人类学关系史》一书中表达了与苏联学者颇为相似的观点。他认为马克思和恩格斯对人类学感兴趣,有两个目的。"第一,他们想从人类学中得到一些确实的证据,证明他们发现在资本主义制度下起作用的那些一般历史原则是自古以来一向起作用的原则。第二,他们希望人类学为他们提供一些与十九世纪资本主义的习俗制度成鲜明对照的或甚至完全对立的例子。"②第一个目的是为了强调人类的统一性,强调马克思主义的社会发展规律是普遍适用的。马克思和恩格斯在进化论的人类学家、特别是摩尔根的研究著作中找到了对自己发现的历史唯物主义理论的印证,布洛赫把这种对人类学的用法称作历史用法。第二个目的是为了证明人类社会的变化性和间断性,证明资本主义制度下的各种惯例、体制(如生产关系、财产关系、家庭关系等)都是历史现象,而不是像资本主义辩护士们所说的永恒现象,证明资本主义是从历史上演变而来的,它也将必然向社会主义革命转变,布洛赫把这种对人类学的用法称作修辞的用法(即为了增强说服力的用法)。③

布洛赫认为,马克思晚年对人类学的兴趣剧增,一方面是因为人类

---

① И. Л. 安德烈也夫:《马克思主义史中的手稿篇章》1985年莫斯科版第3—6页。

② М. 布洛赫:《马克思主义和人类学关系史》1983年牛津版第15页。

③ М. 布洛赫:《马克思主义和人类学关系史》1983年牛津版第19—20页。

学家在吸收了达尔文的发现之后,出现了大量的新书刊和新理论。另一方面是因为马克思接触到来自俄国的社会主义革命者,了解到他的《资本论》在俄国引起浓厚兴趣的情况而产生了早先无法想象的在俄国进行一场共产主义革命的可能性。布洛赫说:"马克思在垂暮之年关心人类学,和以往任何时候一样是把政治和学术混杂在一起的。他详尽地研究人类学家的著作,很清楚是为未来著书打基础。他的逝世使这点未能实现。"①

布洛赫的结论是:"无论马克思还是恩格斯都不认为自己是历史学家或人类学家……他们转向人类学和历史,与其说是要关心资本主义以前的社会本身,不如说是要对资本主义进行分析。他们在自己的全部著作中都在设法证明资本主义大厦所赖以建立起来的那些概念——国家、所有制、男人和女人的本性、婚姻、家庭、劳动、贸易、乃至资本本身——并不是基于人性、逻辑或上帝这类非历史现象的不可动摇的东西……他们往人类学那里绕一下弯,就是为了要证明这些概念的任意性、暂时性和相对性。只有在这些概念及其虚假的永恒性被戳穿之后,才有可能作出令人满意的政治分析。"②

另一位英国学者特奥多尔·汕宁(曼彻斯特大学社会学教授)认为马克思一生中的最后十年是他思想发展中一个很重要的时期。马克思在这个时期虽然未发表什么有分量的文章,却留下了相当可观的有关他思想变化的证据,出现在他的书信和笔记中。他说,马克思早在《政治经济学批判大纲》(1857—1858)中就已经认识到资本主义以前社会在社会发展上有多种道路。1873—1874 年间大量接触俄国学者、革命家

---

① M.布洛赫:《马克思主义和人类学关系史》1983 年牛津版第 45 页。
② M.布洛赫:《马克思主义和人类学关系史》1983 年牛津版第 94 页。

和著作，使他进一步改变立场，1877年以后这种转变变得更加清楚和有意识。他这时已经接受了在一个资本主义占统治地位的世界里社会发展也有多种道路的思想。汕宁认为，马克思在思想认识的发展上至少可分为三个主要阶段：四十年代的早期马克思、五十和六十年代的中期马克思（不宜说"成熟"，因为它往往有"鼎盛"的意思，随之必然是衰退）、七十和八十年代的晚期马克思。虽然这个晚期阶段由于马克思在1883年逝世而没有完成，它的内容却极为丰富，它为对全球资本主义、不那么资本主义的地区以及社会主义的前景（即我们这一代人感到困惑的问题）采取新的态度奠定了基础。①

美国学者拉·杜纳耶夫斯卡娅也强调指出马克思的人类学笔记在马克思整个思想发展中的重要意义。她认为，马克思在他一生的最后十年里，由于研究了摩尔根、柯瓦列夫斯基、菲尔、梅恩和拉伯克等人的以经验为依据的人类学论著，"经历了一次认识上的冲击"，"体验到了一些新的要素"，"看到了一些新的革命和思想的力量"（这位学者在这里指的是"第三世界和妇女解放运动"）。她认为，人类学笔记是和《政治经济学批判大纲》一脉相承的，"马克思正是在这部著作中得出结论说，人类的发展不止经过三个历史时期——奴隶时期、封建时期和资本主义时期。他看到了人类发展的一个全新时期，他把这个时期称之为'亚细亚生产方式'。'亚细亚'不仅是指'东方'。他谈到了原始公社在西方和东方的发展形式，无论是在克尔特还是在俄国"。"《政治经济学批判大纲》一方面导致马克思最伟大的理论著作《资本论》，以及他围绕着巴黎公社所进行的活动和关于巴黎公社的著作，另一方面也导致了《人类学笔记》。"

---

① 见T. 汕宁：《晚期马克思和俄国之路》1983年伦敦版第23—30页。

杜纳耶夫斯卡娅认为，在马克思晚年的人类学笔记中"埋藏着一条通向二十世纪八十年代的小道"。她说："从马克思作的摘要和评注中，以及从他在这个时期的通信中，可以清楚地看到，马克思不是在设计新的革命道路，不是像近来的一些社会学论文希望我们相信的那样，放弃他毕生对资本主义在西欧的发展所作的分析，更不是取消他所发现并称之为'新人道主义'的思想和革命的新天地。相反，马克思是在深入考虑他在四十年来所考虑的人类的发展及其为争取自由而进行的斗争——他称之为'历史及其进程'和'不间断的革命'。"①

美国学者诺曼·莱文对阿姆斯特丹国际社会史研究所收藏的全部马克思的读书笔记进行了详细的调查研究。他发现，从1843年到1853年，马克思主要阅读政治经济学的书籍，集中精力为攻克英国古典经济学和分析资本主义收集资料。可是从1853年以后，马克思对经济学的兴趣就衰退了。在1853年这一年中他就读了八本论印度的书，十一本论俄国的书。在1868年开始读毛勒的书，几年中读了毛勒四本主要著作。在1876和1878年花了许多时间研究古代斯拉夫制度。在1881和1882年又重新开始研究古代制度。1881年研读了摩尔根的《古代社会》、莫尼的《爪哇，或怎样管理一个殖民地》和梅恩的《古代制度史讲演录》。一年以后又读完了拉伯克的《文明的起源和人的原始状态》和华莱士的《俄国》。莱文根据这种情况认为马克思的思想倾向在后半生发生了重大变化："他开始离开经济学、离开英国的工业问题、离开《资本论》的十九世纪的西欧世界。他越来越仔细地研究世界范围的资本主义以前的经济形态……马克思的人类学笔记表明，在他的脑海中存

---

① R.杜纳耶夫斯卡娅：《马克思的"新人道主义"、〈人类学笔记〉和妇女解放》，载《实践》杂志国际版1984年1月号。

在着一个对公社制度进行比较研究的大致计划……马克思探寻社会学上的沉积层、社会学上的时代，随时准备了解每一种社会的独特结构及其独特的发展道路。"① 莱文把马克思的思想发展以1853年为界分为经济学和人类学两个时期，在经济学时期马克思是社会发展的单线论者，经过后期对人类学著作的广泛而深刻的研究，他成了社会发展的多线论者。②

上述几位学者的观点虽然彼此之间很不相同，但是有一个很大的共同点，就是他们都是把马克思的人类学笔记放在马克思探寻社会发展规律的思想发展过程中来考察。可是西方有不少学者则是从哲学人类学的角度来看待马克思的全部思想，并在这个基础上来考察马克思的人类学笔记在他的思想发展中的地位。这大多是一些受所谓黑格尔主义化的马克思主义思想影响很深的学者。《卡尔·马克思的民族学笔记》一书的编者、对马克思晚年人类学笔记的研究做出过重要贡献的劳伦斯·克拉德，就是这些学者当中最突出的一个。他是德国著名马克思主义哲学家卡尔·科尔施亲授的学生，科尔施是按思想倾向和影响程度都可以和卢卡奇的《历史和阶级意识》相提并论的《马克思主义和哲学》一书的作者。

克拉德这样看待马克思的整个思想发展过程："马克思于1841—1846年间阐述了一系列哲学人类学的论点。其中同民族学笔记关系特别密切的一些论点涉及：家庭、市民社会和国家的相互关系（《黑格尔

---

① N.莱文：《辩证唯物主义和村社》，载唐纳德·麦克奎里编《马克思：社会学、社会变化、资本主义》1978年伦敦版第165页。

② N.莱文：《辩证唯物主义和村社》，载唐纳德·麦克奎里编《马克思：社会学、社会变化、资本主义》1978年伦敦版第167—176页。

法哲学批判》);人在社会和自然中的异化(《1844年经济学哲学手稿》);人通过自己的劳动以及在社会中的各种关系产生人本身的学说(《德意志意识形态》和《神圣家族》);以及用人的具体化反对抽象化(《关于费尔巴哈的提纲》)。"后来,"他的著作对越来越具体的问题的研究、他在1848年期间的革命活动,以及他关于对市民社会的解剖应该到政治经济学中去寻求的结论,使得他对人类学的研究从哲学方面转到了经验方面。他于是在不列颠博物馆进行了对人的纯系经验的研究,在上世纪的五十年代、六十年代和七十年代,特别是在1879—1882年间,他多次回到这种研究上来"①。

克拉德论证了,尽管马克思从对人类学的哲学研究转向越来越具体的经验研究,他的思想是前后连贯的。马克思在《政治经济学批判大纲》中研究了原始民族的经济和社会发展,用两节篇幅专门论述人的原始状况,在1859年的《政治经济学批判》中又简要地重述了这些内容。在《资本论》有关社会分工的那一章中,马克思把原始社会的生产同资本主义的生产加以对比。马克思把原始人作为一个范畴,把原始状态的抽象化作为一种手段,使之与资本主义经济的具体化相对立,而不考虑具体特定的原始民族。这个时期马克思所关心的问题与他在1841—1846年间所探讨的哲学人类学问题实质上是一致的。马克思在1879—1882年对人类学进行更系统研究的时期,对一些原始民族的社会制度作了进一步的具体阐述,可是他注意的焦点仍然是上述那些问题。所以,克拉德得出的结论是:"马克思的民族学手稿是对《政治经济学批判大纲》和《资本论》中的论点的补充,同时又是对他在1843—1845

---

① L.克拉德编:《卡尔·马克思的民族学笔记》1972年阿森版第4—5页。

年期间所持立场的发展。"①

另一位美国学者西里尔·勒维特，可能是劳伦斯·克拉德的学生，在他的《马克思的人类学和进化论问题》一文中详细阐述了克拉德的上述观点。他还说："马克思本人非常关心现代人类学的中心问题：人类与自然的关系、各种各样的社会组织形式、世界各地和不同历史时期的不同劳动关系、艺术、科学、技术、工艺等的发展以及人类的生物进化和社会进化的问题。我们可以发现他的侧重点从《经济学哲学手稿》（1844）中的有点抽象的、哲学的人类学逐步转向比较具体的、经验的人类学，在《民族学笔记》（1879—1882）中达到了顶点。虽然马克思在他发表的著作中集中注意力阐述资本主义社会的'运动规律'，然而他对非资本主义世界和资本主义以前的经济形态却保持着经久不衰的兴趣。"②

还有一位美国学者唐·凯利也是把马克思的一生与人类学密切联系在一起考察的。他说，马克思诞生时，人类学只是一般哲学的一个组成部分，在十九世纪中叶它得到蓬勃发展，到马克思逝世时则已成为一个独立的学科。马克思的思想发展是与人类学沿着一条同样的轨迹变化的，即从哲学上的"唯心主义"走向对人类有一种实证的和"科学的"看法。他说，马克思从学生时代起就一直以不同方式保持着对人类学的兴趣，而在他的晚年，这种兴趣表现得尤为突出。马克思在垂暮之年开始积累有关四位人类学家（摩尔根、梅恩、拉伯克和菲尔）的笔记，大约是想按照自己的社会哲学来写一本比较系统的人类学著作，然而却

---

① L.克拉德编：《卡尔·马克思的民族学笔记》1972年阿森版第6页。

② C.勒维特：《马克思的人类学和进化论问题》，载《马克思的理论和第三世界》1985年新德里—伦敦版第47页。

未能如愿。凯利认为，人类学表现了马克思个人辩证发展的最后阶段的情况，并使他超出了他的大多数追随者所理解的马克思主义。①

上面介绍的这些对马克思人类学笔记的不同看法，可以说在很大程度上都是带有倾向性的，都是与这些学者原来对马克思主义所持的不同立场有联系的。对马克思这部分思想遗产到底应该怎么看待，我们从其中能汲取什么精神营养，能得到什么理论上的启发，还有待我们中国学者去进行切实的研究。

---

① 见唐·凯利：《人类学：论垂暮之年的马克思》，载美国《思想史杂志》1984年4—6月号。

对马克思晚年思考的思考

——关于社会演进的轨迹*

张奇方

一、关于马克思晚年思想研讨的新高潮

马克思晚年关于社会发展道路的思考,或者说关于"世界历史"的思考(我不同意把这叫作"马克思的东方社会理论"等等,关于这点后面再谈),在我国经历了一个从高潮到低潮,又从低潮到高潮的过程。自从马克思"人类学笔记"[①] 在我国传播,特别是 1986 年在福州召开"马克思人类学笔记第一次研讨会"和《马克思恩格斯全集》第 1 版第 45 卷(内容是除关于菲尔一书的笔记以外的其他四种"人类学笔记")出版以来,我国学术界,包括哲学、政治经济学、科学社会主

---

* 本文选自《马克思恩格斯列宁斯大林研究》1997 年第 3 辑。

① 在这里应该重申一下:关于马克思晚年的这些笔记的性质,在 1985—1986 年间曾经有过各种说法和争论,如"古代史笔记"、"人类学笔记"、"文化人类学笔记"、"民族学笔记"、"原始社会笔记"等等。直到这些笔记的第一次全国研讨会前不久,在一次筹备会上大家才同意接受"人类学笔记"的提法,但仅仅是就以下意义而言:即这只是指马克思做笔记所依据的原书,都是当时有名的文化人类学著作,其中不少是使文化人类学成为人文科学一个学科的奠基之作;马克思写的是关于这些文化人类学著作的笔记,而不涉及对"笔记"本身定性。

义、史学、文化人类学、民族学各界表现出强烈兴趣。这一阶段，就研究水平而言大体上仅限于了解国外的研究状况、动向和问题。接着，1988年又在贵阳举办了第二次全国性研讨会，与会者进一步交流了各自的看法和初步研究成果。会上也提到了上次会议没有解决的问题，如文化人类学和人本主义，两个马克思和三个马克思，社会发展的道路，原始社会婚姻、家庭、道德、宗教，马克思和恩格斯的发展观以及笔记同"西方马克思主义"的关系等问题。此后，研究进入了一个相对沉寂的时期。这是由于几方面原因的共同影响造成的。

从学术上说，对一个新的课题作了初步探讨和摸索，看清了大体的轮廓和确定了下一步的研究方向以后，大家确实需要有比较多的时间去充实自己，收集和掌握资料，进而作更为深入的研究。我们看到，在这一时期写出了多篇论文和较长的专著。有些高等学校已经开设了这个专题的选修课；有些哲学系学生和研究生选择了这个专题作为自己的毕业论文和学位论文的内容。与此同时，世界正经历着动荡：苏联的解体，社会主义阵营不再存在，马克思主义本身正经历着实践的空前严酷的检验，这不能不对马克思晚年思考的研究带来不小的影响。

近来，马克思晚年的思考，虽然在国外高潮大体已经过去，但是在我国又有了重新成为研究热点的趋势。其所以出现这种状况，除了我国经济发展迅速、政治安定这些外在的有利因素之外，主要是问题本身所具有的重大意义使得着重研究它成为一种必然。马克思晚年这方面的研究和思考，对当时的东方、特别是俄国具有重大意义，对现在的中国、亚、非、拉广大发展中国家，甚至连东欧、北欧、南欧以及美洲等等国家和地区，也都具有重大的意义。凡是真正以马克思主义为指导思想的学者，都会觉得马克思晚年思考给予我们的，不啻是又一次思想解放。它在许多方面帮助我们摆脱教条主义、本本主义的束缚，回到以实践为检验真理的唯一标准的马克思主义道路上来，使我们端正研究工作不够实事求是的态度。而这一点正好就是研究工作能得到正确结论的关键。

此外，许多学者通过研究发现，马克思晚年思考的许多重要观点，对我国正在经历着的社会主义初级阶段的实践具有很现实的意义。这种认识也促使研究者更加努力、认真地去研究马克思究竟为什么去探讨、去思索这些问题，他为什么改变和在多大程度上改变了自己的以前经过多年探求而提出的确信不疑的某些结论。

更有意义的是，马克思晚年思考的这些问题，以及通过这些问题的思考过程展示给我们的方法论原理，使我们可以更好地从高层次上去理解、把握邓小平同志关于建设有中国特色的社会主义理论。

当然，正像任何历史上出现重大理论发展和突破时的情况一样，社会上会出现许多似是而非的"学说"，借正确理论造成的声势，来鼓吹自己的一套，把这一套也说成是正确理论的发展或流派、或深化等等。被加上了"新马克思主义"或"八十年代马克思主义"头衔的"依附—发展"论、"世界体系"论之类，就是这样一批在马克思主义名义下推销资本主义世界永存或改良资本主义社会的所谓"理论"。现在虽然有人在宣扬这些西方"理论"，将这些东西封为马克思主义或者说同马克思晚年思想"相通"、同马克思晚年思想有"共同之处"，但是，我们相信，正像几年前流行的"趋同"论一样，不会得到真正的马克思主义者的认同。当然这些所谓的"理论"还是应该客观分析、认真对待并加以清理的。

二、推动马克思晚年思考的历史原因

关于社会发展规律的理论,是马克思主义唯物史观的基本内容之一,也是他晚年思考的重要内容之一。早在1845年马克思和恩格斯合写的《德意志意识形态》一书,就大致勾画出了人类社会的各种社会形式,认为这是分工发展的各个不同阶段,并指出这同时也就是所有制的各种不同形式。马克思谈到了"第一种所有制形式是部落所有制","第二种所有制形式是古典古代的公社所有制和国家所有制",和"第三种形式是封建的或等级的所有制"[①] 以及书中没有谈到而当时正经历着的现代资本主义所有制。这些所有制同以后被概括为五种生产方式的社会形态系列有很大的不同。首先,划分"形式"的依据并不是生产资料的占有和社会财富的分配,而是分工。虽然说到了所有制,但是同以后说的所有制并不完全相同。这里也提到了奴隶制,但是并不是作为一种有独立意义的生产方式,而只是作为第一和第二种所有制形式中都存在的共有现象。马克思后来非常重视而且视为人类历史中决定性现象之一的私有制的出现,在这里也只是作为第二种所有制,即古典古代的所有制和国家所有制阶段中的一个从属现象。可见,马克思和恩格斯在早期,至少是1845年左右,对社会形态依次更迭的发展和划分各形态的标准所持的观点,同以后被归纳为五种生产方式时,是不尽相同的。

在以后一个阶段,马克思和恩格斯投身于革命的实践活动,将"正义者同盟"改组为"共产主义者同盟",写出了《共产党宣言》,紧接着亲身参加1848—1849年欧洲革命,经受了革命的失败、共产主义者

---

① 参看《马克思恩格斯选集》第2版第1卷第65—71页。

同盟的分裂。在流亡英国之后，总结了革命的经验和失败的教训。50年代初，马克思重新回到研究工作中去，研究政治经济学。就在这时，他读到了麦克库洛赫、贝尔尼埃、萨尔蒂科夫等人不少关于印度、中国、俄国等等国家的历史和经济著作，也阅读了英国议会蓝皮书之类的有关东印度公司的资料。马克思在1853年6月2日读了贝尔尼埃的《大莫卧尔、印度斯坦、克什米尔王国等国游记》之后，向恩格斯谈了自己的看法，认为贝尔尼埃看到上述国家中一切现象的基础是"不存在土地私有制"，指出这"甚至是了解东方天国的一把真正的钥匙"。① 对此，恩格斯也作了充分的肯定。在几年之后，马克思在《政治经济学批判》草稿（即通常所说的《1857—1858年手稿》）中提出和论述了"亚细亚所有制形式"，进而在1859年的《〈政治经济学批判〉序言》中，正式提出："大体说来，亚细亚的、古代的、封建的和现代资产阶级的生产方式可以看作是经济的社会形态演进的几个时代"。② 在《1857—1858年手稿》第二篇中的（B），则对各种早先的"所有制形式"，如"原始的所有制形式"、"亚细亚的所有制形式"、"古代的所有制形式"、"日耳曼的所有制形式"等等都作了论述。

可以看出，到19世纪50年代末，马克思一直认为，他认真解剖的西欧社会，对世界各国来说都是一种典型。各国发展的基本模式，或者说是基本规律，"大体说来"都必定经过上述几个阶段。马克思在这个时期所列的第一种所有制形式，或者第一种"生产方式"（也叫"生产形式"）被冠之以"亚细亚"，是因为马克思看到当时只有印度等亚洲国家"不存在土地私有制"，而这种现象正是原始公社解体前的状态。

---

① 参看《马克思恩格斯全集》第1版第28卷第256—260页。
② 《马克思恩格斯选集》第2版第2卷第33页。

因此,"亚细亚生产方式"决不等于地理概念上的"亚洲"的生产方式,当然也不等于"东方"的生产方式。马克思使用这个范畴只是把它理解为一种普遍存在于一切民族初期的生产形式,也就是说,亚洲存在亚细亚生产方式,欧洲也同样存在亚细亚生产方式。

接着,马克思把大量的精力放在自己的主要著作《资本论》的写作和《资本论》第1卷的出版发行上面。马克思在这一时期关注的重点,就是《资本论》第1卷的内容,即对资本主义社会的解剖,揭示出它的产生及灭亡同样都是不可避免的。对于非资本主义的世界其他地区以及人类社会原始阶段的研究相对少了些。但是对印度、俄国、中国,甚至美洲和非洲,仍然给予了一定的注意,这在《资本论》第1卷,在他写的笔记、信函中都有反映。与此同时,他在第一国际中的极其重要而有时又极为繁杂的工作,又花去了他大量的精力。即使如此,他也没有把关于人类社会发展模式的探索放在一边。

到上世纪70年代末80年代初,对人类原始社会及人类社会发展模式的研究,重新又成为马克思投入极大精力的课题。仅仅已经译出发表的晚年笔记,起码就达到近百万字。马克思在生命的最后十年把如此大量的精力投入这方面的研究,其原因是很多的。这些原因,主要的可以归为下列几点:

第一,他用唯物主义历史观这把解剖刀,剖析了西欧资本主义并上溯到成文史以来的西欧史(有时扩大到整个欧洲)并揭示了西欧人类社会发展过程,证明这个工具是极其犀利的,但是对成文史以前的人类史,对西欧以外的全世界的人类历史,如亚洲、美洲、非洲、澳洲等的历史,对这些非西欧地区、非资本主义社会的现状和历史,这个工具是否有用,是否同样犀利,则尚待证明。在这个问题上,仅靠逻辑的推导而没有充分的、有力的经验材料,是说不明白,证明不了什么的。唯物主义历史观在这里将受到严格的检验。在狭义相对论范围内属于正确的结论、定律,在广义相对论的范围内就有许多不适用,因为情况、条件都变了;在西欧是正确的历史结论,到西欧以外就可能不一样;对阶级社会、私有制社会是正确的认识,对非阶级社会、公有制社会也可能完全颠倒过来。这种情况在人文科学中同在自然科学中一样,是屡见不鲜的。更何况以前欧美科学界对文化人类学的研究还很幼稚,照恩格斯的说法是,仍处于摩西五经的影响之下。而马克思恩格斯自己当时也还没有改变《共产党宣言》中认定人类全部历史都是阶级斗争史的观点。他们那时仍同许多极负盛名的学者一样,把氏族所有制看成是人类社会的第一种所有制,而完全不知道还有母系社会,还有婚姻关系发展的多种阶段和多种道路,还有根本不存在所有制的时代。

其次,马克思在继续写作《资本论》时,将进入对"地租"问题的论述,分析研究地租,研究土地问题,就必须要探讨土地所有制问题。而土地的公社所有制在各种土地所有制中所占有的重要地位和它在世界各国历史中都普遍存在过和存在着的事实,使任何一个研究者都必定要直面它,而不能置诸不顾。要对公社所有制有所了解,了解它的产生和前史,了解它的变体,了解它在欧洲各国的解体和土地所有制的改变,就不能不研究当时公社刚被废除不久(1861年)的俄国和公社仍然较普遍存在的印度。这就使马克思的研究远远越出了单纯研究地租和土地问题的范围。

第三,欧洲革命沉寂下去以后,马克思把很大的希望寄托于俄国。俄国的革命形势日渐成熟,俄国的革命者如普列汉诺夫、车尔尼雪夫斯基、查苏利奇、米海洛夫斯基等等就俄国革命的前途和革命后俄国发展的道路展开争论,并且直接要马克思谈自己的看法。马克思当时已经逐渐感到,像米海洛夫斯基这样把马克思从前关于欧洲"社会演进的几个时代"的论述硬套在俄国身上,是完全不正确的,是对马克思的"侮辱"。但是要得出一个正确的符合历史发展的结论,又谈何容易。在这段时间里,马克思努力研究、阅读了大量有关公社的书,其中主要是俄国的(如卡拉乔夫的《古代和当代俄国的劳动组合》、索柯斯基的《俄国北部农村公社史论文集》等)。当然也有许多其他国家的著作,如毛勒关于德国庄园的历史,汉森关于特利尔专区(德国,马克思故乡)农户公社和农奴制的书等等,而从马克思主要研究的柯瓦列夫斯基和菲尔的著作看,可以明确地说,马克思的主要目标并不在于通过各种资料来研究俄国的农村公社,而是通过研究俄国的公社来研究各国农村公社的历史,来预言公社的发展方向。

第四,从客观上讲欧洲的文化人类学研究,那时正好进入了一个相当繁荣的时期,文化人类学的许多传世名作,如巴霍芬的《母权论》、麦克伦南的《原始婚姻》、泰勒的《人类早期史研究》和《原始文化》和巴斯蒂安的著作等以及马克思作了详细笔记的摩尔根、拉伯克、梅恩、菲尔等人的著作都产生于上世纪60年代和70年代。一般认为,文化人类学这一人文科学学科,正是产生于上世纪60年代。上面列举的书在马克思的藏书中都有,不少还有马克思阅读时所作的标记。这些著作所提供的丰富的资料、鲜明的立论和经过田野调查得来的闻所未闻的事实,向马克思展示了一个需要努力研究分析才能认识清楚的人类原始社会的繁复的景象。而这方面的研究,正是马克思在努力设法补足的马克思主义中的缺环。文化人类学的兴起,为马克思的研究提供了客观的有利条件。

可见,马克思生命最后十年的研究,是为了写《资本论》而超越了《资本论》,为了研究俄国农村公社(村社)而突破了公社。显然,更高的目标,应该是定位在完善历史唯物主义这个根本目标上。但令人十分遗憾的是，马克思过早地去世了，他留给我们的只是大量的未完成的探索。这些探索极其丰富、极其宝贵，然而却是未完成的。恩格斯的《家庭、私有制和国家的起源》，只是在一个方面、一个局部问题上作了弥补，而对其他大量问题，他也已经因为把精力投入《资本论》第2卷、第3卷的编辑工作而无力他顾了。

马克思晚年留给我们的思想遗产，其价值是怎么估计都不为过的。最主要、最根本的一条，就是再次重申，马克思主义是发展的、是科学的，它最基本的要求是用科学的方法来对待它，即实事求是。马克思晚年的思考，对于一百年以后继续循着他的思路在摸索实现社会主义理想道路的我们来说，是一个坚实的立足点，是一个茁壮的生长点。让我们像他那样在真理面前无所畏惧地前进吧！

三、马克思晚年思考的几点启示

恩格斯在马克思逝世时，把这位伟大思想家的一生概括为两大发现，也就是：第一，发现了人类历史的发展规律，简言之就是唯物主义历史观；第二，发现了现代资本主义生产方式和它所产生的资产阶级社会的特殊的运动规律，换句话说，就是剩余价值理论。这两大发现，一项属于基本原理，一项属于基本原理的运用。恩格斯做的这种概括，在后世经常被马克思主义者引用，作为马克思伟大贡献的经典性评价。但是这样的评价却没有把马克思晚年思考所作出的重大贡献包括在内。恩格斯对马克思晚年的研究看来也并不完全了解，即使他的《家庭、私有制和国家的起源》也只是在整理马克思遗物时发现了他的笔记才引起了重视。其所以会出现这种情况，各国学者还没有提出令人信服的说法。但是，从现有的材料看，恩格斯对马克思一生的概括，可能还是应该加以补充的。

马克思晚年的思考,属于将唯物史观运用于解剖非资本主义社会的一种尝试。这种研究的重要性,同解剖资本主义社会相比,是同等重要的,因此也完全有理由列为马克思的另一个重大贡献。虽然这种探索并没有得出结论,也没有什么重大的著述留传下来,但是其重大意义谁也抹煞不了。

马克思晚年的探索是多方面的,极其丰富的,很难把它归入单一的学科。因此,只有多学科的共同努力研究,才能正确地、深入地、全面地把握它。马克思晚年的探索和思考,有不少内容属于唯物史观范围和史学范围以及与史学有关的范围。其中比较重要的有以下几点:

(一)关于社会发展规律的研究,或关于社会生产方式更替的规律问题。前面提过,马克思关于这个问题的认识有一个发展过程。他从解剖西欧社会得出第一个结论,就是《〈政治经济学批判〉序言》中所说的"大体说来"一句所表述的思想。这时,他认为人类社会的发展规律在世界各地"大体说来"都是一样的。认识了西欧社会,就认识了一切地区、一切国家,只是发展的程度不同、阶段不同,并且带有各国的历史传统造成的特色而已。他曾经认为,资本主义的发展,英国是典型,法国、德国都不同于英国,德国走的是农业发展的道路,法国则介乎二者之间。在接触了、深入了解了西欧以外国家的历史和现状之后,到了70年代末期,他明确地意识到,他在《资本论》中(确切点说,应该是在《资本论》第1卷中)以英国为例所作的剖析和论述,对其他国家和地区不一定完全适用。

马克思在1877年底给俄国民粹派《祖国纪事》杂志编辑部的信里,提出了两点:第一,如果俄国继续走1861年"解放"农奴、推动资本主义发展的道路,俄国将失去避免资本主义发展的最好的机会;第二,他关于西欧资本主义起源的"历史概述",并不是关于"一般发展道路的历史哲学理论"。到 1881 年,他更进一步说明,他在《资本论》中对资本主义生产的起源所作的分析,所指出的这种运动的"历史必然性",明确地限于西欧各国,西欧以外的国家(这里主要是说俄国)在一定条件下可以不通过资本主义的"卡夫丁峡谷"。①

马克思在生命最后十年关于人类社会发展规律的探索和思考表明,他并没有如某些以他的"学生"自居的人那样,用"五种生产方式"的固定模式来束缚自己、规矩后人。马克思肯定了自己对西欧资本主义起源的概述,而否定了把这种概述到处套用,进而否定了"一般发展道路的历史哲学理论"的合理性。这就给后人以广阔的可能性,去运用马克思主义基本原理实事求是地认识分析本国的实际,并以此为出发点去预见和规划本国面临的任务和前途。我国建设有中国特色的社会主义不正是力图"不经受资本主义生产的可怕的波折而占有它的一切**积极的成果**"吗?② 不正是在努力"不通过资本主义制度的卡夫丁峡谷,而把资本主义制度所创造的一切积极的成果用到"社会中来吗?

(二)马克思不仅认为资本主义生产方式并不是历史的必然,而且从原始公社开始,人类社会的发展都不是具有固定模式的单一的过程。从原始公社开始的发展,他肯定的只是:原始公社到农业公社转变时,血缘亲属关系逐渐削弱以至失去作用,私有的因素开始出现并扩大影响。至于如何转变则是一个自然的过程,不是从亚洲现成地输入欧洲,也不是从欧洲输入亚洲或其他地区,各地有各地的道路。而且农业公社甚至不是一定像西欧那样走从公有制到私有制、从原生形态到次生形态

---

① 参看《马克思恩格斯选集》第 2 版第 3 卷第 339—342 页。
② 参看《马克思恩格斯选集》第 2 版第 3 卷第 762、765 页。

的发展道路,既可以是私有制因素战胜集体因素,也可以是集体因素战胜私有制因素。[①] 结合俄国来看,结论就是俄国公社原来的公有制因素,即集体因素,也可能战胜私有制因素,从而抛开资本主义的发展道路而走非资本主义的发展道路,同时利用资本主义制度的一切积极成果。对于农业公社(俄国叫"村社"),马克思完全是运用唯物史观作出客观的分析。他决不用西欧的模式来硬套俄国的实际。

对于封建主义,他的态度也是这样,也是一如既往地采取唯物主义的、历史主义的、实事求是的态度。从他对柯瓦列夫斯基、菲尔等人著作所加的批语可以看出,他坚决反对把印度、阿尔及利亚等地的"公职承包制"、"荫庇制"同欧洲的封建制度作牵强地比附。凡是他们把这些现象称为"封建主义"、"封建化"等等的地方,马克思都一概持否定态度。因为马克思认为这些被标上了"封建主义"的现象,并不等于西欧的封建主义。西欧的封建主义有一个基本因素,即"农奴制",而像亚、非一些国家根本就不存在农奴制,不存在具有人身依附身份的农奴,就不是以农奴制为特色的封建主义。至于其他封建主义因素,也一样无法套用于亚、非国家。马克思晚年对社会发展模式的随意套用,持坚决反对态度,说明他认为起码是亚、非的国家并不是同西欧国家发展的各个阶段相一致的。相反,更多的是各自走不同的道路。

马克思的意思是很清楚的:人类社会从野蛮到文明,从原始到进步、到共产主义,是符合社会发展规律的,至于发展过程的具体形式,则并不一定相同,即使有相通、相似之处,也不完全一样。用单色调描绘多彩的世界,不是马克思主义的特点,只有可悲的、懒散的教条主义者,才用现成的公式去衡量世间的一切。

---

① 参看《马克思恩格斯选集》第 2 版第 3 卷第 764—765 页。

（三）从马克思晚年思想的发展去审视我们的理论，可以提出不少值得思考的问题。举个例说，历来所说的"生产关系一定要适合生产力发展的水平"这个原理，本来是完全正确的。但是如果理解为一定的生产力发展水平就要求有某一特定形式的生产关系，这就不对了。蒸汽机开创的大机器工业时代，曾经被认为只适合于资本主义生产方式，也就是说只适合于一方面存在以剥削剩余价值为基本特征的资本，另一方面存在除了劳动力以外就一无所有的劳动者，即无产阶级群众这样的条件。马克思晚年的笔记和其他著作、书信及未发表的文稿证明，他认为符合这种生产力发展水平的，可以是资本主义的生产方式（如西欧），也可以不是资本主义的，甚至是以前存留下来的比较古老的、建立在公有制基础上的农村公社，只要稍加改变，就可以接受资本主义社会的一切重要的肯定的成果而避免一切痛苦和屈辱（如当时的俄国）。这应理解为，生产关系一定要适合生产力发展水平，决不是说某种生产力只要求唯一一种生产关系。这里说的只是"适合"，也就是说，不论什么样的生产关系只要能适合生产力发展水平，就都是合理的、现实的、有权利存在的。

站在马克思晚年思想的高度，回顾我们自己走过来的道路，不能不为邓小平同志建设有中国特色的社会主义的精辟见解而惊叹，不能不对这个理论从哲学上高度概括的"猫论"表示钦佩。可以肯定地说，小平同志事先没有可能看到凝聚马克思晚年思想的各种著作和资料，因为小平同志提出建设有中国特色的社会主义理论，早于《马克思恩格斯全集》第45卷出版之前。然而这两个伟人的思想是相通的，是一致的。建设有中国特色的社会主义的理论，是经过实践严格检验的真理。如此惊人的一致，只能有一种解释，就是，根据马克思主义基本原理推导出来的符合客观实际的结论只有一个，不论是通过对非资本主义国家社会大量深入研究得出的结论，也不论是通过建设社会主义的无数实践，通过不断总结经验教训而认识到的真理，结果都一样。

马克思的这个思想发展，还可以从新的视角来研究世界除西欧以外的国家的历史和现状，实事求是地修正自己的看法和结论。不必把每一个国家开始出现商品经济时都列为资本主义或资本主义萌芽时期，并相应地把前一阶段叫做封建社会，而不顾这个国家是中央集权的还是小邦林立的，存在农奴制的还是不存在农奴制的。再由此推断不论这个国家是否存在过奴隶，奴隶制经济因素是否对该国当时的性质起决定性作用，都一概称之为奴隶制，等等。我国史学界长期以来争论不休的历史分期问题，花费了学者们大量的精力，而其中有不少问题正是因为硬性套用"五种生产方式定式论"而徒耗力量。

四、所谓"东方社会理论"及其他

马克思生活的最后十年，决不是梅林所说的"慢性死亡"。他写下大量笔记也决不是梁赞诺夫所说的"不可原谅的学究气"。当然也不像恩格斯在马克思夫人去世时说的"马克思也死了"。相反，在最后十年中，马克思思想十分清晰、活跃而敏锐，有极大的开创性。他的思想同青春年华时一样充满活力，对新鲜事物的接受能力，仍保持着年轻时那样活跃。他除了肌体衰弱多病外，其他方面甚至比年轻人毫不逊色。他晚年的理论探讨，已经充分地说明了这一点。

在前面说过，马克思晚年的思考，具有重大的理论意义和实际意义。但是，估价他这时思想的意义和确认这种思想的成熟程度是完全不同的两件事。而后者起码应该符合马克思的实际。可惜在这一点上往往不能尽如人意。我想，作为一个马克思主义的学者，作为一个科学的研究工作者,最起码的要求就是实事求是。不应把马克思所没有的强加给他,也不应把不成熟的吹捧为成熟而任意拔高。但是在马克思晚年思想的研究方面,这种情况却比比皆是。就以"东方社会理论"这种被不少人提出、被更多的人认可而采用的说法,就是如此。我在上文中提到,对此,我不敢苟同。因为这种提法从一方面说是贬低了马克思晚年思考的意义,从另一方面说又是拔高了它。这两方面都是不能接受的,都是马克思主义者所不取的。

  首先,应该问一下,马克思晚年思考的如此重大的问题,是仅限于"东方"吗?从马克思当时的书信、笔记等等看,"东方"即俄罗斯、印度、中国、土耳其,是研究的重点。这一则是因为俄国的革命形势要求马克思表态,殖民主义势力在印度、中国等地引起不断的暴动、起义等等,吸引了马克思的注意。再则是西欧的传教士和例如英国东印度公司这样的殖民经济实体提供的调查研究的材料,使马克思有了研究的条件。可以说,马克思的研究是从研究东方入手而且掌握了大量东方的资料,因而是以东方为重点的。但是,同样应该指出,他的研究决不以东方社会为限。他研究的目的是,在研究整个人类社会各种不同发展道路的同时,证明唯物史观的正确性。他把自己在《资本论》第1卷中从解剖资本主义产生和灭亡的规律导出资产阶级的灭亡和无产阶级的胜利同样是不可避免的这个结论,然后又把对西欧资本主义的历史概述"明确地"限于西欧。他在晚年以解剖东方社会及其发展前途的预测,得出了东方具有和西方不同的发展道路的结论。然而这难道只是为了把对东方社会的概述(虽然不是明确的系统的概述)限于东方吗?当然不能得出这样的局限性的结论。况且,从马克思晚年阅读的资料和书籍看,也决不能说他关心的仅仅是东方。正像他当年提出"亚细亚生产方式"并不是专指亚洲一样,他心中想的是全世界。把马克思晚年的思考局限于东方,就会大大地贬低它的意义。

至于谈到"理论",首先,马克思晚年的思考和研究,远没有达到成为"理论"的程度。所谓"理论",至少是一种系统化了的理性认识。至少应该具有一种有系统的、精确表述的形式。马克思晚年的思考散见于多种笔记、书信之中,往往是读书时的夹批(最长也不过三百余字),或就某一问题的有针对性的阐发。这些夹批和阐发,虽然极其精深,但远不是全面的、完整的论述。马克思自己没有认定这是一种理论,没有提出过系统的思想,甚至没有一个可以同《关于费尔巴哈的提纲》相当的简略的计划。因此,呼之为"理论",未免牵强,颇有拔高的味道。这样说,并没有丝毫轻视这些思想的意思。相反,在这里可以重申:马克思晚年的思想是可以同马克思其他两大贡献相提并论的,是可以同昭日月的。但是,不管怎样,也不能直称之为"理论"。

马克思死而有知,说不定会对这些把他晚年思考称为"东方社会理论"的人再一次说:"但是我们要请他原谅。他这样做,会给我过多的荣誉,同时也会给我过多的侮辱"[①]。

---

① 《马克思恩格斯选集》第 2 版第 3 卷第 342 页。

论马克思社会历史理论中的"人类学笔记"[*]

荣 钊

马克思在晚年研究那些似乎和经济学研究没有什么直接联系的人类学著作,究竟是出于什么样的理论动机?对这个问题,如果仅仅局限于马克思晚年笔记所摘录过的那些著作,是不可能得到可靠的答案的。因此,研究"人类学笔记"的性质及其在马克思思想史中的地位,必须结合马克思一生的理论著述,特别是要结合自19世纪50年代以来有关社会历史发展的论述。

在马克思以前,历史学家们都没有把揭示社会历史发展的基本规律作为历史研究的核心内容。揭示这一历史规律的任务由马克思完成了,他一生全部的理论著述都是用来证明社会的发展是一个"自然历史的过程"。阐明社会历史发展——人类社会古往今来的历史及其规律,是马克思研究历史最基本的要求,这个要求内在地规定了马克思走向"人类学"的理论动机。马克思走向"人类学",决非是为了建立一门人类学,以沟通他早期的哲学人本学和他后来掌握的关于原始人发展的经验材料之间的联系;而是为了阐明东方社会发展道路和史前社会的本质,其重要意义已远远超出了人类学所能包含的范围。

---

[*] 本文选自《马列主义研究资料》1987年第4辑。

马克思关于社会历史发展的全部理论都旨在证明,"世界历史"的形成,即共产主义在全世界的胜利。在历史唯物主义基础上形成的"世界观念"是马克思在19世纪50年代探索东方社会发展道路的主要理论基石。从全人类解放出发,马克思在其早期著作中论述了这一思想,特别是在《德意志意识形态》中,他深刻地揭示了民族历史走向世界历史、民族文化走向世界文化的必然趋势。马克思认为,"世界历史"的形成是资本主义世界市场体系形成的必然产物,因为资本主义"使每个文明国家以及这些国家中的每一个人的需要的满足都依赖于整个世界,因为它消灭了以往自然形成的各国的孤立状态"。在"世界观念"的指导下,马克思精辟地提出了社会形态依次更替的理论,为世界历史发展勾勒出一条唯一的线索,这就是他在1859年《〈政治经济学批判〉序言》中所说的:"大体说来,亚细亚的、古代的、封建的和现代资产阶级的生产方式可以看作是社会经济形态演进的几个时代。"马克思在40年代到50年代的著述中,对东方社会发展道路的探索,在很大程度上表现为用"世界观念"来说明东方社会走向世界历史的必要性和必然性,他认为东方社会所固有的民族狭隘性只有在世界普遍交往的过程中才能得以克服。但是,东方社会如何从它以往长期停滞的状态完成向世界历史的转变,特别是这种转变的具体途径——究竟是通过资本主义的殖民统治,还是通过自身内部的社会变革?正是这些复杂的一时还难以确切把握其本质的历史现象使马克思的"世界观念"面临着和"西方中心论"的冲突,这就是说,当"世界观念"只能借助于资本主义在世界范围内的扩张而得以形成时,"世界观念"确实很容易蜕变为"西方中心论",即完全用西方的模式来套东方社会的发展,尽管他的"世界观念"是和西方中心论根本对立的。问题的症结在于:五种社会形态依次更替的普遍规律和东方社会发展究竟是一个什么样的关系?或者更进一步讲,西方社会发展和东方社会发展究竟是一个什么样的关系?很显然,根本解决这个重大的理论问题的根据就在历史过程之中,马克思从70年代中开始走向"人类学",就是为解决上述问题做的理论工作。

解决问题的关键在于对历史的深入研究。马克思不仅致力于考察东方社会走向"世界历史"的必然性,而且也致力于考察东方社会基础的性质及其在社会发展总的序列中的地位,简言之,马克思是从东方社会的土地公有制中看到了人类社会"原生形态"的基本特点。马克思从历史和逻辑统一的原则出发,暂时抽象掉亚细亚生产方式中的国家专制这一因素,而将土地公有制突现出来,的确能够解决人类社会的"原生形态"的性质及其和私有制社会的关系问题。但是从历史上看,亚细亚生产方式不仅和其它私有制社会如奴隶社会和封建社会长期并存,而且在西方的封建社会趋向解体时,仍然保持着自己强有力的生命力。当马克思把亚细亚生产方式置于人类社会各形态依次更替发展的过程中予以考察时,就内在地包含着一种逻辑和历史之间的矛盾。解决这个矛盾,取决于人类对史前社会的发现和认识,这无疑构成了马克思走向"人类学"的又一理论动机。

马克思对资本主义社会的"政治经济学批判",不仅使他清楚地了解到资本主义社会形成和发展过程中的全部秘密,而且由此掌握了理解其他一切社会形态的钥匙。但是,马克思也认识到,对社会发展一般规律的把握,不能代替对各个不同的社会形态的"一切历史差别"的研究,正如他自己所说:"如果说资产阶级经济的范畴包含着一种适用于一切其他社会形式的真理这种说法是对的,那末,这也只能在一定意义上来理解"。进而言之,关于社会形态依次更替的理论也只能在最一般意义上来反映和说明社会发展的基本过程。这就意味着,在完成对人体的解剖以后,还必须完成对猴体的解剖;人体的解剖只是提供了解剖猴体的一把钥匙,但却不能代替后者。因此,在马克思政治经济学研究中,内在地体现着走向"人类学"的必然性。虽然马克思在《政治经济学批判》序言中,对自亚细亚生产方式起的社会形态依次更替的过程已作了经典性的概括,但并没有历史地解决亚细亚生产方式所特有的社会性质及其发展道路等问题。亚细亚生产方式中所包含着的国家专制这一因素,显然和人类社会"原生形态"所应具有的无阶级、无私有制、无国家的性质是不相吻合的。可见,把亚细亚生产方式作为人类社会的"原生形态",缺乏充足的历史依据。因此,马克思关于史前社会的理论能否科学地完整地建立起来,在很大程度上取决于他那个时代的人类学研究的进展。马克思从70年代末起开始转向"人类学"。到了70年代,人类学研究出现了根本性的转折。1877年摩尔根发表了《古代社会》一书,揭示了氏族在原始社会中的地位,证明了母权制氏族在历史上先于父权制氏族。马克思敏锐地发现了摩尔根的氏族理论对历史唯物主义的社会形态依次更替的理论所具有的重要意义。在马克思看来,摩尔根最突出的贡献就在于他确立了氏族组织在史前社会中的决定性地位,证明了在原始氏族组织中,不存在阶级、私有制和国家;这样,人类社会发展序列中的"原生形态"便被真正发现了,亚细亚生产方式将不再以人类社会的"原生形态"的形式出现,将不再是原始社会的同义语。但是,亚细亚生产方式作为其他社会形态的发展道路,仍然是马克思社会历史理论中所要解决的重要问题,因为这个问题直接涉及东方社会的未来命运。

如前所述,史前社会的发现使亚细亚生产方式失去了作为人类社会"原生形态"的意义,而把亚细亚生产方式区别于其他一切社会形态的特殊性质和特殊发展道路问题突现出来了。但是,马克思在晚年(1872年以后)却放弃了"亚细亚生产方式"这一概念,原因何在呢?这只能从马克思走向"人类学"的内在逻辑中予以说明。马克思通过阅读同时代人有关东方社会的著作,使他对东方社会的内部结构、所有制关系、农村公社和发展道路等重大问题有了新的看法。他看到了原始社会中氏族公社和东方社会中农村公社的重大区别,即农村公社是"原生的社会形态的最后阶段,所以它同时也是向次生的形态过渡的阶段,即以公有制为基础的社会向以私有制为基础的社会的过渡"。农村公社的这种双重属性构成了马克思把握东方社会发展道路的出发点,同时也是他决意放弃"亚细亚生产方式"这一概念的主要依据,因为这一概念已经不能确切地说明东方社会的基本特点。但是,这并不意味着由此否定了东方社会区别于其他社会形态的特殊性质和特殊的发展道路。既然东方社会是处在向人类社会的"次生形态"过渡的阶段,那么它显然有别于处在次生形态上的奴隶制社会和农奴制社会。这样,不管是在理论的逻辑上还是在历史上,都存在着一个社会发展的"多线论问题"。很显然,马克思晚年走向"人类学"的一个重要理论动机就是为了彻底解决东方社会独立发展的可能性及其未来命运的问题。

综上所述,马克思晚年"人类学笔记"和他的社会历史理论有着紧密的联系,这是他为了全面地系统地研究人类社会古往今来的历史及其规律,是为了科学地解剖史前社会的内部结构并确立其在人类社会发展总过程中的原初地位,是为了探索东方社会的特殊性质及其特殊的发展道路并阐述其走向社会主义的可能性和现实性。

(道木 摘编)

马克思晚年"人类学笔记"的启示[*]

张奇方

马克思主要对 5 种人类学著作[①]所做的笔记,在 70 年代初期公开发表以来,强烈地震动了马克思主义学术界。这是因为"人类学笔记"证明,马克思在晚年仍然对真理如饥似渴地追求,使人们目睹了他在一系列重大理论问题上迸发出来的思维的闪光。这些湮没了近一个世纪的笔记还证明,马克思在垂暮之年,在失去终身伴侣和爱女以后,仍以病弱之躯鼓起生命的余力,沿着陡峭的山路进行着意义极为重大的攀登。

马克思这些"人类学笔记"展现在我们面前的是一幅气势磅礴的理论画卷。这里有原始社会、原始文化、原始道德、原始宗教这些典型的文化人类学问题。也涉及更为广泛的、重大的基本理论和方法论问题,对我们结合新的时代特点来研究马克思主义,具有重要的启示作用。这里就几个(决不是全部)目前受到关注的问题扼要地作些介绍。

---

[*] 本文选自《马克思恩格斯研究》1989 年总第 2 期。

[①] 主要指马·柯瓦列夫斯基《公社土地占有制,其解体的原因、进程和结果》,路·摩尔根《古代社会》,亨·梅恩《古代法制史讲演录》,约·拉伯克《文明的起源和人的原始状态》,约·菲尔《印度和锡兰的雅利安人村社》。(《马克思恩格斯全集》第 1 版第 45 卷和 1987 年《马克思主义研究资料》第 1—4 辑)

一、人类社会的两种生产

恩格斯在马克思故去一年之后，正式论述了人类社会的两种生产的问题。他指出，作为历史发展最终决定因素的直接生活的生产和再生产，不仅仅是生活资料及生产工具等的生产，也包括人类自身的生产，即种的蕃衍。此论一出就受到多方非议。考茨基、库诺夫、伯恩施坦等人当时曾公开表示不能同意。① 以后，反对之声时有所闻。在社会主义国家相继建立以后，这些国家的大量正式出版物，也众口一辞地把"两种生产论"列为恩格斯的一个错误，认为"恩格斯……将种属蕃衍和生活资料生产当作决定社会及社会制度的原因来看，是不确切的"，② 甚至直接指责恩格斯"违反了一元论历史观"。

应该说明，两种生产并不是恩格斯的新观点，而是他和马克思共同提出和坚持的一贯理论。早在1845年，即恩格斯发表《家庭、私有制和国家的起源》之前40年，在他同马克思合著的《德意志意识形态》中就提出了"自己生命的生产"和"他人生命的生产"两个概念和它们的"双重关系"。以后又在许多不同场合结合各种问题重申了这种理论。例如，《资本论》第6篇《工资》，就不止一次运用了这个理论。1881年，马克思在阅读摩尔根的《古代社会》一书和作读书摘记时，特别重视人类自身的生产以及这种生产的关系，即"血缘关系"。他充

---

① 考茨基《自然界和社会中的增殖和发展》，载《卡·考茨基全集》1923年莫斯科—彼得格勒版第12卷。

② 《马克思恩格斯文选》1952年莫斯科外国文书籍出版局中文版下册《家族、私有财产和国家的起源》题注。

分肯定了摩尔根把"血缘家庭"作为人类第一个有组织的"社会形式"。可见,马克思和恩格斯在这里是完全一致的。

马克思晚年的"人类学笔记"的发表不仅推翻了批评恩格斯"违反一元论历史观"的无端指责,而且使我们更深一层地领悟到"血缘关系"作为历史唯物主义范畴的重要意义和潜在作用。两种生产和两种生产关系在社会发展的不同阶段上所起的作用是不同的。社会越不发展,生产水平越低下,人类自身生产的作用就越大、越明显,血缘关系的意义就越重要。前资本主义阶段的社会中普遍存在的宗族关系、裙带关系,以及这种复杂关系在现代社会中仍在相当大程度上发挥作用,不是都可以使我们得到启示,发我们深思吗?当我们的一切都受到人口剧增的严重威胁时,不也使我们痛感否定两种生产理论的严重后果吗?

二、农业公社内部的两种所有制

人类物质财富的所有制形式,从根本上说只有两大类:公有制和私有制。长期以来存在着一种片面的理论观念,就是只承认这两种所有制关系的矛盾、斗争,其具体体现则是代表这两种所有制的阶级之间的你死我活的阶级斗争。按照这种观念,两种所有制共存于同一社会,或者说,两种所有制在同一社会中的对峙,是一种极不稳定的暂时现象。这曾经是一个从不被怀疑或从不容怀疑的普遍结论。

然而,马克思早在上世纪50年代就注意到,东方曾经在很长时期内不存在土地私有制,并就此同恩格斯交换过意见。以后,在对东方(印度、锡兰和俄国)的农业公社作进一步的研究,特别是研读了几位人类学家关于这些公社的论述以后,他进一步发现,在东方,作为原始公社最后一种形式的农业公社,其大片土地为公社所有,小块土地则由私人占有，产品也归私人所有。这就是说，在公有制中存在着私有制的因素。这样的公社存在了很久，直到殖民势力侵入的时候才被破坏。马克思指出，公社土地所有制的二重性，并不是只起从内部瓦解公社的作用。正好相反，这些公社之所以能长期存在和稳固发展，恰恰是由于公社中两种所有制起了互补的作用。公社的公有制使公社的基础比较稳固，限制了私有制竞争的瓦解作用。而公社的部分私有制又使个人和公社的经济维持一定的发展势头。

马克思"人类学笔记"对农业公社土地所有制二重性的论断，说明当社会的生产还没有达到一定高度时，两种或多种所有制共存是一种社会需要，这并不是某种缺陷。用马克思100年前揭示的、对我们说来是完全不同的视角，去看待、研究目前多种所有制并存的局面，将有重大的理论意义。

三、越过"卡夫丁峡谷"

马克思和恩格斯一直很重视俄国。但是在19世纪40—50年代和60—70年代，关心的出发点不尽相同。早先，他们认为沙皇俄国是欧洲反动势力的支柱，是"欧洲的宪兵"，因而密切注意它的政治、外交、军事动向，注意它对欧洲政局的影响，到了60—70年代，他们更多的是寄希望予俄国革命。在全面研究了大量第一手资料和同俄国革命家多方交换意见的基础上，他们在70年代中期提出了一个全新的构想，即认为俄国农村中的村社，在没有受到资本主义侵蚀以及西欧或其他地方发生的无产阶级革命可以同俄国革命互相补充、互相支持这两个条件下，有可能避免资本主义道路。80年代初，马克思把这个构想形象地表述为越过"卡夫丁峡谷"，其基本意思就是认为有可能避免资本原始积累阶段或整个资本主义阶段的痛苦和磨难,同时又能获得未来资本主义会带来的一切积极成果。

马克思和恩格斯的构想,启发我们得出一个看法:一定的生产发展水平,并不只能要求有某种特定的社会经济形态与之相适应;某种水平的生产力和某种形式的生产关系之间,并不一定要求有某种必然的匹配关系。例如,以当时俄国生产力发展水平而论,就可以有不同的前途:可以走资本主义发展道路,也可以越过资本主义社会这个"卡夫丁峡谷",走非资本主义发展道路。马克思为俄国越过"卡夫丁峡谷"提出的国内外两个设定的条件,在当时是很严格的,而目前世界上符合这两个设定条件的国家已经远不止一两个,实践上越过了"卡夫丁峡谷"的国家也远不止一两个。可见马克思作为特例的构想,已经为历史所证实,而且历史所做的比马克思所设想的已经丰富得无可比拟了。

四、"亚细亚生产方式"

马克思晚年"人类学笔记"的发表,使几十年来关于"亚细亚生产方式"的讨论又趋于活跃。

马克思从19世纪50年代初开始,多次提到了亚洲的公社。1857—1858年提出"亚细亚所有制",1859年"亚细亚生产方式"的范畴始见于马克思的著作。以后在《1861—1863年经济学手稿》、《资本论》等著作中,又一再回过来谈论这个问题。很明显,马克思是重视"亚细亚生产方式"的。然而,它作为社会经济形态序列中的一种形态,带来了一连串的问题,困扰着研究这一课题的学者。首先,马克思把"亚细亚生产方式"放在依次更迭的各种社会经济形态的首位,自然认为这是最早的社会形态,而不是地域性概念。对此,研究者的认识是一致的。

问题在于马克思提出和重复这一提法时是以一切社会的历史都是阶级斗争的历史这一观点为总的出发点的。那么"亚细亚生产方式"是不是阶级社会的一种生产方式？如果是，它相当于以后所说的哪一种或哪几种社会经济形态？如果是非阶级社会的一种经济形态，则同马克思当时的全部历史都是阶级斗争的历史的观点如何协调、统一？"亚细亚生产方式"的特点是什么，如何界定？马克思和恩格斯当时都说东方"不存在土地私有制"，这同"亚细亚生产方式"有什么关系？不存在土地私有制同存在阶级这两个命题是否二律背反？在马克思1875年以后的著作、书信、笔记、文件中，都没有再发现过"亚细亚生产方式"的概念，原因何在？联系到后来作为定论提出来的"五种生产方式论"，问题就更多了。

马克思晚年"人类学笔记"中关于原始社会的界定、关于原始社会向文明社会演进的大量提示和材料，当有助于我们从新的视角和视野来解"亚细亚生产方式"之谜。

五、社会经济形态发展模式的"一"与"多"

人类社会经济形态的发展变化有没有一个普遍适用的模式，这是马克思"人类学笔记"和其他晚年著作中涉及的另一个重大理论问题。它同"卡夫丁峡谷"问题、"亚细亚生产方式"问题都有密切的关系。马克思和恩格斯早在1845年就把"部落所有制"、"古代公社所有制和国家所有制"、"封建的或等级的所有制"和当时正经历着的资本主义所有制依次作了排列。到了上世纪50年代、60年代、70年代又多次谈到这个问题，只是对这些社会形态的名称和具体特征的规定有了改进和深化。可以看出，马克思和恩格斯认为，社会的发展不是任意的而是有序的，不是各种偶然性的凑合，而是遵循着某种规律或趋势，因而是可知的，可以认识和掌握的。

然而，马克思和恩格斯从来没有认定这种依次更迭的社会经济形态发展模式是可以适用于一切国家（民族）、一切地域、一切时代的超时空的永恒真理。正好相反，马克思在自己生命的最后几年里，一再指出，他所说的社会经济形态的更迭，包括《资本论》中论述的，都"明确地""限于西欧各国"。他在这方面所说的"一切"，仅在西欧有效，他反对到处套用他总结西欧历史得出的结论。马克思"人类学笔记"证明，他考虑的不仅是资本主义社会形态的普遍性和必然性，而且是全世界各个地区各种社会发展阶段的社会经济形态的共性和个性。马克思对人类学家柯瓦列夫斯基等人的批评，很能说明问题。

柯瓦列夫斯基并不是马克思主义者，但是同马克思在学术上有私交。马克思对他的著作基本上是肯定的。在马克思对他的为数不多的批评中，包含了批评他的欧洲中心论。他把西欧社会发展的过程模式化、标准化，以此去衡量、观察其他非西欧国家的社会发展状态。例如他往往用西欧封建主义的尺度去丈量当时的印度和其他东方国家，得出了东方社会同西欧类似这样一种结论。马克思反对这种牵强的比附，特别反对他把东方公社的瓦解过程比作西欧的"封建化"，不同意把印度的"荫庇制"、"公职承包制"说成是封建主义的。马克思一再指出：印度不存在西欧式的"农奴制"，而没有农奴制这个"基本因素"的封建制，对马克思说来是不可想象的。

从这里可以看出，马克思认为西欧模式并不是全世界通用的定式，不能套用于其他地方。不同地域、不同国家的发展道路可以多种多样，并不是只有一种模式。这种发展是"多线"而不是"单线"，是"多"，而不是"一"。

六、人类社会的异化和复归

马克思晚年在给俄国民粹派革命家查苏利奇的复信和4个复信稿中，不止一次地提到人类社会的"复归"，并引用了摩尔根《古代社会》一书中关于未来社会是古代社会在更高级形式上复活的说法。这不禁使我们联想起《1844年经济学哲学手稿》中关于人类社会复归的思想。这是关于人类社会最高阶段（也是理想境界）的两种完全相同的说法，其时间跨度几乎达40年。马克思的基本思想并没有重大改变。两者的差别除了论述的深度外，就在于：1844年时，马克思对人类社会复归的论述还多半是充满哲理的思辨的推论，没有也不可能有多少经验材料可作为佐证，因为那时还"处在摩西五经的影响之下"。"人类学笔记"中的复归理论，则是经过了对资本主义社会几十年的深刻剖析、根据唯物史观的原理和辩证方法得出的科学预见，有大量从南美洲、澳洲、亚洲和非洲取得的田野调查的实证材料作为雄厚的论据。

马克思的一生，从青年、中年一直到晚年一直坚持人类社会复归的理论，并努力以革命活动推进社会的发展。他始终如一地认为，人类社会的未来终将回复到没有剥削、没有压迫、没有阶级、没有国家的高度发达的新的社会，并一直为理想的实现而奋斗。

这里还应顺便说一句。在"人类学笔记"发表以前，《1844年经济学哲学手稿》成为争论热点的时候，国外有不少人提出了"青年马克思"和"老年马克思"在思想上存在"断裂"的说法。"人类学笔记"的发表，证明这种说法都是无稽之谈。应当说，马克思是前后一致的，他的思想只有发展和修正，没有"断裂"。马克思始终是我们所熟知的那位革命家兼学者的伟人。

七、作为历史活动主体的人

人作为社会存在和历史活动的主体，一直是马克思和恩格斯关注的主要内容，当然也是历史唯物主义的主要范畴之一。马克思在青年时代就把"人类社会或社会化了的人类"作为自己学说的立足点，从而划清了同费尔巴哈的旧唯物主义的界线。他指出，异化了的人类或人类社会并不是真正意义上的人类和人类社会。在阶级社会里，人只是非人，只是一般意义上的动物，"人类学变成了动物学"，或者叫作"人类动物学"，阶级社会的历史当然也不能认为是真正的人类历史，而只能算作"人类社会的史前时期"。真正的人类历史，应该从人成为真正的人开始。

马克思把人的"自由自觉的改造世界的活动"即人类的劳动看成是人的本质。在《1844年经济学哲学手稿》中，从理论上揭示了劳动异化的主要内容就是人的本质的异化。在以后的许多著作中，他越来越具体、越深入地接触、探讨和论述了劳动异化的过程和实质，而且直接逼近了劳动异化的起源，人的本质的异化的原始形态。

在"人类学笔记"的一些批注中，可以看到马克思表述的人类个性发展的轨迹。人开始脱离动物界的时候，只能以群体的形式，即血缘家庭的形式进行活动。不论是两种生产中的哪一种，脱离了这个原始群，都无法进行。这时，人附属于原始群，人的个性也只是以群体性的一分子存在着。随着生产的发展，少数人掌握了较多的财富，逐渐形成为统治者。他们的个性得到了发展，大部分人则由于失去财富而落入依附地位，个性的发展受到了压抑。在阶级社会，人的个性成为阶级的个性，除了统一的人的特性以外，还具有强烈的、不同阶级的特性。人性的发展同社会的发展相一致,同样,人性的异化也同社会的异化保持同步。不言而喻,当人类社会扬弃了异化达到复归,人性的复归也就实现了。每个人的自由发展一旦成为现实,一切人的自由发展的条件也就同时具备。

八、国家的起源和消亡

国家的本质、起源、演变和消亡(消失),也是"人类学笔记"中的重大理论问题之一。恩格斯在《家庭、私有制和国家的起源》中说,他写这部著作只是在执行马克思的遗言。在国家学说上,也完全是这样。然而,恩格斯在国家消亡问题上却受到了大量的,有时是猛烈的批评。国外的且不说,就在国内直到最近也还有人认为、国家消亡问题是恩格斯在马克思主义国家学说中附加上去的东西,列宁则走得更远。这种说法是颠倒了是非本末。这里仅就马克思"人类学笔记"范围简单介绍一二。

关于国家消亡,或消灭国家的思想,马克思至少从 1848 年已经有所提及。就提出的时间而论,几乎与恩格斯完全相同。他认为,阶级消灭之后,作为阶级压迫工具的国家也就不再需要。以后在《共产党宣言》中,在第一国际许多反对无政府主义的文献和发言中,以及《法兰西内战》中,都论证过这个思想。把马克思和恩格斯共有的思想说成是恩格斯给马克思附加上去的,完全不符合事实。只要读一下马克思晚年写下的"人类学笔记",就会看到,正是在这些笔记中马克思极其明确地、不容怀疑地肯定了国家消亡是历史的必然。

＊　　＊　　＊

我们把马克思的这些笔记称为"人类学笔记",是因为笔记依据的是人类学著作。人类学的内容构成了笔记的中心问题,文化人类学研究人类文化(广义的文化)的产生、发展、进步或衰落、现状等等,这里既包括人类文化一般,也包括各氏族、部落、民族、社区等等的个别文化现象。马克思的"人类学笔记"大量涉及史前的原始社会、古代社会和其他前资本主义社会。马克思如此细心研读人类学著作,写下大量的笔记,但是主要目的并不是研究文化人类学本身("文化人类学"作为一门学科大约是马克思作人类学笔记以后30年才正式定名的),而是出于发展马克思主义、完善历史唯物主义的需要。一种理论体系,只有当它的基本原理不仅能解释一时的、局部的现象,而且还能解释全部人类历史和在任何时空发生的重大现象,才可以称得上真正的科学。况且,只有科学地回答人类历史提出的全部问题,才能指导现在并进而预见未来。人类学著作之所以受到马克思和恩格斯的重视,其原因就在于这些著作在一定程度上完成了他们自己无法完成的、探索原始社会从而完善和发展历史唯物主义的重大任务。

马克思的"人类学笔记"可说是一部未完成的巨著,这里面包含了许多重要的结论和理论构思,有的已经形成文字,有的则仅仅留下了不很容易理解的符号或标记。恩格斯说,马克思"打算联系他的——在某种限度内可以是我们两人的——唯物主义的历史研究所得出的结论来阐述摩尔根的研究成果,并且只是这样来阐明这些成果的全部意义"。在人类学笔记中,从空间上说,马克思把研究的重心从资本主义高度发达的西欧扩展到了处于前资本主义社会发展阶段的东方社会,从时间上说,他把研究的时限从眼前的资本主义时代上溯到遥远的人和动物的分野。如果把《资本论》比作一部杰出的断代史，则"人类学笔记"也许预告着一部以历史唯物主义为指导的、没有来得及最后完成的辉煌的人类社会通史。

"人类学笔记"是马克思留给后人的一份丰厚的遗产，是一个刚刚露头的理论宝藏。我国的研究工作者近年虽然已经开过两次全国性讨论会，并且还出版了第一次会议的《论文集》（《马克思人类学笔记研究论文集》，商务印书馆《马克思主义来源研究论丛》第11辑），但是整个说来仍处于研究的初级阶段，研究的层面尚待拓宽，研究的焦点尚待深探。我们深信，经过对马克思"人类学笔记"不懈的深入研究，人们对马克思主义的理解将会达到一个新的高度。

马克思《民族学笔记》中的几个理论问题*

徐若木

马克思晚年特别注意研究古代社会形态。从 1879 年 10 月到 1881 年 9 月，他写作了大量的读书笔记（以下简称《笔记》）；直到逝世前不久，他还同恩格斯一起研究关于农村公社问题的著作的写作①。马克思的这些读书笔记，除了《摩尔根〈古代社会〉一书摘要》由于恩格斯据以写出了《家庭、私有制和国家的起源》（以下简称《起源》）而受到学术界的注意以外，其他各篇一直到本世纪七十年代或者很少为人注意，或者完全不为人所知。这些读书笔记已有四篇收进了《马克思恩格斯全集》第四十五卷，其中除了上述关于摩尔根著作的笔记以外，还有《柯瓦列夫斯基〈公社土地占有制，其解体的原因、进程和结果〉一书摘要》、《梅恩〈古代法制史讲演录〉一书摘要》、《拉伯克〈文明的起源和人的原始状态〉一书摘要》。这四篇读书笔记，加上另一篇《菲尔〈印度和锡兰的雅利安人村社〉一书摘要》，自七十年代以来在

---

* 本文选自《马列主义研究资料》1987 年第 1 辑。
① 见《马克思恩格斯全集》第 1 版第 35 卷第 126 页。

国内外被称为《民族学笔记》。① 本文暂时沿用这一名称，但实际上它的内容和意义远远超出民族学的范围。它是马克思晚年倾注大量心血计划写作的一部哲学和历史理论巨著的准备阶段。恩格斯提到过这一点，他说，马克思"曾打算联系他的……唯物主义的历史研究所得出的结论来阐述摩尔根的研究成果"，而他为了执行马克思的遗言所写的《起源》只能"稍稍补偿"马克思的未竟之志②。这就是说，他的这部纵横古今的《起源》不仅不能包括马克思计划写作的全部问题，而且也不能包括马克思准备联系摩尔根著作所要发挥的全部观点。因此，《笔记》自问世以来日益受到人们的重视，从各个不同的角度进行着探讨和研究；而且，随着人们对马克思主义理论的认识的提高，对其中的内容也不断作出新的解释和评价。本文仅仅是简述一下《笔记》的写作情况，并从唯物史观角度提出其中所涉及的几个理论问题，以期促进对《笔记》的进一步探讨。

一、关于《笔记》的概况、主旨和意义

面对着马克思的这些篇幅巨大、数达几十万字的关于古代社会形态的笔记，自然会产生这样的问题：为什么马克思在晚年不顾病痛的折磨，在没有能够完成他平生的主要著作《资本论》的写作并且肩负着指导国际工人运动的重任的情况下，把自己很大一部分宝贵的余年献给了古代社会形态的研究？当然，恩格斯也进行了类似的研究，写成了一

---

① 劳·克拉德：《卡尔·马克思的民族学笔记》阿姆斯特丹国际社会史研究所1972年阿森版。但其中未收关于柯瓦列夫斯基著作的笔记。

② 见《马克思恩格斯选集》第1版第4卷第1页。

些著作,但马克思的这些读书笔记毕竟只是"素材",并没有来得及写出系统的著作,那么它们的科学价值和意义何在呢?

进一步的研究可以发现,这些数量庞大的"素材"并不是信手记下的材料摘抄,而是对作者和材料都经过精心挑选、并作了相当程度加工的可读作品,很多地方都透露着马克思对未来著作的构思和他对问题的态度。摩尔根和柯瓦列夫斯基分别是研究古代氏族制度和土地制度这两类重要问题的进步学者,特别是摩尔根取得了伟大的成就。马克思对这两位作者的著作的摘录,多是其中的精华和正确或可取的见解,而他弃而不录或者加以删节的地方则多属于糟粕或错误,或无关宏旨的文字。马克思对梅恩和拉伯克著作的摘录,除了一些有用的资料外则多是偏颇之见并加以严厉的批评。马克思在《笔记》中还补充了其他学者的有关论述或重要资料作为正反方面的对照。所以这些笔记,仅仅就其选择取舍来说,就有许多宝贵的启示可以探讨;而特别宝贵的是,马克思在《笔记》中时常通过各种方式直接地表达或透露自己的观点:他或者直接写下自己的意见,或者改写原著的不确切或错误的概念和用语,甚至改造原书的结构,或者用各种符号来表达自己的态度。这是研究者注意的重点和细心考察的对象,因为马克思所写下的这些评语仅仅是供他自己日后之用的提示,可以说具有高度浓缩的性质。他有时也写下大段的评注,那就更加是内容丰富的宝藏了。可以说,在马克思的《笔记》中,特别是在他的评注中,包含着他用唯物史观研究人类社会发展史的许多深刻观点,从中可以探索到他晚年理论思想的发展。

以前,由于文献不足,由于摩尔根的著作在这些笔记中的地位比较突出,研究者多偏重于从原始社会史的角度来对待马克思的这些遗稿,不仅范围较小,而且由于苏联理论界错误观点的影响,也存在一些迷误,仍有待于大力改进和加强;而在时空范围方面也应有新的估计。摩尔根的著作只是接通了从原始社会到希腊罗马社会亦即西方社会的桥梁，恩格斯的《起源》用唯物史观阐明、改造和补充了摩尔根的理论，但由于篇幅的限制，大体上也只限于西方社会的范围，恩格斯对此也作过明确的声明①。而马克思的《笔记》所包括的时空范围要广阔得多，它除了西欧的范围以外，还包括了从秘鲁、墨西哥到印度、阿尔及利亚即今天的亚、非、拉的广大世界；同时，不仅包括对历史的研究，而且包括对这些地区的古老国家的最近现实和发展前途的研究；不仅包括对氏族制度的研究，而且包括对公社土地所有制的研究，等等。

马克思的这些研究，是他以前几十年中对前资本主义社会形态的研究工作的继续和发展。早在十九世纪四十年代，他和恩格斯就制定了唯物史观关于两种生产的理论②，奠定了科学地说明整个前资本主义社会发展的理论基础；他在政治经济学的研究中为解剖资本主义社会所制定的科学理论和方法，又为解剖前资本主义社会形态提供了一把钥匙，并且在《资本论》及其手稿和许多论文中对资本主义以前的各种古老社会形态作了深刻的论述；他对俄国社会问题也进行了多年深入的研究。而到1877年，当摩尔根的科学发现补充了母权制氏族这一重要环节以后，从理论上系统阐述人类社会怎样从原始的一致通过不同历史条件下的具体发展而复归于更高级的一致，辩证地解决人类社会历史发展的普遍与特殊问题，从而进一步发展唯物史观的条件就完全成熟了。显而易见，这样的研究就大大超出摩尔根著作和恩格斯《起源》所包括的时

---

① 恩格斯在《起源》中声明："由于篇幅的原因，我们不能详细研究……亚洲的文化民族的古代历史上的氏族制度的痕迹了"（《马克思恩格斯选集》第1版第4卷第126—127页）。

② 见《马克思恩格斯选集》第1版第1卷第34页。

空范围。他这样做还可以实现他给自己提出的一项重大任务,即消除人们通常对他的唯物史观的误解,具体表明他在《资本论》中所阐述的关于资本主义起源问题上的"历史必然性"怎样只"限于**西欧各国**"。① 这就不仅要阐明俄国的社会发展问题(他在多年的研究中对此已作了充分准备),而且要勾划出保留着更多古老社会印记的亚、非地区各民族的历史发展。因此,可以说,我们从《笔记》中所能依稀看到的,是一个规模宏伟的未来理论巨著的轮廓。

马克思的这种设想归根到底是由世界历史的现实发展所决定的。1871年巴黎公社失败的教训,表明了农民问题对社会主义革命的极端重要性,而西欧资本主义列强和亚、非广大地区的相互关系问题,实质上也就是世界范围中的农民问题。这些曾经长期保持着古老生产方式和各种古老社会关系的国家在西欧资本主义列强统治下的现状和前途如何,它们是否会作为资本主义制度的后备力量而延缓世界历史的发展进程,这不仅关系到这些民族自己的命运,而且也关系到西欧资本主义制度和无产阶级革命的命运。马克思看到了世界历史发展的新局面和它所提出的新课题,而当时除了他和恩格斯以外,实际上还没有任何人能担当从理论上解决这种课题的任务。这就是列宁后来所指出的马克思主义历史发展的新时期,这个新时期的任务,看来就是马克思晚年孜孜不倦对古老社会形态进行深入研究的现实原因和他的《笔记》的意义。

诚然,马克思没有来得及亲自就此写出系统的著作,他所留下的《笔记》,包括他在《笔记》中写下的简单提示,距离我们也已超过一个世纪,但是,资本主义国家和仍然带有深深的古老印记的国家接触和渗透这个世界历史过程还远远没有结束。因此,认真探讨马克思《笔

---

① 《马克思恩格斯全集》第1版第19卷第268、130页。

记》所包含的丰富内容，不仅有助于研究马克思晚年思想的发展，而且对于研究第三世界国家的历史和现状、认识仍在进行的这个世界历史进程，都有很大的意义。

二、关于古代社会形态研究中的基本原理和方法

马克思研究古代社会形态的方法与他研究资本主义社会形态的方法有很大的不同。恩格斯曾经指出："有两个自发产生的事实，支配着一切或者几乎一切民族的古代历史：民族按亲属关系的划分和土地公有制"[①]。这就是说，由历史上依次演变的家庭和婚姻形式所产生的血缘亲属关系和由土地公有制所体现的社会生产关系，是前资本主义社会历史中的两种极其重要的因素。社会生产关系固然是决定性的，但血缘亲属关系在一定历史时代对社会制度也同样起着决定性的作用。马克思在《笔记》中之所以重视摩尔根和柯瓦列夫斯基的著作，也正是因为他们分别从研究这两类基本的社会关系出发而作出了不同程度的贡献；而他对梅恩和拉伯克的著作持基本否定的态度，也正是因为他们不了解这两类社会关系的实质、演变和作用。牢牢把握这两类社会关系，是运用唯物史观研究古代社会的基本方法或基本原则。马克思在《笔记》中正是从这一基本原则出发概括、改造了摩尔根的科学发现，提高了它的科学价值。从血缘亲属关系的作用方面来看，摩尔根虽然揭示了氏族的起源和本质，证明了氏族社会是建立在血缘亲属关系之上的社会，但在理论的结构上仍然把起着决定作用的社会关系即血缘亲属关系的地位置于作为社会制度的氏族组织之下。马克思在《笔记》中改造了摩尔根全

---

① 《马克思恩格斯全集》第1版第19卷第353页。

书的结构,把关于家庭和婚姻形式的篇章提到关于氏族制度的篇章之前,使摩尔根的著作具有从家庭和婚姻形式到氏族组织再到私有制和国家的产生的科学结构。这也是恩格斯《起源》一书的结构,它体现了唯物史观的一个基本的方法论要求。再如,摩尔根虽然从亲属制度的分析中推断出实际亲属关系的历史发展,恢复了家庭进化的次序,但他无力对亲属制度和亲属关系各自的社会作用作出理论的概括,不能对两者之间的辩证关系作出进一步的分析;他的稍微清楚一些的说明也被淹没在他自己也承认"枯燥"的事实之中。马克思在《笔记》中用一句简洁有力的评语概括了众多的事实,他把早期社会中的亲属制度与人们熟悉的上层建筑作比:"同样,**政治的、宗教的、法律的以至一般哲学的体系,都是如此**"①,这就一语破的,深刻指明了血缘亲属关系在早期社会中作为"基础"的决定性作用,对摩尔根的理论的基本依据作出了具有巨大意义的概括。再如,摩尔根虽然阐明了已经迈入阶级社会的氏族的血缘本质,解开了希腊罗马历史上的氏族之谜,但他在与资产阶级古代史权威格罗特争论时无力击中对方的唯心主义要害,而马克思在《笔记》中不仅对此作了较多的评注,表明了他对阶级社会中的氏族的作用的重视,而且明确指出血缘亲属关系的性质:"不是**观念的**,是**物质的,用德语说是肉欲的**!"② 从而确认了血缘亲属关系在唯物史观中的重要地位。总之,通观马克思对摩尔根著作所作的笔记,任何人都无法否认马克思主义对血缘亲属关系不仅在原始社会而且在整个前资本主义社会的作用的重视,这的确是马克思所遵循的研究古老社会形态的一个极为重要的出发点。

---

① 《马克思恩格斯全集》第1版第45卷第354页。
② 《马克思恩格斯全集》第1版第45卷第503页。

马克思主义的上述基本方法是以唯物史观的基本原理"两种生产论"为依据的。恩格斯执行马克思的遗言,在《起源》第一版序言中把马克思所要阐述的唯物史观的这一基本原理作了忠实的、经典性的表述。他指出,除了物质资料的生产以外,人自身的生产以及相应的血缘亲属关系在"一定历史时代和一定地区"对社会制度也起着决定性的作用;而且,"劳动愈不发展,劳动产品的数量、从而社会的财富愈受限制,社会制度就愈在较大程度上受血族关系的支配"①。这本来就是唯物史观的基本原理,同时也是摩尔根的科学发现所证实的马克思主义观点,但是不幸的是,在很长的历史时期中它却一直被马克思主义理论界所否定。第二国际的理论家考茨基、库诺夫对它不予承认并滥施攻击,普列汉诺夫也出于误解而予以否定,特别是从本世纪三十年代起,苏联理论界领导人和整个理论界都公然指责马克思主义的这一原理是一个"错误"。理论家们不管思想立场如何不同,都异口同声认为"两种生产论"违反了"一元论历史观"。这至少是一种误解。实际上,马克思恩格斯从来没有把他们关于物质资料的生产的决定性作用的理论冠以"一元论历史观"的名目,唯物史观的一元性仅仅在于"现实生活的生产和再生产"②,包括人自身的生产和相应的血缘亲属关系。重要的是对两种生产在社会历史中的作用作具体历史的考察,这样就可以同马克思和摩尔根一起看到,在"一定历史时代和一定地区",社会制度同样也受着血缘亲属关系的支配,这没有丝毫奇怪的地方。

唯物史观的上述基本原理既遭否定,相应的基本方法更是难以幸免,于是在对前资本主义社会形态的研究中似乎就只有一种生产即物质

---

① 《马克思恩格斯选集》第1版第4卷第2页。
② 《马克思恩格斯选集》第1版第4卷第2、477页。

资料的生产力和生产关系才能"一竿子"贯穿到遥远的古代;人自身的生产和血缘亲属关系甚至在原始和极原始的时代,甚至在血缘亲属制度十分发达和持久的古代中国(顺便指出,中国的这种情况连摩尔根都深表惊异①),都不占重要地位。这种状况应该说是不符合马克思主义的。因此,我们在研究马克思的《笔记》时,在这一方面看来也有一个重新认识的问题。

三、关于农村公社土地所有制的结构

马克思在《笔记》中对公社土地所有制的研究集中表现在他的《柯瓦列夫斯基〈公社土地占有制,其解体的原因、进程和结果〉一书摘要》中。他十分细心地摘录了俄国学者柯瓦列夫斯基的这本关于亚、非、拉地区公社土地制度史的著作,并且开列了一系列其他论著和资料,这表明他当时有计划对各种类型的公社,从原生到次生到再次生以至瓦解的过程进行系统的研究,以填补世界历史研究中的这一缺陷,探讨世界广大殖民地区的历史和现实状况。柯瓦列夫斯基是在马克思的亲自诱导下努力研究公社土地所有制问题的,马克思对他的这一著作相当重视,在得到作者赠书后很快就进行摘录和评论。

马克思在研究公社史的时候最重视的无疑是原始公社的最后阶段即农村公社,因为当时在世界广大地区这种农村公社在资本主义的侵害下正处于存亡关头,它的命运在马克思看来会影响到整个世界历史进程。农村公社与原始类型的公社不同,它既有公有制的因素,又有私有制的因素,这就是马克思所表述的农村公社的二重性。按照马克思的看法,

---

① 见摩尔根:《古代社会》1977年商务印书馆版下册第362页。

农村公社的私有制因素并不单单是公社的破坏性因素，它对公社还起着辅助的作用，因为公有制使公社基础稳固，而一定程度的私有制则使个人获得发展，两者相反相成，从而使农村公社具有强大的生命力。这样的农村公社与集权的专制制度一起，曾经长期抑制着私有制和商品经济的发展，形成了十分稳定的社会结构，在亚、非一些古老国家存在了几千年之久，只有外部的资本主义大生产或暴力因素的破坏才能使公社瓦解。柯瓦列夫斯基尽管十分强调这些国家在历史上逐渐发生封建化过程，但他也承认，例如在印度，直到它被英国殖民者征服以前，"**公社的和私人的财产仍然留在土著占有者的手中**"①，即仍然在二重性的标志下存在着；在印度，"**公社所有制并不是某个地区独有的，而是占统治地位类型的土地关系**"②。这是长期存在的历史事实。因此，农村公社所有制的历史演变在东方是与西方不同的，这种情况是马克思充分注意到了的，也是我们在考察农村公社二重性问题时必须注意的。其次，马克思认为，在当时的这些亚、非国家，在所谓宗主国的资本主义危机已暴露出危机的情况下，发展公社中的私有制因素取代公有制并不意味着社会的进步。例如，当柯瓦列夫斯基谈到法国殖民当局认为在阿尔及利亚"**确立土地私有制**是政治和社会领域内任何进步的必要条件"的时候，马克思特意加上"在法国资产者看来"这样一个说明③，强调这是资产阶级的偏私看法。马克思还嘲笑法国资产阶级把土地私有制的建立看作"**提高土地生产率的万应灵丹**"④，嘲笑他们依据资产阶级的

---

① 《马克思恩格斯全集》第 1 版第 45 卷第 285 页。
② 《马克思恩格斯全集》第 1 版第 45 卷第 296 页。
③ 《马克思恩格斯全集》第 1 版第 45 卷第 315 页。
④ 《马克思恩格斯全集》第 1 版第 45 卷第 325 页。

"所谓永恒不变的政治经济学规律"为消灭公社土地所有制辩护①。因此,从马克思的《笔记》中我们可以看到,农村公社中的私有制因素既不无条件对公社起着破坏的作用,也不无条件具有新生事物的属性。马克思关于农村公社的二重性的理论贯穿了辩证精神,它是全面的和具体历史的。

从《笔记》中还可以看到,在一些亚非古老国家的历史上,农村公社除了内部的这种二重性之外,在土地所有制方面还存在着另一种也可以称之为二重性的结构,即既存在着公社土地所有权,又存在着国家或国君对全部土地的最高所有权。

在这个问题上,应当注意区别马克思和柯瓦列夫斯基的观点,在坚持认为公社是土地的主人这一点上,马克思和柯瓦列夫斯基的观点是基本相同的,差异主要表现在,柯瓦列夫斯基不知道区别"占有"和"所有",而马克思则把柯瓦列夫斯基笔下的"公社占有制"除少数地方匆忙未及改动外,都改成了"公社所有制"。马克思的这一改动具有重要的意义,因为这就否定了西欧资产阶级的"东方学家"所坚持的"国家是唯一的所有者"的说法。而柯瓦列夫斯基的不科学的概念既不符合实际情况,又不符合逻辑:他既然不承认国家是唯一的所有者,本来是不应该又把公社说成"占有者"的。但在国家的最高所有权问题上,马克思则与柯瓦列夫斯基的观点不同。柯瓦列夫斯基把国家的最高所有权当作唯一的所有权而持不承认的态度,他把这种最高所有权说成是西方殖民主义者为了掠夺公社土地、根据旅行者的错误记述而进行的

---

① 《马克思恩格斯全集》第1版第45卷第322页。

捏造①。马克思认为柯瓦列夫斯基的这种看法缺少根据,在写作《笔记》时把这些地方都弃而不录。马克思认为,西方殖民主义者的歪曲不在于他们肯定国家对全部土地的最高所有权,而在于他们把国家说成是"**唯一所有者**"②,从而否定公社所有制。柯瓦列夫斯基只承认国家对它直接掌握的土地的所有权,但他无法解释国家有权支配全部土地的事实,他只能用法学家的眼光把这种情况解释为"民族领袖"凭借"法律虚构"对公社土地的侵夺,因此国家仅仅是"**法律上的最高所有者**"③。对土地所有制作这种法理的解释显然是虚弱无力的。马克思在《笔记》中表明,他所否定的是国家对土地的唯一所有者的地位,而不是专制国家对全部土地的最高所有权。他在一条评注中也指出英国在印度作为"地主"的情况④,这里撇开外国侵略的意思不说,也就是对国家最高所有权的确认。由此可以看到,他在《资本论》中表述的观点到晚年也没有什么改变:"国家就是最高的地主。在这里,主权(即统治权。——本文作者注)就是在全国范围内集中的土地所有权"⑤。

当然,在这个问题上历来存在各种不同的看法,也可以提出各种历史事实来支持或反对某一看法,但就马克思在《笔记》中的观点而言,专制国家、国家对土地的最高所有权与农村公社土地所有制紧相伴随,这在马克思看来并不是历史上不可思议的事情,两者是完全不矛盾的。

---

① 见柯瓦列夫斯基:《公社土地占有制,其解体的原因、进程和结果》1879年莫斯科版第157—159页。

② 《马克思恩格斯全集》第1版第45卷第318页。

③ 《马克思恩格斯全集》第1版第45卷第253—254页。

④ 《马克思恩格斯全集》第1版第45卷第223页。

⑤ 《马克思恩格斯全集》第1版第25卷第891页。

《笔记》所涉及的这方面的问题，无疑也是值得深入探讨并且饶有意义的理论问题。

四、关于"非资本主义国家"的社会的性质

农业社会的性质主要是由土地所有制的性质决定的。柯瓦列夫斯基考察了亚、非、拉一些古老社会的公社土地所有制在本国的专制制度统治下演变的历史，认为这些变化是封建主义性质的。柯瓦列夫斯基是欧洲中心论者，他认为自己著作的主要任务就是要证明，全世界所有地区的公社土地所有制在不同程度上都经历了与西欧一样的封建化过程。他在自己著作的长篇《导言》中说明了他的这个主旨，论述了他的这个基本观点。①

马克思在《笔记》中反对柯瓦列夫斯基的这种把东、西方社会的历史作机械类比的做法。他在写作《笔记》时全部删去了柯瓦列夫斯基的这篇《导言》，以后凡是遇到作者作这种比附的地方，马克思一般也都弃而不取②。马克思在摘录柯瓦列夫斯基关于印度土地所有制的"封建化过程"的结论时，有时把"封建化过程"改写为"**所谓封建**

---

① 见柯瓦列夫斯基：《公社土地占有制，其解体的原因、进程和结果》第16页。

② 例如马克思删去了柯瓦列夫斯基在描述十四世纪印度统治者菲罗兹－图格卢克赏赐土地给军官、文官、僧侣和慈善机关所说的一段话："这样，在菲罗兹朝，在印度也发生了卡罗林朝的秃头查理所实行的封建制变革"（见柯瓦列夫斯基：《公社土地占有制，其解体的原因、进程和结果》第138页）。

化"①，有时打上引号②。马克思摘录第一章第一节的标题时，就删去了"封建化过程"一词③，如此等等。

马克思在这个问题上对柯瓦列夫斯基的批评最多。特别是，当柯瓦列夫斯基把公元八至十八世纪印度的阿拉伯统治者和莫卧儿王朝封赠军功田（采邑），实行公职承包制、荫庇制、柴明达尔制，都说成是"封建化"的时候，马克思写下了大段的评语对他进行了批评。马克思指出，柯瓦列夫斯基根据印度的军功采邑制、公职承包制和荫庇制（即依附制）断定印度公社所有制的变化是封建化，是不正确的。公职承包制在西欧奴隶制的罗马就曾经存在过，它不是封建制的根本特点。至于西欧封建主那样对农民的荫庇制或保护作用，它在印度"所起的作用是很小的"。④ 军功田的情况虽然比较复杂一些，但也不是完全封建的占有，因为无论哪一类军功田的赐予都是有条件的，都是可以由作为最高地主的国家收回的。军功田占有者为把军功田变为世袭所有而同王朝进行的斗争在印度历史上绵延不绝，他们并没有完全的所有权，而且军功田的赐予也"**绝不是剥夺了农村居民**"，"并没有使土著土地占有者的占有关系发生任何改变"⑤，这是柯瓦列夫斯基自己也承认的。公社土地所有者把原来向国家缴纳的租税改向军功田占有者缴纳，这种情况"并没有把他们（公社土地所有者。——本文作者注）的财产变为封建财

---

① 《马克思恩格斯全集》第1版第45卷第284页（这里"所谓"一词是马克思加的）。
② 《马克思恩格斯全集》第1版第45卷第269页。
③ 见柯瓦列夫斯基：《公社土地占有制，其解体的原因、进程和结果》第26页，被删的原文是："不动产的个体化和封建化过程"。
④ 《马克思恩格斯全集》第1版第45卷第284页。
⑤ 《马克思恩格斯全集》第1版第45卷第269、272页。

产"，正如法国小农向国家缴地亩税没有把自己的财产变为封建地产一样。军功田赐予的结果"在绝大多数情况下不过**是使国库损失了某些地区的税收，而绝不是剥夺了农村居民**"①。马克思还批评柯瓦列夫斯基对土耳其征服者在阿尔及利亚建立的军事移民区的性质的看法，他指出，"柯瓦列夫斯基把这种军事移民区命名为'**封建的**'，理由不足：他认为在某种情况下会从那里发展出某种类似印度的札吉的东西"②，这也表明印度莫卧儿帝国时期在帝国边区所封赐的军功田（札吉），其性质也不是封建的，国家对这些土地仍拥有最高所有权，可以予以没收的。马克思对柯瓦列夫斯基的这些批评还是温和的，但他在《笔记》中摘录英国人菲尔关于印度农村的柴明达尔地位的描述时，就作了十分严厉的批评："菲尔这个蠢驴把村社的结构叫作封建的结构"③。总之，马克思不认为印度这样一些国家在被西欧资本主义列强统治之前土地制度的变化是封建化，这无疑同土地始终主要归公社所有，同时又存在着国家对土地的最高所有权的情况有关。

马克思对柯瓦列夫斯基进行这一批评，是由于他对封建制的规定与柯瓦列夫斯基不同，也与西欧流行的封建制概念不同。马克思认为封建制有它的本质的特点。他在批评柯瓦列夫斯基的观点时指出，"**别的不说，柯瓦列夫斯基忘记了农奴制**，这种制度并不存在于印度，而且它是一个基本因素"④。农奴制虽然不是封建主义独有的因素，但没有农奴制的封建主义在马克思看来则是太牵强了。要确定土地所有制的封建性

---

① 《马克思恩格斯全集》第 1 版第 45 卷第 269 页。
② 《马克思恩格斯全集》第 1 版第 45 卷第 312 页。
③ 劳·克拉德：《卡尔·马克思的民族学笔记》第 256 页，中译文见本刊本期第 16 页。
④ 《马克思恩格斯全集》第 1 版第 45 卷第 284 页。

质，就应当确定直接生产者的农奴身份。其次，马克思指出，在印度这样的国家，土地并不像西欧封建时代那样具有高贵的身份即不许出让给平民："罗马—日耳曼封建主义所固有的**对土地的崇高颂歌**……在印度正如在罗马一样少见。**土地**在印度的任何地方都不是**贵族性的**，就是说，土地并非不得出让给平民！"① 这是因为，封建主对土地的占有"同时就表现为他的个性的一定的发展"②，他本人的高贵身份同时也使土地具有了同他一样的身份。这是马克思所指出的封建制的又一本质特点。再次，马克思还指出，柯瓦列夫斯基自己也承认，印度的柴明达尔没有西欧封建主那种世袭司法权或领主审判权，司法权主要属于公社和国家，而这又是一个"基本差别"。封建主对农民行使的司法权，也表明了农民对封建主的人身依附关系，这也是封建制的一个本质的特点。至于印度没有完全形成 feudalism 即欧洲封建主义的原因，马克思认为这是与专制制度的存在有关的，他指出，"根据印度的法律，**统治者的权力**不得在诸子中**分配**；这样一来，**欧洲封建主义**的主要源泉之一便被堵塞了"③。这就是说，既然国家的统治权同时也就是全国土地的最高所有权，所以它必然不允许或者极力抑制大土地占有者兼并土地的行为，从而阻碍封建大土地所有制的形成。马克思在《笔记》中好像避免把这些国家叫作封建国家，至少他自己从不使用这样的词句，他只限于使用"非资本主义"这一概念。例如，他在写到印度时使用了"实行非资本主义生产并以农业为主的国家"④ 的说法；在写到阿尔及利亚

---

① 《马克思恩格斯全集》第 1 版第 45 卷第 284 页。
② 《马克思恩格斯全集》第 1 版第 46 卷上册第 171 页。
③ 《马克思恩格斯全集》第 1 版第 45 卷第 274 页。
④ 《马克思恩格斯全集》第 1 版第 45 卷第 300 页。

时使用了"非资本主义生产方式的国家"①的说法。总之,他反对柯瓦列夫斯基根据一些非本质的特征把这些国家的社会比附为西欧的封建社会形态。这就是马克思在《笔记》中对这些"非资本主义"国家的社会性质的看法。

马克思的上述这些看法概括地规定了封建制的本质,这是他的《笔记》中的一个比较引人注目的地方。像这样集中地规定封建主义的本质特点,在他以前的著作中是没有的。他的这些概括深刻地体现了唯物史观的精神,因为他是根据对作为经济基础的社会生产关系的分析作出这些规定的,他不仅分析了作为生产资料的土地所有制的性质,而且也着重地考虑到直接生产者的人身依附地位的性质,具有严格的科学性和普遍的意义。特别是,他是在研究印度的古老历史时,在批评柯瓦列夫斯基的"封建化"的论断时这样做的。这说明,马克思不仅在考察西欧以外的资本主义起源的问题时坚持辩证唯物主义的具体历史态度,否定那种把他所阐述的"历史必然性"变成某些历史哲学的宿命观,而且在考察西欧以外的前资本主义社会形态时,也坚持实事求是、从实际出发的唯物主义立场,根本谈不到有所谓五种生产方式说的模式。这应该是马克思晚年在他的《笔记》中给我们留下的宝贵启示。

五、关于亚、非国家农村公社的前途

亚、非国家的农村公社的前途关系到这些国家的人民的发展前途,而这些国家的前途如何,是马克思晚年深切关心的问题。马克思在《笔记》中没有直接透露他对这个问题的看法,因为他所摘录的是关于公社

---

① 《马克思恩格斯全集》第1版第45卷第323页。

的过去而不是关于它的未来的材料。但他在写作《笔记》期间在给查苏利奇的复信和草稿中曾明确指出农村公社的命运取决于它所处的历史条件,"一切都取决于它所处的历史环境"①。古代日耳曼人的农村公社在罗马帝国的废墟上蜕变出西欧的封建制度,但这并不是固定的历史模式。马克思深入研究了俄国的农村公社,在上一世纪七十年代就得出结论说,俄国的农村公社既可能被资本主义瓦解,也可能在一定的历史条件下取得新生,"不经受资本主义制度的一切苦难而取得它的全部成果"②。他相信这种可能性,当然,这并不是历史必然性。

亚、非一些古老国家的农村公社(或者它的某种次生形态)在理论上是否也有同俄国的农村公社一样的历史可能性呢?在马克思的《笔记》中我们看不到有否定这种可能性的信息。正如我们前面已经说过的,马克思认为在这些国家消灭公社所有制、建立私有制并不意味着社会的进步。他认为,西欧资本帝国对这些公社的破坏"不是使当地人民前进,而是使他们后退"③。这显然与他1853年在关于印度的著名论文中对当地公社命运的观点不同,在那里他曾认为,英国人破坏印度的农村公社,不管手段和目的如何卑鄙,客观上毕竟实现了一次社会革命。现在历史条件不同了,他在《笔记》中指出:"英属印度的官员们,以及以他们为依据的国际法学家**亨·梅恩爵士**之流,都把旁遮普公社所有制的衰落仅仅说成是**经济进步**的结果……实际上英国人自己却是造成这种衰落的**主要的**(主动的)**罪人**"④。他对柯瓦列夫斯基著作所作的笔

---

① 《马克思恩格斯全集》第1版第19卷第435、451页。
② 《马克思恩格斯全集》第1版第19卷第129页。
③ 《马克思恩格斯全集》第1版第19卷第448页。
④ 《马克思恩格斯全集》第1版第45卷第300页。

记,自始至终都充满了对外国殖民主义者破坏公社的野蛮行为的严厉谴责。由此可见,马克思并不认为这些国家的农村公社的瓦解像西方殖民主义者所说的那样,是社会进步的需要,毋宁说,他倒是指望那里的农村公社能像俄国的农村公社一样保存下来以待新生。

但这些国家所处的历史环境毕竟与俄国不同了,主要是,它们是"外国征服者的猎获物"①,它们在西方殖民主义者的长期破坏下实际上已经瓦解。它们还不像俄国的公社那样"将会失去当时历史所能提供给一个民族的最好的机会"②,而是在很多地方都没有能够保存到可能出现这一最好机会的时候。它们的命运是悲惨的。马克思对柯瓦列夫斯基著作所作的笔记,是记录、揭露和抨击西方殖民主义者对殖民地人民所犯历史罪行的丰富翔实的文献。

然而,马克思在《笔记》中表明,比俄国农村公社当年的结局更为悲惨的是,它们并没有得到在本国发展起资本主义生产的结局。英国统治者在印度人为地扶植大土地所有制并把公社农民变成租用先前属于他们自己的份地的小租佃者的政策,除了使当地居民陷于破产、迫使"**农民举行一系列的地方性起义**"③ 以外,根本没有在农业中发展起什么资本主义经济;他们在长期的"专横统治"中"任何有利于**农业**的事都没有做"④。法国统治者在阿尔及利亚也是如此。这都是十分自然的,因为这些殖民地从早就只不过是资本原始积累的源泉,欧洲列强在欧洲以外靠掠夺、奴役等等野蛮手段而夺得的财富源源流入宗主国,主

---

① 《马克思恩格斯全集》第 1 版第 19 卷第 431 页。
② 《马克思恩格斯全集》第 1 版第 19 卷第 129 页。
③ 《马克思恩格斯全集》第 1 版第 45 卷第 289 页。
④ 《马克思恩格斯全集》第 1 版第 45 卷第 290 页。

要是在那里才转化为资本。

公社土地所有制被强制瓦解在这些地区产生的重要结果是高利贷的猖獗。马克思在《笔记》中指出:"在一切实行非资本主义生产并以农业为主的国家里,都可以看到**高利贷的发展**"①,与公社"**毫无关系的城市高利贷者的土地所有权**,取代了**公社土地所有权**"②。而要从高利贷资本发展为工业资本则是长路漫漫。"高利贷是保守的",它"只剥削已有的生产方式","只会使这种生产方式处于日益悲惨的境地"。③

总之,正如马克思在1853年所说,公社所有者失去了他们的旧世界,但并没有获得一个新世界。不仅没有获得能保证人们获得全面发展的新世界,而且也没有获得可称为资本主义那样的新世界。旧的农村公社的世界诚然有种种缺陷,但人们在那里却"由血缘关系、比邻而居和由此产生的**利害一致**结合在一起,能够抗御各种变故","遇有事故,每一个人都可以指望全体"④,这样的全体在某种程度上甚至能"**给人带来满足和乐趣**"⑤,而现在却不同了,公社所有者已经分裂成为彼此利害冲突的"**原子**",每个小集团和个人都有自己特殊的利益和利己的、狭隘的要求,而侵入公社的高利贷者又极力加剧这些冲突。这一切,就是马克思用且摘且评的方式所描述的殖民地人民在公社瓦解之后的命运。

马克思引用霍布斯的警句总结了这种结局:"一切人反对一切人的

---

① 《马克思恩格斯全集》第1版第45卷第300页。
② 《马克思恩格斯全集》第1版第45卷第301页。
③ 《马克思恩格斯全集》第1版第25卷第689页。
④ 《马克思恩格斯全集》第1版第45卷第298页。
⑤ 《马克思恩格斯全集》第1版第45卷第646页。

战争开始了"①！而这种"一切人反对一切人的战争"具有比资本主义国家更为可悲的性质。马克思指出，这些"内部纠纷"成了当地居民的"'政治'生活的唯一表现"，使他们失去了反抗外国压迫的"最后力量"。② 一百多年来亚、非、拉国家的人民苦难和奋斗、失败和成功的历史，从正反各方面证明了马克思的这些话的现实意义。

马克思在这个问题上所表述的看法在《笔记》中只写到这里，因为他写作笔记的范围只限于柯瓦列夫斯基著作的范围。从那时起世界历史已起了很大的变化。古老社会制度的痕迹在第三世界国家还保留到何种程度，这些旧的传统在它们的彻底解放的事业中能够起到什么作用，这仍然是当代世界的一个重要问题。此外，马克思的《笔记》的内容是十分丰富的，以上所提出的几个理论问题只不过涉及其内容的一部分。《笔记》是我们探讨马克思晚年思想发展的重要源泉。

---

① 《马克思恩格斯全集》第 1 版第 45 卷第 304 页。
② 《马克思恩格斯全集》第 1 版第 45 卷第 226 页。

马克思论东方穆斯林社会[*]

〔美〕彼得·胡迪斯

"9·11"事件以后,世界学术界关于伊斯兰教同现代社会的关系的评论急剧增多,各种观点迥异,争论激烈。然而,其中鲜有运用马克思的相关论述做出中肯的分析的。美国学者彼得·胡迪斯(Peter Hudis)在他提交给2004年3月纽约世界社会主义学者大会的论文《马克思在穆斯林中间》中,通过对马克思《马·科瓦列夫斯基〈公社土地占有制,其解体的原因、进程和结果〉一书摘要》的解读,对这个问题作了富有启发性的回答。胡迪斯指出,马克思晚年通过对东方的穆斯林社会的研究,改变了自己的早期观点,不再认为殖民侵略是客观上的历史进步,并且批判地把那里的公社土地所有制看作可以通向新社会的基础,还认为非欧洲社会的历史进程要用本土的范畴而非输入的欧洲的范畴来解释。马克思明显表现出对穆斯林生活方式的尊敬,但同时指出穆斯林社会也需要革命运动。文章摘译如下。

近年来,伊斯兰教和社会转型之间的关系成为探讨和争论的主要问题之一。这些探讨和争论大都深受2001年9月11日恐怖袭击以后主流

---

[*] 本文选自《国外理论动态》2005年第3期。

媒体对伊斯兰教所作的僵化描述的影响。许多人甚至包括不少以前的左翼人士,都将当代伊斯兰教描绘为一种天生保守的、甚至是反动的力量。这样一来,为确保"民主"和"人权"在阿拉伯和穆斯林世界的大部分地区生根发芽,就必须动用美国军事干涉的外部力量。为回应"白人的义务"在意识形态上的这种最新体现,一些左翼人士提出,美帝国主义已经变成一个非常危险和具有威胁性的力量,因此赞成武装"抵抗"美国占领伊拉克,把这种抵抗视为反帝国主义运动的重要表现。

可能有人会想到,鉴于目前围绕当代伊斯兰教性质的讨论争辩不休,至少有一些左翼人士会以马克思关于穆斯林历史和社会的著述为基础来探讨这个问题。毕竟,马克思1882年(他逝世前一年)在阿尔及尔生活了两个月,在那里他有机会直接观察和评论伊斯兰文明的方方面面。他在阿尔及尔还同民事法官阿尔伯·费默就阿拉伯人的土地所有权和法国殖民主义进行了广泛的讨论。另外在1879年,即到阿尔及尔旅行的前几年,马克思在他对马克西姆·科瓦列夫斯基的著作①所作的笔记中,广泛研究了印度北部的穆斯林法规、阿尔及利亚的公社土地形式以及伊斯兰法学中的哈乃斐学派。马克思在生命的最后几年,还研究了印度和印度尼西亚社会的若干其他方面(历史学笔记)。他在1880年10月作了关于公元664—1858年印度历史的笔记,1881年写了1700页的世界历史笔记。

我们可以从马克思在最后十年研究殖民主义、公社形式、技术落后的社会时所运用的方法和方式中学到很多东西。马克思19世纪50年代早期关于印度的论述(在那里他看起来赞成单线进化的观点,认为通过

---

① 指《公社土地占有制,其解体的原因、进程和结果》。

西方殖民主义和工业化，印度就会实现社会"进步"）一直引起相当多的探讨和争论，但是马克思最后十年（1872—1883）的著述——在这里他改变了他的许多早期观点——却一直不是遭到沉默对待，就是没有受到充分的注意。

本文希望通过简略地探讨马克思1879年秋撰写的《科瓦列夫斯基笔记》①的几个方面，在一定程度上填补这个空白。（马克思的笔记的节选曾于1975年作为附录发表在劳伦斯·克莱德的《亚细亚生产方式》一书中；全文有100多页，1977年用德文由汉斯·彼得·哈特施蒂克以《卡尔·马克思论前资本主义生产诸形式：土地所有制历史的比较研究，1879—1880年》为书名发表。）

在转向马克思关于伊斯兰社会的著述之前，应当指出，马克思的思想是在欧洲环境下发展起来的，他的一些关于非西方社会的早期论述表现出欧洲人的偏见，对它们的内部发展尚不熟悉，缺乏感受。这些著作都写于他对这些社会的内部动力进行细致研究之前（马克思50年代中期以后对印度和其他非欧洲社会的论述显示出他对它们的发展的认识较之过去深刻得多，这特别体现在他的开创性著作《大纲》[1858]中）。

马克思论述非西方社会的某些早期著作包含了某些局限性，但是许多人不仅据此来考察马克思的总体观点，而且据此来评判马克思的思想的来源之一即整个黑格尔辩证法的遗产，认为它沾染了一系列欧洲中心论的假定和范畴。毫无疑问，黑格尔本人确实是一位欧洲中心论者（这特别体现在他对非洲和中国的评论上）。但是，仍然可以提出很多理由来质疑下面这种流行的观点：黑格尔和马克思的辩证法因欧洲中心论偏

---

① 《马·科瓦列夫斯基〈公社土地占有制，其解体的原因、进程和结果〉一书摘要》的简称。

见的困扰而难以理解非西方社会历史和文化的特殊性。

伊斯兰教思想史上的一个例子尤其可以说明这一点，这就是伊斯兰哲学家阿布·雅库布·西吉斯坦尼（Abu Ya'qub al-Sijistani）（卒于971年）的著作。西吉斯坦尼说：理解真主"必须是一种完全的否定……其中有两个否定——否定和否定之否定——互相对立"。毋庸赘言，西吉斯坦尼在使用"否定之否定"这一概念时与黑格尔不同。对黑格尔来说，"否定之否定"是积极理解"具体的普遍"的道路，在这一过程中，否定的行为通过第二次否定不再依附于它所批判的目标。在西吉斯坦尼那里，"否定之否定"则是为了证明真主超越了拥有属性和不拥有属性的范畴，"表现出真主是绝对不可认识的，没有任何属性"。我们完全不应抹煞两者之间的重大区别，但是这里清楚地显示出，那些后来被黑格尔和马克思在不同的背景下加以阐发的概念，如"否定之否定"，特别是对于伊斯兰社会的文化和哲学话语来说并不是外在的，而正是从它们之中产生的。那种认为辩证法遗产以一系列"欧洲中心论"的假定为基础的广泛流行的臆断，仅凭这一个例子看来就很难站得住脚。

了解这些以后，让我们直接转向马克思论述伊斯兰社会的著作，尤其是他1879年对马克西姆·科瓦列夫斯基《公社土地占有制，其解体的原因、进程和结果》一书作摘录的笔记本中的论述。

尽管马克思对科瓦列夫斯基的这部著作多有批评，但是首先看一看马克思赞成其中的哪些观点还是很重要的。

第一，科瓦列夫斯基尖锐抨击了帝国主义，认为在印度北部的英帝国主义和在阿尔及利亚的法帝国主义是倒退的现象，因为它们破坏了土著的公社土地占有形式。马克思赞同科瓦列夫斯基关于帝国主义对这些社会产生了倒退影响的观点，这与他50年代早期论印度的著作表达的某些观点截然不同。

第二,科瓦列夫斯基对公社土地占有制作了肯定评价,认为它可能成为"社会发展的更高阶段"的基础。马克思同样赞同这个观点,这不仅体现在他对印度北部社会和非洲北部社会所作的笔记中,而且也体现在他同一时期关于俄国农村公社的著述中。

第三,马克思认为科瓦列夫斯基在驳斥下面这一观念时做出了重要贡献:在印度北部以及在整个穆斯林社会,君主是首要的地主和土地所有者。科瓦列夫斯基指出,英国人辩称君主是地主和首要的土地所有者,这对他们具有重大的实用价值,因为他们可以利用这一观念,通过土著统治者(各种王公贵族)的默许,攫取公社土地。英国和法国帝国主义者宣传君主是正宗的土地所有者这一观念,其目的是——通过征服土著统治者——宣告他们是公社土地的合法继承人。科瓦列夫斯基因此就揭露了,这个纯粹意识形态上的广泛流行的欧洲人的观念(可能最有名的鼓吹者是詹姆斯·穆勒)——君主是主要的土地所有者——是用来为使欧洲帝国主义者能够夺取印度、阿尔及利亚等等地方固有的公社土地这一实用的目的服务的。马克思在《科瓦列夫斯基笔记》中写道:"**在征服完成以后**,'伊玛目便不得把已被耕种的土地的产权转交给任何人'……实际上,这就导致大部分土地仍留在土著居民手里……政府只是把**国有领地**和**未耕种地**据为己有。"①

马克思又说:"**公社所有制**只有在英国'狗'官员**找不到**能够提出任何(**哪怕是极不可靠的**)**所有权文契**的人的地方才**允许存在**。英国驴花了长得难以置信的时间,才多少近似地摸索到被……征服地区的土

---

① 《马克思恩格斯全集》第1版第45卷第266、269页。

地占有制的真相。"① 马克思接着说："于是，公社所有制原则上得到了承认；实际上被承认到何种程度，过去和现在总是要看'英国狗'认为怎样做才对自己最为有利……英国'笨蛋'……"②

总之，马克思最欣赏科瓦列夫斯基的地方是他拒绝不加分析地接受欧洲人用以解释非欧洲社会的范畴。同时，正是在这一点上马克思同科瓦列夫斯基产生了严重分歧。科瓦列夫斯基以"伊克塔"（ikta，军功采邑田）为立论基础，认为封建主义盛行于莫卧儿时代的印度。他将印度北部"封建主义"的出现直接同莫卧儿的征服联系起来。马克思对这一点表示了明确的异议，他写道："这一点仅仅对于**领受了第二类或第三类军功田**的伊斯兰教徒才有意义，**而对于印度教徒至多在下述程度上才有意义，即他们不是向国库，而是向由国库授予权利的人缴纳实物税或货币税**。纳地亩税并没有把他们的财产变为封建财产，正如 impôt foncier 不曾把法国的地产变为封建地产一样。"③

马克思还举出了其他一些理由来反对封建主义盛行于莫卧儿印度的观点。马克思说，对欧洲封建主义起支配作用的农奴制度，在印度并不存在："由于在印度有'采邑制'、'**公职承包制**'（后者根本不是**封建主义的**，罗马就是证明）和荫庇制，所以柯瓦列夫斯基就认为这是西欧意义上的**封建主义**。**别的不说**，柯瓦列夫斯基忘记了**农奴制**，这种制度并不存在于印度，而且它是一个基本因素。"④ 马克思还指出，土地在印度不像在欧洲封建主义下那样是受称颂的对象："罗马—日耳曼封建

---

① 《马克思恩格斯全集》第 1 版第 45 卷第 294 页。
② 《马克思恩格斯全集》第 1 版第 45 卷第 296—297 页。
③ 《马克思恩格斯全集》第 1 版第 45 卷第 269 页。
④ 《马克思恩格斯全集》第 1 版第 45 卷第 283—284 页。

主义所固有的**对土地的崇高颂歌**（Boden-Poesie）（见毛勒的著作），在印度正如在罗马一样少见。**土地**在印度的任何地方都不是**贵族性的**，就是说，土地并非不得出让给平民！"① 此外，马克思指出，印度社会的继承方式也与欧洲封建主义的不同："根据印度的法律，**统治者的权力不得在诸子中分配**；这样一来，**欧洲封建主义**的主要源泉之一便被堵塞了。"② 马克思还指出，与欧洲封建主义历史上的普遍情况不同，在印度北部的历史上，自由农民和不自由农民之间并没有重大区别。

对科瓦列夫斯基将封建主义概念运用于非洲北部的尝试，马克思同样表示异议。马克思不同意他的奥斯曼土耳其人在他们征服北非的过程中输入封建主义的观点："没有任何迹象表明**全部被征服的国土都变成了国有财产**。卑劣的'东方学家'以及其他人徒劳地引证**可兰经上的一段话**，那里说土地是'属于**真主**'的。"③ 马克思反对使用诸如"封建主义"一类的欧洲人的范畴来定义非欧洲社会；正如劳伦斯·克莱德所说的，对马克思来说，"印度的历史进程要用本土的范畴而非输入的范畴来解释"④。

（我在这里要插一句，马克思的《科瓦列夫斯基笔记》1958年首次以俄文发表的时候，斯大林主义的编者强烈反对马克思关于不要将封建主义应用于非西方社会的观点，因为这与他们所界定的官方"马克思主义"的单线发展说相左。）

马克思还抨击了欧洲人的下述行径：或者将他们自己的法律强加于

---

① 《马克思恩格斯全集》第1版第45卷第284页。
② 《马克思恩格斯全集》第1版第45卷第274页。
③ 《马克思恩格斯全集》第1版第45卷第264页。
④ 见劳·克莱德：《亚细亚生产方式》第206页。

阿尔及利亚社会，或者当"本土"法律适合于帝国主义的私利时就接受它："只要非欧洲的（外国的）法律对欧洲人'有利'，欧洲人就不仅承认——立即承认！——它，就像他们在这里承认穆斯林法律一样，而且还'误解'它，使它仅仅对他们自己有利，就像这里所出现的情况那样。"①

除对科瓦列夫斯基在某些重大问题上的观点如"封建主义"这一范畴的适用性提出异议外，马克思还纠正了科瓦列夫斯基著作中关于历史的一些不确切的地方，这也表明马克思最后十年多么认真地研究这些社会的历史。

马克思的《科瓦列夫斯基笔记》，像他最后十年关于第三世界的许多著述一样，是一系列笔记，而不是一项完成的课题，因此很难从中对他关于伊斯兰社会的观点做出概括。但是通过我们的讨论有几点还是应当予以明确的。

第一，19世纪70年代时（很有可能早在50年代中期），马克思已不将帝国主义对技术落后的世界的侵入视为"进步"。相反，他认为帝国主义对诸前资本主义社会形态的破坏是倒退。在《大纲》（1858）中，马克思警告说："进步这个概念决不能在通常的抽象意义上去理解。"② 早些时候，马克思在《神圣家族》（1845）中写道："与'**进步**'的奢望相反，经常可以发现**退步**和**循环**的情况。……'**进步**'这个范畴是没有任何内容的、抽象的。"③ 在《1844年经济学哲学手稿》里马克思写道："请你问一下自己，那个无限的过程本身对理性的思维

---

① 《马克思恩格斯全集》第1版第45卷第317页。
② 《马克思恩格斯全集》第2版第30卷第51页。
③ 《马克思恩格斯全集》第1版第2卷第106页。

来说是否存在。"① 马克思在最后十年（1872—1883）对这个观点作了具体化，他强烈反对这个观念：帝国主义在某种意义上是历史的"进步"。在《给维·伊·查苏利奇的复信草稿》中马克思写道："土地公有制是由于英国的野蛮行为才消灭的，这种行为不是使当地人民前进，而是使他们后退。"②

第二，马克思不是接受帝国主义对土著公社形式的破坏，而是支持这些公社形式，——当然是批判地，——将它们看作不需要通过资本主义工业化就建立社会主义社会的可能的基础。马克思对这个问题最详尽、最明确的论述当然是他在关于俄国农村公社的著作中阐发的。马克思并不认为印度和北非社会的公社形式能够轻易地成为当地绕过资本主义走向社会主义的道路的基础，因为那些地方的公社形式正在以比在俄国快得多的速度遭到破坏——这主要是由殖民主义和帝国主义的影响造成的。但是，马克思并没有排除这种可能性：假如遇到某种特定的历史条件（例如"东方"的农民斗争和西方的无产阶级革命互相结合起来），那么这种土著社会形态可以成为通向社会主义的另一条道路的基础。马克思70年代和80年代一直致力于阐发这些可能性，但是这项课题因他的去世（1883年）而中断。

然而，——这是非常重要的一点，——马克思并不是毫无批判地看待第三世界的土著公社形态的。如果我们联系他最后十年的其他著作，例如论述俄国村社的《给维·伊·查苏利奇的复信草稿》和论述美国土著社会的《人类学笔记》来学习他的《科瓦列夫斯基笔记》，这一点就会很清楚。马克思多次强调了土著公社形式的特征即它的二重性。一

---

① 《马克思恩格斯全集》第2版第3卷第310页。
② 《马克思恩格斯全集》第1版第19卷第448页。

方面，它提供了互相作用和互相依存的基础，这可以为未来的社会主义社会提供基础。然而另一方面，土著公社形态又受到种种社会不平等和萌芽状态的等级制度的折磨，尤其是涉及男人和女人之间的关系的时候。马克思特别是在他的《人类学笔记》中对这些内在矛盾作了谨慎的批判。与恩格斯不同，——恩格斯在马克思逝世后在他的《家庭、私有制和国家的起源》中倾向于不加批判地赞美土著公社形式，——马克思指出了存在于其中的阶级、种姓和等级制的社会关系的初始形态。这就是他强调"公社内部就有使自己毁灭的因素"① 的原因。马克思认为，如果公社因素战胜了等级制和父权制的萌芽，那么公社就可能成为创造社会主义的基础——条件是西方也发生无产阶级革命。但是，如果公社因素或者由于外部因素（例如帝国主义的侵入）或者由于内部因素（例如"土著"共同体对妇女自由的压制）而成为等级制和父权制萌芽的牺牲品，那么它就不会也不能成为未来社会主义社会的基础。马克思写道："一切都取决于它所处的历史环境。"② 谈到"历史环境"时，马克思并非简单地指"物质条件"或抽象的"历史规律"，而是指社会革命——起来解决矛盾的人类主体有意识地进行干预。

也许不大可能将马克思在他关于伊斯兰社会的笔记中所阐发的思想直接运用到今天帝国主义战争和恐怖主义所造成的危机上。然而我们可以有把握地说：马克思会毫不留情地反对任何用帝国主义干涉来"重塑"穆斯林世界的企图，他同样会毫不留情地反对穆斯林世界中任何把自己妆扮成美帝国主义的替代者的家长制式的反动倾向。对马克思来说，人的自由是衡量任何一个社会或社会形态的尺度，今天在面对美国

---

① 《马克思恩格斯全集》第 1 版第 19 卷第 450 页。
② 《马克思恩格斯全集》第 1 版第 19 卷第 435、451 页。

干涉的恐怖时,将这一点牢记在心对我们很有好处。对眼下反对美国的伊拉克或其他地方所具有的许多落后性的倾向予以迁就或视而不见,并不是在帮助寻找资本主义全球统治的积极替代的努力,而只会是进一步阻碍它。我们所需要的是对马克思的方法进行重新创造,在这种方法里,强烈反对帝国主义与强烈反对任何否定人的自由的"反帝国主义"立场是紧密联系在一起的。

马克思晚年关于伊斯兰社会的著述为完成这项任务指明了重要的方向。他1882年在阿尔及尔生活的两个月里对阿拉伯和穆斯林社会所作的思考尤其清楚地说明了这一点。在写自阿尔及尔的信中,马克思说他被"穆罕默德的子女"吸引住了,他写道:"他们的服装——甚至是穷人的——都漂亮而雅致……甚至最穷的摩尔人,在用斗篷'披身的艺术'方面,在走路或站立时所表现出的自然优雅和高贵气度方面,都胜过欧洲大演员。"他补充说:"事实上穆斯林居民不承认任何隶属关系:他们认为自己既不是'臣民',也不是'被管理的人'……没有任何权威。"但是马克思也不忘加上一句:"然而没有革命运动,他们什么也得不到。"①

的确,如果我们不能以"不断革命"这一马克思主义原则为基础重建激进运动,那么我们所有人都会什么也得不到。

(徐洋 摘译)

---

① 《马克思恩格斯全集》第1版第35卷第293、298、302页。

马克思的"新人道主义""民族学笔记"和妇女解放[*]

〔美〕拉·杜娜耶夫斯卡娅

一

在马克思逝世一百周年的时候,我们终于能够集中注意力来研究从手稿速记文字转译成正常文字的原本马克思最后著作——《卡尔·马克思的民族学笔记》(劳伦斯·克拉德译录、编辑并作序,1972年版)。这些著作使我们能够把马克思的马克思主义**作为一个整体**看待,并且亲眼看到把马克思关于男女基本关系的概念(不管是在马克思最初和资产阶级社会决裂时还是在他最后著作中表现出来的看法)同恩格斯关于他所谓的"女性的具有世界历史意义的失败"的观点分隔开来的巨大鸿沟,而恩格斯在他的《家庭、私有制和国家的起源》中把他的这一观点,无论是在"妇女问题"上还是在"原始共产主义"方面,似乎都看作是马克思的观点。

直到今天,那种把马克思和恩格斯看作一个人的错误的、异想天开

---

[*] 本文选自《马列主义研究资料》1987年第2辑。作者是美国学者,写过大量关于马克思主义人道主义的文章,主要著作是《罗莎·卢森堡、妇女解放和马克思的革命哲学》。

的观点①（这是所谓社会主义国家一贯坚持的观点），决不仅仅在关于妇女解放的恩格斯主义观点上占优势。俄国理论家们的目的看来是要使马克思主义学者以及非马克思主义学者都看不到马克思一生的最后十年。在这十年中，马克思由于研究了摩尔根、柯瓦列夫斯基、菲尔、梅恩、拉伯克等人著作中有关资本主义以前社会的新经验材料，在他的理论认识中体验到了一些新的要素。在马克思对这些著作的摘要和评论中以及在他这个时期的通信中，可以清楚地看到，马克思不是像近来某些社会学论著②所想要我们相信的那样，他不是在通过放弃他自己毕生对西欧资本主义发展的分析，更不是在通过取消他对他称之为"新人道主义"的思想和革命的整个新大陆的发现，来探寻新的革命道路。相反，马克思是在进一步完成他四十年来对他称之为"历史及其过程"、"不断革命"③的人类发展及其为争取自由而进行的斗争的思考。

在他一生的最后十年中，马克思的普罗米修斯式的想象力中出现的新东西是，男人和女人们在资本主义以前社会中塑造他们历史的方式不断变化、多种多样，人类发展在全球范围内具有多维性。马克思在这十

---

① 马克思在1856年写给恩格斯的一封信中，曾评论过一个报道过他们的新闻记者的态度："非常奇怪的是，他把我们两人当一个人看待，'马克思和恩格斯说'，等等。"

② 见米哈伊尔·维特金：《东方在马克思和恩格斯的历史哲学概念中》（1972年莫斯科版）。不懂俄文的人可以从几篇用英文发表的论文中了解到他的观点的本质，如：《经典马克思主义中关于社会关系的普遍性问题》，载《苏联思想研究》第20期（1979）；《亚细亚生产方式》，载《哲学和社会批判》第8卷第1期（1981）；和《西方和东方之间的马克思》，载《苏联思想研究》第23期（1982）。

③ 不能把马克思的"不断革命"和托洛茨基的不断革命论混同起来，后者一向轻视农民，不把他们看作任何先锋革命力量，甚至不认为他们有"民族意识"。

年中经历了一次认识上的冲击,因为他研究了新的以经验为依据的人类学论著,看到了一些积极的特点,这些特点——无论是易洛魁族女人的作用,还是农业公社和对资本主义征服的反抗——都和他最初与资本主义决裂并号召进行"人类的革命"时曾经阐明的东西有某种相似之处。

结果,在那十年中,他同时对他的最伟大理论著作《资本论》做了新的补充,并且设想不是不可能在像俄国这样的落后国家比工艺先进的西方国家更早发生革命。马克思不够长寿,未能充分设计好他所设想的革命道路,但是我们从他那个时期的通信中可以看得出他的行动方向。例如,我们读到他对俄国民粹派米海洛夫斯基的尖锐批评,因为这个人企图证明马克思把他的"原始积累的历史趋势"看作普遍趋势。马克思坚持认为,这是对西欧资本主义发展的特殊历史研究,如果俄国继续走那条道路,"那它将会失去当时历史所能提供给一个民族的最好的机会,而遭受资本主义制度所带来的一切极端不幸的灾难"。[①]

这封批评米海洛夫斯基的信没有付邮,但是他关于同一个主题写给维拉·查苏利奇的信的四稿中有一稿是寄出了的。他关于这个主题所写的东西中最重要的是《共产党宣言》俄文版序言。

马克思以后的马克思主义者对这一切所做的事情,我们的时代能够对之提出挑战,这并不是因为我们"更精明",而是因为我们现在有作为整体的马克思的马克思主义,因为我们的时代成熟了,已出现了偌大一个新的第三世界,妇女解放已从观念发展成为运动。对马克思以后的马克思主义者的挑战,不在于要求对梁赞诺夫在1923年就已找到的东西不可饶恕地耽搁了五十年才发表作出解释,也不限于马克思以后的马克思主义者对《民族学笔记》没有做什么工作。关键在于,甚至当马

---

① 《马克思恩格斯全集》第1版第19卷第129页。

克思的像《1844年经济学哲学手稿》之类未发表著作被梁赞诺夫从第二国际的储藏室中救出之后不久就在俄国革命的激励下发表出来的时候,甚至当这些著作引起长时期的国际争论的时候,发表关于这部著作的评论的那个历史时期的某些局限性也表明我们的时代更加成熟了。

拿赫伯特·马尔库塞对那部著作的分析①为例。它肯定是最早的和最深刻的"一般分析"之一,但是他设法跳过了关于男女关系的关键的一页。另一方面,马克思主义修养不及马尔库塞。不是马克思主义者而是存在主义者的西蒙娜·德·布瓦尔,在她的《第二性》中从马克思那里正好挑出了男女关系的观点:"人和人之间的直接的、自然的、必然的关系**是男女之间的关系**"②,她在最后一页上援引了这句话,并且说"没有比这说得更好的话了",以此来强调它的重要性。

遗憾的是,在这句话之后,作为她最后一段结尾的话是与马克思的旨意背道而驰的:"要由男人来建立自由的统治……第一,必须由男人和女人通过他们的区分明确肯定他们的兄弟情谊。"总之,德·布瓦尔尽管高度赞扬马克思,但她从马克思的文章中得出的结论以及她的800多页的整部著作都未能抓住马克思把男女关系挑出来作为不仅在资本主义下而且在他所谓的"粗陋的共产主义"下异化的主要方面的原因。马克思的"新人道主义"强调指出:"首先应当避免重新把'社会'当作抽象的东西同个人对立起来。个人**是社会存在物**。"③ 正是因为这个缘故,他在这一节的结尾说:"这样的共产主义并不是人类发展的目标,

---

① 马尔库塞的文章《关于创立历史唯物主义的新材料》第一次发表在《社会·关于社会主义和政治的国际评论》杂志1932年第2卷,中译文见中央编译局马恩室编译的《〈1844年经济学哲学手稿〉研究》1983年湖南人民出版社版。
② 《马克思恩格斯全集》第1版第42卷第119页。
③ 《马克思恩格斯全集》第1版第42卷第122页。

并不是人类社会的形式。"①

让我们再来读一遍德·布瓦尔所援引的那句话:"**拿妇女**……(这样)对待,这表现了人在对待自身方面的无限的退化……人和人之间的直接的、自然的、必然的关系是**男女之间的关系**。"② 妇女解放在西蒙娜·德·布瓦尔或赫伯特·马尔库塞认识到需要弄清马克思关于男女关系的普罗米修斯式的想象力之前,从观念发展成了实际的运动。

马克思关于男女关系的概念是和他在与资产阶级社会决裂时发现思想和革命的新大陆同时产生的。在上世纪四十年代结束之前,马克思就以《共产党宣言》打出了一面新的革命旗帜,他在那里说明了必须如何彻底地铲除资本主义、取消私有财产、取消国家和资产阶级家庭,实际上就是取消整个"阶级文化"。紧接着他就参加了1848年的革命。在这些革命遭到失败的时候,马克思远没有后退,而是用号召进行"不断革命"来迎接新来临的五十年代。在这个十年里,他开始考察其他的资本主义以前的社会并且分析了一种新的人类发展,由于把这种发展具体化为"绝对的发生运动",他又一次进一步深化了他的各种概念和目的。

《政治经济学批判大纲》是中介,它一方面既导致马克思最伟大的理论著作《资本论》,又导致他围绕着巴黎公社所进行的活动和关于巴黎公社的著作,另一方面又导致《民族学笔记》。我们可以看到,在后者中埋藏着一条通向二十世纪八十年代的小道。至少这是我所看到的;正是由于这个原因我才选择了马克思的哲学在他整整四十年的理论发展中同妇女解放的关系作为我的主题。我把重点放在他一生的最后十

---

① 《马克思恩格斯全集》第1版第42卷第131页。
② 《马克思恩格斯全集》第1版第42卷第119页。

年——这十年至今为止还被认为几乎不过是"慢性死亡"——是因为正是在这十年里他体验到了一些新的要素,在我们现在所说的第三世界和妇女解放运动中看到了新的革命和思想的力量。像他在《政治经济学批判大纲》中那样重新回到黑格尔辩证法上来并对它进行重新创造,是决定他的全部著作的方法论。

从来没有改变的是他对现存的一切进行批判的概念和实践,即他所说的:"**要对现存的一切进行无情的批判**,所谓无情,意义有二,即这种批判不怕自己所作的结论,临到触犯当权者时也不退缩。"① 正是因为如此,马克思从来没有把批判与革命和对现存一切的彻底铲除分割开来,既不宽恕生产中的官僚机构,也不宽恕教育中的官僚机构;正是因为如此,他用他的"不断革命"的概念与旧的概念相对立。

他早年对教育中的官僚机构的抨击在今天还显得异常现实:"官僚机构认为它自己是国家的最终目的。……国家的任务成了例行公事,或者例行公事成了国家的任务。官僚政治是一个谁也跳不出的圈子。它的等级制是**知识的等级制**。上层在各种细小问题的知识方面依靠下层,下层则在有关普遍物的理解方面信赖上层,结果彼此都使对方陷入迷途。"②

对资本主义制度下教育中的官僚机构的这种尖锐批判,同挑出异化的男女关系来谈一样,只不过是他对现存的剥削的、歧视女性的、种族主义的、资本主义的社会进行批判的开端。不管我们所关心的是第三世界还是我们现有文化的生存,这对我们的核时代说来仍然最为重要。

由于要集中注意马克思的最后十年,对上世纪四十年代以后的两个

---

① 《马克思恩格斯全集》第1版第1卷第416页。
② 《马克思恩格斯全集》第1版第1卷第301—302页。

十年我必须大大从简。然而这并不意味着要少谈马克思的最伟大著作之一《政治经济学批判大纲》,因为我将把那部著作与马克思最后十年的《民族学笔记》放在一起考察。我在这里提到《大纲》只是为了指出,马克思正是在1857年写这部著作时得出结论说,人类的发展不止经过三个时期——奴隶制、封建主义和资本主义。他看到了人类发展的整整一个新的时代,他当时把它叫做"亚细亚生产方式"。"亚细亚"的意思不仅是指"东方"。他不仅谈到了东方的,而且谈到了西方的原始公社发展形式,不管它是发生在克尔特人当中还是发生在俄国。对我们时代的人类学家说来,不考虑马克思在上世纪五十年代太平天国革命开始时对"亚细亚生产方式"的关注,仿佛他那时完全是以欧洲为中心,就同不考虑他在1844年关于男女关系的概念一样肤浅。

二

我想从上世纪五十年代挑出来谈的是两件事情,它们都和妇女有关。第一件是英国普雷斯顿1853—1854年的罢工,不下一万五千人罢工反对暴虐的劳动条件。马克思为《纽约每日论坛报》极其详细地写了关于这次罢工的报道,对女工的条件赋予特别的注意。第二件是他对布尔韦尔-利顿夫人的支持。布尔韦尔-利顿夫人是小说《谢弗利,或光荣的人》的作者,她在1858年不仅敢于和她那保守的贵族政治家庭持不同的观点,而且要把她的观点公之于众。由于她胆敢离开选民会,打算租一个演讲厅来说明她的观点,她的丈夫和儿子竟把她关进了精神病院!马克思在《布尔韦尔-利顿夫人的囚禁》一文中为她作了辩护,不仅抨击了托利党报纸的性别歧视,而且抨击了"多少受到曼彻斯特学派精神熏陶的激进派报纸"。①

至于关于普雷斯顿罢工的那几篇文章,马克思不仅详细叙述了妇女所受到的特殊剥削,而且详细叙述了甚至这些恶劣的条件也没有使妇女局限于反对这些剥削的劳动条件而是向教育制度提出了挑战这个事实。马克思的宪章派活动和他的研究论著,不仅是他的书,而且还有鼓动文章,从来都不单单谈到男性工人。完全相反。例如在写到"工厂的工人们似乎决心要从曼彻斯特骗子手们的手中把教育运动夺过来"时,马克思猛烈抨击了童工制度和资本家所采取的极端措施。他举的例子是:"一个只有9岁的女孩,在60个小时的工作中由于疲劳过度摔倒在地上就睡着了;当别人把她叫醒的时候,她哭了,但还是强迫她继续干活!"②

马克思从来不把他的理论工作同他的实际活动割裂开来,在工厂视察员的"蓝皮书"中和报纸上登出的正在发生的事情中,他最注意的是工人的活动。1856年4月,他在宪章派报纸的创刊纪念会上这样概括了资本主义及其工艺发展的整个问题:"我们的一切发现和进步,似乎结果是使物质力量具有理智生命,而人的生命则化为愚钝的物质力量。"③

马克思所从事的思想斗争既同阶级斗争又同一切争取自由的斗争(马克思所说的"历史及其过程")都密不可分,因此他欢呼1860年约翰·布朗进攻哈帕尔渡口不仅标志着奴隶制度末日的开始,而且标志着一个全新时代的开始。在这个时代不可能否认这些事实。第二年

---

① 《马克思恩格斯全集》第1版第12卷第562页。
② 《马克思恩格斯全集》第1版第9卷第528页。
③ 《马克思恩格斯选集》第1版第2卷第79页。

的确在美国爆发了内战；英国阶级斗争的激化发展到争取国际劳工支援，从而以一种革命的方式影响了美国内战的结局；1863年在波兰发生了反对沙皇俄国的起义，紧接着是法国的阶级斗争激化，法国的劳工领袖来到伦敦，终于建立了以马克思为精神领袖的国际工人协会（第一国际）。

现在意识形态家们所否认的，甚至某些马克思以后的马克思主义者也提出疑问的，是这些客观事件（以及马克思的与之有关的活动）使得马克思与理论概念决裂。不然如何解释对《政治经济学批判大纲》进行彻底改造，使之成为《资本论》呢？毕竟，《大纲》（以及围绕它的来往通信）表明了，马克思对他与黑格尔的辩证法重逢是多么高兴，竟认为是这种辩证法帮助他找到了所有这些卷帙浩繁的经济学论著的"表述方式"。然而，当马克思在1859年决定把《大纲》的一部分作为《政治经济学批判》发表的时候，变化也是很大的。他不是以货币或价值开头，而是重新写了论商品的整个第一章。这确实是一个伟大的创举，它被保留下来作为《资本论》所有的草稿和定稿的开端。然而，那不是决定《资本论》的内容和结构的一切。对整个改造工作起决定作用的，是马克思决心把《大纲》和《政治经济学批判》都抛开，又"重新"开始。

使得他和理论概念决裂的，是他**在动荡的十九世纪六十年代**对黑格尔辩证法的**重新创造**。这一点不单是从他1877年的"自白"，而且从《资本论》的实际情况中可以清楚地看出来。而这是他的自白："实际上，我开始写《资本论》的顺序同读者将要看到的顺序恰恰是相反的（即从第三部分——历史部分开始写），只不过是我最后着手写的第一卷当即做好了付印的准备，而其他两卷仍然处于一切研究工作最初阶段所具有的那种初稿形式。"①

马克思和资产阶级理论家之间的思想斗争在上世纪六十年代初就已经如此广泛,以致他的手稿有将近一千页之多。这部"理论的历史"有三册,即我们所知道的《剩余价值理论》(《资本论》第四卷)。但是对于这些出色的、深刻的论著说来最具有历史意义和最关键的东西,是马克思把它们放在他的三卷《资本论》之后。马克思不是继续进行他对古典政治经济学"本身"的批判,而是把注意力转向工人们在生产的时候做什么和说什么。

在马克思准备第一卷付印时,他进行的第一个重大创新是在第一章《商品》中增加了一节《商品的拜物教》。至今为止,没有人——无论是马克思主义者还是非马克思主义者——怀疑马克思关于人类发展经过不同时代和不同类型社会的历史唯物主义观点的现实性以及独一无二的马克思式的理论和实践的统一。那么,那些批评家们怎么还能够坚持说马克思是完全"以欧洲为中心的",说这的确就是所谓"经典的马克思主义",说"经济学家"马克思未能理解"亚细亚生产方式"完全不同于被他说成为普遍现象的西欧经济发展呢?认真注意一下马克思就在那《资本论》第一章中关于资本主义以前社会的简要概述(甚至当这些批评家还不知道有《大纲》,更不要说《民族学笔记》的时候),岂不更为恰当?马克思不仅说明原始公社的形式存在于"罗马人、日耳曼人、克尔特人那里",而且认为,"仔细研究一下亚细亚的……公社所有制形式,就会得到证明,从原始的公社所有制的不同形式中,怎样产生出它的解体的各种形式"。② 显然,这正是马克思本人所做的;然而,仍

---

① 《马克思恩格斯全集》第1版第34卷第285页。
② 《马克思恩格斯全集》第1版第23卷第94—95页注30。

然很少有人认真地研究他的《民族学笔记》。

有一位伟大的经济学家约瑟夫·熊彼特,对马克思批判古典政治经济学的深刻程度极为钦佩,坦率承认经济学家们大大得益于马克思对资本主义经济发展规律的分析,然而他对哲学却非常反感,以致认为不可能和马克思进行真正经济学方面的争论,因为马克思作为哲学家,总是"把历史的叙述变成历史的推论"。这**就是**马克思的辩证法,他不仅看到他所收集到的统计资料,而且看到重新塑造历史的活生生的男人和女人。在涉及"妇女问题"时更是如此。马克思不再和理论家们进一步争论,而是注意生产中所发生的事件以及这些事件在历史舞台上的政治后果,他在《资本论》中作出了第二个重大创新——写了论"工作日"的一章。

这一章以前在马克思的理论著作中从未出现过——不管是《大纲》、《政治经济学批判》还是《理论的历史》。虽然马克思作为革命活动家,一直参加争取缩短工作日的斗争,但是只是在他如此详细地(确切地说是用76页篇幅)分析这个问题时,才用这么多篇幅谈到生产过程中的妇女,并且得到了关于新的反抗形式的很新的结论。资产阶级理论家们认为,马克思在详细叙述繁重的劳动条件(特别是妇女劳动的屈辱形式)时不是在阐述理论,而是在讲"感伤故事",但是马克思在深入研究意识形态家们不予考虑的那些工厂视察员的"蓝皮书",写下"在英国有时还用妇女代替马拉运河船"这种语句时,他不仅仅是指出对妇女的不人道态度。马克思现在得出结论,工人提出的这种简单问题:"我的一天从什么时候开始,到什么时候结束?"是比资产阶级的人权宣言更伟大的自由哲学。马克思现在把资产阶级的人权宣言叫作

"'不可剥夺的人权'这种冠冕堂皇的条目"。①

即使我们反对马克思对资本家追逐尽可能更多无偿劳动的"像狼一样的贪欲"的描写,而只看机器,只看马克思如何描写有"魔力"的"机械怪物",说它是"通过传动机由一个中央自动机推动的工作机的有组织的体系"。②——难道这种描写的现实性不会使我们机器人时代的人们吃惊吗?它肯定会使1950年参加反对最初使用自动化的总罢工的矿工们吃惊。他们会认为那段描写的作者不是一个十九世纪中叶的人,而肯定是某个当时就和他们以及被他们称作"杀人犯"的连续采矿机一起待在矿井里的人。

马克思并不使他《资本论》中的"经济学"脱离其社会和政治的后果,因此他看到了一种而且只有"一种积极的特点"——让妇女走出"家庭范围之外"。然而,他立即警告说,"残酷的资本主义形式的"工厂劳动正是"腐败和奴役的邪恶渊源"。但是男人和女人的集体劳动,在不同的历史条件下,"为家庭和两性关系的更高级的形式创造了新的经济基础"。

马克思接着说:"当然,把基督教日耳曼家庭形式看成绝对的东西,就像把古罗马家庭形式、古希腊家庭形式和东方家庭形式看成绝对的东西一样,都是荒谬的。"他最后指出,两性集体劳动的其他历史条件可能"变成人类发展的源泉"。③

马克思这位革命的行动哲学家是在积极参加第一国际活动的同时完成《资本论》第一卷的:

---

① 《马克思恩格斯全集》第1版第23卷第335页。
② 《马克思恩格斯全集》第1版第23卷第419页。
③ 《马克思恩格斯全集》第1版第23卷第536—537页。

(1) 那个组织的档案记载，1867年7月19日，马克思建议总委员会在即将召开的代表大会上讨论"用什么**实际**手段把国际协会变成工人阶级（女工和男工）摆脱资本压迫的斗争的总的中心"。①

(2) 1868年12月12日，马克思写信给库格曼："美国'**劳工同盟**'最近一次代表大会有很大进步，别的不说，这也表现在它对待女工完全平等……每个了解一点历史的人也都知道，没有妇女的酵素就不可能有伟大的社会变革。"②

(3) 马克思还要求库格曼博士注意这个事实，即第一国际不仅平等对待妇女，而且已经把哈里特·劳夫人选入了总委员会。

马克思无论在组织关系中还是在私人关系中都认为妇女既是革命的力量，又是革命的原因。但是直到第二次世界大战结束前，妇女在抵抗运动中的革命活动才终于促使一位妇女马克思主义者去研究巴黎公社中的妇女。艾迪丝·托马斯的著作《妇女鼓动者们》第一次给我们全面地介绍了马克思时代最伟大的革命——巴黎公社——中的妇女。我们正是从这部著作中知道了马克思所起的作用：正是他建议伊丽莎白·德米特里耶娃在内战爆发之前去巴黎，正是她组织了"妇女保卫巴黎和护理伤员联合会"这个第一国际的独立的妇女支部。此外，马克思和德米特里耶娃之间在以前就建立了关系，她曾把她自己也关心的俄国农业材料送给马克思。

---

① 《马克思恩格斯全集》第1版第16卷第608页。
② 《马克思恩格斯全集》第1版第32卷第571页。

三

马克思在《资本论》中写道:"那种排除历史过程的、抽象的自然科学的唯物主义的缺点,每当它的代表越出自己的专业范围时,就在他们的抽象的和唯心主义的观念中立刻显露出来。"① 我们由此可以看出,马克思在他一生的最后十年中转而研究以经验为依据的人类学,并不幻想会在那里发现另外一些对关于资本主义以前社会的新发现进行辩证分析的历史唯物主义者。这是他在写作《大纲》和考虑资本主义以前的情况时曾向自己提出的一个问题,他根据自己的研究得出的结论是,人类的发展是一种"绝对的生成运动"。马克思同"历史及其过程"的不断对抗以及他的普罗米修斯式的判断力表明了,不仅他的观点与资产阶级理论家是多么不同,而且他关于人类学的观点与他的最亲密合作者恩格斯是多么不同。

事后稍加反思就不难看出,恩格斯并没有严格地执行马克思对他的要求,即保证以后出版《资本论》第一卷和译本时都以法文版为准。恩格斯过分强调唯物主义的方面,不管他是否要负一定的责任,问题在于不仅是民粹主义者米海洛夫斯基企图把"资本主义积累的历史趋势"说成人类发展的一种普遍现象归因于马克思。正如我们已经表明的,马克思曾对米海洛夫斯基的文章写过一篇非常尖锐的批评。然而,马克思以后的马克思主义者还是继续表达类似米海洛夫斯基的观点,并且以恩格斯编辑的《资本论》第一卷作为自己的根据。

---

① 参看《马克思恩格斯全集》第 1 版第 23 卷第 410 页注 89。

这里我们主要关心的是马克思以后的马克思主义者对马克思一生最后十年的肤浅的（如果不是彻底沙文主义的）态度。特别令人吃惊的是梁赞诺夫的态度，他第一个发现《民族学笔记》，但是没有读就宣布这些笔记是"不可饶恕的学究气"。然而，对未来的马克思主义者更有害的是恩格斯在马克思逝世后写的第一本书《家庭、私有制和国家的起源》，把它说成是执行马克思的"遗言"。但是事实是恰恰相反。诚然，马克思曾经要求恩格斯一定读一读《古代社会》，因为这本书刚刚出版，曾使他感到极大的兴趣。然而，我们知道恩格斯说过，他别的事情太多，没有时间读它，只是在马克思逝世后发现马克思关于这本书的笔记时才弄到这本书。现在不清楚的是，恩格斯当时在马克思那些没有发表的手稿中发现的，除了关于摩尔根、也许还有柯瓦列夫斯基的笔记以外，是否还有《大纲》或我们现在所知道的《民族学笔记》中的许多东西。因为他把这说成是马克思的"遗言"，我们都是按照这种妇女解放的概念培养起来的，仿佛这真的是恩格斯和马克思的共同看法。现在，我们既然终于有了《民族学笔记》的手稿——也有了马克思对柯瓦列夫斯基的评论和关于毛勒的通信以及《大纲》——就不难把马克思关于妇女和辩证法的观点与恩格斯的观点区分开来了。

的确，恩格斯是马克思的最亲密的合作者，马克思曾经委托他用他为《资本论》第二和第三卷所积累而生前未能编辑出版的大量资料"弄出点东西来"。马克思也曾经委托他确保《资本论》第一卷法文版（马克思亲自校阅过的唯一定本）成为所有其他版本所依据的版本。[1]

---

[1] 关于这点的批判讨论，参看凯温·安德逊提交给美国费城1982年3月19日举行的东方社会学协会讨论会的论文《〈资本论〉法文版一百年以后》。

现在，对我们最重要的是恩格斯对此到底做了些什么，因为马克思在那里作的最重要的改动涉及资本的积累。自从出现了一个第三世界，这些改动就变得十分重要了。

第八篇①（"所谓原始积累"）中所用的"所谓"这样一个不显眼的词很少有人注意，由它可明显看出，马克思感到，为了既强调资本的积聚和集中，又强调第七篇（《资本的积累过程》）的辩证发展，他应该使第八篇从属于第七篇，从而表明所谓原始积累决不局限于资本的早期阶段。资本积聚和集中的结果以及资本扩展到我们现在所说的帝国主义，是法文版最重要的段落之一。遗憾的是，这正是恩格斯在编辑英文版时所略去的段落。这个段落强调了资本主义达到最高技术阶段时世界市场的形成。马克思说，正是在这个时候，资本主义"相继兼并了新世界、亚洲和澳洲等广大地区"。②

必须记住，这不仅仅是恩格斯从马克思的"摘录"中引用的东西（只有很少几页）与马克思实际做的摘要和评论（有98页之多）之间的数量差别。更重要得多的是，马克思和恩格斯对待摩尔根的态度，一个批判，一个不批判，全然不同，他们从摩尔根著作中得出的结论也不相同。以一个时期向另一个时期过渡的问题为例。马克思指出，在一个过渡时期**当中**，人们看到有两重性出现，就表明开始有对抗，而恩格斯却似乎始终认为只有在一个过渡的末尾才有对抗，好像阶级社会是在公社形式被摧毁、私有制建立起来**以后**以差不多全盛的状态开始的。恩格

---

① 中文版《资本论》中为第二十四和第二十五两章。——译者注

② 关于恩格斯略去的这整个段落，参看我的《罗莎·卢森堡、妇女解放和马克思的革命哲学》（1982年新泽西版）第148页。还可参看对平原印第安妇女进行左派女权运动分析的《隐藏的一半》（1983年美国大学出版社版）。

斯认为是单线的发展,马克思则认为是辩证地从一个阶段发展到另一个阶段,并把这种发展同革命的高潮联系起来,所以经济危机被看成是"社会革命的时代"。

关键是,一般压迫的因素,特别是对妇女的压迫,是在原始共产主义本身**内部**就产生了的,而不是仅仅和脱离"母权制"有联系。

在探索历史的发展和了解人类的其他各种关系时,更重要得多的是要使人们能够看到新的革命道路和人类发展的多维性。例如,早在《大纲》中(那时恩格斯还不知道有《大纲》),马克思就已经提醒人们注意行会的"地位",他评论说:"在这里,劳动本身一半还是技艺,一半则是目的本身等等。……劳动还是劳动者自己的劳动。"①

马克思在发现易洛魁妇女享有极大的自由时,他认为最重要的是表明在美国的文明摧毁印第安人以前妇女享有多大的自由。的确,首先拿世界都是"文明的"民族剥夺了妇女的自由,就像英帝国主义在征服爱尔兰时剥夺了妇女的许多自由一样。马克思对资本主义的痛恨随着研究资本主义以前的社会而变得更加强烈。但是,他远没有像恩格斯那样得出结论说,脱离"母权制"标志着**女性的具有世界历史意义的失败**,而是说明在原始公社内部就已经出现了这种地位的差别,很清楚,妇女在原始公社中所享有的自由远不是全面的。马克思指出,尽管妇女被允许"通过她们自己选择的发言人"表达她们的意见,但是"决定却是由氏族会议作出的"。

其次一点,这是和前一点分不开的,就是妇女的反抗,即马克思在每一次革命中所看到的"妇女的酵素"。例如,马克思批评了摩尔根关

---

① 《马克思恩格斯全集》第 1 版第 46 卷上册第 499 页。

于古希腊和妇女地位低落的某些说法。马克思认为，奥林帕斯山的希腊女神并不仅仅是雕像，而是表现昔日光荣的神话，这些神话实际上可能反映了过去的一个阶段，也可能表达了对一个颇为相同的未来的期望。

马克思承认摩尔根在关于氏族及其早期平均主义社会的理论方面所作出的伟大贡献，但是他的态度和恩格斯不加批判地为摩尔根叫好毫无共同之处：恩格斯竟然认为摩尔根"在美国……重新发现了四十年前马克思所发现的唯物主义历史观"。① 马克思非但不认为摩尔根是一个真正的历史唯物主义者，而且拒绝了他的生物学主义和进化主义。

马克思所描绘的事实是，在原始公社解体以前很久，在平均主义的公社内部就已经出现等级问题。马克思嘲笑在父权制氏族中人们为保证以父权代替母权而开始改变子女的名字的作法：**"借更改名称以改变事物，乃是人类天赋的诡辩法，当实际的利益十分冲动时，就寻找一个缝隙以便在传统的范围以内打破传统！"**②

恩格斯确实引用了马克思的这一段话，而且也引用了一段关于家庭本身"以缩影的形式"包含了一切阶级对抗的话。但是他满脑子是私有制问题，由于把注意力过分集中在私有制和一夫一妻制家庭上，公社内部的一切对抗似乎都看不到。虽然马克思肯定把一夫一妻制家庭与私有制联系在一起，但他认为关键的还是家长和家庭成员之间的对抗关系。

正因为如此，马克思强调，原始公社的没落不仅是由于外部的因素，也不仅是由于"女性的具有世界历史意义的失败"（这是恩格斯的

---

① 《马克思恩格斯选集》第1版第4卷第1页。
② 《马克思恩格斯全集》第1版第45卷第467页。

话，决不是马克思的话）。相反，甚至当马克思不仅高度赞扬原始公社，而且看到有将原始公社转为现代集体社会的可能性时，他还警告说："要挽救俄国公社，就必须有俄国革命。"①

马克思和恩格斯之间的最大差别之一是，马克思不像恩格斯那样在原始和文明之间划一道不可逾越的鸿沟。马克思认为，关键始终是"事情发生时的历史环境"。马克思不是把人类的发展看成是单线的，而是指出有各种不同道路从原始公社通向一个各不相同的世界——但是决不会不经过革命。例如，他在生命的最后一年去阿尔及尔旅行，看到阿拉伯人是那样兴高采烈，不仅赞扬他们对权威的反抗，甚至赞扬他们的"服装优美极了"，但是他在结束他的描述时说："然而没有革命运动，他们什么也得不到。"② 保尔·拉法格在报道马克思这次旅行的情况时说："这次马克思归来，满脑子装的是非洲和阿拉伯人。"③

马克思在加强对资本主义以前社会、妇女、原始公社和农民的研究时所感受到的新的要素，说明他的著作是一个整体。因此，这不是一个仅仅回到他在1844年手稿中第一次提出的妇女概念上来的问题，也不是像某些人类学家所说的只是从一种哲学的人类学转向一种经验的人类学。相反，作为一位革命家，马克思对资本主义的殖民主义的敌意已经达到了这样一种程度，以致他所强调的是在清除其根源时应该挖得多深。他的最后的研究使得他能够看到建立新的人类关系的可能性，不是因为这种新关系可以通过使像易洛魁人当中的那种原始公社的男女平等

---

① 《马克思恩格斯全集》第1版第19卷第441页。
② 《马克思恩格斯全集》第1版第35卷第302页。
③ 《恩格斯和保尔·拉法格、劳拉·拉法格通信集》1979年人民出版社版第1卷第144页。

"现代化"而产生,而是因为他感到这种关系可以从一次新型的革命中突然出现。

经济学家熊彼特不是唯一的一个认为马克思把历史的叙述变为历史的推论的人。伟大人类学家雷蒙·弗斯爵士肯定不是一位马克思主义者,但他认为《资本论》与其说是一部经济学著作,不如说是"一部立意要使读者参加到所描写的事件中来的动人的历史书"。[①] 我衷心赞同斯坦利·戴蒙德1975年为《辩证人类学》杂志创刊号写的社论:"马克思主义传统可以被看作一种流产了的人类学,使它流产的原因是包括学院派马克思主义者在内的学院派社会科学的兴起,以及在确定文明学术结构中的愚弄人的精神劳动分工。"当然,马克思并不把他的批判局限于"愚弄人的精神劳动分工",而是局限于脑力和体力劳动的分工。不过,他从未低估当知识分子将自己与劳工运动联系到一起时艰苦的精神劳动的创造性。马克思以后的马克思主义者所未能在他的遗产范围内做的以及他们对他的《民族学笔记》的几乎全不理睬,都不是我们不去艰苦努力体会马克思的思想的理由。

马克思在消化新材料方面的历史独创性肯定是恩格斯所望尘莫及的。在每一次,他都把经济危机看成是"社会革命的时代"。太平天国革命使他对资本主义以前社会产生了兴趣。他写作《大纲》的动力一向被认为是1857年的英国经济危机,不仅《大纲》中包含有论述资本主义以前社会的出色部分;而且马克思在《资本论》中也想到了太平天国革命。

---

① 参看雷蒙·弗斯:《怀疑论的人类学家?社会人类学和马克思主义的社会观》,载《马克思主义分析和社会人类学》(1975年伦敦版)。

在上世纪六十年代，不仅美国内战结束了奴隶制，为发展敞开了新的大门，而且妇女的所有实际斗争在马克思那时最伟大的革命——巴黎公社——中达到了最高峰。马克思在上世纪七十年代直至他逝世前为止所进行的新的研究，意味着回到这样一种人类学上来，这种人类学既不仅仅是概念，也不是孤立的经验研究，而是他的"不断革命"哲学进行的一种"绝对生成"的运动。

（原载《实践》杂志国际版1984年第3卷第4期）

（都梁 译）

"亚细亚生产方式"的困惑与思考（提纲）

——从马克思的《〈政治经济学批判〉序言》到马克思晚年"人类学笔记"*

张奇方

"亚细亚生产方式"问题多年来像禁果一样诱惑着各国研究马克思和马克思主义的学者，又以同样强大的力量困扰着他们。在这一篇短文中，可能没有一个人能穷尽它的各个方面。笔者自然不敢抱这种奢望，只想就接触到的层面，作一点力所能及的提纲式的寻踪觅迹。

当马克思晚年"人类学笔记"的研究在国内外逐渐成为人文科学研究热点之一的今天，考察"亚细亚生产方式"问题得到了一个新的视角。"人类学笔记"提供了排解"亚细亚生产方式"之谜的可能性。

一、关于"亚细亚生产方式"概念的由来和发展

"亚细亚生产方式"这一概念最早正式出现在1859年。但是在此之前，有一个相当长的酝酿时期。19世纪前半期，对于前资本主义时期的人类社会史，特别是对史前人类社会史，照恩格斯的说法是"几乎完全没有人知道"。因而马克思在这方面的论述和推断，大都是以成文史

---

* 本文选自《马列主义研究资料》1989年第4辑。

为依据而提出的假设。虽然马克思反对带有"思辨的色彩",然而经验材料的佐证仍很缺乏。这些论述与其说是理论,还不如说是富于天才的思考。1845年,马克思和恩格斯初次合作撰写巨著《德意志意识形态》,在书中第一次提到社会发展的不同阶段。在说到"分工发展的各个不同阶段,也同时就是所有制的各种不同形式"时,依次排列的第一种所有制形式被称为"部落(Stamm)所有制",在这里,"生产不发达"、"分工还很不发达"、"社会结构只局限于家庭的扩大";但同时存在"隐蔽的奴隶制"。总而言之,财产(其实还算不上"财产")归部落所有,生产落后,阶级关系很不发达,或处于萌芽状态。同第一种所有制不同,第二种所有制,即"古代公社所有制和国家所有制",就包含了初期的动产和不动产的私有制。接下去是"封建的或等级的所有制"。再就是正在经历着的资本主义所有制。

1848年2月的《共产党宣言》,采用了"到目前为止的一切社会的历史都是阶级斗争的历史"的说法。《宣言》没有开列依次更迭的社会形态,只是指出了"古罗马"、"中世纪"以及"现代资产阶级社会"。一年后,马克思在《雇佣劳动与资本》中的提法也没有什么变化。那里提的是"古代社会、封建社会和资产阶级社会"。这两处都没有说明更古的社会是否存在,如存在,又是什么社会。

上世纪50年代初,英国进一步加强在东方的殖民活动。同时也越来越多地出现了各种有关东方社会(主要是印度次大陆的)各个方面的书籍、统计资料、调查报告等等。这些材料立即吸引了马克思和恩格斯。他们了解到许多和西欧不同的情况。例如,法国医生贝尔尼埃在一本游记中谈到,"东方一切现象的基础是不存在土地私有制"。马克思把这一点比之为"了解东方天国的一把真正的钥匙"。对此,恩格斯表示完全同意。到50年代末,他们对东方社会有了进一步的了解。在

《政治经济学批判（1857—1858年草稿）》中，马克思提出了"亚细亚的所有制形式"的概念，一年以后，在《〈政治经济学批判〉序言》中，进一步把提法确定为"亚细亚生产方式"。从此以后，马克思还多次使用和阐述了"亚细亚生产方式"这一概念。至少到1875年以前，都没有什么改变。

二、"亚细亚生产方式"是什么？

我们追踪"亚细亚生产方式"概念发展演变轨迹时，有两个变化显得很突出。

首先，马克思恩格斯在1853年注意亚洲，特别是印度次大陆（也有中国）的情况，同1857年—1858年提出的"亚细亚的所有制形式"及1859年提出的"亚细亚生产方式"之间有很大的不同。50年代初，他们提出问题时限于一个具体的地域，一个具体的国家。他们感到东方社会具有一个独特的、和他们原来所熟悉的西欧不同的所有制形式，不同的生产方式。后来发现更重要的是这种生产方式不仅存在于亚洲，而且存在于俄罗斯（村社）、日耳曼（马尔克）以及南欧等地。其中亚洲的"亚细亚生产方式"保持得比较完整，从时间上说，一直保留到殖民势力侵入之前。马克思在50年代末在认识这种生产方式方面，实现了一次思想的升华，即认识到亚洲存在着的，是一种在亚洲以外许多地方都存在过和存在着的生产方式。"亚细亚生产方式"指出的，并不是一个地域性的概念而是阶段性的概念。它构成了依次更迭的生产方式中的最早的一环。

第二，50年代初，他们从殖民者和旅行者的记载中了解到，亚洲不存在土地私有制。其实这是不确切的。50年代末，他们了解了更多的情况,并且发现,亚洲的农业公社中既存在土地公社所有制,也存在部分土地的私人所有制。马克思从人类社会异化、复归的发展设想出发,很自然地把以亚洲农业公社为代表的"亚细亚生产方式"列入自己原来设想的依次更迭的社会经济形态序列中。

从上文对这个概念发展过程的探讨中我们知道,马克思1845年提出的前资本主义所有制形式有三种。在《共产党宣言》和《雇佣劳动和资本》中,提到的只有两种。1859年《〈政治经济学批判〉序言》中指出:"大体说来,亚细亚的、古代的、封建的和现代资产阶级的生产方式可以看做是社会经济形态演进的几个形态。"在这段话里,前资本主义的生产方式又恢复成了三种。从排列的顺序看,"亚细亚生产方式"取代的大体正是1845年的"部落所有制"。

马克思在15年中完成的这两个变化,是认识的变化,是一种质变或突破。两个变化既有必需的实证材料作依据,又符合事物发展的内在逻辑。促使马克思改变自己结论的很重要的、甚至是最重要的一点,是所有制形式。上文说过,50年代中晚期关于东方公社及俄国村社存在两种所有制,或者如后来所说的存在农业公社土地所有制的二重性(这里且不谈国家或君主的最高所有权,即"普天之下莫非王土"那种所谓的所有制)。在这里,公有制的存在,说明农村公社的原始性,而部分(或小块)土地的私人占有,则说明公社中已经产生了破坏公有制的因素。可见,这种公社应该是原始社会的一种形式,而且是原始社会的晚期。这样就顺理成章地确定了"亚细亚生产方式"在马克思社会经济形态发展序列中的地位。

这种古代类型的公社,不仅存在于亚洲,而且存在于上文提到的俄罗斯、日耳曼,还存在于墨西哥、秘鲁等,也就是说,这是一种普遍存在过、而且直到现在在某些地区仍然存在着的(如不久前坦桑尼亚的"乌贾马")形式。其典型比较完整地保留在亚洲。因此，定名为"亚细亚生产方式"，决不是表示其地域意义，而是突出其典型性、代表性。

三、"亚细亚生产方式"的消失和"人类学笔记"的析疑

从已发表的马克思和恩格斯的著作来看，至少他们直到1875年仍在使用"亚细亚生产方式"这一概念。1875年以后，这个概念就再也没有出现过。有些学者，包括国外的一些学者认为他们后来虽然没有提到这个概念，但还是有类似的论述。这种说法是不能同意的。因为提不出符合事实的证据。还有的学者认为从1875年到他们逝世，缺乏适当的场合来对"亚细亚生产方式"作更充分的阐述。这种说法同样站不住脚。在这段时间中，要作进一步的阐述，有很多机会。至少在1877—1878年的《反杜林论》第三编中列举各种生产方式时，可以很自然地谈到"亚细亚生产方式"。很明显，任何牵强的解释，都无助于澄清问题。

其实，马克思放弃"亚细亚生产方式"的提法，原因在这个概念本身。而且还有一个发展过程。

首先，"亚细亚生产方式"这一概念本身并不精确。在《〈政治经济学批判〉（1857—1858年草稿)》中，"亚细亚的所有制形式"是同"古代的所有制形式"、"日耳曼的所有制形式"等放在一起，作为同一层次的所有制形式之一，而不是所有这些所有制形式的典型。一年以后，在《〈政治经济学批判〉序言》中，"亚细亚生产方式"又同"古代的、封建的和现代资产阶级的生产方式"并列。就是说，事隔一年，同一个概念被归入了社会发展序列中的两个高低不同的层次。

其次，马克思在1857—1858年谈到"亚细亚的所有制形式"时指出，"每一个单个的人"都是"自然形成的共同体"，即"部落共同体"的成员。他在这里没有提到私有制，更没有提到阶级的存在。然而，他又说那里存在作为许多共同体之父的"专制君主"，存在"东方专制制度"，甚至还有"国家"、"政府"。根据这种在理论上矛盾的说法，既很难把"亚细亚生产方式"纳入阶级社会，同样也很难纳入非阶级社会。

从以上两点看，"亚细亚生产方式"概念本身，就存在矛盾。唯一可以解脱的办法，就是将它放在从非阶级社会向阶级社会演进过程中的过渡时期，作为一种中间形态，两栖的形态。这样，它就不能同其他如"古代的、封建的和现代资产阶级的生产方式"并立，而只能是低一个层次的，即原始社会生产方式的最后一种具体形式，如同"现代资产阶级生产方式"中的"工场手工业阶段"或"垄断阶段"的层次。

在上面所说的第二点中，还包含着一个矛盾的说法。我们知道，马克思恩格斯从1848年2月在《共产党宣言》中明确宣布"到目前为止的一切社会的历史都是阶级斗争的历史"以来，一直坚持这个观点。至少到1877—1878年写作《反杜林论》为止。这个观点的正式纠正，是马克思逝世前一年，即1882年由恩格斯作出的。在此之前即1879—1880年左右，他们也已经注意到这个问题。但是在提出"亚细亚生产方式"时，他们并没有改变《宣言》中的这一观点。这样，我们就看到了一个根本的矛盾，即"亚细亚生产方式"中没有私有制，没有阶级而又有作为阶级压迫工具的国家、政府，作为统治阶级利益最高代表者的"专制君主"，而且还有一套"东方专制制度"。显然，这是一个根本性的悖论。

在马克思生前，这个悖论已经有了正确的解决。作为解决基本依据的，是上世纪70年代后期开始大量出现的人类学著作提供的实证材料。

马克思从1876年5—6月开始阅读毛勒在60年代发表的《马尔克制度、农户制度、乡村制度、城市制度和公共政权的历史概论》并作了详细摘要，接着读了格·汉森、弗·德默里奇、奥·乌提舍诺维奇、弗·卡尔德纳斯基关于农业公社的著作。到1879年开始又阅读了柯瓦列夫斯基、摩尔根、拉伯克、梅恩、菲尔的著作并作了详细的笔记。这些著作提供的材料表明，在原始的社会中不存在土地和生产工具的私有制。随着社会的发展，归个人使用的日常生活用品和兼作武器的劳动工具逐渐成为私有财产。直到这时也没有形成真正的私有制，更没有阶级、国家等等。这些经验的材料有力地证明，马克思的"亚细亚生产方式"是不科学的，它不符合历史的实际。上世纪50年代的科学研究水平，局限了马克思的结论；而70年代后期的实证材料，使马克思得以据此作出科学的结论。

马克思从柯瓦列夫斯基的著作中了解到，即使在《摩奴法典》时代就存在着公社土地所有制，同时，私人土地所有制也已经产生，但专制君主的最高土地所有制则产生得较晚。它并不是因为公共工程的需要而产生的没有阶级内容的"专制制度"。摩尔根的《古代社会》使马克思的"亚细亚生产方式"失去了任何基础。马克思已经认识到，"把所有的原始公社混为一谈是错误的"（也就是说，不能用"亚细亚生产方式"来概括原始社会的生产方式）。

研究"亚细亚生产方式"不仅使我们了解原始社会的实际和理论，更重要的是学习马克思永不保守的科学精神。

两种生产和两个转变

——马克思"古代社会史笔记"研究[*]

徐若木

这里所说的两个转变，是指从母系氏族向父系氏族的转变和对偶制家庭向父权制家庭、专偶制家庭的转变。这两个转变完成了一场人类社会历史中的深刻革命，它是马克思恩格斯根据摩尔根的发现来进一步阐发唯物史观的时候十分重视的一个题目。马克思在他晚年所写的《摩尔根〈古代社会〉一书摘要》（以下简称《摩尔根摘要》）中对这两个转变作了重要的提示。关于母系氏族向父系氏族的转变，他指出"这看来是一个十分自然的由女系向男系的过渡"[①]；关于对偶制家庭向父权制家庭的转变，他指出："现代家庭在萌芽时，不仅包含着 servitus（奴隶制），而且也包含着**农奴制**，因为它从一开始就是同田野耕作的**劳役**有关的。它以**缩影**的形式包含了一切后来在社会及其国家中广泛发展起来的对抗"[②]。恩格斯在《家庭、私有制和国家的起源》（以下简称《起源》）中对马克思的意见也作了很多的阐述，解释了何以氏族世系的转变是一个"十分自然的"过程，而家庭形式的转变则是充满两性对抗

---

[*] 本文选自《马列主义研究资料》1989年第3辑。
[①] 《马克思恩格斯全集》第1版第45卷第469页。
[②] 《马克思恩格斯全集》第1版第45卷第366页。

和阶级对抗的过程。显然，在马克思恩格斯看来，这两个转变是两个性质不同的转变。氏族世系的转变"不需要侵害到任何一个活着的氏族成员"①，而家庭形式的转变则是以妇女沦为男子的奴隶来完成的。既然如此，便可以从这里得出一个逻辑的结论：这两个转变不是同时完成的。历史的顺序应该是氏族世系的转变在先，只是很久很久之后，对偶制家庭才转变为妇女处于奴隶地位的父权制家庭和专偶制家庭。本文的目的也就是试图说明这一结论，澄清一些对马克思恩格斯观点的误解，说明这两个转变并不是像通常所理解的那样紧相伴随，并不是一个转变之后很快就发生另一个转变。

马克思恩格斯在考察原始社会的这两个转变时，像在其他问题上一样，也是从他们的唯物史观的基本原理即两种生产论出发的。在马克思主义的古代社会研究中，有两个基本的范畴系列，一个是物质资料生产的范畴系列，一个是人本身生产的范畴系列。前一个范畴系列，包括一切人与外部自然的交往，诸如表示原始社会生产力，各种谋生方式，产品占有和分配方式，作为社会经济单位的氏族公社等等概念。后一个范畴系列，包括一切人与"内部自然"的交往或者说男女自然生理的交往，诸如婚姻形式和家庭形式，血缘亲属关系和血缘亲属制度，作为血缘亲属组织的氏族、胞族、部落等等概念。这两个基本的范畴系列是比较容易区分的，同时也必须时时进行这种区分，它们在古代社会中也是"一种普照的光"，"一种特殊的以太"②。区分这两种生产和两种范畴系列，把握它们的消长变化，是理解古代社会的各种复杂现象的钥匙，也是理解马克思恩格斯关于古代社会史的思想的关键。我们现在就从这里

---

① 《马克思恩格斯选集》第1版第4卷第51页。
② 《马克思恩格斯选集》第1版第2卷第109页。

开始来考察两个转变特别是它们的历史顺序问题。

（一）

在母系氏族社会中，一切属于人本身生产的范畴，特别是婚姻形式和家庭形式，都是按照人本身生产的规律发展的，它们都受着禁止血亲婚配这种社会规律（摩尔根称之为自然选择的规律）的支配，而不是受另一种生产即物质资料生产的规律的支配。不管是生产力还是原始共产制这些经济因素，都不能决定婚姻形式、家庭形式和作为血缘团体的氏族的形成和发展。母系社会的极低的生产力，只决定着原始社会的经济关系的共产制性质，它暂时还无力侵入人本身生产的领域而决定婚姻形式、家庭形式和氏族等等的发展。可以说，物质资料生产的状况如何，暂时还与人本身生产所产生的各种社会关系无关，它只不过构成这些社会关系发展变化的消极背景。① 只有生产力发展到一定高度，产生了私有制因素的时候，家庭、婚姻和氏族等等才获得新的发展动力即经济的动力，物质资料的生产才开始推动家庭、婚姻和氏族等等的进一步发展。因此，在物质资料的生产还没有能够对人本身的生产发生作用或发生决定作用的历史时代，婚姻和家庭形式按照自身发展的规律就必然是群婚制的，以后又按照自己的规律发展为对偶婚制的；作为血缘亲属团体的氏族的世系计算必然是按母系计算，氏族必然是母系氏族。这就

---

① 我国有些学者容易误解《起源》讲到的母系社会的共产制"家庭经济"（household）一词，以为这就是家庭的经济基础。其实，这种 household 只是"家务"的意思，与家庭即 family 无关。群婚家庭是没有共同的经济生活的，它只进行人本身的生产。这一点直延续到对偶制家庭的时候。

是说，群婚制的和对偶婚制的家庭形式必然先于父权制的、专偶制的家庭形式而存在，母系氏族必然先于父系氏族而存在。只有到物质资料的生产力发展到一定程度时，才发生前者向后者的转变。唯物史观的两种生产论和民族学上的无数事实都证明这一点。这就是"两个转变"的理论根据和历史根据。国外的某些"新"理论认为母系氏族最初是与父系氏族并存，或者认为自始就是父系氏族，这都是没有根据的。

摩尔根的母权制氏族理论不仅确认了这"两种转变"，而且确认了这两种转变的动力是经济的动力，这两点都是他的唯物主义观点的突出表现。拿作为血缘亲属团体的氏族来说，母系氏族存在于父系氏族之先，是由人本身的生产的规律决定的，而前者向后者的转变则是由物质资料生产的规律决定的。（当然，摩尔根并没有能达到这种理论的认识。）关于这种转变的经济动力，马克思在《摩尔根摘要》中作了许多摘录，显然是表示同意。例如："无论怎样高度估计**财产**对人类文明的**影响**，都不为过甚"①；美洲印第安人的许多部落从女系转变为按男系计算世系"是在财产的影响下出现的"②，"这一**不按女系**计算血亲的变化是在财产大量出现之后发生的"③，如此等等。恩格斯在《起源》的有关论述中，更是贯穿着这种精神。这一点已经得到普遍公认。

这里所说的"财产"自然是指私有财产，或者说，是私有制因素。私有制因素的产生不言而喻是生产力发展的结果。但私有制因素是怎样影响着婚姻、家庭形式和氏族，推动着它们发生根本性的转变呢？这里需要有一个重要的条件，即在人本身生产的范畴系列中，在血缘亲属关

---

① 《马克思恩格斯全集》第1版第45卷第377页。
② 《马克思恩格斯全集》第1版第45卷第388页。
③ 《马克思恩格斯全集》第1版第45卷第406页。

系中，出现了"宗亲"这一亲属范畴。所谓宗亲关系，就是指"**氏族内部那些按照一定的世系直接出自同一个共同祖先的人的血缘关系**"①。宗亲是氏族内部一部分血缘关系更近的亲属，它强调的是一方直接出自另一方，所以亲生子女居宗亲之首。由亲生子女上溯，到与己身有同一祖先的两三代人，就是同宗亲属；在母系氏族中，就是**同一个母亲、同一个祖母或同一个曾祖母**的后代。宗亲这一血亲范畴的出现，标志着对偶婚制的形成，作为母亲的女子（逐渐还有作为父亲的男子）已经把亲生的子女同其他只是亲属称谓中的"子女"逐渐区别开来。这样，财产继承办法也就发生变化，例如母系氏族的女子死后，"**她的财产就由她的子女、姊妹、母亲和母亲的姊妹**继承；她的子女获得**大部分**"②，而不是像先前那样由所有氏族成员继承。摩尔根把这种新的宗亲继承办法叫做第二种继承法。这种首先由亲生子女继承死者财产的规则，是氏族公有制正在向私有制发展的重要条件和标志，因为如果没有宗亲继承法，如果仍然实行全体氏族成员继承的办法，那就永远只有氏族公有制，不管生产力怎样高度发展都不会出现生产资料和产品的私人占有和私人所有，而到母系氏族后期，这种范围较小的、带有私有制色彩的财产继承法，便由于男子在生产中所创造的财富日益增加而更加浓厚了，因为在对偶婚条件下，男子作为子女的生身父亲的身份越来越能确定了，这就很自然地也产生首先由男子的亲生子女来继承财产的要求。这样便给"两个转变"提供了决定性的、经济的动力，最后的结果是大家都知道的：女子的子女都离开本氏族而转到他们父亲的氏族中去，废除了母系的继承权，确立了按男系计算世系的办法，从而完成了母系氏

---

① 《马克思恩格斯全集》第 1 版第 45 卷第 384 页。
② 《马克思恩格斯全集》第 1 版第 45 卷第 383 页。

族向父系氏族的转变,这是第一个转变。第二个转变是家庭形式的转变:对偶制家庭转变为父权制的和专偶制的家庭,妇女沦为男子的奴隶。婚姻和家庭形式即人本身的生产方式开始受到物质资料生产方式的支配,这是人类社会历史上的一场大革命。

然而,问题就在于,妇女为什么就毫无反抗地甚至乐意地容许让自己的子女转到他们父亲的氏族中去,让"母权制"的母系的氏族转变为父系的氏族,最后招致了家庭形式的转变,使自己遭到奴役呢?对于这个问题,合理的答案应该是:这两个转变不是同时发生的。在发生第一个转变时,人类还不知奴隶制为何物,当然更不会有妇女的奴隶地位。民族学调查中所揭示的母系(母权)和父系(父权)的斗争,男女的对抗,只发生在第二个转变即家庭形式的转变中,而不是发生在氏族由母系向父系的转变中。马克思在《摩尔根摘要》中摘录了摩尔根考察美洲印第安人氏族世系计算办法的大量材料,这些材料有力地证明:在野蛮时代中级阶段甚至低级阶段上,当父权制家庭和专偶制家庭还没有萌芽的时候,那里的许多母系氏族就已经在私有制因素的影响下转变为父系氏族了。例如,密苏里诸部落的蓬卡人、奥马哈人、衣阿华人、卡乌人、温内巴哥人①,阿尔贡金诸部落的迈阿密人、肖尼人②,落基山诸部落的一些氏族③,大西洋诸部落的特拉华人④,中美洲的尤卡坦人⑤,等等,都已经由男系计算世系,就是说,已由母系氏族转变为父系氏族。摩尔根指出,"在欧洲人发现美洲的时候"某些部落就已

---

① 《马克思恩格斯全集》第 1 版第 45 卷第 457—459 页。
② 《马克思恩格斯全集》第 1 版第 45 卷第 466—467 页。
③ 《马克思恩格斯全集》第 1 版第 45 卷第 468 页。
④ 《马克思恩格斯全集》第 1 版第 45 卷第 46—469 页。
⑤ 《马克思恩格斯全集》第 1 版第 45 卷第 475—476 页。

如此①，并不是仅仅在外来的欧洲人影响下才发生这种转变。在欧洲人进入美洲以前，许多印第安人部落已经进入青铜时代，物质资料的生产已有相当的发展，例如在摩基的印第安人中，已经"拥有**羊群、马群和骡群**以及其他不少的**个人财产**"②，在北美的克里克人和彻罗基人中也"**已经有了家畜和发达的农业**"，人口已经"异常之多"③。即使在北美处于野蛮时代低级阶段的部落中，"**耕地的占有权这时则被承认属于个人，或某个集团，成了继承的对象**"④，——马克思在摘录到这里的时候除了加页旁直线以外，还写上"财产"一词，表示他对私有制因素的重视⑤。总之，美洲印第安人在私有制因素影响下许多氏族都已完成从母系氏族到父系氏族的转变，而家庭形式则众所周知仍然是对偶制家庭，妇女仍然处于自由而且比较崇高的地位，距离父权制和专偶制家庭差不多有整整一个历史阶段。

上述这一切事实说明了什么呢？这些事实说明，私有制因素的影响首先是引起氏族的变化，引起第一个转变，而不是首先引起家庭形式的变化，这第二个转变还远哉遥遥。私有制，作为物质资料生产的范畴系列中的一个范畴，要完全支配人本身生产的范畴系列，支配作为血缘团体的氏族，支配婚姻形式和家庭形式等等，是有一个极其漫长的历史过程的。私有制因素在它迈步长征、向社会生活的一切领域胜利进军的历史道路上，首先要解决的是如何使男子的亲生子女继承他们父亲的财产问题，而不是使男子成为家庭的主人、使妇女沦为奴隶的问题。只要采

---

① 《马克思恩格斯全集》第 1 版第 45 卷第 416 页。
② 《马克思恩格斯全集》第 1 版第 45 卷第 387 页。
③ 《马克思恩格斯全集》第 1 版第 45 卷第 463 页。
④ 《马克思恩格斯全集》第 1 版第 45 卷第 382 页。
⑤ 《马克思恩格斯全集》第 1 版第 45 卷第 383 页。

取某种办法,在妇女的同意和赞助下(妇女还享有崇高的地位)改变子女的"族籍",就能够使他们按照传统的同氏族人继承的规则继承父亲的财产,这样也"就行了"(恩格斯语)。虽然现在不少学者都怀疑这一转变是否"过分容易"或"简单化",但它的确是一个"十分自然的"(马克思语)转变,根本不需要去触动婚姻形式和家庭形式,不需要使妇女沦为父权制家庭或专偶制家庭中的男子的奴隶。只要不把两个转变混淆在一起,就能理解这一点。因为,阻碍子女继承父亲财产的是母系氏族的财产继承关系,而不是对偶制家庭的婚姻和家庭关系。"人类始终只提出自己能够解决的任务"①,而在不知有奴隶制、对战争俘虏都杀掉祭神的人们那里,是不可能提出把妇女(连向自己的母亲姊妹和女儿)都贬低为奴隶的历史"任务"的。

从马克思主义的两种生产论的观点来看,上述"两个转变"相隔很远的问题就会更加清楚。我们知道,在母系氏族社会中,物质资料的生产是在作为血缘亲属团体的氏族或氏族分支的范围内进行的,只有血缘纽带才能把人们联合在一起进行物质资料的生产,在这个意义上,我们把这种血缘团体叫做母系氏族公社。它作为公社,属于物质资料生产的范畴系列,是社会经济单位,这是应该与属于人本身生产的范畴系列的家庭区别开来的。家庭,作为人本身生产的单元,并不担负经济的、物质资料生产的职能。例如这个时期的对偶制家庭,"本身还很脆弱,还很不稳定"②,没有夫妻共营的独立的经济生活,还没有成长为独立的社会经济单位。因此,既然私有制因素所产生的要求是男子把自己创造的财富传给亲生子女的要求,本质上是一种经济性质的要求,所以这

---

① 《马克思恩格斯选集》第 1 版第 2 卷第 83 页。
② 《马克思恩格斯选集》第 1 版第 4 卷第 43 页。

种要求必然要到作为社会经济单位的氏族公社中去解决，也就是说去实现第一个转变，使母系氏族转变为父系氏族就行了，没有必要（也没有可能）去"改造"作为进行人本身生产的单元的家庭的形式，也就是说没有必要去实现第二个转变，使对偶制家庭转变为父权制家庭或专偶制家庭。因此，"两个转变"必然分两步进行，"同时"完成是不可能的。道理很简单：第一个转变要求不侵害任何一个活着的氏族成员，要求妇女的同意和赞助，要求仍然保持妇女的自由而尊贵的地位，而第二个转变却要求实行奴隶制特别是对妇女的奴役，这怎能毕其功于一役呢？民族学研究中的无数事实都告诉我们，这第二个转变是如何困难而复杂，从居住方式、缔婚方式、所有制形式到血缘亲属关系和亲属制度等等，都要发生根本的变化，而这一切变化事实上都是在父系氏族已经确立的条件下，即在早已完成第一个转变的历史阶段发生的。显而易见，这两个转变是两篇文章，只有上篇文章早已作完才能慢慢作下篇文章。在这里"一气呵成"是不可能的。不然的话，人们连第一个转变都不可能实现，这至少是因为母系氏族制度下的妇女决不可能在同意改变世系计算办法的同时还连带交出自己享有的自由地位。

（二）

如上所述，按照马克思主义的观点，原始社会中的"两个转变"是远非同时完成的，有先有后，不可混淆。然而，认为两个转变同时实现的观点却是难免的，这种观点的根据就是恩格斯在《起源》中的论述，因为恩格斯在阐述母系氏族向父系氏族的转变即所谓"母权制"的消亡的意义时这样说过："母权制的被推翻，乃是**女性的具有世界历史意义的失败**。丈夫在家中也掌握了权柄，而妻子则被贬低，被奴役，变成丈夫淫欲的奴隶,变成生孩子的简单工具了"。他把母系氏族向父系氏族的转变看作是"人类所经历过的最激进的革命之一",把确立父系的继承权看作是确立了"男子独裁制"。① 从这里的确可以看到,恩格斯在论述历史的总过程的时候并没有把两个转变区别开来,没有把两个转变看作是两个历史阶段,从而给人一种同时进行的印象。

但是,这并不能成为坚持"同时说"的根据。因为,这是恩格斯在1884年《起源》第一版上说的话,而到1891年《起源》第四版时就作了有重大意义的补充,添加了家庭公社这一中间环节,从而把这一场革命分为两个阶段,把严酷的父权制家庭和专偶制家庭的出现大大推迟,使家庭形式的转变成了第二个阶段上的事情了。这个家庭公社问题的插入,使这一场革命具有了明显的阶段性:从母系氏族向父系氏族的转变是第一个转变,然后,通过漫长的家庭公社这个中间环节,这个过渡时期,才发生从对偶制家庭向父权制家庭或专偶制家庭的第二个转变,实现了对妇女自由的剥夺。

恩格斯根据柯瓦列夫斯基的研究成果,把南方斯拉夫人的家长制家庭公社看作是这一过渡性的中间环节。他指出,这种类型的家庭公社,"乃是一个从群婚中产生并以母权制为基础的家庭到现代世界的个体家庭的过渡阶段"②,以此确定了家庭公社的历史地位。所谓"以母权制为基础的家庭"显然包括在美洲印第安人中普遍存在的、妇女享有自由地位的对偶制家庭。从这种家庭形式转变为罗马人的父权制大家庭和希腊人的专偶制家庭形式,就必须经过家庭公社这个中间阶段。应当指出,家庭公社并不是一种家庭形式,它只是在经济上哺育个体家庭成长

---

① 《马克思恩格斯选集》第 1 版第 4 卷第 51—52 页。
② 《马克思恩格斯选集》第 1 版第 4 卷第 54 页。

的摇篮,使它们成长为新的有独立经济地位的现代家庭,完成家庭形式的根本转变。从恩格斯描述的南方斯拉夫人的家庭公社中可以看到,在这个中间环节上,母系氏族已经完成了向父系氏族的转变,因为这种家庭公社"包括一个父亲所生的数代子孙和他们的妻子"①,它是用父系的血缘纽带联结起来的进行物质资料生产的团体,不再像母系氏族那样在母系的血缘关系范围内进行活动,母系的世系计算显然已经取消。此外,在这种家庭公社中,妇女仍然享有很大的自由和尊敬,例如"最高权力集中在家庭会议,即全体成年男女的会议",男女平等,而且"主妇在公社姑娘择婿时,也起着重要的,而且往往是决定性的作用"等等。② 从这里就可以看到,家庭公社正是母系氏族向父系氏族的转变已经完成,但家庭形式的转变仍未完成的产物,它把两种转变明显地分隔开来而成为两个历史阶段。除了南方斯拉夫人的家庭公社以外,恩格斯还引证了俄国、爱尔兰、法国、印度、高加索、阿尔及利亚、墨西哥、秘鲁的家庭公社材料。家庭公社问题是恩格斯在《起源》第四版中增补得最多的问题,这表明他的研究工作的进一步深入。他对家庭公社的历史地位的阐述,无疑具有重要意义,也弥补了摩尔根理论的缺陷。因此,学术界存在的两个转变"同时发生"说,虽然有恩格斯的文字作依据,但并不是恩格斯真正的观点。

恩格斯在《起源》第四版中新增的这些论述,实际上也是执行马克思的遗愿。我们在马克思《摩尔根摘要》中可以看到,马克思在摘录摩尔根的著作时,已经注意到摩尔根的原始社会史的系统中缺少家庭公社这一中间环节。摩尔根主要依据美洲印第安人的材料阐述了母系氏

---

① 《马克思恩格斯选集》第1版第4卷第54页。
② 《马克思恩格斯选集》第1版第4卷第54页。

族向父系氏族的转变,但是,在阐述家庭形式的转变时,他在美洲印第安人中就找不到从对偶制家庭转变到父权制家庭或专偶制家庭的例证了,他只是用古罗马希腊的家庭形式来同美洲的家庭形式相衔接,缺少一个"以母权制为基础的家庭向现代世界的个体家庭的过渡阶段",即缺少父权制的家庭公社这一转变的环节。他虽然也知道南方斯拉夫人的和其他民族的家庭公社,但他不了解它的性质和意义,不知道怎样安排它的历史地位,只是简单地当作"氏族组织的残余"来处理了①。马克思看到了摩尔根理论的这一缺陷,他在《摩尔根摘要》中摘录了关于对偶制家庭问题的章节之后,就特别提出了南方斯拉夫人的家庭公社问题,例如,当他摘录摩尔根的话,说到在美洲印第安人中"几个这样的**对偶制家庭**常常居住在一座房子里"的时候就写道:"像**南方斯拉夫人**的几个**专偶制家庭**那样"②;再如,当他摘录到摩尔根所说的古代日耳曼人的个体家庭"是'托庇'于**由各亲属家庭组成**的共同家庭经济中"的时候又写道:"像南方斯拉夫人那样"③。在《摩尔根摘要》中,类似的批注就有四处。更早一些,在另一篇笔记中,在他摘录了柯瓦列夫斯基著作中说到家庭公社的地方之后,也不止一处加上批注:"即南方斯拉夫式的家庭公社"④。马克思的这些批语不仅说明了他对家庭公社问题的重视,而且也透露了他的如下观点:家庭公社是哺育父权制家庭或专偶制家庭的温床;只有通过南方斯拉夫人那样的家庭公社,才能实现第二个转变,造成恩格斯所说的妇女的具有世界历史意义的失败。马克

---

① 见摩尔根:《古代社会》1977年商务印书馆版新译本下册第358页。
② 《马克思恩格斯全集》第1版第45卷第360页。
③ 《马克思恩格斯全集》第1版第45卷第367页。
④ 《马克思恩格斯全集》第1版第45卷第242页。

思曾经对家庭公社问题进行过多年的深入研究（比柯瓦列夫斯基、恩格斯更早①），对家庭公社的不同类型、性质、历史作用和历史地位都作了全面的考察，这是需要用专文来阐述的问题。在这里只须指出与本文有关的一点：在马克思看来，在母系氏族转变为父系氏族之后，家庭形式仍然没有达到父权制家庭或专偶制家庭的阶段，需要有家庭公社把几个个体家庭联合在一起，给它们提供进一步发展的动力；妇女在家庭公社中仍然享有自由而受人尊重的地位，距离第二个转变和这个转变造成的男子独裁制还很远很远。

由以上所述可以肯定，两个转变"同时"进行或一气呵成的观点并不是马克思恩格斯的观点，认为马克思恩格斯持这样的观点乃是一种误会。值得注意的是，从这种误会中又会产生一种困惑甚至指责：马克思主义奠基人有什么理由把两个转变说成一次完成呢？这不是把转变说得太轻易，太简单化了吗？各民族的历史上的这场激进的革命不是"必然要经历长期的反复的斗争"、"长期而又复杂的斗争"吗？是的，的确要经过许多的困难和长期的斗争，但这种种斗争只是发生在氏族由母系向父系转变之后的历史阶段上，发生在家庭形式由母权制的对偶制家庭向"男子独裁制"的家庭形式过渡的漫长时期中。所以全部问题就在于是否把两个转变混为一谈。氏族由母系向父系的转变本身正如马克思所说是一个相当顺利的"十分自然的"过程，把这个过程说得十分困难只不过是通常的想象，并无理论的历史的根据。因为，父系氏族的

---

① 在荷兰阿姆斯特丹国际社会史研究所里，还保存有马克思1876年7—12月所作的两种有关南方斯拉夫人家庭公社问题的笔记，篇幅都不小。见汉-哈斯提克为柯瓦列夫斯基《公社土地所有制……》1977年法兰克福—纽约照相复制版所写的《导言》第VIII页注⑩。

确立不过是把氏族世系的计算由母系改为父系，以利于男子财产的继承，在这种转变中每个人，男性和女性，都是得失相当的，即便是从民族学的浩繁文献中恐怕也很难找到多少男子和女子为赞成或反对改变氏族世系计算办法而进行长期斗争的事例，也很难找到多少母系亲属和父系亲属为争夺男子的财产的继承权而进行反复的激烈斗争的事例。父系氏族的确立并不等于父权制家庭的确立。如果把父系氏族的概念与父权制家庭的概念混同起来，不加区分，那就不能理解马克思主义在氏族由母系向父系转变问题上的观点。①

苏联学术界在这个问题上也流行着一种与马克思主义观点不同的转变模式。按照这种模式，要实现母系氏族向父系氏族的转变，"首先触及的是新产生的经济细胞——个体家庭以及家庭—婚姻关系的各个方面"②，只有经过家庭—婚姻关系方面的种种变化，才能最后导致氏族由母系转变为父系。按照这种模式，在母系氏族时期，个体家庭就已经成长为一个经济力量相当雄厚的社会经济单位，男子可以把从妻居转变为从夫居，可以通过买婚或抢婚的手段，违反妇女的意志而得到奴隶般的妻子；与此同时，男子自己的姊妹同样也被其他"经济细胞"即个体家庭买去或抢去；而由于此时仍是母系氏族，子女不属于男子的氏族，所以男子的生活单位中除了夫妻之外便是男子姊妹的子女，这样便大量出现所谓"舅甥家族"即由舅父母和外甥、外甥女组成的家庭。只有在此之后，人们才去改变母系氏族的女系继承办法，设法把男子的

---

① 有些文章还使用"父系家庭"的概念，这个概念也是马克思主义典籍中找不到的。家庭自"普那路亚家庭"以来始终是双系的，两个血统的，只有氏族才是单系的，一个血统的。

② A.U.佩尔希茨等著：《世界原始社会史》云南人民出版社版第237页。

子女弄到父方的"氏族和家庭"中去继承他们父亲的财产而不再继承舅父的财产。只有在这时,才实现母系氏族向父系氏族的转变。苏联学术界的这种模式,说明他们可能同样认为恩格斯所说的氏族由母系向父系的转变过程"太简单化"了,所以就需要把以后发生的种种两性对抗的事例搬到前面,以表明这一转变的"长期复杂"过程。实际上,这是完全不需要的。至于他们所说的在母系氏族下已经成为社会经济单位("经济细胞")的个体家庭,实质上已与"现代世界的个体家庭"无别,这也是不对的。不过这已是整个家庭观的问题,已超出本文范围了。他们的整个原始社会史研究一直不提唯物史观的两种生产论,没有摆脱斯大林时期的错误影响。

  总之,氏族和家庭是不同的概念,它们各自的发展过程也不是一回事,在时间上也决不是同步,是相隔很远的,而且先后有序,不能颠倒。在父系氏族已经形成和确立的时候,可以尚不存在奴隶制,但在父权制家庭或专偶制家庭已经形成的时候却必然已存在奴隶制。奴隶制的产生是一个界线,相应地,妇女是否被男子奴役也是一个界线。在父系氏族制度下可以有母系氏族制度的残余甚至是十分浓厚的残余,但在"现代世界的个体家庭"中决不会有多少"母权制"的东西,因为奴隶制已经产生了。马克思在《摩尔根摘要》中指出:"实际上,专偶制家庭要能独立地、孤立地存在,到处都要以**仆役阶级**{domestic class}的存在为前提,这种仆役阶级最初到处都是直按由**奴隶**组成的"①。所以,美洲印第安人的许多部落尽管已经过渡到父系氏族制度,但仍不知奴隶制为何物,不知有专偶制家庭,因而也不知有男性对女性的奴役。世界

---

① 《马克思恩格斯全集》第 1 版第 45 卷第 367 页。

各民族的历史都证明氏族由母系向父系的转变要大大早于婚姻和家庭形式的转变。家庭公社这个漫长的过渡阶段就证明这一点。家庭公社到它发展到晚期的时候,例如南方斯拉夫人的家庭公社,氏族已经是父系氏族,但仍然实行着原始的民主,不仅在物质资料的生产方面仍保存着小范围的公有制,而且在人本身的生产方面,即在婚姻和家庭关系方面,也仍然保存着妇女对男子的平等地位,仍然没有发展出"独立的、孤立的"、以男性对女性的奴役为本质特点的父权制家庭或专偶制家庭。只有在父系氏族下逐渐产生了奴隶制之后,在以血缘关系为纽带的原始公有制联合体(包括家庭公社)瓦解之后,才能产生作为独立的社会经济单位的个体家庭形式和相应的婚姻形式。"在历史上出现的最初的阶级对立,是同个体婚制下的夫妻间的对抗的发展同时发生的,而最初的阶级压迫是同男性对女性的奴役同时发生的"[①]。氏族世系的转变,父系氏族的产生,是一个十分自然和容易实现的过程,而婚姻形式、家庭形式的转变,"男子独裁制"的产生,则是一个充满着对抗和斗争的长期过程,两个转变决非同时发生或紧相伴随——这就是我们重新学习马克思晚年古代社会史笔记所应该得出的一个新的结论。

* * *

本文简略地考察"两个转变"问题,只不过是从一个问题上,从一个侧面,试图说明物质资料生产的因素,经济的因素,怎样逐步侵入人本身生产即种的蕃衍的领域,并最后成为支配婚姻和家庭制度的力量。物质资料生产领域中的生产关系逐步支配人本身生产领域中的婚姻

---

① 《马克思恩格斯选集》第1版第4卷第61页。

家庭关系、血缘亲属关系等等，是一个极其漫长的历史过程，它至少涵盖着人类社会的前资本主义时期，以致在不少国家中，社会生活的许多方面至今还受着属于人本身生产领域的因素的支配。马克思恩格斯晚年都曾致力于研究这个历史过程，给后世的学术界留下了莫大的启迪。正确理解马克思主义的两种生产论及其历史运用，无疑仍然是摆在我们面前的重大任务。

略论人类学从摩尔根到马克思[*]

贺 麟

我想就摩尔根的《古代社会》到马克思的《摘要》,并参照恩格斯的《起源》,来理出一条人类学从摩尔根到马克思的线索。

《古代社会》是摩尔根的代表作,是人类学研究的经典之一。它系统而广泛地研究了人类上古社会的分期及其标志,氏族部落的构成和发展,家庭和婚姻关系的演化,以及私有制和国家等一系列问题,对西方人类学研究和马克思主义人类学产生发生了深刻的影响。它对人类学研究的贡献主要有:

第一,摩尔根对历史分期的尝试具有科学的价值,包含了历史唯物论思想,体现了他的思想的辩证整体观。以一种"发明和发现"作为历史分期的标志是他的主要功绩,他的历史分期根据是符合唯物史观的,对此恩格斯给以高度评价。

第二,摩尔根对氏族制度的研究。他弄清了氏族组织的基础,表明氏族作为原始基层组织是整个原始社会的原生细胞,人类全部历史可以分为相应的"两种社会制度"为特征的两大时期:最早时期是社会组织,其基础为氏族、胞族和部落;晚生的时期是政治组织,其基础是地

---

[*] 本文选自《马列主义研究资料》1987年第4辑。

域和财产。摩尔根说:"氏族制度是社会赖以组织和维系的手段。"恩格斯认为,摩尔根"给我们阐明了**国家**产生以前原始时代社会制度的基本特征"。

第三,摩尔根对家庭发展史的研究。他赞同人类起初没有家庭,而是从杂交状态过渡到家庭,从母权家庭过渡到父权家庭的理论。但是,他是从亲属制度的称谓方面来分析和推论家庭的早期形态的,从而开创了家庭史研究的新途径并证明了母系社会先于父系社会。恩格斯说,确定原始的母权制氏族是一切文明民族的父权制氏族以前的阶段的这个重新发现,使摩尔根得以首次绘出家庭史的略图,这样就在原始历史的研究方面开辟了一个新时代。

正是由于哲学基本立足点(历史唯物论)的相近,以及马克思迫切想扩充自己关于原始社会的结构及其演变等方面的知识,马克思仔细研读了摩尔根的《古代社会》,写下了《摘要》。研究马克思的《摘要》,一方面我们要了解摩尔根对马克思有哪些影响,另一方面还要了解马克思是如何分析、批判和补充发挥摩尔根的思想的。

摩尔根对马克思的影响:第一,对原始社会历史分期的观点。在阅读《古代社会》之前,马克思对原始社会了解不深。摩尔根的分期理论使马克思的认识产生质的飞跃,基本上接受了他的分期法,了解到氏族制度的起源、发展和消亡的历史过程。第二,对家庭和母权制与父权制关系的观点。摩尔根通过自己的研究指出,家庭是一个发展过程,母权制家庭先于父权制家庭。马克思接受了这一思想,并用来批判了梅恩的父权制理论。第三,对氏族在原始社会中的地位的观点。摩尔根认为,"家庭,即使是专偶制家庭,不可能成为**氏族社会的自然基础……民族以部落为单位,部落以胞族为单位,胞族以氏族为单位,但氏族并不以家庭为单位**"。马克思接受了摩尔根的这一思想。第四,关于阶级斗争的观点。在私有制和阶级产生之前，人类还经历了漫长的无阶级社会，对此，马克思曾认识不足，下过一条普遍结论："到目前为止的一切社会的历史都是阶级斗争的历史"。但在看过《古代社会》之后，观点发生了变化。恩格斯在此基础上修正了上述原理："（从原始土地公有制解体以来）全部历史都是阶级斗争的历史"。

马克思在《摘要》中对摩尔根的分析、批判和补充。第一，马克思十分重视摩尔根对原始社会研究的贡献，详细摘录了《古代社会》中有科学价值的篇章。特别是摩尔根的许多论述与马克思以往研究的成果颇为相似，引起了他的共鸣，在这些地方马克思都在边上加了竖杠，或在下面划了横线，在一定意义上我们可以把它们看成马克思的人类学思想。例如，生活资料生产在人类历史中的重要意义、私有观念及晚期私有制对瓦解原始氏族社会的重要影响。第二，马克思在《摘要》中改造了摩尔根原书的结构，从而使摩尔根的人类学体系得到了科学的整理，纠正了摩尔根唯物论的不彻底性，充分体现了唯物史观："一定历史时代和一定地区内的人们生活于其下的社会制度，受着两种生产的制约：一方面受劳动的发展阶段的制约，另一方面受家庭的发展阶段的制约。"第三，马克思在《摘要》中写下了许多评论，对摩尔根的某些论点作了重要纠正、发挥和补充。

《摘要》反映了马克思思想发展的一个重要阶段，为完善唯物史观、建立马克思主义人类学奠定了基础。

马克思《摘要》的根本意义在于它是对历史唯物论的论证、补充和完善，因为它通过对生产技术、家庭、私有制、阶级和国家发展过程的分析，说明了从原始社会过渡到封建社会的必然性。与此相联系，它还有几点意义：第一，《摘要》发展和丰富了马克思早期关于人的哲学的研究。马克思在血亲和亲属关系中，在氏族社会的演化中，在人由蒙昧到野蛮再到文明的进步中,在人的两种生产活动中,达到了对人的经验的理解,丰富和发展了历史唯物论中人的思想研究。第二,《摘要》补充和丰富了马克思关于原始社会方面的知识,对建立马克思主义的原始社会理论,创立马克思主义的人类学和民族学具有重大意义。第三,《摘要》进一步论证了马克思早期所创立的共产主义理论。摩尔根关于人类同源和人类理想目标一致的思想给马克思留下了深刻的印象。马克思在《摘要》中引录了摩尔根的话:未来社会"将是古代氏族的自由、平等和博爱的复活,但却是在更高级形式上的复活",这一段话和马克思在《1844年经济学哲学手稿》中的思想极为相近,都包含了人类社会发展的否定之否定的辩证法思想。

马克思晚年的文化人类学理论与方法

许苏民

马克思晚年的文化人类学手稿，蕴涵着马克思晚年关于文化人类学的基本理论和基本方法：各民族社会历史进程的多样性，与寓于这种多样性之中、然而又是"超历史的"一般历史哲学理论的统一；从特定民族具体的历史实际出发的主位研究法与在研究中贯彻一般历史哲学理论的客位研究法的统一。这些基本理论和方法，对于我们今天的文化人类学研究，依然不失其指导意义。

一、历史发展的多样性与"超历史的"
一般历史哲学理论的统一

马克思的一生，是以科学地揭示社会发展的一般规律为己任的。在这里，他碰到了一个十分棘手的问题，即各民族历史发展的多样性与他所要揭示的社会发展的一般规律的矛盾。为了解决这一矛盾，他耗费了毕生的精力。

---

* 本文选自《马列主义研究资料》1987年第4辑。

从 19 世纪 50 年代起，马克思开始对前资本主义诸形态进行全面研究。一方面，他看到了世界史上，原始所有制的三种形态，即亚细亚的、古典的和日耳曼的形态，规定了古代东方、古希腊罗马和日耳曼民族进入文明时代的不同历史途径。另一方面，他又试图用历史和逻辑的一致的方法来表述社会历史依次演进的阶段。从世界历史演进的宏观角度上，马克思得出以下结论："大体说来，亚细亚的、古代的、封建的和现代资产阶级的生产方式，可以看作是社会经济形态演进的几个时代。"这里把独立地发展的"亚细亚的"排在"古代的"前面只是按照社会发展程度的高低、而并没有完全以历史年代先后为依据。正如列宁所指出的，在哲学认识的逻辑上，是不一定要以年代先后为顺序的。

1868 年，马克思阅读了毛勒关于"马尔克公社"的著作。他在致恩格斯的信中说，毛勒"详尽地论证了土地私有制只是后来才产生的，等等。……我提出的欧洲各地的亚细亚的或印度的所有制形式都是原始形式，这个观点在这里……再次得到了证实"。亚细亚生产方式的遗迹在西欧的被发现，一方面支持了马克思关于社会发展的普遍规律的见解。但另一方面，总是不能解释为什么古典型和日耳曼型的公社存在时间都很短、而亚细亚型却长期延续的事实。这种多样性与统一性的关系问题，只是在马克思晚年的文化人类学手稿中才得到基本解决。

马克思晚年，对于社会发展的一般规律的论述显得审慎而又审慎。马克思深知，在历史的发展中，事实上并非一切民族都遵循同一条发展道路。然而，这不意味着马克思拒绝揭示社会发展的一般规律，他坚持的是仅仅把它看作是寓于历史的多样性发展之中然而又是"超历史"的一般历史哲学理论。在马克思晚年的手稿中，他力求把社会发展的多样性与"超历史"的一般历史哲学理论统一起来。

首先，他对社会发展的历史途径的多样性的认识有了进一步的深化。在《柯瓦列夫斯基〈公社土地所有制……〉一书摘要》中，马克思针对柯瓦列夫斯基关于印度历史上土地关系上的变化是西欧模式的"封建化"的观点，作了大段的评注，他认为，无论如何，欧洲意义上的封建主义，即德意志—罗马形态的封建主义，在印度的广大地区中基本上是不存在的。

其次，在晚年的手稿中，马克思对社会发展一般规律的认识也有了进一步的升华。在《柯瓦列夫斯基〈公社土地所有制……〉一书摘要》中，马克思揭示了原始公社解体的必然性，即从原始的公有制向私有制发展的必然性，并且似乎确认了这样的观点：在公社土地所有制的外壳内部，先是发生了奴隶制形式的奴役，后来又开始了封建化过程。在《摩尔根〈古代社会〉一书摘要》中，马克思为了历史的和逻辑的一致地表达社会发展的一般规律，重新调整了摩尔根这本书的结构，形成了从物质生产和家庭的发展经过所有制关系的变化到国家的产生的逻辑格局，在更加丰富的历史材料的基础上试图建立关于文明时代社会演进的一般历史哲学理论。从《古代社会》一书中，马克思发现了原始的共产主义，这就使他有充分的证据来立论：既然私有制和国家都只是社会发展的一定历史阶段上的产物，那么，它也将在社会发展的更高阶段上消亡，未来的社会将是原始共产主义在更高形式上的复归。

最后，应该指出，马克思的演化论是包含了社会发展的多样性和丰富性在内的，他所试图建立的是既寓于历史的多样性发展之中又似乎是"超历史的"一般历史哲学理论。他在论述以公有制为基础的社会向以私有制为基础的社会过渡的必然性的时候，既考虑到古希腊罗马从原始公社进入奴隶制社会的事实，也考虑到日耳曼民族从原始公社直接进入农奴制社会的事实。

总之,马克思的一般历史哲学理论体现着社会发展的多样性的统一性。它揭示了人类社会从原始公有制走向私有制、然后又在更高的基础上向公有制社会复归的必然性,但并不是说所有的民族不论所处历史环境如何都要经历同样的发展阶段,也并不是说差不多相同的发展阶段只能有一个模式。

二、主位研究法与客位研究法的统一

与历史发展的多样性和"超历史的"一般历史哲学理论相统一的观点相适应,马克思晚年手稿中所体现的文化人类学方法是从特定民族具体的历史实际出发的主位研究法与在研究中贯彻一般历史哲学理论的客位研究法的统一。

首先,马克思注重从主位的观点对不同民族的历史发展进行考察,不仅考虑造成其社会形态的特殊性的内在原因,而且注意体察人类在特定历史阶段上的心理状态,力求使其合乎历史的实际,以避免生搬硬套、牵强附会。

其次,马克思善于通过对不同民族的具体文化形态的研究去发现社会发展的共性,以便从中得出一般历史哲学的结论,并用这种历史哲学理论去指导进一步的研究。从这个角度来说,他的研究方法又可以说是一种客位研究法。但这种客位研究法,又是不排斥从各民族具体的历史实际出发的主位研究法的。

最后,在马克思晚年的文化人类学研究中,特别是对于人性的具体历史内容的研究,既从客位观点来体现其共性,又从主位观点来体现其特殊的历史内容。

按照马克思的观点，单纯地使用客位研究法而排斥主位研究法，或者单纯地使用主位研究法而排斥客位研究法，都是片面的。一个研究文化人类学的学者，既应具备一般历史哲学理论的素养，又应有使自己的心灵直接同体现在各种不同的文化形态中的文化价值观念相交感的能力，才可能在研究中很好地把客位研究法与主位研究法统一起来。

原始道德的形成、演变及其特征*

张正霖

摩尔根著作的《摘要》作为马克思晚年的重要著作，其理论意义是双重的：一方面，它利用摩尔根等人类学者的大量人类学史料，印证和丰富了唯物史观原理，同时又运用唯物史观原理和方法，改造了资产阶级人类学，为马克思主义人类学的建立作好准备。下面仅从原始道德这一侧面来阐明《摘要》的这种双重意义，并力图从中对原始道德的产生、演变及其基本特征有一较为系统的了解。

作为社会上层建筑一个重要组成部分的道德，究竟产生于何时，这是我们研究人类学文明起源首先必须回答的问题。根据《摘要》我们可以说，人类道德并不是随同人类社会一起产生的，它只是原始社会发展到一定历史阶段的产物。具体地说，当人类还处在蒙昧中前期，规范其行为的是自然强制而不是道德强制。原始道德的萌生大约在蒙昧晚期和野蛮时期之交（有的民族更晚），其标志一是食人之风的消失，二是血缘家庭的出现。

《摘要》指出："人类进步的一切伟大时代，是跟生存资源扩充的各个时代多少直接相符合的。"道德的产生当然也依赖于生存资源扩充

---

*本文选自《马列主义研究资料》1987年第4辑。

的程度。在原始蒙昧中前期,由于生产水平极为低下,原始人靠采摘、捕鱼和狩猎得到的食物太不可靠,"人类便不得不采取食人的办法"。到野蛮时期,由于原始农业的出现,人们有了较稳定的淀粉食物,人相食作为一种普遍风气才告结束(但残余并未绝迹)。应当说,食人之风在当时,是无所谓道德与不道德的,因为这时人类刚从动物界分化出来不久,还受到同动物相去不远的自然控制,还不能把自身同环境区别开。而食人之风的消失则标明类意识的萌生,标明人开始把自身同动物区别开来,标明个人把别人当作自己的同类相待,人类第一次朦胧地意识到同一群体成员生命的重要。只是在把对方当作同类相待、而不是把对方当成异类相食的时候,才可能产生所谓规范人类成员行为关系的道德。

人相食成风的蒙昧时代,在最能标志人类文明程度的男女两性关系方面,从另一侧面证明当时的无道德状况。《摘要》以大量史料表明,人类形成的初级阶段,曾经毫无限制地发生性行为。显然,这种杂乱的纯由生理控制的男女关系,是一种纯自然行为,同动物没有两样。后来,按摩尔根的说法,由于从纯粹的经验中,原始人开始禁止上下辈人性交,从而形成最早的社会组织形式——"血缘家庭"。血缘家庭的出现,使人类性行为受到人类社会的第一次控制,表明男女间的自然关系开始打上文明的印记,宣告性道德萌生。

因此,在食人成风和杂交的蒙昧时期,应当是有人类社会(进化中的社会)而无社会道德,只有当生产发展到定居阶段,食人之风消失的时候,只有当形成第一个有组织的社会形式——血缘家庭的时候,道德才得以产生。

随着生产的发展,交往的扩大,血缘家庭为普那路亚家庭取代后,血缘族内婚演变为普那路亚群婚、对偶婚和专偶婚等婚姻形态。从以上四种原始婚姻家庭的演进我们首先可以看到,原始"家庭是一个能动的要素,它从来不是静止不动的,而是由低级的形式进到高级的形式"。家庭的这种变化,从一方面看,是受当时社会生产力的变化决定的,物质生产方式决定人口生产方式;另一方面,婚姻家庭关系,又决定和影响着作为上层建筑的亲属制度、道德风尚。所以马克思特别欣赏摩尔根关于家庭是能动的而亲属制度是被动的提法,并进而引申说,"同样,政治的、宗教的、法律的以至一般哲学的体系,都是如此"。据此我们可以认为,决定上层建筑的经济基础,虽然其主体部分应当是属于物质生产方式范围的生产关系的各个方面。但作为人口生产方式的家庭婚姻关系,也应是其不可忽视的重要方面。过去,当我们研究上层建筑时,视野全部投向物质生产关系方面。对照《摘要》中马克思研究原始道德的方法,我们今后或许应当扩大视野,加强对各个时代人口生产方式的研究。

其次我们还可以看到,人口生产和物质生产之间,经历了一个统一、分裂、再统一的否定之否定的过程。经过这种发展,人类不仅在性关系方面一步步远离动物的自然状态,从经验中形成了对自身生理冲动的社会控制,使单纯的性交变成真正意义上的婚姻。而且最后形成以私有制为基础的个体家庭,以此取代了原始氏族的地位,使家庭具有了独立生产和生殖的双重功能,加强了作为私有制社会细胞组织的能动作用。因此,无论从道德或历史的角度看,个体家庭这种显见的双重进步都应大胆地给予肯定。

最后也必须注意,原始婚姻在其早期的群婚阶段,尽管还有许多不文明的东西,而且始终也没有从中产生出男女间的情爱,自然不是什么理想的婚姻形式。但并不能因此肆意贬损。应当看到,在整个私有制社会，婚姻一般都不是以情爱为基础的；而且严格的一夫一妻制，在私有制社会也从未认真实现过，婚姻道德水平并不比原始社会高；相反，原始社会曾有过的男女平等、婚姻自由、夫妻和睦等美德，倒是私有制所无的。正是在此意义上，恩格斯认为私有制上建立的不平等的婚姻比之原始公有制上建立的平等的婚姻，在道德上是一个退步。

如上所述，当原始社会处在蒙昧时期，还谈不上社会道德；血缘家庭时期，开始有了道德的萌芽，但这也只是一种狭隘低级的血亲道德。以氏族为单元的原始社会，具有了真正的社会性质，人与人、人与社会的关系也随之复杂起来，因此，研究氏族道德，实际上是解剖典型的原始道德。除上述婚姻道德外，氏族道德主要表现为四：第一，维护氏族公有制的公有观念和均平意识；第二，协调氏族成员平等关系的民主原则；第三，氏族成员相互援助和相互保护的义务，"自由、平等、博爱，虽然从来没有明确表达出来，却是氏族的根本原则"；第四，氏族成员的个性道德，以上三种氏族公德在氏族成员个人身上，沉淀为诸如勇敢、勤劳、重名、守信等个人品德，标志着人类个性的萌生。

我们不难发现，原始人虽然有着上述为公、民主、自由、平等、博爱、勤劳、勇敢、诚实等美德，但这些主要不是原始个人进行道德选择的结果，不是"自律道德"，主要还是为生计所迫，由氏族利益的强制所使然。从这个意义上我们可以说，氏族道德主要是从外部加以强制的习惯道德，或者说是一种"他律"道德，就道德意识的发展程度而言，还处于人类道德的低级阶段。但在漫长的原始社会发展过程中，人类个性道德或道德个性也随着萌生。到野蛮时期的低级阶段，"人类较高的属性便已开始发展起来了。**个人的尊严、口才、宗教感情、正直、刚毅**

和勇敢这时已成为性格的一般特点,但同时也表现出残忍、诡诈和狂热"。这说明原始人已有其个性,不过,由于这时个人同氏族在利益上是一致的,原始共同体给个人"带来满足和乐趣",个性和共性是统一的,原始个性仍"湮没于氏族之中"。

试析《摩尔根〈古代社会〉一书摘要》中 nation 一词的涵义[*]

王明甫

摩尔根的《古代社会》一书对于马克思和恩格斯补充和完善原始共产主义社会发展史及国家理论的科学体系,有着不可忽视的影响。因此,在阅读马克思的《摘要》和恩格斯的《起源》时,对照参读摩尔根的《古代社会》一书,对于我们加深理解马克思主义的经典著作,乃至寻求某些疑难问题的答案,都是大有益处的。

我们在研读马克思的《摘要》一书关于管理观念的发展的篇章时,常常遇到 nation 这个词,一般都把它译作"民族",其实这是一种误解。作为一个术语,在论述原始社会的著作中,nation 是用作社会组织称谓的,并非是人们共同体的"民族"。然而在不同学者的笔下,nation 一词的使用又是相当混乱的,有时指"部落联盟",有时又指"部落"。摩尔根在《古代社会》一书中为了阐明他的理论体系,首先提出了一套完整的概念体系。按照摩尔根的提法,关于原始社会的社会组织序列,在美洲印第安人那里是:氏族、胞族、部落和部落联盟,而在古代希腊人和罗马人那里则是:氏族、胞族、部落和 nation(或 pǒpǔlus)。摩尔根指出:nation 就是"在同一个共同领域内联合诸部落而形成一个

---

[*] 本文选自《马列主义研究资料》1987 年第 4 辑。

氏族社会的集团",而"这种联合是比联盟更为高级的一个步骤"①。可见氏族制度下的社会组织共有5个：1. 氏族；2. 胞族；3. 部落；4. 部落联盟；5. nation。这种 nation 正是古希腊、罗马部落所具有、而为美洲土著部落所未能达到的野蛮时代高级阶段的社会组织形式。马克思在《摘要》一书中就是按照这个理论概念体系指出，某些历史著作中的 nation 或相当于"部落"，或相当于"部落联盟"。

其实，古希腊人和古罗马人在结成 nation 之前，也经历过"部落联盟"阶段，只是"因为事实真相都湮没在神话传说时代的迷雾中了"②，对其组织的详情后人了解有限，而且也没有产生重要的后果，因此在序列中只好割爱，未列为"典型形式"。这就是美洲印第安人社会组织的序列有"部落联盟"而无 nation，而希腊人和罗马人社会组织的序列有 nation 而无"部落联盟"的原委。正是由于过去通常都是把这里的 nation 译解为"民族"，结果形成了原始氏族制度下的社会组织只有从氏族到部落联盟这样4种形式（或称为4个阶段）的比较固定的看法。继部落联盟之后，历史学家便确认国家的出现，民族理论家则把问题引到所谓"民族"形成的争鸣上去了。实践证明，这样一来不但模糊了"民族"概念本身，而且从原始氏族社会组织的递相发展的序列上摘走了带有决定性意义的一环，使马克思主义的古史分期和国家起源理论的科学体系残缺不全了。

作为社会组织发展的最高也是最后阶段的 nation，不是可有可无的。它是由野蛮时代过渡到文明时代必经的一个阶段。北美印第安人就是因为没有发展到这个地步而未能踏入文明的门槛。nation 与"部落联

---

① 《古代社会》1977年商务印书馆版上册第65页。
② 《古代社会》1977年商务印书馆版上册第132页。

盟"的具体区别就在于：后者是分散居处的独立部落之间结成的联盟，而前者是联合在同一个地域范围之内的部落共同体。而作为人类社会管理观念和制度的发展，后者是氏族酋长议事会和军事酋长"两权分立"的民主社会组织，而前者则是由氏族酋长会议、人民大会和军事酋长"三权并立"的民主社会组织。这里的"军事酋长"在希腊人那里叫做"巴赛勒斯"，作为时代的特征和标志，古史学家把这种"三权并立"的管理机构又称为"巴赛勒亚"。正如马克思所指出的："希腊著作家用来表示荷马时代王权的**巴赛勒亚**一词（因为这一权力的主要特征就是**军事的统率**），在同时存在**酋长会议**和**人民大会**的情况下，其意不过是一种**军事民主制**而已。"① 在罗马人那里，"三权并立"的王政时代的"军事酋长"叫做"勒克斯"。正如恩格斯所指出的："像英雄时代的希腊人一样，罗马人在所谓王时代也生活在一种以氏族、胞族和部落为基础，并从他们当中发展起来的军事民主制之下。"② 由此可见，nation 阶段原来就是人们已经相当熟悉的、经典著作中所讲的英雄时代的"军事民主制"阶段。只有这样，我们才可以把 nation 和军事民主制与野蛮时代的高级阶段贯通起来。也只有这样，我们才能够更好地理解恩格斯所明确指出的：军事民主制，"这是氏族制度下一般所能达到的最发达的制度；这是野蛮时代高级阶段的模范制度。只要社会一越出这一制度所适用的界限，氏族制度的末日就来到了；它就被炸毁，由国家来代替了"。③

然而，军事民主制所适用的界限又到哪里呢？我们知道："**在氏族**

---

① 《马克思恩格斯全集》第 1 版第 45 卷第 512 页。
② 《马克思恩格斯选集》第 1 版第 4 卷第 124 页。
③ 《马克思恩格斯选集》第 1 版第 4 卷第 142 页。

的基础上不可能建立政治社会或国家。"① 当我们对照《起源》和《古代社会》来阅读《摘要》一书时，便可以发现，以财产和地域为基础的地缘关系的真正建立，并不是在未脱离血缘联系纽带的 nation 出现之前，也不是与其形成同步，而是在氏族制度下的这个最后的社会组织趋于瓦解之际才开始出现萌芽的。从氏族组织的逐步被排斥直至被推翻，到政治社会或国家的建立，其中间阶段都属于过渡性阶段。在这个过渡阶段中，氏族制度逐渐消失，政治制度逐渐出现，二者在一段时期内长时间并存，甚至出现反复，终以地域结合的递进体系真正取代了以人身结合的递进体系，从而导致国家的形成。特别是直接由氏族社会逐步演进而形成的国家，这个过渡阶段持续的时间要更长一些。

我们不妨从反面再证明一下：如果把 nation 只习惯于译解为"民族"，恐怕不只是模糊了军事民主制阶段，同时也模糊了由氏族社会向政治社会或国家过渡的渐变过程。

应当看到，在马克思和恩格斯的著作中，对 nation 这种社会组织或发展阶段还有不同的称谓，诸如 pŏpŭlus、people、Volk 等。笔者曾试图主要通过对 nation 的阐释，将氏族社会最后阶段的这种社会组织译解为"部落联合"。我想这样来理解马克思《摘要》一书中的 nation，至少对我们理论联系实际地解决国家起源和古史分期问题是有一定裨益的；同时，对所谓"民族"形成问题或许也可以得到某些程度的澄清。

---

① 《马克思恩格斯全集》第 1 版第 45 卷第 438 页。

论 19 世纪 80 年代后期恩格斯著作中的若干观点[*]

〔德〕汉斯-迪特尔·克劳泽 雷纳特·梅尔克耳

研究 19 世纪 80 年代后期和 90 年代初期恩格斯的著述,就是要了解恩格斯对那个时期的社会问题所作的广泛而丰富的思考,了解他在社会和政治冲突日趋严重、社会主义运动普遍高涨的时期为传播和继续发展马克思的学说所作的努力。实现这两点的前提是:将恩格斯的著作从形成史和传播史上有机地纳入他所处的那个时代,考察恩格斯与社会主义运动的其它代表人物——卡尔·考茨基、奥古斯特·倍倍尔、保尔·拉法格等等——之间的相互关系。

恩格斯在这个时期的理论创作和实践政治活动可以归为或多或少彼此有联系的两个大的问题:其一,由于大国之间的关系日趋紧张,分析国际关系和迫在眉睫的战争危险,以及这一背景下恩格斯竭力推动工人运动在社会主义力量于世界范围内强有力地团结起来之后所急需进行的那些尝试;其二,对大多数还年轻的工人政党和社会主义小组进行有效的、同时是审慎的帮助,即有必要区别的帮助。恩格斯的著述和他与许多国家的社会主义者的大量通信都反映了这两个方面的问题。这也适用于恩格斯在 1886 年 10 月至 1891 年 2 月期间所写的著作,这些著作将

---

[*] 本文选自《马克思恩格斯研究》1995 年总第 23 期。

发表在《马克思恩格斯全集》历史考证版第 1 部分第 31 卷。本文下面的一些思考便是以这个时期的这些著作为依据的。

80 年代后半期,战争危险不断加剧,与此相联系,工人运动的状况和命运的问题引起人们的注意。此时,恩格斯在各篇著述中,尤其是在致倍倍尔、保尔·拉法格和其它社会主义的领导人的书信中,研究了大国的对外政策。在这里,他始终注意像俄国、德国和法国的对内和对外政策问题之间的密切关系。恩格斯 1886 年 10 月 25—26 日致保尔·拉法格的信便是具有洞察力地分析国际形势的一个例子。[①] 这一封信中的主要内容后来曾以文章的形式发表在《社会主义者报》上[②]。恩格斯在信中考察了俄国、奥地利、德国和法国在 1886 年突然尖锐化了的巴尔干危机中的立场。他得出结论认为:鉴于主要受德法对立影响的大国形势,即将发生的将是全面战争的危险,而不再是局部战争的危险。[③] 恩格斯认为,恰恰是大国提出的对外政策目标加上这些国家统治集团普遍害怕国内的革命危机,像俄国、法国和德国那样,构成了战争危险极度加剧的重要原因,革命危机可能使上述大国把战争当作最后的手段[④]。

这一发展情况对工人运动产生了巨大的危害。一场"全面战争"会把工人运动"抛进一个无法预料的领域",[⑤] 但恩格斯仍然认为,事件归根到底会"有利于我们的,但是,这要失去多少时间,遭到多少牺

---

① 参看《马克思恩格斯全集》第 1 版第 36 卷第 545—553 页。
② 参看《马克思恩格斯全集》第 1 版第 21 卷第 356—364 页。
③ 《马克思恩格斯全集》第 1 版第 21 卷第 361 页。
④ 《马克思恩格斯全集》第 1 版第 21 卷第 363 页。
⑤ 《马克思恩格斯全集》第 1 版第 21 卷第 363 页。

牲，克服多少新的障碍啊"！①

恩格斯认为，在这样的环境下，维护和平是社会主义运动不受干扰地发展的主要先决条件，而且像他所希望的那样，归根到底是在德国夺取政权的先决条件。②1886年10月他在致拉法格的信中表述了自己对这个问题的原则立场："我主张'不惜一切代价争取和平'，因为付出这种代价的将不是我们"。③

恩格斯在80年代后半期对战争危险的看法主要有以下几个观点：1. 在例如德国和法国之间1886—1887年发生的国际性冲突的情况下，恩格斯主张，工人运动必须根据原则上的考虑，而不是根据纯策略上的考虑来反对德国和其它国家的统治集团的战争计划，从这一人道主义的观点出发，最后也决定了他公开反对"为拥有一支人数最多、实力最强的军队而进行无休止的竞争"④的态度。2. 80年代后半期，恩格斯根据对国际形势所作的分析——尤其是根据两个正在形成的大国集团业已明显的轮廓——得出结论认为，一场战争的冲突可能具有欧洲的规模，因为有爆发一场世界战争的危险，一场给各国人民，从而也给社会主义运动带来可怕后果的"具有空前规模和空前剧烈的"⑤战争。3. 在恩格斯看来，至关重要的是指出造成战争危险的真正原因及肇事者。这方面较为典型的是，恩格斯对逐渐上升为国家教义的、给"德意志帝国"

---

① 《马克思恩格斯全集》第1版第21卷第363页。

② 参看《马克思恩格斯全集》第1版第37卷第160页，第38卷第140、148、245页。

③ 《马克思恩格斯全集》第1版第36卷第553页。

④ 《马克思恩格斯全集》第1版第21卷第394、401页。

⑤ 《马克思恩格斯全集》第1版第21卷第394、401页。

带来"死亡的危险"① 的军国主义制度进行的谴责,以及他提出的防止布朗热主义复仇欲望的警告。

80年代末,由于即将发生全新规模的国际冲突,恩格斯增加了对大国的政策和外交的分析。在这里,他非常关注沙皇俄国。他的《俄国沙皇政府的对外政策》② 一文写于1889年12月至1890年2月,是一篇研究沙皇的对外政策和俄国外交作用的引人注意的论文,而且理应在人们的研究中得到较为深入的和准确的评价。在这里,恩格斯的目的是结合分析近两个世纪以来沙皇的对外政策,弄清导致1890年对外政策状况,即俄德联盟破裂及法俄关系改善的原因。他在1890年把沙皇帝国描述为"主要堡垒",描述为"全欧洲反动势力的最后堡垒",③ 这种说法在多大程度上经得起仔细分析当时好像还没有把握。但至少沙皇统治的政策还始终对和平以及革命运动构成巨大的危险。恩格斯认为,随着沙皇统治的垮台和由此而产生的欧洲其它统治政权地位的动摇,"那种把整个欧洲变成兵营……疯狂的军备竞赛的所有借口也将消失"。④ 他期待着俄国制度的改变和俄国革命力量的加强能减少战争的危险并同时有力地推动欧洲的工人运动。

在马克思主义形成史和传播史方面引人注目的是,恩格斯为了尽快地在德语区和英语区传播《俄国沙皇政府的对外政策》这一著作,几乎同时撰写了它的德文文本和英文文本。在《马克思恩格斯全集》历史考证版第1部分第31卷中,为了使读者能看出每个文本的一些特点

---

① 《马克思恩格斯全集》第1版第36卷第513页。
② 参看《马克思恩格斯全集》第1版第22卷第13—57页。
③ 参看《马克思恩格斯全集》第1版第22卷第56页。
④ 参看《马克思恩格斯全集》第1版第22卷第56页。

和独立的地位,特意提供了这两个文本的对照。对于进行历史性研究来说,详细考察一下恩格斯关于反对沙皇的论述在后来的几年里是否以及在多大程度上影响了德国社会民主党的对外政策方面的观点以及影响了英国公众的意见,是有益的。在每次论述中,恩格斯通过对大国的对外政策,它们与国内镇压事件的密切关系的考察,使人们注意到国际社会主义反对军国主义的运动的迫切任务,注意到发展自己的对外和对内政策的可能性。

鉴于这种国际发展形势,80年代末工人运动争取较紧密的国际团结所作的努力就具有特殊的意义,推进工人运动的这些文章是恩格斯创作内容的重点。这些文章连同恩格斯的书信一起证明,在筹备1889年国际的巴黎工人代表大会时,他与社会主义运动的其他代表一起共同作了哪些努力。这时同围绕海德门的英国社会主义者和法国可能派进行的激烈论战表明,一项错误主张给工人运动的新的国际合作的形式带来的危险是非常严重的,在这种形势下,马克思主义派所代表的是一个与无产阶级运动的实际要求相符的纲领。

恩格斯的书信表明,他在1888—1889年期间几乎每天都在同保尔·拉法格和劳拉·拉法格、沙尔·博尼埃、奥古斯特·倍倍尔、威廉·李卜克内西等人商讨在筹备国际工人代表大会时出现的问题。例如,用于筹备巴黎代表大会的传单和通告①,就是恩格斯同伯恩施坦和保尔·拉法格在与可能派及其同盟者进行思想—政治争论中密切合作的结果。在编辑《马克思恩格斯全集》历史考证版第1部分第31卷的过程中,人们终于更具体地证明了,恩格斯是上述文献(包括其译本)

---

① 这里指的是《答"正义报"》和《答"社会民主联盟宣言"》,参看《马克思恩格斯全集》第1版第21卷第573—585、591—612页。

的作者之一。此外,还有间接的证据表明,1889年春季在同《正义报》的论战中,另一篇由伯恩施坦署名的答这家报纸①的文章是恩格斯提议并参与撰写的。

在革命的工人运动反对军国主义和战争危险的斗争传统中,第二国际在19世纪的最后10年和20世纪初占有突出的地位。争取维护和平、反对统治阶级的导致战争的政策的斗争,从一开始就从根本上确立了第一次国际社会主义者代表大会的性质。这次大会的决议反映了恩格斯在这个问题上所持的立场。

恩格斯为促进社会主义力量的国际团结所作的努力是与对各国工人政党的支持同时进行的。这种支持具有多种多样的形式。这时占中心地位的是政论活动。恩格斯在80年代后期撰写的绝大部分文章均发表在报刊上,有些是在以小册子的形式出版之前。居各报之首的是《社会民主党人报》,其次是《新时代》和《社会主义者报》。恩格斯的文章多次在国内外的其它报纸和杂志上重印。这说明,他的文章适应客观的需要。同时,他与德国社会民主党的密切联系也是显而易见的。他首先关心的是支持社会民主党反对社会党人法的斗争,帮助他们加强党的建设并赢得对群众的影响。他明确建议各报进行交换,通过这种方法介绍经济并推动社会主义者的国际团结。他致信保尔·拉法格说:"你们所有的报纸最好做到和《社会民主党人报》以及《工人选民》……建立交换关系。"②

研究恩格斯的政论活动包括:详细考察他与各报的关系的历史,他

---

① 伯恩施坦:《答"正义报"编辑》,载于1889年4月13日《正义报》第1749号。也参看《马克思恩格斯全集》第1版第37卷第172、218页。

② 《马克思恩格斯全集》第1版第37卷第301页。

施加影响的各种形式和方面。这不仅是指准确地确定他自己的文章和可能有的再版版本,而且也要调查他是如何——主要通过与编辑部领导的书信往来——对各机关报的构成和其他作者施加影响的。《马克思恩格斯全集》历史考证版第 1 部分第 31 卷和 32 卷可以提供《社会主义者报》方面的例子,说明保尔·拉法格如何在自己的文章中采纳恩格斯书信中的观点。

恩格斯的政论活动恰恰也说明,他为帮助那几年社会主义工人运动在组织上、思想上和政治上得以加强而作出的努力,不能完全用人们常常使用的"顾问"这一说法来概括。他的著作深深植根于社会主义运动之中,这包括他从运动中受到了启发,并在宣传马克思主义的立场时维护并进一步发展了基本立场。

恩格斯与社会主义运动的其它代表的密切合作也反映在与他们共同撰写的文章中。通过考察 1886 年至 1891 年初写的文章的作者,人们可以证实,恩格斯参与了卡尔·考茨基、爱德华·伯恩施坦和海尔曼·施留特尔在这个时期的文章的写作。考茨基于 1887 年发表在《奥地利工人历书》上的恩格斯的传记①是迄今第一次收入《马克思恩格斯全集》的文章之一,恩格斯为这一传记提供了重要的材料并在编辑工作中给予了帮助,此外第一次收入的还有施留特尔的著作《英国的宪章运动》(1887 年)②。如果人们能够挖掘美国一家档案馆中公众迄今远远没有了解到的材料,便可以更广泛地证实恩格斯参与这一著作的写作情况。1888 年恩格斯起草、由考茨基署名发表在《正义报》上的关于《社会

---

① 卡尔·考茨基:《弗里德里希·恩格斯》,载《1888 年奥地利工人历书》第 29—47 页。

② 海尔曼·施留特尔:《英国的宪章运动》,1887 年苏黎世版。

民主党人报》编辑部在瑞士遭迫害的文章（恩格斯的手稿收藏在国际社会史研究所的档案馆），① 以及伯恩施坦在恩格斯的一封信的基础上写成的关于伦敦船坞工人罢工的文章②也可视为有意义的新发现。

恩格斯对各国社会主义运动在政治和思想上的支持的另一种形式，是他参与了马克思和他自己著作的众多新版本的出版和翻译工作。此外，他通过亲自翻译、审阅和校订他人的译文以及撰写前言积极地施加影响。他就是这样帮助保持革命传统和介绍经验的。他特别以这种方式支持法国、美国和英国的工人运动。

需要研究的问题是，某一时期著作的译文在什么程度上有助于马克思主义的观点在那个国家的特殊条件下得到传播。恩格斯审阅过的、甚至由他亲自完成的译文也应当作为术语上有价值的文献来研究。为《马克思恩格斯全集》历史考证版一些卷次编排的译文对照提供了这方面的资料。此外，也需要分析恩格斯有时密切合作过的译者的典型译作。他对译文提出了很高的要求，并善于评价语言上的成绩。当他写的序言《美国工人运动》被译成法文发表时，他写信给保尔·拉法格说："不知是谁把我那篇序言译了出来，登在《社会主义者报》上，译得好极了，我的著作的法文译文从来没有这样好"。③

恩格斯为他和马克思的著作的译本或新版本撰写的序言，由于表达了国家的特殊性和国际的共同性之间的辩证关系并把对历史的回顾同当

---

① 卡尔·考茨基：《答"正义报"编辑》，载于1888年4月28日《正义报》。另参看1988年《工人运动史论丛》第1期第49—56页：《一份恩格斯写于1888年的鲜为人知的书信草稿》。

② 伯恩施坦：《非熟练工的罢工》，载于1889年8月3日《社会民主党人报》第35号。

③ 《马克思恩格斯全集》第1版第36卷第670页。

前的任务以及发展的前景结合起来,所以在理论上是有深远意义的。通过对比可以看出,恩格斯不仅阐明了那些著作的写作情况和再版或翻译它们的原因,而且还增加了继续发展的理论和政治结论。他在有些序言(《〈论住宅问题〉一书第2版序言》、《美国工人运动》、《保护关税制度和自由贸易》)中,概述了各有关国家经济或政治发展的某些方面。他通过分析各国特有的发展过程,指出了资本主义的普遍发展方向并且把经济生活中出现的新现象(卡特尔和股份公司)纳入了考察(《保护关税制度和自由贸易》)。同时,他很重视从国际的角度去研究经济的、社会的和思想的发展情况。在传播《共产党宣言》时得出的如下结论就是一个发展了的思想:先进国家的无产阶级正团结成一支具有共同纲领的庞大军队,例如在争取八小时工作日的斗争中。①

这些思考是建立在一个需要较严谨的深入研究的思维过程基础上的。恩格斯从马克思的《资本论》出发,在多处作了发展:资本主义生产方式的自由发展必然造成经济上的贫困、生产过剩和危机的后果,它同时导致无产者人数的增加和过剩以及阶级分裂的加剧。恩格斯认为,这种发展"走进了死胡同,除了彻底改造构成这个社会的基础的经济制度以外,没有别的出路"。② 人们也许会问,这种思想所采取的方式——为了向大众进行有效的宣传而用简洁的语言——是否在某种程度上具有公式化的特点,这种提高了的、概括性很强的观点是否给简单化的解释创造了条件。此外,恩格斯认为,进行这种变革的前提条件已经历史地近在眼前了。在这方面,德国社会民主党的选举结果以及对革命的社会主义者领导人的评价也坚定了恩格斯的看法。

---

① 《马克思恩格斯全集》第1版第22卷第68页。
② 《马克思恩格斯全集》第1版第21卷第430页。

为了在与实际历史进程相对比的情况下公正地对待恩格斯，就应当考虑到两方面：如果他说，由无产阶级来实现的全社会的变革的时机已经到来，那么他是从总的历史范围来考虑的。因此，他在《共产党宣言》英文版的序言中阐述了作为这一著作的基本原理的唯物主义历史观的论断，这就是：主要的经济生产方式与交换方式及其由此形成的社会结构，是一个时代的政治史和思想史的基础，而人类历史（除原始社会以外）都是阶级斗争的历史。接着，他得出结论：在这些阶级斗争的历史中现在达到了这样一个阶段，即被剥削的阶级如果不同时从根本上使整个社会摆脱剥削和阶级区分，就不能使自己从进行剥削的那个阶级的控制下解放出来。① 其次，必须注意到，他在全面考虑各国的特点时总是想到甚至最先进的资本主义国家中的共同作用。他在《〈论住宅问题〉一书第2版序言》中写道："因此，可能将来首先发动的也仍然是法国人，但是彻底的结局只能在德国打出来。"② 最后，还应考虑到这样一点，即他认为在社会党人法的条件下有必要用准确的和可以理解的形式宣传马克思学说的基本思想。也许应该考察一下，恩格斯的简略观点是否对工人运动的纲领文献产生了影响。

由于实行社会党人法的缘故，在传播马克思主义时经济学的和政治方面的学说受到重视，而哲学思想相对来说则没有受到重视。恩格斯的功绩是，他继续发展和宣传了马克思主义世界观的这个方面，从而促进了德国社会民主党的理论工作。可以证明这一点的是发表在《新时代》上的两篇文章：《路德维希·费尔巴哈和德国古典哲学的终结》以及他与卡尔·考茨基共同撰写的《法学家的社会主义》。在《路德维希·费

---

① 《马克思恩格斯全集》第1版第21卷第408页。
② 《马克思恩格斯全集》第1版第21卷第381页。

尔巴哈和德国古典哲学的终结》一书序言中，恩格斯希望联系起来阐述马克思主义哲学与黑格尔和费尔巴哈哲学的关系。整理研究哲学方面的文献资料是恩格斯在19世纪最后30年里对马克思主义史所作的研究，马克思主义也通过这一研究得到了丰富。恩格斯在序言中明确指出，了解理论史对自身的传统认识以及同资产阶级观点的争论都是必要的。

与资产阶级法学家安东·门格尔进行的必要论战是写作《法学家的社会主义》一文的诱因。证明恩格斯参与了此文的写作，是研究作者身份的最复杂的问题之一。同时应当研究的问题是，如何将文章列入恩格斯多年来与建立在唯心主义法学基础上的社会模式进行的争论文章之中（《论住宅问题》、《反杜林论》、《哲学的贫困》德文第1版序言）。其中包括对论战风格的比较分析。在这种情况下，涉及的问题是，要驳斥那些想从抽象的法律要求和道德要求中引申出社会主义的企图。门格尔认为，马克思在其剩余价值理论中剽窃了李嘉图学派的英国社会主义，他的这一论点与讲坛社会主义的代表人物试图诽谤作为科学家的马克思的类似企图如出一辙。对此，恩格斯在其文章《布伦坦诺CONTRA马克思。关于所谓捏造引文问题》中作了驳斥。在恩格斯的理论创作方面，还应当结合他参与完成《资本论》的工作来考察他对政治经济学中的唯心主义立场所作的批判。

在《法学家的社会主义》中，恩格斯通过证明基督教神学世界观以及法学世界观归根到底是扎根于经济关系的事实，运用和宣传了唯物主义历史观的基本思想。恩格斯把唯物主义历史观称作"适合于无产阶级的生活条件和斗争条件的世界观"[①]，他在论述具体的历史进程时把唯物主义历史观作为理论和方法来运用，这一点可以在内容丰富的手稿

[①] 《马克思恩格斯全集》第1版第21卷第548页。

《暴力在历史中的作用》中得到证实。该手稿首次按完整的手稿原件刊登在《马克思恩格斯全集》历史考证版第1部分第31卷上。这里需要研究的问题是，恩格斯是如何在最后30年以暴力在德国历史上的作用为例，研究在《反杜林论》中所阐述的经济和政治之间的普遍关系的。恩格斯在同"青年派"（《答保尔·恩斯特先生》）的论战中强调指出，不应把唯物主义历史观当作公式，而应当把它当作研究的指南。因此，不能把恩格斯为维护、运用和丰富唯物主义历史观所作出的努力仅限制在他老年时期的书信中，这些也是他这个时期著作讨论的中心内容。

马克思恩格斯研究者对恩格斯80年代后半期撰写的著作负有特殊的责任。这是由恩格斯创作的广度和他广泛的活动范围所决定的。在帝国主义阶段以及工人运动普遍高涨的前夜，资本主义经历了新的、飞速发展的过程。恩格斯在这一形势下进行了深入的分析并作了广泛的预测，有些预测未能经得起实际的历史进程的考验。我们的任务不是反复批评恩格斯或者通通摒弃他的著作，相反，应该用批判的眼光审视和解释他的观点。就是说，要研究恩格斯在客观的历史前提的基础上，在供他利用的原始资料的基础上会获得哪些认识，也就是首先用这些条件来衡量他。由此出发，我们应该考虑，他的哪些观点是受时间的限制并只适用于他所处的那一个时代，他在哪些问题上弄错了，他为什么并且在哪些问题上获得了具有永久价值的看法。这样才能更加准确地确立恩格斯为人道主义思想宝库所作的贡献。

（原载《马克思恩格斯研究论丛》1991年新序列）

（佐海娴 译）

恩格斯论原始公社制度分期的基础[*]

〔苏〕P. M. 努烈也夫

恩格斯的《家庭、私有制和国家的起源》一书出版至今已有一百年。正像列宁在他的《论国家》中说的,"这是现代社会主义主要著作之一,其中每一句话都是可以相信的,每一句话都不是凭空说出,而都是根据大量的历史和政治材料写成的"。[①]

恩格斯所以写这部著作,是因为研究了路易斯·亨利·摩尔根(1818—1881),特别是研究了他的《古代社会》一书。本文只打算考察恩格斯根据摩尔根的著作分析的一个问题,即原始公社制度分期的标准问题。

恩格斯论直接生活的生产和再生产的两个方面

在《家庭、私有制和国家的起源》第一版序言中,恩格斯提出了关于在原始社会中直接生活的生产和再生产的两个方面及其相互关系的

---

[*] 本文选自《马列主义研究资料》1985年第2辑。作者为经济学副博士、莫斯科大学经济系副教授。

[①] 《列宁选集》第2版第4卷第43页。

辩证法的极其重要的论点。恩格斯写道:"根据唯物主义观点,历史中的决定性因素,归根结蒂是直接生活的生产和再生产。但是,生产本身又有两种。一方面是生活资料即食物、衣服、住房以及为此所必需的工具的生产;另一方面是人类自身的生产,即种的蕃衍。一定历史时代和一定地区内的人们生活于其下的社会制度,受着两种生产的制约:一方面受劳动的发展阶段的制约,另一方面受家庭的发展阶段的制约。劳动愈不发展,劳动产品的数量、从而社会的财富愈受限制,社会制度就愈在较大程度上受血族关系的支配。然而,在以血族关系为基础的这种社会结构中,劳动生产率日益发展起来……以血族团体为基础的旧社会,由于新形成的社会各阶级的冲突而被炸毁;组成为国家的新社会取而代之,而国家的基层单位已经不是血族团体,而是地区团体了。在这种社会中,家庭制度完全受所有制的支配,阶级对立和阶级斗争从此自由开展起来,这种阶级对立和阶级斗争构成了直到今日的全部**成文**历史的内容。"①

按照恩格斯的思想,唯物主义历史观的表现在于:第一,直接生活的生产和再生产被看作是历史的决定因素(虽然有时只能归根结底表现出来)。第二,说明这一生产的结构和社会制度受两种生产、劳动和家庭的发展程度的制约。第三,揭示直接生活的生产和再生产对社会制度的影响的历史性质(亲属联系在人类发展早期阶段上的强烈影响和这种影响随着劳动、私有制和交换的发展的派生性质)。第四,指出这种影响的发展的、进步的、主导的,而且最后是决定作用的方面。

上面援引的恩格斯这段话,在该书以后各版中都一字不漏地保留了,它引起了对《起源》一书作者的许多批评意见。资产阶级历史学

---

① 《马克思恩格斯选集》第1版第4卷第2页。

家和社会学家 P. 魏森格吕恩（德国）、尼·伊·卡烈也夫和尼·康·米哈伊洛夫斯基（俄国），以及后来的德国社会民主党人卡·考茨基和亨·库诺夫，认为恩格斯的这种看法是在摩尔根著作影响下被迫作出的让步，是对唯物主义的偏离。考茨基以教训的口气说："人本身的生产不是与生活资料的生产相等的、而是依赖于它的因素。"① 本世纪四十年代的苏联书刊中也出现了同样的批评意见，四十年代和五十年代苏联出版的《家庭、私有制和国家的起源》中都加有这样的编者注："恩格斯在这里将种的蕃衍和生活资料生产同等当作决定社会及社会制度发展的原因来看待，是不确切的。但在《家庭、私有制和国家的起源》一书的本文中，恩格斯根据具体材料的分析，表明了物质生产方式是决定社会及社会制度发展的主要因素。"②

这个编者注实质上对恩格斯提出了两点指责：第一，恩格斯把种的蕃衍与生活资料的生产并提为决定社会发展的原因，是不确切的、错误的；第二，恩格斯提出这个论点又是自相矛盾的，因为他在该书第一章中采用了摩尔根提出的原始社会分期法，其基础是物质文化和精神文化的各种不同现象的发明和发现，而决不是种属关系的发展。这两点批评意见乍看起来很有说服力。所以必须较详细地加以考察。

---

① 卡·考茨基：《自然界和社会中的增殖和发展》，《卡·考茨基全集》1923年莫斯科—彼得格勒版第12卷第119页。

② 参看《马克思恩格斯文选》（两卷集）莫斯科中文版第2卷第170页。

关于恩格斯的所谓错误

马克思主义经典作家的手稿遗产的发表，使得有可能深入他们的创作实验室，说明他们关于这个问题的观点的主要发展阶段。在《德意志意识形态》的第一章中，人的生产就同生活资料的生产和新的需要的产生并列，被看作社会活动的三个方面之一。"一开始就纳入历史发展过程的第三种关系就是：每日都在重新生产自己生命的人们开始生产另外一些人，即增殖。这就是夫妻之间的关系，父母和子女之间的关系，也就是**家庭**。这个家庭起初是唯一的社会关系，后来当需要的增长产生了新的社会关系，而人口的增多又产生了新的需要的时候，家庭便成为……从属的关系了。"①

可见，关于人的生产是社会生活最重要的方面之一的论点，在马克思和恩格斯1845—1846年的著作中就已经提出来了。然而，由于受当时科学发展水平的限制，在《德意志意识形态》中论述被称作"部落所有制"的人类发展早期阶段时，不可能把这个原理说得更具体。不过，就在这部著作中，马克思主义奠基人已经清楚地确定了直接生活的生产和再生产的双重性质，这种双重性质在人类社会发展的初期表现得特别明显。马克思和恩格斯写道："生命的生产——无论是自己生命的生产（通过劳动）或他人生命的生产（通过生育）——立即表现为双重关系：一方面是自然关系，另一方面是社会关系；社会关系的含义是指许多个人的合作，至于这种合作是在什么条件下，用什么方式和为了

---

① 《马克思恩格斯选集》第1版第1卷第33页。

什么目的进行的,则是无关紧要的。"① 的确,人本身的生产表现为生物学方面和社会方面的统一:一方面,它意味着在生育即血缘亲属联系的再生产方面的关系的发展;另一方面,它意味着与作为社会主要生产力的个人的生产和再生产有关的关系的发展。这里涉及生产经验和社会经验的产生和积累、对个人执行社会经济职能的能力的培养、人的全部社会关系的生产和再生产。

在《1857—1858年经济学手稿》中,我们可以看到对生产关系再生产体系中的人的生产的更详细的说明。马克思在这部手稿的导言中揭示了消费领域就是生产者本人的生产,而在《资本主义生产以前的各种形式》一节中详细地说明了资本主义以前的社会形态中个人再生产的特点。马克思在导言中写道:"在吃喝这一种消费形式中,人生产自己的身体,这是明显的事。而对于以这种或那种形式从某一方面来生产人的其他任何消费形式也都可以这样说……因此,这种消费的生产——虽然它是生产和消费的直接统一——是与原来意义上的生产根本不同的。"② 按照马克思的思想,生产和消费是统一的再生产过程的两个方面。在生产领域中消费劳动力,支出人的力量和才能,生产出物质财富;而在消费领域中消费物质财富,生产出劳动力。两个过程构成直接生活的生产和再生产的两个互相补充和互相排斥的环节。苏联研究工作者E.T.鲍罗廷认为:"原始时代的混沌状态表现在,人的活动是一种同时既为了创造物质财富又为了发展人的才能的过程。原始社会的瓦解和文明的发展,意味着完整的社会生活的生产分裂为两种相对独立

---

① 《马克思恩格斯选集》第1版第1卷第34页。
② 《马克思恩格斯全集》第1版第46卷上册第28页。

的生产……"①

在《资本论》中，对劳动和家庭的原始形式以及在原始社会条件下的直接生活的生产和再生产的辩证关系，都没有专门分析。这不足为奇，因为"现在，工人是作为他自己的劳动力的卖者出现在商品市场上。对于这种状态来说，人类劳动尚未摆脱最初的本能形式的状态已经是太古时代的事了"。② 只是在后来，由于巴霍芬、麦克伦南、哈克斯特豪森、柯瓦列夫斯基、毛勒、摩尔根等人的著作，关于直接生活的生产和再生产的两个方面的原理才得到进一步的发展。在《马尔克》(1882) 中，恩格斯已经比较确定地提出原始时代历史的两个基础：人们按亲属关系的划分和土地公有制；③ 而在 1882 年 12 月 8 日致马克思的信中甚至承认在人类社会发展中存在着血缘关系起主要作用的阶段。④

从上述分析中可以得出结论，关于直接生活的生产和再生产的两个方面的论点在《家庭、私有制和国家的起源》中出现决不是偶然的，

---

① E.T. 鲍罗廷：《社会的直接生活的生产和再生产》，载《哲学科学》1976 年第 2 期第 50 页。

② 《马克思恩格斯全集》第 1 版第 23 卷第 202 页。

③ "有两个自发产生的事实，支配着一切或者几乎一切民族的古代历史：民族按亲属关系的划分和土地公有制"（《马克思恩格斯全集》第 1 版第 19 卷第 353 页）。

④ "为了最后彻底弄清楚塔西佗的日耳曼人和美洲的红种人间的相似之点，我从你的那部班克罗夫特著作的第一卷里作了一些摘要。这种相似确实特别令人感到惊奇，因为生产方式如此不相同——这里是渔业和狩猎业，没有畜牧业和农业，那里是向农业过渡的游牧业。这正好说明，在这个阶段，生产方式不像部落的旧的血缘关系和旧的两性（sexus）相互共有关系之解体程度那样具有决定性的作用。否则前俄罗斯美洲地区的特林基特人就不可能与日耳曼人极其相似，而且，大概比你的易洛魁人与之更加相似"（《马克思恩格斯全集》第 1 版第 35 卷第 120 页）。

决不是被迫做出的让步和对唯物史观的偏离。资产阶级的历史学家和社会学家以及右翼社会民主党人对恩格斯的批评，实质上是从经济唯物主义的立场上进行的。列宁在《什么是"人民之友"以及他们如何攻击社会民主主义者？》一书的第一编中专门强调指出了这一点。列宁在分析自由主义的民粹派尼·康·米海洛夫斯基的批评意见时写道："可是，你究竟在马克思或恩格斯的什么著作中看到他们确实谈到经济唯物主义呢？他们在说明自己的世界观时，只是把它叫做唯物主义而已……怎么，难道米海洛夫斯基先生以为子女生产关系是一种思想关系吗？"①

恩格斯在《家庭、私有制和国家的起源》一书序言中表述的这个原理的历史**唯物主义**性质，从未引起列宁的任何怀疑。在《唯物主义和经验批判主义》中，列宁再一次强调指出直接生活的生产和再生产的客观的、不依赖于社会意识的性质。列宁写道："你们过日子、经营事业、生儿育女、生产物品、交换产品等等，这些事实形成事件的客观必然的链条、发展的链条，这个链条不依赖于你们的**社会**意识，永远也不会为**社会**意识所完全把握。"②

普列汉诺夫也正确地指出了直接生活的生产和再生产的两个方面相互作用的**历史**性质，他在与资产阶级和小资产阶级的历史学家和社会学家的论战中，彻底捍卫了恩格斯的论点。

我们看到，对恩格斯关于直接生活的生产和再生产的两个方面的论点提出的第一点批评意见，是建立在对马列主义经典作家的观点体系的无知之上的，是从粗疏的经济唯物主义的立场出发对唯物史观进行的批评，是对人类社会的形成和发展的历史性质的否定。在开始考察关于恩

---

① 《列宁选集》第2版第1卷第18页。
② 《列宁选集》第2版第2卷第332页。

格斯的论点自相矛盾的第二点批评意见之前，先说明一下摩尔根对古代社会的观点和恩格斯对这些观点的评价。

恩格斯论摩尔根的原始社会分期标准

摩尔根在他的《古代社会》中利用了第一次由苏格兰哲学家亚当·费格森（1723—1816）使用的术语。费格森在他于1767年出版的《市民社会史概论》中把人类的全部历史划分为三个时期：蒙昧、野蛮和文明。正如苏联民族学家 C. A. 托卡烈夫正确指出的那样，费格森用来作为他的历史分期法的基础的是唯物主义的标志：经济活动和所有制形式的发展。"蒙昧时代——狩猎，没有私有制；野蛮时代——畜牧业，出现私有制，虽然还未用法律固定下来；文明时代——农业，私有制居统治地位。"①

摩尔根在自己的著作中也采用了这种历史分期法，不过他更具体，把每个时代又分作低级、中级和高级三个阶段，并且更确切指出原始社会发展的标准。在马克思对这本书作的摘要中和恩格斯著作的第一章中，都相当详细地复述了摩尔根分期法的基本特点②（图表一）。

---

① C. A. 托卡烈夫：《民族学的起源》1978年莫斯科版第126页。
② 参看《马克思恩格斯全集》第1版第45卷第227—228页；第21卷第32—38页。

图表一 原始公社制度发展的主要阶段

（根据路·亨·摩尔根）

民族学的时期	阶 段	"进步标志"（表明时期开始的特征）
蒙昧时代	低级	人类的童年（产生清晰的语言）
	中级	把鱼类用作食物，获得用火的本领
	高级	发明弓矢
野蛮时代	低级	发明制陶术
	中级	在东方——驯养家畜 在西方——利用灌溉种植玉米和蔬菜，使用未烧制过的砖和石块建造房屋
	高级	发现冶炼铁矿石的方法和使用铁器
文明时代	低级	发明拼音字母并应用于文献记录

从图表中可以看出，在摩尔根的分期中，作为表明各个民族学时期开始的进步标志的是物质文化或精神文化的个别现象，也就是摩尔根所说的"发明和发现"。恩格斯著作的第一章冠有一个很有特征意义的标题"史前各文化阶段"，并不是偶然的。恩格斯不限于复述摩尔根的图式，而是把它加以概括。他在第一章末尾写道："蒙昧时代是以采集现成的天然产物为主的时期……野蛮时代是学会经营畜牧业和农业的时期，是学会靠人类的活动来增加天然产物生产的方法的时期。文明时代是学会对天然产物进一步加工的时期，是真正的工业和艺术产生的时期。"[①] 恩格斯把蒙昧时代说成是以采集为主的时期，野蛮和文明时代是生产的时期。生产范围内的划分标准（有一定程度的相对性）则是劳动对象与自然界分离的程度：在野蛮时代劳动的对象多半是自然物

---

① 《马克思恩格斯选集》第1版第4卷第23页。

(土地、牲畜),在文明时代劳动的对象则是原料、半成品,即在越来越大的程度上是以前劳动的产物,多半是其他生产者创造出来的(就像在制造工业中那样)。

应该注意到,恩格斯在叙述摩尔根的分期法之前做了两点说明。第一点涉及摩尔根对原始社会基本发展阶段提出的分期法的客观限制性。恩格斯写道:"摩尔根是第一个具有专门知识而想给人类的史前史建立一个确定的系统的人;他所提出的分期法,在没有大量增加的资料认为需要改变以前,无疑依旧是有效的。"① 可见,恩格斯远没有把摩尔根的分期法绝对化,而是使它对科学积累的材料处于一定程度的依赖关系。的确,摩尔根提出的标志在很大程度上是相对的。他把个别的经济形式和具体的文明现象看成是带普遍性和规律性的东西,仿佛在所有民族那里都要按照严格确定的顺序一一出现。由于考古学和民族学发展的结果,关于原始社会的知识总量从十九世纪末以来已增长了好几百倍。"摩尔根不掌握关于南美、非洲、西伯利亚、东南亚各民族的知识。澳大利亚五百个部落中他只了解两个,大洋洲几百个部落和民族中他只有夏威夷人的材料,后来发现连这些材料也是错误的。"② 摩尔根为建立他的体系使用的其他一些资料(关于波利尼西亚人、北美西北海岸的印第安人、易洛魁人、印第安人部落的材料)也不确切。③ 这一切自然也不能不反映在摩尔根划分主要发展阶段的标志上。"蒙昧时代低级阶段和中级阶段的分界,应该不是使用火(最古老的人就已经知道使用火了),也不是开始捕鱼(捕鱼是和弓矢的发明差不多同时流传开的),而应该是人类发生过程的完成和人工制造的专门生产工具石器的广泛流

---

① 《马克思恩格斯选集》第 1 版第 4 卷第 17 页。
② 《资本主义以前社会的历史问题》1968 年莫斯科版第 1 卷第 98 页。
③ 《马克思恩格斯选集》第 1 版第 4 卷第 99—101 页。

传。确定向野蛮时代高级阶段过渡的标志也已研究清楚，应该不是铁的出现，而是一般金属首先是铜的出现。"① 然而，应该强调指出，对摩尔根提出的标志作出修正，并不动摇恩格斯著作中对摩尔根体系所做的概括的意义。相反，在最近的著作中，按采集和生产对原始社会进行分期仍然是原始社会理论的根本原理之一。

恩格斯在叙述摩尔根的分期法之前所作的第二点说明，直接解释了为什么他没有以家庭的发展作为原始社会分期的标准。恩格斯指出，作为划分蒙昧时代、野蛮时代和文明时代的根据的是生活资料生产的进步，而"家庭的发展是与此并行的，不过，这一发展对于时期的划分没有提供这样显著的标志罢了"。② 这点说明不仅反驳了关于恩格斯自相矛盾的指责，而且证明了恩格斯对摩尔根著作中关于家庭史的叙述持相当批判的态度。恩格斯在《家庭、私有制和国家的起源》以后各版中所作的补充和修正，几乎有一半针对论述家庭发展的第二章，并不是偶然的。为了正确理解恩格斯第二点说明的性质，必须分别出氏族和家庭关系在原始社会历史中的作用。问题在于，在摩尔根的书中，原始社会的历史是既作为物质和精神文化的发展（用摩尔根的说法即"通过发明及发现而来的理智的发展"）、又作为氏族的发展（"政府观念的发展"）、又作为家庭的发展（"家庭观念的发展"）、又作为继承法的改变（"财产观念的发展"）来说明的。

恩格斯高度评价摩尔根发现氏族是原始社会的基本细胞。这种发现使得这位美国民族学家能够把一切政府形式分成基本的两类，与之相适应的有两种组织形式：一种是以个人和氏族为基础的"社会"组织，

---

① А. Н. 别尔什茨、А. Л. 蒙加特、В. П. 阿列克塞也夫：《原始社会史》1968年莫斯科第1版第7页。

② 《马克思恩格斯选集》第1版第4卷第17页。

另一种是以领土和私有制为基础的"政治"组织。实质上,这是把历史划分为阶级以前的社会和阶级社会。

至于家庭的历史(摩尔根划分出五个阶段:血缘家庭、普那路亚家庭、对偶家庭、父权家庭和一夫一妻制家庭),那么应该指出,从一开始起,许多原理(例如关于血缘家庭或普那路亚家庭)就带有假说性质,或者作为根据的资料还需要仔细检验,这种情况摩尔根本人在某种程度上也是了解的。所以,恩格斯就已开始对摩尔根的图式作出修正和补充,随着民族学的发展,修正和补充的必要性愈来愈增加。至于氏族关系,那么它为把原始历史分成三个阶段——氏族以前的社会、氏族社会和氏族以后的社会——提供了明确的标准。由此可以理解为什么恩格斯对摩尔根著作中阐述氏族关系的那部分给予很高的评价:"摩尔根证明:美洲印第安人部落内部用动物名称命名的血族团体,实质上是与希腊人的 genea〔氏族〕和罗马人的 gentes〔氏族〕相同的,美洲的形式是原始的形式,而希腊—罗马的形式是晚出的、派生的形式;上古时代希腊人和罗马人的氏族、胞族和部落的全部社会组织,跟美洲印第安人的组织极其相似;氏族,直到野蛮人进入文明时代为止,甚至再往后一点(就现有资料而言),是一切野蛮人所共有的制度。摩尔根证明了这一切以后,便一下子说明了希腊、罗马上古史中最困难的地方,同时,出乎意料地给我们阐明了国家产生以前原始时代社会制度的基本特征。"①

值得注意的是,恩格斯著作的九章中有七章分析氏族关系的发展及其在国家形成过程中的瓦解。所以,关于原始公社制度中人本身的生产的论点与其说关系到家庭,不如说首先而且主要关系到整个氏族关系的全部体系。

---

① 《马克思恩格斯选集》第 1 版第 4 卷第 80 页。

直接生活的生产和再生产的分析对理解历史过程的意义

马克思和恩格斯表述的关于直接生活的生产和再生产的论点，不仅对分析原始公社制度有重大意义，它还有助于说明其他社会经济形态、整个世界历史过程的分期，并且对理解资本主义以前的生产方式特别重要。这首先因为马克思主义经典作家对直接生活的生产和再生产的分析是采取唯物的、辩证的和历史的态度。

现在把原始社会的历史划分为氏族以前的社会（原始的人群）、氏族社会（原始氏族公社）和氏族以后的社会（原始毗邻公社），首先是以直接生活的生产和再生产与人本身的生产即种的蕃衍有联系的那个方面为依据的。① 这种分期法不仅优于摩尔根的分期法（其缺点上面已经指出），而且也优于把原始历史分成石器时代、铜石并用时代、青铜器时代或铁器时代的考古学分期法。随着考古学的发展和越出欧洲范围，很难使各地区的分期一致起来。而且，"由于自然环境的差异，按发展水平属于同一类型的社会可能使用也可能不使用铁器、青铜器，有时也包括石器"。② 甚至金属工具更替的顺序也各不相同。例如，在赤道非洲各民族那里，铁器时代先于青铜器时代。按考古学根本不可能使各地区的分期法一致起来。因此，А. И. 别尔什茨最近提出的对原始制度的综合分期法，也是首先把这个制度划分成氏族以前的社会、氏族社

---

① 有些政治经济学书刊也采用了这种分期法。参看 Н. А. 察戈洛夫编《政治经济学教程》（两卷本）1973年莫斯科版第1卷第1章，《经济学百科全书》1979年莫斯科版第3卷词条《原始公社制度》（作者为 Ю. И. 谢勉诺夫）。

② А. И. 别尔什茨、А. Л. 蒙加特、В. П. 阿列克塞也夫：《原始社会史》1982年莫斯科第3版第9页。

会和氏族以后的社会（图表二）。这明显地证明了马克思和恩格斯对直接生活的生产和再生产所持的辩证态度极有利于创造性的探索。这不仅仅关系到原始公社制度。

图表二　原始公社制度发展的主要阶段

（根据 A. И. 别尔什茨）①

历史时代		考古学的时代	人进化的阶段	绝对年代（千年）
最古公社(原始人群)		旧石器时代低级阶段 旧石器时代中级阶段(?)	古人 旧人	1500—1000—40－35
原始(氏族)公社	早期原始(早期氏族)公社	旧石器时代中级阶段(?) 旧石器时代高级阶段 中石器时代(?)	旧人(?) 新人	40—35—10－5
	晚期原始(晚期氏族)公社	中石器时代(?) 新石器时代		
原始毗邻(原始农民)公社		新石器时代 铜石并用时代 金属器时代 早期		10－5—

马克思和恩格斯关于人类历史发展主要阶段的说明，是与他们对直接生活的生产和再生产的理解有直接联系的。的确，《政治经济学批

---

① 《原始社会史。一般问题。人类社会起源问题》1983 年莫斯科版第 25 页。

判》序言中对世界历史分期的提法,乍看起来是很奇怪的。马克思写道:"大体说来,亚细亚的、古代的、封建的和现代资产阶级的生产方式可以看做是经济社会形态演进的几个时代。"①

从恩格斯关于直接生活的生产和再生产的两个方面的论述来看,《政治经济学批判》序言中把派生的(对立的)形态称作"经济的社会形态"就变得可以理解了。在最初的(原始公社的)形态中起巨大作用的是物质的、社会的因素(人本身的生产,种的蕃衍),但不是纯粹经济的因素。② 由于劳动在氏族关系范围发展的结果,为建立阶级社会、根本改变直接生活的生产和再生产的两个方面的相互关系创造了前提,这时家庭制度完全从属于私有制的关系。

然而不应该忘记,资本主义以前的生产方式"或者以个人尚未成熟,尚未脱掉同其他人的自然血缘联系的脐带为基础,或者以直接的统治和服从的关系为基础"。③ 所以,氏族关系的残余还长时间地保留在资本主义以前的各种社会形态中。它们以各种不同的形式、各种不同的水平表现出来。在亚、非、拉美的发展中国家,特别是那些资本主义没有把资本主义以前的生产形式的存在基础破坏掉的地方,这种残余至今还保留得很多。

因此,考察恩格斯在《家庭、私有制和国家的起源》一书中所使

---

① 参看《马克思恩格斯选集》第1版第2卷第83页。句中的"社会经济形态"按原文应译为"经济的社会形态"。

② 值得注意的是,马克思和恩格斯一次也没有把原始社会称作"经济的社会形态",而只把它叫作社会形态(《社会经济形态的理论》1982年莫斯科版第17页)。

③ 《马克思恩格斯全集》第1版第23卷第96页。

用的原始公社制度的分期标准、研究直接生活的生产和再生产的辩证关系，不仅有助于更深刻地理解过去，也有助于进一步发展马列主义理论。

[原载《莫斯科大学学报》（经济类）1984年第5期]

（莫立知 译）

女性问题社会学研究：恩格斯的遗产[*]

〔法〕甘·德洛奈

法国全国科学研究中心研究员甘·德洛奈在其《女性问题社会学研究：恩格斯的遗产》一文中指出，恩格斯关于妇女问题的研究所取得的一个成果是把历史性引入家庭模式和女性模式，并提出了妇女在与男子的关系中受压迫的问题，这些是20世纪60年代法国女性主义研究的起点。但是，70年代的女性主义研究从历史唯物主义转向卢梭主义，把两性之间的不平等视为一种社会建构。作者在对这一观点进行了批判性分析后指出，马克思主义仍旧是解释妇女状况的关键之所在。文章主要内容如下。

在西方国家，尤其是在法国，无论是在社会生活、经济生活、知识生活、家庭生活，还是在公共生活的舞台上，从来都不乏妇女的身影。但是，只是在经历了漫长的社会历史演化之后，她们才作为个体而获得一定的地位，从男性对她们所具有的、内在化为她们的身份原则的观念中解放出来。长期以来，在有关她们的地位以及她们的作用的男性表象的核心中，她们发现自己的状态与男性统治的社会中所发生的突出事件

---

[*] 本文选自《国外理论动态》2005年第10期。

在发展方向上是一致的,当男性之间的关系确定下来时,就朝着允许她们从集体束缚中解放出来的进步方向发展,在社会状况普遍恶化(战争、瘟疫、宗教的强化、巫术)时,她们的状态也随之倒退。妇女们在强加给她们的整体束缚中,在严酷的压制面前,以反抗的方式进行抵制,表达希望。

就像人们在今天所说的那样,女性问题是女性斗争以及这些斗争所引起的质问的产物。正是出于这一原因,我们不能抛开历史背景和特定的民族文化来谈这个问题。但是她们的希望都指向同一个目标:成为一个人。本文只限于提出一个阅读法国女性主义著作的提纲。我们将把重点放在介绍一些作为这一领域的构架的主要概念的演变上,以此来表明我们有必要把研究对象与其目标联系起来,同时揭示女性主义研究者为把自己的科学合法性建立在严格和理性的基础上而做出的种种努力。概念的转变意味着问题的改变。我们将在本文中通过历史的角度表明,这种改变同时意味着半个多世纪以来所取得的真正的成功以及女性世界的变化,这种变化既表现在斗争的目标上,也表现在斗争主体,更确切地说,斗争的女性主体的社会地位上。

如果人们想追溯科学的和/或激进的女性主义的源头,那么人们不可能置马克思和恩格斯于不顾。女性主义运动与社会主义运动是紧密联系在一起的——前者总是从后者的动力中吸取动能。虽然与马克思和恩格斯同时代的人,特别是傅立叶在这个问题上著述很多,但是对这个问题进行过科学研究的是马克思和恩格斯,他们对家庭和妇女问题上的各种立场进行过考察,特别是恩格斯,他对这个问题兴趣颇浓。

首先,对他的立场,也是马克思的立场所进行的简短的回顾表明,他的思想的成果之一就是,一方面他把历史性引入对家庭模式和女性模式的分析,把两者与社会组织和社会阶级关系结合起来;另一方面他提出了妇女在与男子的关系中受压迫的问题。直到20世纪60年代，这一立场在法国都一直是女性主义研究的出发点。

其次，在关注工业社会的演变的同时，重点将放在女性主义运动的视野的变化上，女性主义运动的动态为研究提供了方向。70年代的著作改变了分析的对象和理论参照系。简短地可以说，人们从历史唯物主义（马克思和恩格斯）又回到了卢梭主义。人们认为性别不平等是社会的构造，是违背自然的。随着社会经济和政治的变化，研究的对象和目的也发生了变化。这种改变无论是在政治上还是在实践中都产生了很多新问题。

一、历史唯物主义与女性问题

根据两位法国历史学家的观点，女性主义是在19世纪，即工业革命的那个世纪产生的。女性主义是一个象征性词汇，它既表明了重要的结构性变化（有偿工作、公民个体自主、受教育权），同时也表明妇女集体登上政治舞台。

在这一世纪，人的概念由于1789年革命以及人与世界关系的观念而动摇。人们宣称理性是组织世界的普遍原则，要求人身自由以及主体自主，因此，人们开始需要重新看待性别关系和性别差异。

如果哲学家，包括费希特、康德和黑格尔，对这个问题感兴趣的话，与其说他们所关注的是女权，不如说他们提起质疑的是男女之间关系的法律地位或道德地位：即婚姻问题。他们都一致认为男女同样都是自由的，两性被赋予了同等的理性，虽然他们的主要论点略有不同，但都一致认为妇女是依附于男子的，妇女局限于家庭，把她们在家庭之外的权利托付给男子，家庭是具体的个性展开的地方，与公共空间是分开的，而公共空间是实现理性与普遍性的地方。

尽管哲学上存在着这样的争论，一场争取自由的运动还是得到人们的肯定，人们谴责对于妇女的偏见，认为她们在精神上与男子是平等的。在法国，与妇女有关的自由意志主义理论随着傅立叶的倡导而开始兴起。在他看来，妇女受压迫和受轻视的根源在于婚姻。他对婚姻的金钱基础，即妇女注定要顺从的家庭秩序进行了鞭挞。他宣布妇女享有自由，享有个体自由、性自由、与男子竞争的自由。

正是在这种讨论背景之下，也正是在西方社会由于两次革命而发生真正转变的背景之下，马克思和恩格斯对女性问题进行了研究。

1. 家庭模式与女性模式的历史性：恩格斯的贡献

妇女的地位取决于经济与家庭空间相分离的程度以及她们在社会活动中组织起来的程度。在资本主义制度下，这一变革彻底地得到实现。妇女大量涌入劳动市场，家庭纽带受到破坏，这一切并没有逃出马克思和恩格斯的视野。

随着工业的发展，马克思和恩格斯关注普通民众的家庭由于对女工的残酷剥削而发生解体。他们更多地是把她们受到的压迫作为一个社会问题来分析，而不是作为性别问题来分析。在他们看来，针对妇女的最残酷的暴行不是发生在家庭和男性统治中，而是由于她被转化为商品、劳动力或享乐的对象。他们敏感地发现了工人阶级解放的问题，把工人阶级的解放视为人类解放的基础，同时他们把傅立叶提出的批判与社会看待性别关系的方式以及把妇女锁定在受剥削的地位的方式联系在一起。不过在他们看来，傅立叶的批判是针对资产阶级社会的，在这一社会里，妇女在受尊重的外表之下，其实不过是一种受供养的女人罢了。

恩格斯在同时代人类学家的著作，特别是巴霍芬有关母权和摩尔根有关原始社会的著作的基础上，借鉴了对日尔曼历史的研究，写成了《家庭、私有制和国家的起源》一书，对男性至上的天然性与永恒性提出了质疑。他讨论了巴霍芬对于埃斯库罗斯的《奥列斯特》的解释。

恩格斯认为，巴霍芬关于母权制的假设并没有得到证实，但是这一假设，即在父权制出现之前还存在着一个阶段，可以突出父权至上的历史性。我们将把恩格斯在《起源》中的论点留给人类学家去讨论。从他的这些论点中我们有必要指出的一点是，他们开始了对女性问题、原始社会的组织问题、社会生产和再生产关系的演变问题的最初研究。在社会生产和再生产关系中首要的就是社会关系和社会交换的体系，即亲属关系体系。他的论点具有很大的创造性。

恩格斯把历史的视野引入对于家庭的分析，这就使得我们可以更好地理解女性问题的方向。后者是19世纪社会主义运动对女性主义运动所持立场的根本所在。女性全面解放的目标曾经使这两种运动联合起来，但是它们在运动的重点应该放在哪里，应该采取何种方式这样的问题上往往出现分歧，因而使联合成为不可能，或只能延续短暂的时间便出现艰难的分裂。产生各种分歧的原因就是社会成员之间的差别，因此也是重要的目标之间的差别。斗争目标的设立以及分析的进行从来都不可能不依赖于主体（女性主体）。

马克思批判地分析了家庭由于遭到大工业的破坏而发生的演变。但是，他认为如果大工业使妇女和孩子离开家庭圈子，进入生产的社会组织过程，那么就有可能出现一种新的经济基础，在这种基础上产生一种更高级的家庭形式和性别关系形式。

马克思和恩格斯在关注私人领域的组织的过程中注意到，由于工业、教育和家庭负担的变化以及公共援助的出现，家务劳动也发生了改变，男女之间出现了一种真正自由的相互关系。他们认为一种新的家庭可能会因此产生，这种家庭摆脱了社会束缚和利益关系，建立在自由选择和性爱之上，而后者是首要的基础。恩格斯曾经表达过这一观点：在一定的社会里，妇女解放的程度是衡量普遍解放的天然尺度。

2. 妇女视域的改变

法国革命和工业革命标志着法国自 14 世纪以来一直在进行的演变的完成。这既是一场社会、政治和知识的演变，也是一场生产结构、农业关系和协作关系的演变。

当妇女的生活受到颠覆时，这是一个重要的历史时刻：她们可以把自己视为个体，可以脱离家庭和社区而独立，可以作为主体参与经济生活，作为公民参与公共生活。

新角色的形成也影响到性别角色的形成。一种独立的女性模式通过对一部分从生理学方面所划分出来的人口的社会功能进行界定而得以产生。这样一来，妇女生活状态的不同就被掩盖起来了。妇女的生活状态根据她是生活在城市还是农村，她是属于特权阶级还是被统治阶级而不同。因为性与社会阶级在社会运行过程中是不可能分开的，虽然人们可以用共同的状况来对妇女的状态进行描述。这些共同的状况包括：公共生活中的社会统治以及私人生活中的男性统治。在法国，妇女解放的问题就是针对这两个方面提出的。

但是，即使少数妇女由于她们的社会背景，由于她们的教育程度，并且应该承认的是，也由于她们的勇气，她们找到了机会可以表达自己的想法，质问强加给自己的命运，但大多数妇女却没有机会表示拒绝与反抗，就都被卷入工业化的风暴。

对她们来说，工业革命的来临标志着她们自远古时代以来就一直局限于其中的家庭领域开始瓦解。自那时起，家庭经济就是她们的领地。而现在，她们要求平等的经济待遇，并开始考虑在经济活动获得解放。如果说工作权是她们的要求的核心的话，那么剥削就是劳动斗争的重心。

人们认为，政治权（尤其是普选权）是大家应该顺应的社会解放，其内容是通过政治党派的计划而实施的。妇女参与政治斗争不可能独立于争取经济解放的斗争。两者之间是不可分割地彼此依赖的。

即使她们在工作中为了经济的独立而牺牲自由，即使她们在反对普遍存在的偏见和使自己的工作得到承认的过程中经历了种种困难，很多妇女还是靠家庭收入生活。在很长的一段时间里，人们都认为自己养活自己是一种不足，是贫困的象征，是当丈夫的工资不足以养家糊口时妇女所承担的一种义务。她们并没有忽视自己的利益，也没有否认在物质要求方面团结起来集体行动的重要性，但在私人生活领域——她们的社会角色就限制在这一领域，在与男人面对面时，在具体的日常生活面前，在男人对自己的表象以及她们通过这些表象而形成的对于自己的表象中，当她们把自己的状况与男人的状况相比较时，这些妇女们表现出了极大的不满。除要求公民权平等外，在工业进步和经济活动中获利的想法也出现了。在面对经济剥削的恐惧时，很多人开始主张全面改善妇女的状况。

3. 女性主义运动和社会主义运动

历史学家们还对女性主义和社会主义最初的深层次的结合予以了重视。社会主义乌托邦、倍倍尔的《妇女与社会主义》（1883）以及恩格斯的《家庭、私有制和国家的起源》（1884）为女性主义和社会主义之间的联盟提供了理论基础。但是，把这些原则运用于实践要复杂得多。在社会主义的纲领性要求的金字塔中，纯女性主义的因素被牺牲掉了。马克思主义对社会生产关系的分析把社会结构置于社会性别关系之上。它认为整个社会的政治解放会对这个问题提供满意的答案。重点是与工人阶级的联盟，工人阶级是人类的解放者。工人阶级的斗争要求把所有的力量以及所有的紧迫性都放在争取实现经济解放和其他至关重要的要求（社会保护、工资）上，而不能只考虑具有中产阶级倾向的女权主义者所提出的、源自中产阶级的那些争取政治权利的斗争。这一点可以解释为什么社会主义运动和女性主义运动之间的联盟会失败。

原因是工联和政治党派都是根据等级制和男性对女性持有的表象建立起来的。女工们发现自己处于劳动联盟运动和女性主义运动的交叉带。她们的地位既具有阶级地位的特点，又具有她们所属的女性群体的特点。在工联的阶级要求面前她们完全遭到忽视。

安妮－玛丽·克佩利（Anne-Marie Käppeli）与夏洛特·珀金斯·吉尔曼（Charlotte Perkins Gilman）一语道中了要害：那些主张给予妇女选举权的人所要求的政治平等并不足以带来真正的自由。那些在工作中处于奴仆地位的妇女，那些根本不工作、靠男人供养、从男人那里获得零花钱的妇女，在行使投票权时，既没有得到自由，也没有得到平等。

女性主义的口号与社会主义的口号难以协调一致，这种困难源于对妇女解放基础进行理论探讨的路径不同。对社会主义运动来说，妇女是半边天，必须作为他们的同伴争取获得同样的权利。她们的斗争要想持久，就必须以阶级分析为基础。性别差异是同一中的差异，而不是对立中的差异。社会主义运动把女性解放问题与全社会的解放问题联系在一起，是从一个社会受剥削最深的成分出发的。因此，妇女运动应把争取劳动解放的斗争看作自己行动的重点。

二、女性主义研究视野的改变

实际上，女性主义研究在深入发展的同时也出现了转折。随着社会的自我认识发生改变，女性主义研究主要集中在女性状态的第二个方面：女性与男性的关系。这是一次视野的全面改变，对照于妇女地位、研究领域主体（女性主体）的立场和能力，它是社会变化的反映。

1. 经济演变和社会演变：工业社会的两种女性形象

对考察女性问题的方法的选择无论在理论上还是在实践上都是一种阶级性的选择。随着社会的演变、资本主义的不断进步以及妇女进入工薪行业，主要目标也发生了变化。

人们常常把中产阶级与小资产阶级混为一谈。由于收入的不同，小资产阶级对他们并不表示欢迎。推动中产阶级的是一些实际的想法和一种意识形态——家庭价值、养育后代的新模式。工资作为收入来源普及开来，加剧了家庭作用的变化，家庭要为积极的生活做准备，重视教育和培训。遗产作为一种维持社会地位的方式受到人们的轻视，与其相对立的方式是通过获得学位和职业流动而实现专业化。这些阶层的妇女十分追求舒适，把舒适看成地位的象征，拒斥有失体面的家务劳动条件，因此提出了一个有关家庭领域的组织问题。"一战"结束后不久，工业就为她们提供了种种可能性，并很快就被她们中最时尚的一部分人接受。她们处于消费的一极，与大多数工人所处的生产的一极相对。她们产生了一种消费模式、一种行为模式和一种自我表现模式，这种模式成为现代社会的模式。她们处于一种新生活的发源处。消费具有解放的作用，在一个以财富的生产、企业支配供给为基础而普通民众被排除在消费之外的社会里，人们总的来说并不注重消费。人们常常从两个完全对立的方面来看消费，要么它是奢侈品和没有用途的愉悦，要么是基本需要，即再生产需要的满足。这两种不可调和的形式之间往往表现出绝对的对立，这与两种不可调和的阶级立场是联系在一起的。

2. 性别：平等与差异

由70年代女性主义运动所推动的研究改变了分析对象。研究者用"妇女群体"的概念取代了"妇女状态"的概念，妇女群体既是一个社会机体，又是一个分析范畴。在当今的女性主义分析中，人们还常常用"社会性别"这一术语来取代"妇女"一词。

社会性别这一在当今女性主义研究中出现的新概念颇具盎格鲁—撒克逊风格。它把对社会的彻底批判混合为一种对处于一定经济、文化和符号体系，即所谓的男权制中社会性别关系的批判，而不再是对资本主义的批判。社会性别是两性之间的社会矛盾的产生地，因为它表明，自人类诞生以来，以男性统治的永恒性为特征的两性之间的社会关系在一定的程度上不过是一种基于性别差异的社会建构，而不是由于阶级关系的异化、由于人对自然力的控制力有限而产生的男性异化的表现。通过这一概念，下列看法延续下来，即性别构成阶级，而对马克思主义者来说，阶级是超出性行为的。社会由阶级构成这一认识弱化了。

然而，在经验的层面上详细分析起来，它所产生的状态却各有很大的不同。人们把重点放在研究男性统治如何得以形成的问题上，社会是如何通过一些表象体系而把男性统治建立在妇女之上的，妇女反过来又是如何把男性为了使妇女接受他们的统治而对妇女形成的表象内在化的。不过，由于统治状态的多样性以及"妇女"群体的四分五裂，妇女群体的团结及其方向也出现了问题。因为物质资源的问题并没有消失，所以少数妇女的解放条件问题依然存在。在最为贫穷的社会里，这一点是不可能避而不谈的。物质是他们获得解放的条件。

下面对这些新问题的若干特点进行一下简单的介绍，并指出其中产生的几个问题。

社会性别为思考两性平等开辟了新道路。引用激进女性主义者麦肯农（Mackennon）的话来说，社会性别问题尤其是一个权力、男性至上和女性从属的问题。麦肯金认为男性统治先于性别差异的划分和性别差异的扩大。要解决这个问题，就有必要清除工作场所的男性标准。这句话同时也道出了公共领域和私人领域相区别的秘密，它把一个领域给予了男子，而另一个领域则给予了妇女。社会性别消除的最后阶段就是差别的彻底消失。在一个没有差别的社会里，从性别关系的角度来说，男性与女性都能根据各自的需要和愿望，自由地发展各自的个性。我们所说的"男性特征"与"女性特征"中存在着很多的方面，但这些方面并不是根据性别示意图而分配的。结论就是，应该废除支配性别差异的表象和标准中的一切形式的男性统治。

因此，在《男性统治》中，社会学家布迪厄（Pierre Bourdieu）对妇女的状态进行了分析，他把这种状态视为是男性作为一个群体所操纵的一种象征性的、以暴力为取向的系统所产生的结果。根据他所绘制的图表（这在社会学家中非常有名），这一象征性的以暴力为取向的系统是通过愚化行为而完成的。因此，妇女在声称要维护自己的独特价值时，她们是在自己欺骗自己。另一位社会学家弗朗索瓦·德·辛格利（François de Singly）则认为，虽然统治的后果与女性的独特性是有联系的，但女性的独特性还是不应该从统治中推导出来。女平民主义者卡罗尔·吉利根认为自主性的女性独特文化是存在的。她认为关怀伦理学要高于男性抽象的正义倾向。由于那些具有良好的学术资本和性别觉悟的妇女所施加的压力，当今的人们倾向于接受这种调和。

限于篇幅，本文对当代女性主义的丰富内容做了大大的简化，在结束时，我们再谈一下性别差异的历史这一问题，从而表明差异问题的利害之所在，也指出这一问题的界限和危险，如果在女性主义斗争中把性别原则的首要性与阶级原则混为一谈的话。根据弗洛朗斯·罗什福尔（Florence Rochefort）的看法，这种一心想显示性别平等并把它作为一种政治原则的愿望成了现代女性主义思想的特点，而现代女性主义思想正是在法国革命中产生的。她说，对性别差异进行批判分析旨在把妇女纳入总体之中，同时给予人类双重性别的意义。

对性别差异的这种女性主义解释是很有意义的。因为它并不是简单地回到传统意义上的自然和文化的区别，而是回到了人性与生物性的区别。因此，它肯定了每一性别都具有双重身份的原则，从而维护了人类的中性以及性别取向上的同一。这是一种对独特性的研究，同时并没有背离原始平等原则，这一原则使引入平等权利成为正当的。母性是女性独特性之所在。从中产生了一种有关母性的批判思想，如母性一直受到人们的尊重，但并没有受到保护。但是，如果独特性（母性）成为一种获取权利的方式，由此就会产生一种危险：把妇女囚禁在这种独特性（母性）之中，而将她们排挤出政治领域。母权理论的成功对把女权与母权作比较的倾向起了推波助澜的作用。

性别差异这一女性主义问题在上世纪末、本世纪初成为在平等的解放过程中重建多种男女身份的核心。但是，很明显的是，这一涉及妇女的演变也改变了社会性别关系的其他方面。如果妇女不同时失去一部分优势，这样的变化就不可能发生，尤其是，妇女不能继续以一种专属于她们的方式来维护她们在私人领域所承担的权利、责任和工作。如果更为平等的工作分配也在私人领域发生，可以想见，一种新的、独立于家庭的、获取其他资源的平等，即职业平等和社会平等就应该建立起来。

在与法国类似的经济发达国家，人们普遍使用的社会性别概念作为女性主义理论和实践的范式是妇女社会地位改变的一个证据，同时也是生活水平提高以及人们认识到在与集体相比较时承认个体及其愿望的重要性的一个表现。然而，必须要注意到的是，妇女并不是一个同质的群体，更不是一个马克思所说意义上的阶级。如果社会学分析使我们习惯于注意"人"（Man）这一范畴内部的差异的话，在"妇女"这一范畴内部也是存在差异的。因此，法国女性主义模式中所包含的要求很可能没有完全反映组成社会性别理论的"妇女"群体中所有女性的要求。

社会性别理论表明女性主体的自主性正在兴起，它肯定了主体在界定其身份时选择的自由，同时拒斥任何形式的统治。它还表明女性社会群体兴起并在生活模式和号称具有普遍倾向的女性模式的发展方面取得了霸主的地位。这些群体争取从束缚中解放出来的斗争确实提高了妇女的权利。它们打破了一些道德阻碍和职业阻碍。但是，即使是在与法国类似的国家里，这样的要求更多地满足了某些社会群体，而不是其他群体。因为人们在确立政治权利和渴望具有独特性时需要财力。在贫穷的国家里，这一点尤为真切。

女性问题与妇女工作问题以及她们的社会地位问题，即确立统治的总制度的问题是分不开的。但它根据社会的富裕程度而有所不同。马克思和恩格斯对工业的发展以及这种发展的矛盾后果的分析，对于分析教育以及家务的社会化发展仍然具有意义。教育和家务之所以能够社会化是因为公用事业的产生使妇女从家务劳动中解放出来。如果妇女的斗争对她们获得解放来说是最为重要的，那么解放的实现就取决于她们所属社会的发展程度。根据所属社会的不同，有些人的负担要重些，有些人的负担要轻些，但这种工作影响了女性的状态。

物质的发展是解放的基础。这一点是不可能避免的。没有生产力的发展，有利于解放的社会生产关系就不可能建立，也就是说，自主主体、自己历史的主导者的个体身份就不可能形成。从这一角度来看，马克思主义势必在很长的时间里继续是解释妇女状态的关键所在。

但是，妇女经受的统治也包括想象表象的核心作用。想象表象使男子能够建立对于妇女的统治。通过教育和经济独立，妇女能够自己解决这个问题。毫无疑问，这就是人们之所以认为社会和经济发达的国家最有可能实现解放的原因。这些看法与恩格斯在《反杜林论》中引用的傅立叶的观点是一致的：妇女解放的程度是社会发展程度的标志。

（李朝晖 摘译）

图书在版编目（CIP）数据

经典作家著作研究Ⅳ／李百玲主编.
—北京：中央编译出版社，2014.12
（马克思主义研究资料／杨金海主编；14）
ISBN 978-7-5117-2446-5

Ⅰ.①马…　Ⅱ.①李…　Ⅲ.①马恩著作研究-文集
Ⅳ.①A811-53

中国版本图书馆CIP数据核字（2014）第306235号

经典作家著作研究Ⅳ

出 版 人：刘明清
责任编辑：苗永姝
责任印制：尹　珺
装帧设计：田晗工作室
排版制作：北京宏章文化发展中心
出版发行：中央编译出版社
地　　址：北京西城区车公庄大街乙5号鸿儒大厦B座（100044）
电　　话：（010）52612345（总编室）　　　（010）52612335（编辑室）
　　　　　（010）52612316（发行部）　　　（010）52612317（网络销售）
　　　　　（010）52612346（馆配部）　　　（010）55626985（读者服务部）
传　　真：（010）66515838
经　　销：全国新华书店
印　　刷：山东鸿君杰文化发展有限公司
开　　本：787毫米×1092毫米　1/16
字　　数：368千字
印　　张：29.5
版　　次：2014年12月第1版第1次印刷
定　　价：180.00元

网　　址：www.cctphome.com　　邮　　箱：cctp@cctphome.com
新浪微博：@中央编译出版社　　　微　　信：中央编译出版社（ID：cctphome）
淘宝店铺：中央编译出版社直销店（http：//shop108367160.taobao.com）　　（010）52612349

本社常年法律顾问：北京市吴栾赵阎律师事务所律师　闫军　梁勤
凡有印装质量问题，本社负责调换。电话：（010）55626985